# 철학사 수업

고대그리스철학

**철학사 수업 1**
— 고대 그리스 철학

2021년  3월  3일 초판 1쇄
2023년 10월  1일 초판 3쇄

**지은이** | 김주연

**펴낸이** | 오정섭
**펴낸곳** | 사색의숲
**편집** | 오정섭   **디자인** | 오려경 천진주

**등록번호** | 제2017-000132호
**주소** | 경기도 고양시 일산동구 중앙로 1129 서관동 1053
**팩스** | 0504-163-3738
**이메일** | epinia@naver.com

ⓒ 김주연, 2021

ISBN 979-11-973296-1-6 03100

책값은 뒤표지에 있습니다.
잘못 만들어진 책은 바꾸어 드립니다.

# 철학사 수업

고대그리스철학

김주연 지음

생각의 깊이를 더해주는
자세하고 유쾌한 철학 이야기

사색의숲

서문 • 『철학사 수업』을 내면서

# 삶과 자신을 이해하는 길, 철학사 공부

최근 우리 사회에는 인문학 열기가 뜨겁습니다. 인간과 삶을 주제로 하는 강연에 사람들이 몰려들고 인문학 관련 책과 강좌가 대중의 사랑을 받고 있습니다. 이런 현상은 자기 자신과 세상에 대해 알고 싶은 마음이 그만큼 커지고 간절해졌다는 뜻이기도 합니다. 모든 것이 명확하게 정해진 삶이라면 얼마나 쉬울까요? 하지만 스스로 생각하지 않는다면 다른 사람을 흉내 내어 살 뿐 제대로 사는 삶은 단 한 걸음도 앞으로 나아갈 수 없습니다.

세계와 삶을 곰곰이 생각하는 것, 이것이 인문학이고 인문학의 꽃은 철학입니다. 철학은 원래 삶을 이해하고 살아가는 한 방식이었지요. 어떻게 살아야 하는지를 묻고 자신을 돌아보고 의미를 발견하는 모든 활동이 바로 철학입니다. 그런 점에서 보면 우리도 모두 끊임없이 철학을 한다고 할 수 있습니다. 그런데 우리 각자가 하는 생각은 우리 시대의 정신적 풍토를 바탕으로 합니다. 우리가 발 딛고 서 있는 자리에는 우리에 앞서 고민하고 살아갔던 선배들의 치열한 사유의 결과물들이 차곡차곡 쌓여 있습니다. 그 사유의 층과 흐름이 바로 철학의 역사, 곧 철학사입니다.

어떤 분들은 요즘의 철학을 알고 공부하는 것이 중요하지 오래되고 고리타분한 철학사를 아는 것이 왜 필요하냐고 반문하실지 모르겠습니다. 그러나 철학사는 철학에 입문하는 가장 쉽고 좋은 길입니다. 철학적 개념들이 어떻게 생겨나고 꽃피고 어떤 열매를 맺었는지를 살피다 보면 개념들의 갈피와 결이 세세히 드러나게 됩니다. 그 개념이 필요했던 이유도, 그 사람들의 삶도 점차 또렷하게 보이지요.

그러면서 우리 자신의 삶과 사유의 바탕에 대해서도 한 걸음 떨어져 바라보게 됩니다. 그러면 당연하게 여겼던 많은 것들이 결코 당연한 것이 아님이 차츰 드러납니다. 스스로에 대한 앎과, 내가 발 딛고 서 있는 바탕이 무엇인지에 대한 지혜도 함께 자라게 되고요. 예로부터 철학사 자체를 철학의 한 방식으로 여긴 것은 그런 까닭입니다.

얼마 전에 어느 강의에서 좋은 철학사 책을 추천해 달라는 요청을 받았습니다. 살펴보니 나와 있는 유명한 철학사 책들이 대부분 수십 년 전에 저술한 것이어서 최근의 연구 성과들이 빠져 있었습니다. 한편으로는 철학사에 관심을 두시는 독자의 눈높이에 맞는 책을 찾기도 어려웠고요. 좀 더 편안하게 읽을 수 있고 보다 자세하고 정확하게 쓴 책이 있으면 좋겠다는 생각으로 이 책을 썼습니다. 서양의 철학이 어떻게 생겨나고 흘러왔는지 궁금하신 분들과 철학사를 통해 사유를 확장하고 삶을 철학적으로 성찰하고자 하시는 독자들께서 즐겁게 읽어주신다면 더없이 기쁘겠습니다.

2021년 2월

김주연

# 철학사 수업 1 — 차례

**철학사 수업을 내면서** / 4

**일러두기** / 8

## 1부  철학의 탄생

*01* 아테네 학당 / 13

*02* 그리스 철학의 시대구분 / 37

## 2부  소크라테스 이전의 철학

*01* 아르케를 찾아서 : 탈레스·아낙시만드로스·아낙시메네스 / 47

*02* 천상의 하모니 : 피타고라스 / 103

*03* 흐르는 강물처럼 : 헤라클레이토스 / 127

*04* 존재와 가상 : 파르메니데스·제논 / 151

*05* 그렇게나 많은 것들이 : 엠페도클레스·아낙사고라스·데모크리토스 / 187

## 3부 고전 시대의 철학

*01* 세상 속으로 : 소피스트 / 239

*02* 철학, 삶을 묻다 : 소크라테스 / 273

*03* 아름다운 세상 : 플라톤 / 311

*04* 꽃들의 장엄 : 아리스토텔레스 / 373


## 4부 헬레니즘 시대의 철학

*01* 스토아의 현자 : 스토아학파 / 451

*02* 정원에 핀 우정 : 에피쿠로스·루크레티우스 / 481

*03* 탐구자의 계보 : 퓌론·아카데미아학파·신퓌론주의 / 513


더 읽어보기 / 542

■ 일러두기

1. 외국 인명·지명은 외래어 표기법에 따라 표기하는 것을 원칙으로 삼았습니다. 그리스어 'υ'은 'ㅟ'로 표기하되 관용적으로 굳어진 경우에는 예외를 허용하여 'ㅣ'로 적었습니다.
2. 플라톤의 작품의 특정 구절을 지칭할 때는 1578년 Henricus Stephanus가 편찬한 '스테파누스판본'의 쪽수를 따랐습니다.
3. 아리스토텔레스의 작품의 특정 구절을 지칭할 때는 1831년 Immanuel Becker가 편찬한 '베커판본'의 쪽수를 따랐습니다.
4. 기타 인용문은 원출전을 기준으로 표기하였습니다.
5. 본문에 등장하는 자료는 『단행본』, 「그림제목」, 「노래제목」 등으로 표기하였습니다.
6. 별도 표시 없이 본문에 등장하는 사진 도판의 출처는 Wiki Commons입니다.
7. 본문에는 가상의 대화 상대자가 등장하며 색글씨로 대화를 표시하였습니다.

> 내가 미덕과 그 밖에 대화를 통해
> 나 자신과 다른 사람들에게 캐묻곤 하던,
> 여러분이 들었던 그런 주제들에 관해
> 날마다 대화하는 것이야말로 인간에게는 최고선입니다.
> 캐묻지 않는 삶은 인간에게 살 가치가 없습니다.
> ― 소크라테스

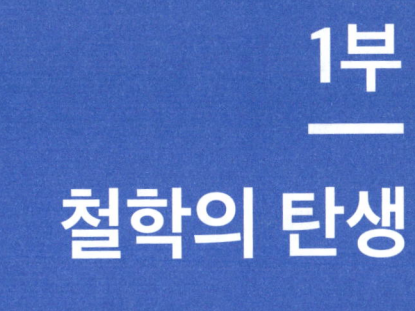

# 1부
## 철학의 탄생

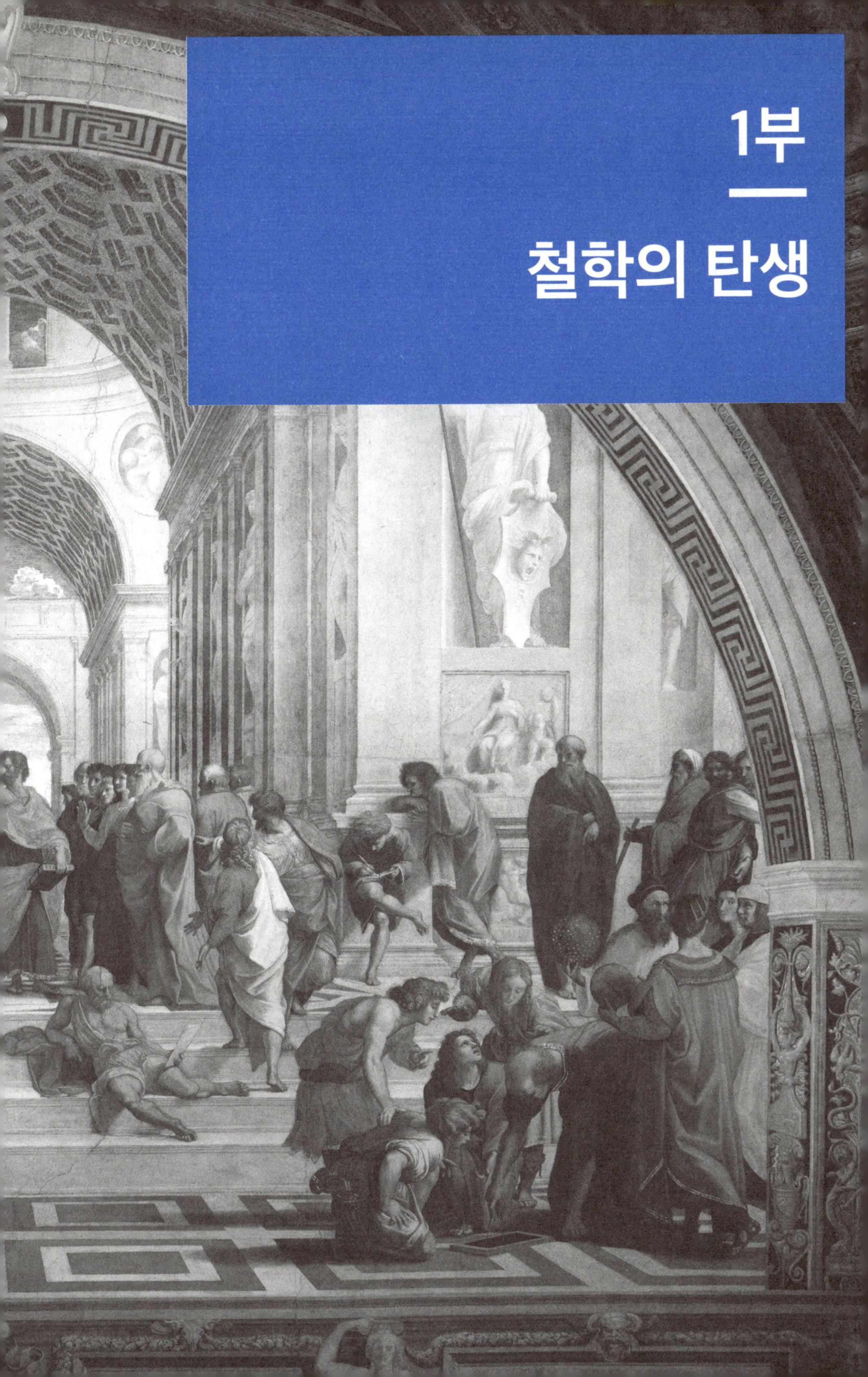

그렇게 놀라는 감정이야말로 철학자의 특징이라네.
이것말고 철학의 다른 출발점은 없다네.
　　― 플라톤, 『테아이테토스』

# 01

아테네 학당

교황의 집무실이 있는 바티칸 궁에는 '라파엘로의 방'이라고 부르는 방이 네 곳 있습니다. 그중 하나가 스탄차 델라 세그나투라$^{Stanza\ Della\ Segnatura}$, 곧 서명의 방입니다. 바티칸 공식 문서의 서명식이 열리던 방입니다. 1506년 교황 율리우스 2세는 이 방을 자신의 개인도서관으로 꾸미기로 하고 젊고 재주 많은 화가 라파엘로 산치오에게 실내 장식을 맡겼습니다.

중세 이래 도서관은 학문 분야에 따라 책을 배치하는 전통이 있었습니다. 가장 넓은 중심에는 성스러운 학문인 신학책을 두고 그 주변으로 철학·법학·역사학·문예·의학·자연과학 같은 세속적 학문의 구역을 정했어요.

하지만 교황의 도서관은 장서가 220권밖에 안 되는 작은 규모였고 방의 크기도 서른 평 정도에 지나지 않았어요. 공간을 나눌 형편이

**아테네학당** 라파엘로 산치오, 1511년, 바티칸

아니었던 거죠. 라파엘로는 공간을 분리하는 대신 학문을 상징하는 벽화를 그려 넣기로 합니다. 동서남북 네 방향의 벽에 각각 철학·신학·법학·예술을 상징하는 그림을 그렸습니다. 그중에서 철학을 상징하는 그림이 그 유명한 「아테네 학당」입니다.

### 아테네 학당

우리 철알못님도 이 그림을 보신 적이 있죠?

그럼요, 정말 유명하고 자주 보는 그림이죠.

아테네 학당은 플라톤이 아테네에 설립한 학교인 아카데미아를 말합니다. 물론 이 그림의 배경은 아카데미아가 아니라, 베드로 대성당의 중앙 홀이에요. 당시 베드로 대성당은 건축 중이었는데 라파엘로는 설계도만 보고 완공된 모습을 상상하여 그렸다고 합니다.
겹겹이 연결된 둥근 아치와 화려한 장식이 달린 대리석 건물은 로마의 판테온을 연상하게 해요. 아닌 게 아니라 벽면에 보시면 신상들이 놓여 있습니다. 왼쪽에는 뤼라를 든 아폴론 신이, 오른쪽에는 창을 든 아테나 여신이 역동적인 자세로 서 있어요.
아폴론은 예술을, 아테나는 지혜를 상징하는데 예술과 학문은 인간 지성의 대표적인 양식이지요. 그러니까 이 그림은 고대 그리스와 로마 시대의 지적 활동을 포괄해서 보여주려 하는 겁니다.

그렇군요! 철학 분야를 상징하는 그림이지만 철학자만 있는 것은 아니군요.

그렇습니다. 라파엘로는 여러 분야의 지식인을 선별하여 그렸습니다. 철학자뿐 아니라 수학자·천문학자·군인·왕·시인·저술가 그리고 화가까지 다양한 인물이 등장합니다. 그렇긴 하지만 이 그림에 담긴 이야기의 큰 줄기는 역시 철학이지요.
그림을 잠시 살펴볼까요? 가장 시선을 끄는 것은 아무래도 그림의 중앙에서 걸어오는 두 사람이죠. 이 그림의 주인공인 플라톤과 아

플라톤(왼쪽)과 아리스토텔레스(오른쪽) 「아테네학당」부분

리스토텔레스입니다.

둘은 스승과 제자 사이죠?

그렇습니다. 스승인 플라톤은 나이가 들어 원숙한 얼굴이고 아리스토텔레스는 젊고 패기 있는 모습입니다. 스승과 제자 사이이지만 두 사람의 철학적 견해는 대립적인 측면이 있어요. 우선 두 사람의 손 모양을 보시죠.

플라톤은 손가락으로 하늘을 가리키는데 아리스토텔레스는 땅을 향해 손바닥을 펴고 있어요.

플라톤의 주제는 이데아예요. 이데아는 추상적이고 이론적이며 불변하는 초월적 존재입니다. 진리는 이 세상 너머에 있다는 게 그의 생각이었어요.
이와 달리 아리스토텔레스의 주제는 실체였습니다. 실체는 구체적이고 경험적이며 끊임없이 변하는 이 세상의 사물을 말합니다. 사물들이 존재하는 이 세상이 바로 진리의 장소였죠. 라파엘로는 이런 차이점을 손 모양 하나로 잘 표현하고 있습니다.

라파엘로가 철학에 대해 잘 알았나 보군요?

얼마나 깊이 있게 이해했는지는 알 수 없지만, 핵심적인 차이를 부각해서 표현한 것은 사실입니다. 그런 점은 두 사람이 들고 있는 책에서도 나타나요. 플라톤이 든 책에는 이탈리아어로 TIMEO라고 적혀 있는데 그의 대화편 『티마이오스』를 말하고, 아리스토텔레스의 책에 적힌 ETICA는 『니코마코스 윤리학』을 말합니다.
『티마이오스』에는 천상의 이데아를 모방하여 우주가 창조된 이야기가 나옵니다. 그런가 하면 『윤리학』에는 사람들이 땅 위에서 살며 겪는 구체적 경험에 관한 논의가 담겨있어요. 플라톤은 하늘의 일을 논하고 아리스토텔레스는 땅의 일을 성찰하죠.

저는 손 모양의 차이만 주목했었는데, 들고 있는 책에서도 그런 차이가 드러나는군요.

게다가 두 사람의 옷 색깔에도 의미가 있습니다. 플라톤은 보라색 옷에 붉은 겉옷을, 아리스토텔레스는 갈색 옷에 푸른 겉옷을 입었지요. 이 색들은 각각 우주의 구성 물질을 표현해요. 보라색은 공기, 붉은색은 불, 갈색은 흙, 푸른색은 물입니다. 공기와 불은 가벼운 물질로서 우주의 상층부, 즉 하늘을 이루고, 흙과 물은 무거운 물질이기에 우주의 아래인 땅을 구성합니다. 두 사람의 철학자가 지향하는 방향과 옷 색깔이 상응하고 있는 거예요.

옷 색깔에도 의미가 있었다니… 여러 가지 방식으로 철학적 내용을 암시하고 있네요!

이 그림에서 또 하나 재미난 것은 당시의 실존 인물을 모델로 삼았다는 점입니다. 가령 플라톤의 모델은 레오나르도 다 빈치예요. 라파엘로는 다 빈치를 최고의 화가로 여겼다고 해요. 극진한 존경심을 담아 아테네 학당의 주인공으로 표현했어요.

또 오른쪽 아래에서 허리를 숙이고 컴퍼스로 작도하는 사람이 에우클레이데스, 그러니까 수학자 유클리드인데요. 그 모델이 된 사람은 건축가 브라만테입니다. 그는 베드로 대성당의 설계자이면서 공사 책임자로, 교황에게 고향 후배인 라파엘로를 추천한 당사자입니다. 브라만테 덕분에 일자리를 얻어서 감사하는 마음에 역사상 최고의 수학자 모습으로 그린 거예요.

**라파엘로가 모델인 아펠레스**

라파엘로의 개인적 경험이 많이 들어 있네요.

그렇죠. 게다가 라파엘로 자신도 나옵니다. 그림 아래 오른쪽 끝에 관람자와 눈을 마주치는 인물이 있죠? 그리스 시대 최고의 화가로 꼽히는 아펠레스인데 이 사람의 모델이 바로 라파엘로 자신이에요.

요즘엔 화가들이 자기 그림을 표시하기 위

01 아테네 학당   19

**라파엘로 산치오** (Raffaello Sanzio, 1483 ~ 1520)

해 서명을 하지만, 당시에는 자기 자신을 등장인물로 끼워 넣어서 서명을 대신하곤 했어요. 라파엘로도 슬그머니 자신의 모습을 그려 넣어 이 위대한 지식인들의 회합에 참여합니다.

어찌 보면 라파엘로는 관람자들에게 그림 속 등장인물을 소개하는 가이드처럼 보이기도 합니다. 고대 철학이라는 강줄기를 따라 걸으면 이 그림에 등장한 주인공들의 사유가 들꽃처럼 피어나 강기슭을 아름답게 장식합니다. 때로는 화사하게 때로는 은은하게 꽃들이 피고 지며 그렇게 인류의 사유 공간을 만들어냈지요.

지금 아펠레스로 분장하고 나타난 라파엘로는 그 꽃들을 한자리에 모아 보여주며 그들이 피어 있는 강기슭으로 우리를 초대하는 것 같습니다. 더구나 우리는 이 책의 마지막 장면에서 아펠레스를 다시 만나게 될 거예요. 그런 점에서 우리 철학사 수업의 처음과 끝을 이어주는 좋은 안내자가 되어줄 겁니다.

## 철학의 탄생

그런데 이 그림을 볼 때마다 아쉬운 점이 하나 있습니다. 고대 위대한 철학자들의 회합이라면 철학사의 첫 페이지를 장식하는 인물, 철학의 아버지로 불리는 인물이 당연히 있어야 하지 않을까요? 무슨 까닭인지 모르지만, 라파엘로의 그림에는 빠져 있습니다.

아, 탈레스요? "만물의 근원은 물이다"라고 말한 사람이죠?

네, 맞아요. 탈레스는 기원전 6세기 인물인데, 보통 그가 철학을 시작했다고 말하죠.
그런데 철학의 시작이라는 말을 들으면 갑자기 궁금증이 생기곤 합니다. 철학은 어떻게 시작되었을까요? 어느 날 갑자기 하늘에서 뚝 떨어지듯이 그렇게 나타났을까요? 아니면 그보다 앞선 세계관으로부터 영향을 받으며 서서히 생겨났을까요?

듣고 보니 저도 갑자기 궁금해지는데요. 탈레스 이전의 세계관이라면 어떤 걸 말하나요?

대체로 고대 문명은 신화에서 출발합니다. 그리스에도 신화가 있었지요. 제우스가 신들의 제왕으로 군림하는 올림포스 신들에 관한 이야기, 너무나 유명하죠? 그런 이야기가 이미 수백 년 동안 전해져서 당시 사람들의 생각을 지배했어요.

신화는 그냥 재미있는 이야기인 줄로만 알았는데, 당시 사람들은 그게 정말 사실이라고 믿었나요?

그럼요. 고대 세계에서 신화는 이 세상과 삶에 대한, 참되고 권위 있는 설명이었죠. 태양은 왜 뜨고 지는지, 천둥은 왜 치는지, 폭풍우는 왜 일어나는지, 삶은 왜 이리 고달픈지, 개인의 운명은 어떻게 정해지는지, 이런 중요하고도 근본적인 질문에 대한 대답을 제공해 주었죠.

게다가 신화가 그렇게 거대한 주제만 다룬 것도 아니에요. 농사짓는 법, 배 만드는 법, 항해하는 법, 포도주 담그는 법, 창검을 다루는 법, 아플 때 약재 쓰는 법 등 시시콜콜한 정보도 넘쳐났어요. 말하자면 신화는 삶에 필요한 모든 종류의 지식을 아우르는, 총체적인 세계관이자 백과사전의 역할을 담당했죠.

그런데 기원전 6세기에 철학이 등장합니다. 그리고는 그동안 신화가 답해 온 여러 문제에 대해 낯설고 이상한 설명을 늘어놓기 시작했어요. 전통의 권위를 훼손하는 것 같기도 하고 신성을 모독하는 것 같기도 한, 이상한 사유 방식이 나타났죠.

당시 사람들로서는 좀 당혹스러웠겠어요. 그런데 철학이 어쩌다가 그렇게 생겨났을까요?

철학의 탄생 배경과 과정에 대해서는 연구자들 사이에서 논란이 많은데요. 크게 보면 두 가지 견해가 있습니다.

### 뮈토스에서 로고스로

그중 하나는 그리스의 기적 이론입니다.

이 이론을 지지하는 연구자들은 신화와 철학이 이질적인 사유 방식이라고 봅니다. 그러니까 신화는 미신적이고 비합리적이지만, 철학은 이성적이고 합리적이라는 거죠. 따라서 철학이 신화로부터 나올 수는 없다고 봐요. 오히려 신화와 단절된 채, 그 무엇에도 의존하지 않고 갑자기 기적적으로 생겨났다는 것이 이 이론의 골자입니다.

**무에서 유가 창조되듯이 그렇게 갑자기 생겨났다는 말이네요.**

맞아요. 특히 이 이론을 지지하는 연구자들은 철학이 오직 그리스에서만 생겨났다는 사실에 주목해요. 이 현상을 설명하기 위해 그리스 민족이 아주 예외적인 지성을 가졌다고 보죠. 그리스인들은 합리적 이성을 출현시킨 유일한 민족이고, 철학의 탄생은 지성의 역사에서 드물게 일어나는 기적이라고 합니다. 그런 의미에서 철학의 탄생을 '그리스의 기적'이라고 불렀습니다.

**오, 뭔가 멋진데요.**

이런 생각을 집약해서 보여주는 유명한 표현이 있습니다.

"뮈토스적 사고에서 로고스적 사고로!"
(vom Mythos zum Logos!)

이 말은 독일의 고전학자인 빌헬름 네슬레<sup>Wilhelm Nestle</sup>가 쓴 책의 제목입니다. 여기서 뮈토스적 사고는 신화적 사유 방식을, 로고스적 사고는 철학적 사유 방식을 말해요. 간단히 "신화에서 철학으로!"라고 할 수 있는데, 둘 사이의 차이와 단절을 강조하는 표현입니다.

20세기 초반까지는 그리스의 기적 이론이 철학의 탄생에 대한 표준적인 해석으로 인정받았어요.

### 신화, 철학을 잉태하다

그러면 그 후에는 또 다른 이론이 나오나요?

네. 20세기는 역사성에 눈을 뜬 시기죠. 역사를 보면 새로운 문화 양식은 기존 문화를 배경으로 해서 그것의 영향을 받으며 생겨나고 자라거든요. 이런 역사적 관점에서 신화와 철학의 관계를 다시 보게 되었어요.
그랬더니 뜻밖의 연구 결과가 나왔습니다. 신화와 철학은 마치 한 가족처럼 비슷하고 닮은 데가 있었어요.

어떤 점이요?

무엇보다 다루는 주제가 같아요. 신화와 철학은 둘 다 이 우주의 기원과 생성 과정에 관한 이야기예요.
신화에는 신들의 계보가 나오죠. 최초의 신에게서 여러 신이 분리되고 탄생하는 이야기가 이어지는데요. 이 신들은 각자가 담당하는 우주적 영역이 있어요. 그러니까 신들이 태어나는 과정은 마치 퍼즐을 맞추듯 우주가 단계적으로 구축되는 과정입니다. 곧 신화의 줄거리가 우주의 기원과 생성 과정인 거죠.

이것은 철학도 마찬가지입니다. 최초의 철학은 우주의 기원을 규정하고 우주가 그 기원에서 어떤 방식으로 생겨나고 운행되는지 자세하게 설명합니다. 이처럼 신화와 철학은 같은 주제를 다루고 있죠.

주제가 같다니 뜻밖인데요.

그것만 같은 게 아니에요. 우주를 바라보는 관점도 같아요. 그러니까 이 우주가 최초의 혼돈 상태에서 점점 조화롭고 질서 잡힌 세계로 발전해 간다고 보는 점에서도 신화와 철학은 닮았어요.

그리스 신화에서 최초의 신은 카오스입니다. 혼돈을 의미하죠. 신들의 탄생을 통해 우주가 형성되는데, 우주를 뜻하는 그리스어 코스모스kosmos는 원래 '질서 잡힌 조화'를 뜻하거든요. 우주는 혼돈에서 조화로 발전해 온 거예요.

앞으로 보시겠지만, 철학에서도 우주는 무질서에서 질서로, 부조화에서 조화로, 융합된 하나에서 분리된 다양성으로 진화하는 것으로 그려집니다. 생성을 이해하는 프레임이 같아요.

닮은 점이 많군요.

그런 유사성에 주목해서 보면 철학은 신화적 주제와 내용을 합리적인 언어로 바꾸면서 생겨났다고 볼 수 있어요. 말하자면 철학은 신화의 자궁에서 잉태되고 태어난, 신화의 자녀인 셈이죠.

최근 연구자들은 그리스의 기적 이론보다 방금 말씀드린 철학과 신화의 연속성 이론에 더 비중을 두는 편이에요.

### 신화의 권위

말씀을 들으니 궁금한 게 있는데요. 둘이 그렇게 닮았다면 왜 굳이 철학은 신화에서 벗어나려 했을까요?

여러 가지 요인이 있는데, 그중 하나는 신화의 권위에 관한 거예요. 기원전 6세기에 이르자 그리스인들은 침체기에서 벗어나 활발하게 활동하기 시작합니다. 상업과 무역이 회복되고 도시가 번창했습니다. 소아시아와 흑해 주변, 또 서쪽으로는 이탈리아까지 활동 반경을 넓혔어요. 게다가 이집트나 메소포타미아 같은 이웃의 부강한 국가들과의 교류도 늘어났죠.

그러다 보니 문화적 접촉이 늘어나고 특히 다양한 민족의 신화도 접하게 되었어요. 문제는 여기서 생기는데요. 이웃 민족의 신은 그리스의 신들과 차이가 있었죠. 이름도 다르고 생김새도 다르고 역할도 다르고, 다 달랐던 거예요.

다른 민족의 신화이니 당연히 그랬을 거 같은데요.

처음에는 이민족의 신이 그리스 신과 같은 존재인데 이름만 다르다고 생각했어요. 가령 역사가 헤로도토스가 쓴 『역사』에 보면, 이집트 사람들이 신의 이름을 다르게 부른다면서 아르테미스를 부파스티스로, 아폴론은 호로스로, 디오뉘소스는 오시리스라고 한다고 소개합니다.

그러나 좀 더 자세히 알고 보니 그렇게 이름만 다른 게 아니었어요. 아폴론과 호로스의 역할, 디오뉘소스와 오시리스의 일대기는 미묘하게 달랐지요. 솔직하게 인정하자면 같은 신이 아니었던 겁니다. 게다가 똑같은 그리스의 신이라도 도시에 따라 모습과 속성을 달리 생각하는 일이 흔했어요. 예컨대 스파르타 사람들은 아르테미스 여신이 사냥의 여신이고 수사슴을 거느리며 활을 쏘는 날렵한 모습이라고 생각합니다. 이와 달리 소아시아의 에페소스인들은 아르테미스가 유방이 많이 달린 풍요의 여신이라고 생각해요.

**이름과 모습과 역할이 다 달랐네요. 그러면 신화를 그냥 그대로 믿기가 좀 어려웠겠는데요?**

그렇지요. 신화는 절대적 진실이라는 믿음에 금이 가기 시작했습니다. 특히 이런 문제에 민감한 지식인들은 노골적으로 회의적인 의견을 표현했어요. 크세노파네스라는 시인이 있습니다. 탈레스보다 한 세대 정도 나중 사람인데, 그는 이렇게 적었습니다.

> 아이티오피아 사람들은 자신들의 신이 코가 낮고 피부가 검다고 말하고, 트라키아인들은 자신들의 신이 눈이 파랗고 머리카락이 붉다

**아르테미스 석상** 왼쪽은 스파르타에서 섬기던 사냥의 여신의 모습이고 오른쪽은 에페소스에서 나온 풍요의 여신상이다. 이름은 아르테미스로 같았지만, 신에 대한 관념과 이미지는 지역에 따라 서로 달랐음을 알 수 있다.

고 말한다.

— 알렉산드리아의 클레멘스, 『학설집』 VII. 22. 1

소, 말, 그리고 사자가 손이 있어서 손으로 그림을 그리고 사람이 만드는 것과 같은 작품을 만들어 낼 수 있다면, 말은 말과, 소는 소와 유사한 신의 모습을 그릴 것이고 각기 자신들의 모습과 같은 형체를 만들 것이다.

— 알렉산드리아의 클레멘스, 『학설집』 V. 109. 3

그는 그리스의 신들이 도둑질하고 간통하고 서로 속이는 등 법도에 맞지 않는 행동을 한다는 점을 비난하기도 합니다. 불멸의 존재가 명예롭지 못한 행동을 한다는 것은 이치에 어긋나는 일이라고 봤어요. 이런 이유로 신화란 도무지 신뢰할 수 없는 거짓이라고 단정 지었죠.

신화에 대한 불신이 꽤 퍼졌겠는데요.

맞아요. 아마 탈레스 시절에도 이런 문제의식이 있었을 겁니다. 탈레스가 활동했던 도시 밀레토스는 국제 무역 도시로 당시 소아시아에서 규모가 가장 컸어요. 여러 민족 사람들이 오갔으니 문화적 상대성을 더 생생하게 접했겠죠. 신화에 대한 불신 역시 커져갔을 겁니다.
신화가 기본적인 세계관이었던 사람들이 신화를 불신하게 되었으니 문제가 컸죠. 뭔가 대안적인 사고 방식이 필요했어요. 이런 상황이 철학의 탄생을 촉진한 한 가지 요인입니다.
철학의 탄생을 자극한 요인을 하나 더 꼽자면, 그리스 특유의 정치 조직인 폴리스$^{polis}$, 곧 도시 국가 체제를 들 수 있습니다.

## 도시 국가와 로고스의 출현

아, 도시 국가요? 도시 국가라는 말도 많이 들었는데, 진짜로 국가가

### 도시 한 개만 했어요?

네, 그렇죠. 도시 국가들은 대개 작은 규모의 정착촌이었습니다. 그래도 엄연한 국가였어요. 자립적인 정치 체제와 경제 체제가 있었고 독자적인 외교권을 가지고 있었으니까요.

주민 규모는 요즘 도시에 비하면 터무니없이 적었죠. 적게는 수백 명, 많게는 수천 명 수준이었습니다. 물론 전성기의 아테네는 20만 명이 넘을 때도 있었지만, 그건 좀 예외적인 상황이고요.

### 그리스 도시 국가가 유명한데, 정말 작았군요.

고대 문명은 대부분 작은 도시 국가에서 출발했어요. 메소포타미아 지역만 해도 우르나 니푸르, 라가시 같은, 역사상 가장 오래된 도시 국가가 있었습니다.

이런 도시 국가들은 차츰 통합되어 큰 규모의 국가로 성장했습니다. 강력한 왕이 여러 도시를 한꺼번에 통치하는 전제적인 고대 왕국이 출현한 거죠. 하지만 그리스는 사정이 좀 달랐어요. 기원전 4세기 마케도니아 왕조가 그리스를 통합하기 전까지 전제적 왕권이 형성된 적이 없어요. 수백 년 동안 독립된 도시 국가들이 유지되었죠.

### 왜 그리스만 그렇게 달랐을까요?

대개 그 원인을 그리스의 지형에서 찾습니다. 그리스는 산악 지형이에요. 북서쪽에서 남동쪽으로 험준한 산맥이 그리스 땅을 가로지르며 바다로 뻗어 있습니다. 높은 산과 협곡이 도시와 도시를 분리하는 자연적인 장벽이 된 거예요. 그래서 도시들을 통합해서 국가를 세우기보다 각자 분리된 채 사는 게 더 효율적이었죠.

초기의 도시 국가들은 대개 소규모 왕국이었어요. 왕과 전사 계급이 통치하는 체제였는데, 이들은 시민의 생명과 재산을 지켜주고, 시민들은 그 대가로 왕에 대한 의무를 졌습니다.

왕에 대한 의무라면 어떤 거죠?

가장 중요한 것은 군사적 의무입니다. 다른 폴리스의 침략을 막아내거나 약탈을 하기 위해 원정에 나서면 시민들이 직접 무장을 갖추고 전투에 임했어요.

그런데 좀 이상하죠? 어차피 군대가 소집되면 시민들이 직접 나가 싸우니 자신의 생명과 재산을 스스로 지키는 셈이거든요. 굳이 왕과 귀족에게 의존할 필요가 없죠. 이런 자각이 생겨나자 시민들은 자신의 군사적 역할에 대한 보상으로 정치적 권리를 요구하게 됩니다. 그 결과 국가의 의사 결정이나 사법적 판단, 종교 행사 등에서 시민의 역할과 권리가 점차 커져 갔습니다.

요즘 식으로 말하면 시민권과 참정권을 강화한 것이네요.

그렇습니다. 시민권이 강화되자 권력의 공공성이 중요한 문제가 되었어요. 왕이라 하더라도 자기 마음대로 통치할 수 없게 된 거예요. 권력자는 시민들 앞에 나와 권력 행사의 정당성을 설명하고 동의를 구해야 했습니다. 그러다 보니 통치를 잘 하려면 말솜씨가 좋아야 했어요.

다수의 동의를 얻으려면 말에 설득력이 있어야 합니다. 그러기 위해서는 주장의 근거가 있어야 하고 합리성과 논리가 필요하죠. 이처럼 도시 국가의 발전으로 합리성을 중시하는 새로운 말하기 방식이 등장합니다. 이걸 그리스어로 '로고스'라고 불러요.

### 다시, 뮈토스에서 로고스로!

로고스라면 '뮈토스에서 로고스로의 이행'이라고 할 때 나오는 로고스인가요?

맞아요. 앞에서는 그냥 신화와 철학이라고 간단히 말씀드렸는데요. 좀 더 어원에 충실하게 살펴볼 필요가 있습니다.

뮈토스는 원래 남에게 전해 들은 말입니다. 듣고 옮기는 말이라서 사실 여부에 관해 책임을 지지 않아요. 호랑이가 팥죽을 좋아한다는 게 사실이 아닌 줄 다 알지만, 그래도 할머니는 그 이야기를 들려주십니다. 할머니도 당신의 할머니에게서 전해 들은 이야기거든요. 그런 식으로 전해지는 이야기가 뮈토스예요.

신화를 뮈토스라고 부르는 까닭은, 시인들이 신에게서 듣고 우리에게 전해주기 때문입니다. 할머니의 옛날이야기와 같은 거죠.
반면에 로고스는 스스로 주장하는 말입니다. 참이라는 사실을 책임지고 입증해야 하는 말이지요. 확신이 없으면 로고스는 말할 수 없어요. 참이라는 걸 입증하려면, 근거를 제시해야 하고 합리성과 논리를 갖추어야 합니다. 이런 언어가 로고스예요.

단순히 신화냐 철학이냐가 아니라, 진리를 입증할 책임이 있느냐 없느냐에 따라 나뉘는군요.

그렇습니다. 다시 앞의 이야기로 돌아가서, 도시 국가에서 공공성의 영역이 확대되자 새로운 화법이 필요해졌어요. 지금까지는 신화의 권위에 의존해서 통치했지만, 이제는 대중을 설득해야 했고 합리성과 논리를 갖추어야 했습니다. 그런 이유로 기존의 뮈토스가 점차 로고스로 바뀌기 시작한 거예요.

현실의 요구를 반영한 결과군요.

그렇죠. 그런데 화법을 바꾸는 건 쉬운 일이 아니에요. 세계를 바라보는 눈도 달라져야 하고 생각도 변해야 합니다. 다시 말해 한 시대의 세계관이 바뀌어야 하는 문제죠. 하지만 그건 정말 어려운 일입니다.
기원전 6세기 그리스인들은 그런 어정쩡한 상태에 있었어요. 기존의 뮈토스는 권위를 잃었을 뿐만 아니라 공공성의 영역에서 환영받지 못했어요. 하지만 마땅한 대안적 세계관도 없었고 로고스적 화법도 낯설기만 한 상태였죠.

신화는 못 믿겠지만, 그렇다고 달리 내세울 논리도 없는 상태였네요. 좀 혼란스러웠겠어요.

그렇습니다. 이런 위기 상황에서 지식인들이 내놓은 대안이 바로 철학이었어요. 신화적 설명 대신 합리적이고 설득력 있는 논리로 이 세계의 기원과 구조를 해명하려 했습니다. 이를 통해 시대가 요구하는 로고스적 세계관을 구축하려 한 것이죠. 철학은 처음부터 신화적 세계관의 대안으로 등장하게 됩니다.

신화와 철학이 같은 주제를 다루는데도 철학이라는 새로운 사유 방식이 필요해진 까닭이 바로 그것이었어요. 그렇게 보면 뮈토스에서 로고스로의 이행이라는 표현이 꼭 틀린 것만은 아니죠. 신화가 차지하던 사유 공간을 철학이 대체했으니까요.

물론 이 이행이 한순간에 이루어진 것은 아닙니다. 당연히 시간이 걸렸죠. 철학은 신화에서 잉태되어 아주 서서히 자라났고 단계적으로 신화에서 벗어나면서 자신의 영역을 구축해 갔습니다. 그 과정이 바로 이 책에서 다루는 고대 그리스 철학의 역사죠. 지금부터 함께 하나하나 살펴보기로 해요.

자연에 관한 실증적 탐구와 예지적 사유의 변증법적 운동이
그리스 철학의 역사를 낳았다.
　　— 장 피에르 베르낭

*02*

# 그리스 철학의 시대 구분

고대 그리스 철학은 대략 550년 동안 펼쳐졌습니다. 기원전 6세기에 시작해서 로마가 지중해의 패권을 장악한 기원전 31년까지가 여기에 포함됩니다. 철학사에서는 이 시기를 보통 셋으로 구분해요. 본론으로 들어가기 전에 이 시기 구분에 대해 간단하게 살펴보고 가는 것이 좋겠어요. 아래 도표를 보시죠.

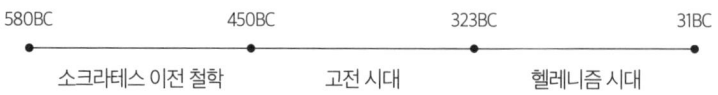

도표에서 보시듯이 고대 그리스 철학사는 소크라테스 이전 시대, 고전 시대, 헬레니즘 시대로 구성됩니다. 각 시기의 특징을 먼저 간단하게 살펴볼까 합니다.

## 제1시기 : 소크라테스 이전 철학

첫 번째 시기는 탈레스의 전성기로 추정되는 기원전 580년 무렵부터 페르시아 전쟁이 끝난 기원전 450년에 이르는 기간입니다. 이때 활동한 철학자들을 보통 소크라테스 이전 철학자라고 부릅니다. 여기서 '이전'이라는 말은 시대가 앞선다는 뜻도 있지만, 사상적 특징이 소크라테스 이후와 다르다는 뜻도 있어요. 아낙사고라스나 데모크리토스 같은 사람은 소크라테스와 동시대 인물이지만, 문제의식과 방법이 이전 세대에 더 가까워서 소크라테스 이전 철학자로 분류합니다.

소크라테스가 유명한 철학자인 것은 알았지만 철학사의 시대를 구분하는 기준일 줄은 몰랐어요. 소크라테스 이전 철학자들의 특징은 어떤 건가요?

무엇보다 신화적 설명을 대체하는 이론, 특히 '자연'에 관한 이론을 제시했습니다. 우주의 기원$^{arche}$과 본성$^{physis}$, 기상 현상과 천문 현상의 원리 같은 문제가 중심 주제였죠. 주로 자연 현상을 탐구했기 때문에 이 시기 철학자들을 자연철학자라고 부릅니다.

재미난 것은 이들이 쓴 책의 제목이 다 같다는 거예요. 그들은 하나같이 『자연의 본성에 관하여$^{peri\ physeos}$』라는 제목을 사용했어요. 어떤 동료 의식 같은 게 있었던 것 같죠? 아쉽게도 이 책들이 모두 소실되어 전해지지는 않지만요.

책들이 다 소실되었군요. 그러면 그 시대 철학에 대해 어떻게 알 수 있나요?

고대에도 철학사 책이나 일반인을 위한 철학 교양서 같은 것이 있었어요. 자연철학자들을 인용하기도 하고 해설하기도 하는데, 이런 후대의 자료를 통해 간접적으로 알게 되었죠.
인용한 글이다 보니 대개 짤막짤막한 조각 글 형태로 전해져서 이 자료를 보통 '단편'이라고 부릅니다. 연구자들이 이 단편을 분석해서 앞으로 우리가 나눌 이야기들을 발굴해 낸 거랍니다.

### 제2시기 : 고전 시대

고대 그리스 철학의 두 번째 시기는 고전 시대입니다. 페르시아 전쟁을 승리로 이끈 아테네가 전성기를 맞이했던 시기예요.
'고전 시대'라는 용어는 원래 미술사에서 나왔습니다. 르네상스 시대에 중세 문명을 훌쩍 건너뛰어 고대 그리스로 복귀하자는 운동이 있었어요. 르네상스인들은 기원전 4세기에 아테네에서 전개된 문화적 성과에 관심을 두었습니다. 이것을 '전형적인 모범'이라는 뜻으로 '클래식classic'이라고 불렀는데, 이 용어에서 '고전 시대'라는 말이 유래했습니다.
이 시대의 주인공들이 바로 소크라테스, 플라톤, 아리스토텔레스 같은 인물입니다.

선배들이 자연철학에 몰두한 것과 달리 이들은 인간의 삶을 문제 삼기 시작했어요. 인간다운 삶, 훌륭하고 좋은 삶은 무엇인지, 그런 삶을 뒷받침하는 이상적인 공동체는 어떤 것인지, 그 안에서 인간은 어떻게 살아야 하는지 하는 문제를 다루었습니다.

자연에서 눈을 돌려 삶을 주제화 한 사람은 소크라테스입니다. 그리스어로 자연을 퓌시스physis라고 하고 인간 사회의 규범을 노모스nomos라고 해요. 그래서 소크라테스가 불러온 철학적 전환을 '퓌시스에서 노모스로의 전환'이라고 부르죠. 이 전환이 고전 시대 철학의 바탕을 제공했어요.

그런 점에서 소크라테스가 그렇게 유명하고 또 시기를 나누는 기준이 되었군요.

소크라테스의 역할도 컸지만, 그 제자들의 활약은 더욱 눈부셨죠. 바로 플라톤과 아리스토텔레스라는 거장이 나타난 겁니다. 그들은 그때까지 알려진 모든 분야의 지식을 통합하여 방대하고 우아한 철학 체계를 세웠습니다. 그들에게서 고대 철학은 절정에 이릅니다. 철학에서 이 두 사람이 차지하는 위상은 말로 표현할 수 없을 정도입니다. 후대의 모든 철학자들은 이 두 사람의 사상과 대결해야 했어요. 특히 중세를 수놓은 그리스도교 철학은 이 둘의 사상을 양축으로 삼아 전개되었습니다. 어찌 보면 철학사는 이들의 사상을 다양하게 변형하며 펼쳐가는 변주곡이라고 할 수도 있어요. 그만큼 철학에서는 비중있는 인물입니다.

## 제3시기 : 헬레니즘 시대

역사학에서는 보통 알렉산드로스 대왕이 사망한 기원전 323년부터 로마의 옥타비아누스가 악티움 해전에서 승리를 거두고 지중해의 패권을 장악한 기원전 31년까지를 헬레니즘 시대로 분류합니다. 이때가 고대 그리스 철학의 마지막 시기예요.

*헬레니즘은 많이 듣긴 했는데, 정확한 뜻은 잘 모르겠어요.*

헬레니즘은 '그리스풍의 문화 양식'이라는 뜻이에요. 알렉산드로스는 지중해와 북아프리카, 인도에 이르는 광대한 제국을 건설하고 그리스의 우수한 문화를 전파했습니다. 그 결과 제국의 영토가 된 동방 각지의 토속적인 관습과 정복자가 가져온 그리스 문화가 융합하면서 새로운 문화 양식이 등장하는데 이를 헬레니즘 양식이라고 부르지요.

*그리스 문화와 다른 지역 문화가 융합된 거군요.*

그렇습니다. 자세한 건 나중에 말씀드리기로 하고 철학에서는 무엇보다 제국 체제가 들어서면서 뚜렷한 변화가 감지됩니다.
우선 관심사가 축소되었어요. 정치적 자유를 잃게 되자 이상적인 공동체에 대한 사유가 맥없이 사라져버립니다. 대신 개인의 내적 평안과 안녕이 주요 주제가 되었습니다. 암울한 시대에 어떻게 하면 내면의 평안을 얻고 행복해질 수 있는가 하는 문제를 주로 다루게 됩니다.

주제 범위가 좁혀지다 보니 예전처럼 다양하고 진취적인 이론이 나오기 어려웠어요. 대신 스승의 가르침을 받아들여 그대로 전수하는 경향이 생겨납니다. 그 결과 자연스레 학파가 형성돼요.

스토아학파나 에피쿠로스학파, 회의주의학파 등이 이 시기의 유명한 학파입니다. 학파들은 안으로는 자신들의 학설을 체계화하며 전수해 나갔고 밖으로는 다른 학파에 대해 우위를 주장하며 논쟁을 펼쳤죠. 이런 논쟁은 스승으로부터 제자에게로 이어지며 수백 년 동안 지속하기도 했습니다. 헬레니즘 시대 철학사는 이런 논쟁의 역사이기도 해요.

**경쟁자가 있다는 건 항상 좋은 자극이 되죠.**

네, 이 시기 철학 유파들에게 꼭 들어맞는 말이에요. 논쟁에서 지지 않으려고 자신의 학설을 더 정교하게 가다듬으며 발전해 나갔으니까요. 대중의 지지를 얻기 위해 더 많이 노력하면서 암울한 시대에 삶의 위로가 되는 철학적 운동을 전개해 갔습니다. 철학이 일상화되는데 큰 공을 세웠다고 볼 수 있어요.

우리는 앞으로 이 세 시기를 나누어 철학사의 굽이 굽이를 살펴볼 것이랍니다. 모쪼록 유익하고 흥미로운 이야기가 되도록 잘 준비할게요. 이제 시작해보죠.

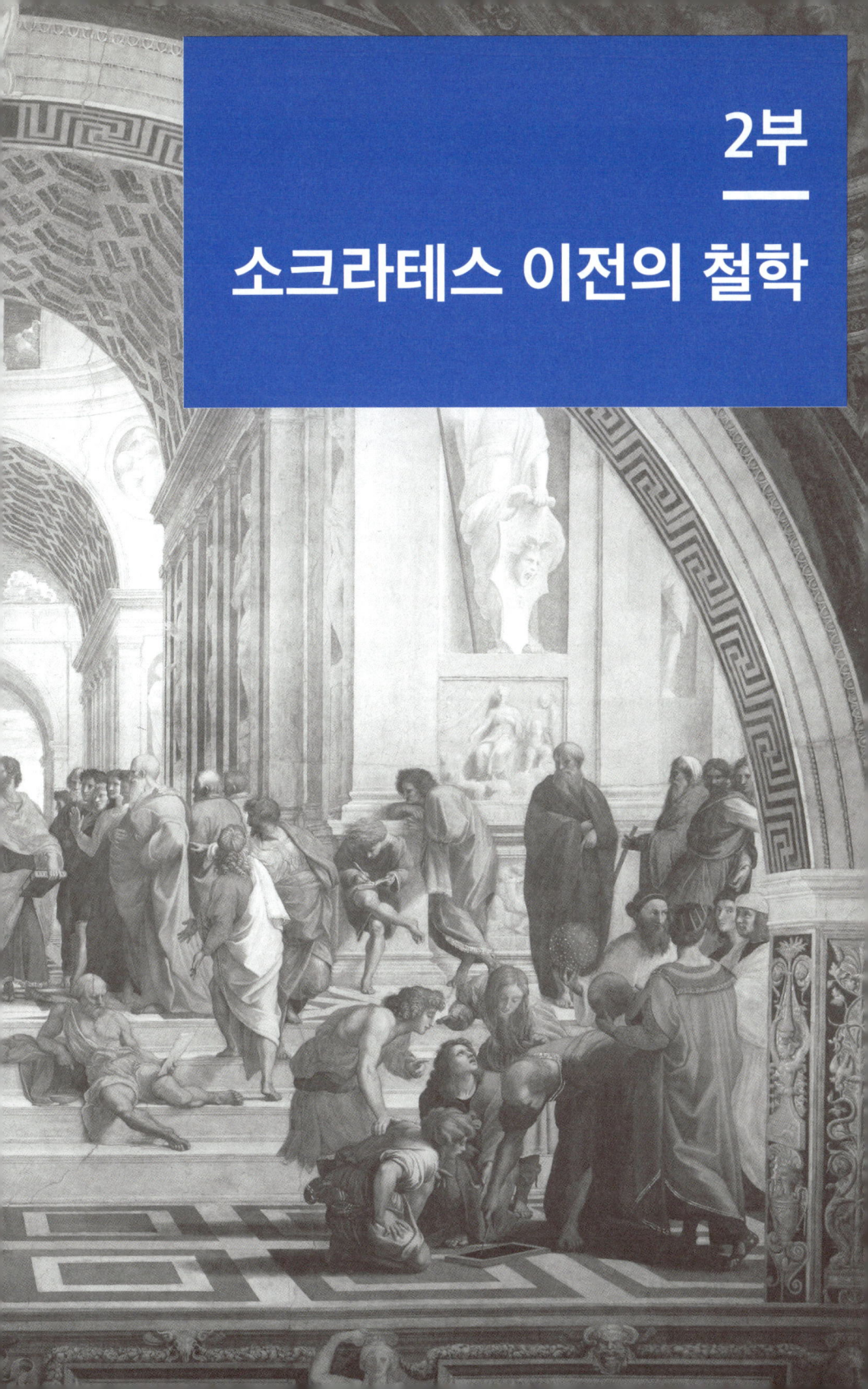

# 2부
## 소크라테스 이전의 철학

모든 인간은 본래 앎을 욕구한다.
그리고 최고의 원리들과 원인들이 최고의 앎의 대상이다.
　　― 아리스토텔레스, 『형이상학』

*01*

**아르케를 찾아서**

고대 그리스 철학에 관해 좀 잘못 알려진 사실이 하나 있습니다. 그리스라는 명칭 때문에 철학이 오늘날의 그리스 영토 안에서만 펼쳐진 것 같은 인상을 받아요. 하지만 고대 그리스는 훨씬 넓은 지역에 걸쳐 있었습니다.

고대에는 지금보다 큰 나라였군요?

지역적으로는 더 넓었지만 그걸 나라라고 하기는 어려워요. 앞에서도 말씀드렸듯이 고대에는 도시 하나하나가 독립적인 국가였거든요. 도시 국가를 포괄하는 별도의 나라는 없었습니다. 그러니까 '고대 그리스'는 어떤 나라가 아니라 그리스 민족이 만든 여러 도시 국가를 합쳐서 부르는 명칭이에요.

■ 그리스 민족 정착 지역

**기원전 6세기 그리스 본토와 식민도시 지역**


그러면 그리스 민족이 지금의 그리스 영토 밖에서도 살았나요?

그렇습니다. 지금의 터키 영토인 이오니아부터 흑해 주변과 이탈리아 남부, 심지어는 아프리카 북부 지역까지 흩어져 살았어요. 그게 모두 고대 그리스에 속한답니다.

이 넓은 지역이 고대 철학의 무대입니다. 그중에서 철학사가 시작된 곳은 지금의 터키 서부 해안인 이오니아의 밀레토스예요. 바로 탈레스의 고향이죠. 그는 젊을 때 여행을 다닌 것을 빼면 평생 고향에서 살면서 여러 제자를 가르쳤는데 이들을 흔히 '밀레토스학파'라고 부릅니다. 철학의 첫 장면이 어떻게 펼쳐졌는지, 밀레토스의 현자들을 통해 알아보겠습니다.

# 01 탈레스

### 신문물의 전도사

탈레스는 최초의 철학자이면서 학파의 창시자이기도 했네요. 직업이 철학자였어요?

당시는 아직 '철학'이라는 용어가 생기기 전이에요. 그러니 철학자라는 직업도 없었죠. 직업적인 철학자는 고전 시대에 와서야 비로소 등장합니다. 그전에는 지식인들이 교양으로 철학을 연구했죠. 탈레스Thales, 기원전 624~546의 직업에 관해서는 기록이 없습니다. 하지만 당시에 존경받는 지식인이었다는 사실은 분명한 것 같아요. 그리스에는 칠현인七賢人으로 불린 사람들이 있습니다. 대중들이 보기에 지혜가 탁월한 사람들의 목록을 만든 건데요. 버전이 여러 가지지만, 언제나 첫 번째 현인으로 뽑힌 인물이 탈레스입니다. 그만큼 높은 평가를 받았어요.

왜 그렇게 인정을 받았을까요?

무엇보다 그가 새로운 스타일의 지식인이었기 때문이에요. 당시 지식인들은 대개 신화적 내용에 정통했지만, 그는 수학과 천문학의 전문가였어요. 그리스인들에게는 낯설고 신기한 내용이었죠.

젊은 시절 탈레스는 여행을 많이 다녔습니다. 그리스 속담에 "여행은 박식함을 낳는다"라는 말이 있어요. 속담처럼 탈레스는 여행을 통해서 새로운 유형의 지식을 쌓았습니다.

특히 이웃 나라인 이집트와 바빌로니아를 오랫동안 돌아다녔는데, 이 두 나라는 당시 세계 최고 수준의 문명국가였어요. 마치 우리 조상들이 중국에 가서 신문물을 배워 오듯이 탈레스도 선진 문명을 접하며 새로운 지식으로 무장했던 거죠. 대표적인 사례가 이집트의 기하학과 바빌로니아의 천문학입니다.

## 경이로운 지식

탈레스가 기하학과 천문학을 그리스에 들여왔군요.

네, 탈레스의 많은 일화가 그와 관련 있습니다. 기하학에 관해 먼저 말씀드리면, 탈레스가 발견한 정리定理, theorem가 여러 개입니다.

① 반원에 내접하는 삼각형은 직각삼각형이다. (탈레스의 정리)

② 원은 지름에 의해 이등분된다.

③ 이등변삼각형의 두 밑각의 크기는 같다.

④ 두 직선이 만나서 생기는 맞꼭지각의 크기는 같다.

⑤ 한 변과 양 끝 각이 정해지면 하나의 삼각형이 결정된다.

### 탈레스가 이걸 다 증명했어요?

그렇지는 않아요. 기하학의 증명 체계는 300년쯤 뒤에 생겨납니다. 다만 탈레스는 이런 기하학적 성질을 실생활에 활용했어요. 가령 그림자 길이를 이용해서 피라미드의 높이를 알아내거나, 삼각형의 닮음을 이용해서 바다 위에 떠 있는 배와 해안선 사이의 거리를 측정했다고 합니다.

원리를 알고 보면 그리 대단하지는 않아요. 이집트에서는 이미 상용화된 기술이었어요. 하지만 이런 게 있는지도 몰랐던 그리스인들에게는 경이롭고 신기하게 보였죠.

### 그리스 사람들은 몰랐으니까 그럴만 하네요.

천문학 분야에서는 더 놀라운 일도 해냅니다. 현대 과학으로 계산해 보면 기원전 585년 5월 28일 오후에 이오니아 지방에 개기일식이 있었는데요. 탈레스가 이걸 예언했어요.

### 대박이에요! 그런 걸 어떻게 다 알아낼까요? 정말 신기해요.

이 역시 바빌로니아의 천문 기술을 적용한 겁니다. 바빌로니아에서는 수천 년 동안 천문 현상을 관측하고 일식이 주기적으로 일어난다는 사실을 알아냈습니다. 탈레스는 이걸 배워와서 그대로 적용했을 뿐이에요.

그런데 탈레스의 예언은 외교적인 사안이 됩니다. 당시 이오니아에 인접한 두 강대국 뤼디아와 메디아가 전쟁 중이었어요. 탈레스는 두 나라의 왕에게 일식을 예언하면서, 일식이 이 전쟁에 대한 아폴론 신의 분노를 나타내는 징표라고 허풍을 쳤습니다. 실제 하늘이 어두워지고 태양이 가려지자 두 나라 왕은 이를 신의 뜻으로 받아들여 전쟁을 멈추었어요.

6년이나 이어지던 분쟁을 해결했으니 당연히 온 이오니아에 소문이 퍼졌겠죠. 이로써 탈레스는 당대 최고의 지식인 반열에 들어가게 되었어요.

### 별 헤는 밤

탈레스에 관해서 가장 유명한 일화도 천문학과 관련이 있어요. 플라톤이 전해주는 이야기인데, 직접 한 번 읽어 볼까요?

> 탈레스의 경우가 좋은 예가 되겠지요, 테오도로스님. 사람들이 말하기를, 그가 천체를 관찰하느라 위만 쳐다보다가 구덩이에 빠지자 재치있는 트라케 출신 하녀가 그를 놀려댔답니다. 하늘에 있는 것

들만 열심히 보다가 바로 자기 발 앞에 있는 것은 보지 못했다고 말이에요.

— 플라톤, 『테아이테토스』 174a

플라톤이 이 이야기를 하는 의도는 이거예요. 그러니까 탈레스처럼 훌륭한 철학자는 근원적인 진리를 사색하기 때문에 시시콜콜한 현실 문제 따위에는 관심을 두지 않는다는 거죠.

이 이야기는 저도 들어 본 것 같아요. 역시 철학자는 뭔가 엉뚱한 천재? 자기 생각에만 집중하고 현실 감각은 좀 떨어지는 것 같아요.

꼭 그렇지만도 않아요. 현실에 집착하지 않을 뿐이지 현실에서 무능하거나 무감각하지는 않아요. 아리스토텔레스는 그런 생각이 잘못된 선입견이라고 지적합니다. 그러면서 그 근거로 탈레스의 일화를 들었어요.
어느 해에 올리브 농사가 흉년이 듭니다. 그때 천문을 살피던 탈레스가 이듬해에는 풍년이 들 것을 알아차리고 올리브 기름 짜는 기계의 사용권을 미리 사버립니다. 흉작이라 가뜩이나 손님도 없는데, 선금을 내고 내년 치를 사겠다고 하니 기계 주인들은 '옳다구나' 하고 헐값에 계약했어요. 예상대로 이듬해에 올리브 농사가 풍년이었습니다. 다들 기름 짜려고 밀려드는데, 기계 사용권을 가지고 있던 탈레스가 비싼 값을 불러 돈을 톡톡히 벌었다는 이야기입니다.

존경받는 지식인이 지식을 이용해서 돈을 벌다니요. 좀 치사해 보이는데요.

농부들이 딱하긴 하죠. 어쨌거나 이 두 에피소드에서 탈레스는 천문학에 정통한 사람으로 나옵니다. 아마 이게 당시 사람들에게 비친 탈레스의 이미지일 겁니다. 낯설고 신기한 지식을 선보인 인물로서 강한 인상을 남겼을 거예요.

### 만물의 근원, 아르케

하지만 철학사에서 중요한 점은 탈레스가 최초의 철학자라는 사실이죠. 다들 아시듯이 "만물의 근원은 물이다"라는 주장을 통해 철학의 첫발을 내디뎠습니다.

드디어 그 유명한 명제가 나왔네요.

여기서 '만물의 근원'으로 번역하는 그리스 말이 '아르케$^{arche}$'입니다. 이 말은 의미가 다양합니다. 시작·시초·기원·근원·근거·원리 등 정말 뜻이 많아요. 그런데 바로 이게 문제입니다. 의미가 너무 많다 보니 정확히 무슨 뜻으로 한 말인지 파악하기가 어려워졌죠.

그러면 탈레스의 의도를 곰곰이 좀 따져봐야 하나요?

그렇죠. 그래서 여러 문헌을 활용해서 해석을 해 봐야 하는데요. 주로 두 가지 정도의 해석이 있습니다.

그중에 첫 번째 것은 아리스토텔레스의 해석입니다. 그는 『형이상학』이라는 책을 썼는데, 그중 한 챕터가 역사상 최초의 철학사예요. 여기서 그는 이렇게 적었습니다.

> 최초의 철학자들 대부분은 질료質料, hyle적인 근원들이 모든 것의 유일한 근원arche이라고 생각했다. 실로 존재하는 모든 것이 그것으로 이루어지며, 그것에서 최초로 생겨났다가 소멸하여 마침내 그것으로 되돌아간다. (…) 탈레스는 그런 철학의 창시자로서 근원을 물이라고 말했다.
>
> — 아리스토텔레스, 『형이상학』 I. 3. 983b

**맨 마지막 줄에 '근원이 물이다'라는 말이 나오네요.**

"만물의 근원은 물이다"라는 명제가 나오는 최초의 글이에요. 이 구절을 통해서 탈레스가 그런 말을 했다는 걸 우리가 알게 된 거죠. 그런데 여기 보시면 아르케는 곧 '질료'라고 설명하고 있습니다. 이게 중요해요.

질료라는 용어가 좀 생소하시죠? 보통은 잘 안 쓰는 말인데, 물질적 재료라고 보시면 돼요. 어떤 걸 만들 때 사용하는 재료요. 그러니까 대리석으로 만든 조각품의 질료는 대리석이고, 빵의 질료는 밀가루이고, 그런 식이죠.

**그러면 탈레스가 말한 아르케는 '우주 만물을 이루는 재료'라는 뜻이군요.**

그렇습니다. 탈레스는 그 재료가 물이라고 본 거죠. 그러면 "만물의 근원은 물이다"라는 말은 '존재하는 모든 것이 물을 재료로 만들어져 있고 나중에 결국 물로 다시 돌아간다'라는 의미가 됩니다. 이게 탈레스 명제에 대한 아리스토텔레스의 해석이에요.

아리스토텔레스는 철학계에서는 제왕에 해당하죠. 그의 말이 곧 진리라고 여기던 시절도 있었습니다. 탈레스에 관한 해석도 그런 대접을 받았어요. 요즘도 탈레스 명제를 이런 뜻으로 알고 계신 분들이 많습니다. 하지만 이 해석에는 몇 가지 문제가 있어요.

**어떤 문제가 있을까요?**

우선 경험하고 잘 안 맞아요. 이 세상에는 물하고는 거리가 먼 물질과 사물이 많거든요. 가령 불을 떠올려 보세요. 물을 부으면 불이 꺼지고, 불에 끓이면 물이 날아가죠. 물과 불은 상극처럼 보인단 말입니다. 그런데 불이 어떻게 물로 이루어져 있다는 건지 이해하기 어렵죠.

**말씀을 듣고 보니 그렇네요.**

다른 문제도 있어요. 아리스토텔레스 해석에서 중요한 개념이 질료인데요. 이게 탈레스 시절에는 아직 없던 말이에요.

두 사람은 시기적으로 대략 240년 정도 차이가 납니다. 아리스토텔레스가 지금 살고 있다면, 탈레스는 조선 시대 정조 대왕쯤 되는 거예요. 시대가 이 정도 차이 나면 쓰는 말이 달라지고 같은 말이라도 뜻이 달라집니다.

'질료'도 그런 말에 해당합니다. 질료가 물질적인 재료라고 말씀드렸는데요. 오늘날 우리는 물질을 정신과 대비시켜서 이해합니다. 정신은 살아 있지만, 물질은 그렇지 않아요. 아리스토텔레스도 그런 식으로 생각했어요.

하지만 탈레스 시절에는 이런 구분이 없었습니다. 그는 물질을 포함한 모든 사물에 영혼이 깃들어 있다고 생각했어요. 정신과 분리된 물질이라는 개념이 없었으니, 아마 '질료'라는 말을 들어도 무슨 뜻인지 몰랐을 겁니다.

마치 정조 대왕이 요즘 쓰는 스마트폰을 모르는 것과 같네요.

바로 그런 문제지요. 그래서 20세기에 접어들어서 연구자들이 새로운 해석을 내놓게 됩니다.


### 아리스토텔레스를 넘어서

여기서는 탈레스가 말하는 아르케를 사물의 시원始原으로 해석합니다. 사물이 생겨난 과정을 역으로 되짚어가면 태초의 근원적인 물에 다다르게 된다는 것이지요.

예를 하나 들어볼까요? 고대 그리스에서는 종이 대신 파피루스 두루마리에 글을 썼어요. 파피루스Papyrus는 이집트 나일강에서 자라는 갈대의 일종입니다. 줄기를 으깨고 엮어 말리면 삼베 헝겊 비슷한 모양이 나와요. 이걸 한 스무 장 정도 이어 붙여서 두루마리를 만들어 썼습니다. '파피루스'라는 단어가 나중에 종이를 뜻하는 '페이퍼paper'의 어원이 되기도 했죠.

이 파피루스 두루마리의 생성 과정을 되짚어 보면 이렇게 됩니다. 파피루스 두루마리는 파피루스 풀草로 만들어요. 따라서 두루마리의 기원은 파피루스 풀이죠. 이 풀은 강가의 진흙에서 자라나니까 그 기원은 진흙입니다. 진흙은 젖은 흙이니 그 기원은 물이라고 할 수 있어요.

여기서는 꼭 재료를 찾는 게 아니라, 무엇으로부터 생겨났는지를 따지는 거네요.

그렇습니다. 우리의 출발은 파피루스 두루마리지만 그 생성 과정을 되짚어가면 끝에는 물이 나오죠. 그런 의미에서 물을 시원이라고 부르는 거예요.

"만물의 시원이 물이다"라는 말은 파피루스 두루마리뿐 아니라 다른 모든 사물의 기원을 더듬어 가면 끝에는 결국 물이 나오게 된다는 의미예요.

그런데 정말 그런가요?

글쎄요. 실제로 그렇지는 않겠죠. 하지만 사실 여부보다 더 중요한 것은 이 생각에 담긴 사고방식입니다.
이 해석에서는 태초에 물이 있었고 여기서 출발해서 다른 사물들이 생겨난다고 봅니다. 이는 신화의 설명 방식과 구조가 같아요. 신화에서는 태초에 카오스가 있었고 거기서 출발해서 다른 신과 그들이 관장하는 우주 영역이 생겨난다고 봐요. 그러니까 처음에 궁극적인 단일성이 있고 여기서 여러 가지 다양성이 생성된다는 생각입니다. 당시 사람들은 신화적 프레임에 익숙했으니까 이런 식으로 사고했을 가능성이 크죠.

**그래도 최초의 시원을 왜 하필 물이라고 했는지 궁금한데요.**

이 해석을 지지하는 연구자들은 신화의 영향이라고 봅니다. 그리스인에게 신화를 전해준 호메로스는 신들의 아버지가 오케아노스이고 어머니가 테튀스라고 말했습니다. 이들은 커다란 바다와 강의 신, 그러니까 둘 다 물의 신이에요. 메소포타미아나 이집트의 고대 신화에서도 태초의 신들은 대개 물의 신이고요. 이처럼 신화는 최초의 시원을 물과 연결짓는데, 탈레스가 이런 생각에 영향을 받았을 거라고 보고 있어요.
이와 관련해서 플루타르코스[Plutarchos, 46~120]가 전한 흥미로운 기록이 있습니다.

> 이집트의 사제들은 그리스의 위대한 두 사람 호메로스와 탈레스로 인해 자부심을 느꼈다. 그들이 이집트에서 만물의 시원이 물이라는 것을 배워 갔기 때문이다.
> ― 플루타르코스, 『이시스와 오시리스Isis et Osiris』 34

여기 보면 탈레스가 이집트 신화의 영향을 받았다고 나옵니다. 그 신화에 따라 최초의 시원을 물이라고 봤다고 설명하는데요. 탈레스의 의도를 파악할 때 주목할 만한 자료입니다.

**그렇다면 탈레스는 물의 신을 그냥 자연의 물로 바꾼 것 아닐까요? 그런 정도라면 과연 혁신적인 사고라고 평가할 수 있을지 좀 의아한데요.**

그렇긴 해요. 그러나 옹알이만 하던 아기가 '엄마', '아빠' 같은 단어 한두 마디만 해도 우리는 아기가 '말을 시작했다'라고 하잖아요. 이 문제도 그런 차원에서 봐야 할 것 같아요.
그러니까 철학이 처음부터 신화에서 완전히 벗어난 형태로 탄생한 것은 아니에요. 어찌보면 그저 신의 역할을 자연 사물로 대체한 수준입니다. 하지만 그것만으로도 의미가 커요.
한 시대가 사물을 바라보는 방식에서 벗어나서 새로운 관점을 찾아낸다는 건 이만저만 어려운 일이 아니거든요. 탈레스는 바로 그런 일을 해냈어요. 모두가 신화에 안주할 때, 사물을 새로운 눈으로 보려고 몸부림쳤던 거죠. 그의 시도 덕분에 인간의 정신은 신화에서 벗어나 합리적이고 이성적인 사유에 눈뜨게 됩니다. 그런 점에서 그를 철학의 창시자로 보는 거죠.

## 땅은 물 위에 떠 있다

그의 합리적 사고 방식을 잘 보여주는 예로 "땅은 물 위에 떠 있다"라는 주장이 있어요.

탈레스가 "만물의 근원은 물이다" 말고 다른 주장도 했었군요.

그럼요. 재미난 이야기가 많아요. 이것도 그중 하나인데, 우선 이런 이야기가 왜 나오는지 배경부터 살펴보면 좋을 것 같아요.
아시다시피 고대인들에게 자연은 두려운 존재였어요. 홍수나 가뭄, 화산, 지진, 해일 같은 건 말할 것도 없고요. 심지어 하늘이 무너지거나 땅이 갑자기 푹 꺼질까 봐 걱정하기도 했죠. .

그런 걸 기우杞憂라고 하죠?

네, 맞아요. 기杞나라 사람이 하늘이 무너질까 봐 걱정했다는 이야기인데, 그리스 사람들도 마찬가지였어요. 그들은 우주가 어떻게 안정을 유지하는지 궁금해했죠.
이번에도 답은 신화에 나옵니다. 신화에 보면, 젊은 제우스가 신들

**아틀라스와 프로메테우스,
기원전 550년경** 아틀라스(왼쪽)는 제우스에 대항한 티탄으로 대지 끝에서 하늘을 받치고 서 있는 벌을 받았다. 그의 형제인 프로메테우스(오른쪽)는 제우스에 반하여 신들의 불을 훔쳐 인간에게 전해준 벌로 기둥에 묶여 독수리에게 간을 뜯기고 있다.

의 제왕 자리를 놓고 티탄들과 전쟁을 벌여요. 티탄을 하나씩 잡아 땅속 깊은 곳 타르타로스에 가두고, 마지막까지 저항한 아틀라스는 대지의 서쪽 끝에서 하늘을 떠받치도록 하는 벌을 내립니다. 아틀라스는 힘으로는 신들 가운데 최강이거든요. 이제 그가 하늘을 떠받치니 하늘은 무너지지 않을 거라고 믿게 되었죠.

역시 신화가 답이군요.

땅의 안정성에 관해서도 마찬가지예요. 당시 사람들이 생각했던 우주는 다음 페이지에 나오는 그림과 같아요.
그림에서 보시면 하늘·대지·지하 세계가 수직 형태로 배열되어 있죠. 하늘에는 신들이 삽니다. 거기서 청동 모루를 떨어뜨리면 9일이 지나야 땅에 닿습니다. 아득히 먼 거리죠. 지표에서 하데스까지의 거리도 그만큼 떨어져 있습니다. 그런데 그게 땅의 끝이 아니고 땅은 그 아래로 계속 뻗어 있어요. 티탄을 가둔 타르타로스를 지나 그 깊이를 알 수 없을 만큼 깊습니다. 이처럼 신화에서는 땅의 뿌리가 가늠할 수 없이 깊어서 우리가 사는 지표면이 푹 꺼지지 않는다고 설명했어요.

역시 신화가 많은 것을 설명해주었군요. 이 정도면 고대 사람들이 안심했을까요?

탈레스는 불만이었죠. 신화가 말하듯 땅이 아래로 깊이 뻗어 있다고 해도 어딘가에는 뿌리가 놓여야 할 겁니다. 그게 무엇인지 신화에는 안 나와요. 따라서 신화의 설명은 땅의 안정성을 보장하기에 부족하다고 봤어요.

이제 철학적 사유를 갓 시작한 탈레스는 땅이 꺼지지 않는 진짜 이유를 밝혀내고 싶었어요. 합리적이고 만족스러운 설명을 통해 신화를 대체하고자 했죠. 그 결과로 나온 것이 바로 "땅은 물 위에 떠 있다"라는 주장입니다.

물은 우주의 근원이자 시원이에요. 그래

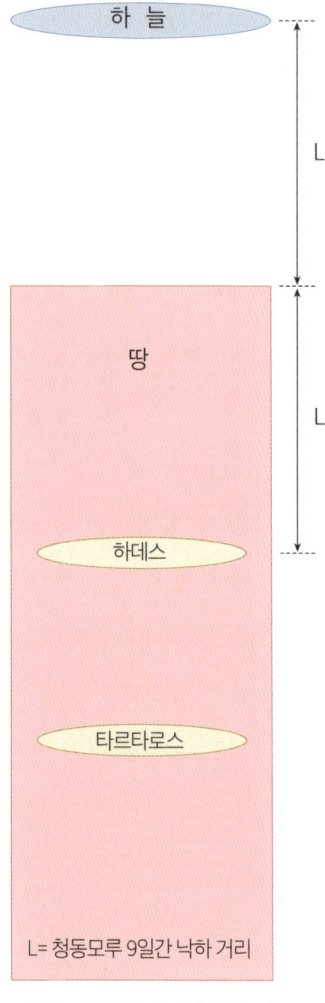

**그리스 신화에 나타난 하늘과 대지의 모델** 하늘과 땅은 청동 모루가 9일 동안 낙하하는 거리 (L)만큼 떨어져 있으며, 이는 지표면에서 하데스까지의 거리와 같다. 땅은 하데스와 타르타로스를 지나 끝없이 뻗어 있어서 꺼지지 않는다고 믿었다.

서 우주의 모든 것을 포괄하고 지탱하는 힘을 갖고 있죠. 땅이 물 위에 떠 있다면, 우주 전체를 떠받치는 근원적 힘에 바탕을 두니까 완벽하게 안정된다고 봤을 거예요. 이게 저 주장이 나온 배경입니다.

땅의 안정성에 대한 설명이군요. 별 뜻 없어 보였는데, 알고 보니 신화적 설명을 대체하려고 내세운 주장이었군요.

네, 맞아요. 그런 사례가 또 있어요. 탈레스는 이런 우주론 모델을 토대로 지진 현상도 설명합니다. 지진은 땅 아래의 물이 출렁여서 그 위에 떠 있는 땅이 요동치는 현상이라고 주장했어요. 신화에서는 지진을 포세이돈의 위협이라고 설명했는데, 이번에도 탈레스는 신화적 설명을 합리적인 이론으로 대체하고 있죠.

### 만물은 신들로 가득 차 있다

이제 끝으로 "만물은 신들로 가득 차 있다"라는 주장을 살펴볼게요. 이것도 역시 아리스토텔레스가 전해준 명제입니다.

> 어떤 이들은 영혼이 우주 안에 섞여 있다고 말하는데, 아마도 그 때문에 탈레스 역시 모든 것은 신들로 충만하다고 생각했던 것 같다.
> ― 아리스토텔레스, 『영혼에 관하여』 I. 5. 411a7

이 말은 좀 의외인데요. 탈레스가 신화를 합리적 설명으로 대체했다고 하셨는데, 여기서는 도로 신에 관한 이야기가 나오네요?

얼핏 신화로 돌아가는 것 같지만, 알고 보면 그렇지도 않습니다. 인용문을 자세히 보시면 탈레스가 영혼과 신을 거의 같은 말로 씁니다. 영혼이 우주에 가득해서 신이 만물에 충만하다고 나오죠. 그래서 먼저 영혼의 의미를 좀 알아봐야겠어요.
오늘날 우리는 영혼을 정신적 활동과 연결짓습니다. 감각하고 사유하고 감정을 느끼고 기억하는 이런 활동이 모두 영혼의 소관이라고 여기죠. 그러나 고대 그리스에서는 좀 달랐어요.

아까 말씀하신 질료 개념처럼 이것도 시대에 따라 뜻이 달라진 것이네요.

그렇습니다. 우선 가장 오래된 영혼 개념은 호메로스의 『일리아스』에 등장합니다. 여기서 영혼이 하는 역할은 딱 하나인데, 사람이 죽을 때 그의 몸을 떠나는 거예요. 생과 사를 가르는 기준이죠. 영혼이 몸 안에 있으면 살고 그것이 떠나면 죽어요. 이런 의미에서 영혼을 생명의 원리라고 부를 수 있습니다.
탈레스는 호메로스보다 200년 정도 나중 사람이지만, 영혼 개념은 거의 같아요. 살아 있는 것을 살아 있게 한다는 거죠.
그런데 그리스적 관점에서 살아 있다는 건 '스스로 움직인다'라는 뜻이에요. 사람이나 동물은 물론이고요, 불어오는 바람이나 출렁이는 파도도 스스로 움직이죠. 그래서 이런 것들도 살아 있고, 살아 있으니 영혼을 가지고 있다고 봐요. 심지어 탈레스는 자석도 살아 있다고 봅니다.

쇳조각을 끌어당기는 그 자석요?

그렇습니다. 좀 엉뚱해 보이겠지만, 이 구절을 한번 보시죠.

> 탈레스는 영혼이 사물을 움직이게 하는 무엇이라고 생각했던 것 같다. 그는 자석이 철을 움직이게 한다는 사실에 근거하여 자석이 영혼을 가지고 있다고 말했기 때문이다.
> ― 아리스토텔레스, 『영혼에 관하여』 I. 2. 405a19

간단히 말해 움직이고 변하는 것은 모두 살아 있고 영혼을 가지고 있다는 말이죠.
그런데 잠시 생각해봐요. 세상에 움직이지 않고 변하지 않는 게 있을까요? 가만히 머물러 있는 것처럼 보이는 바위도 세월이 흐르면 닳고 쪼개져서 조약돌이 되고 모래알이 되잖아요. 그렇게 생각하면 이 우주의 모든 것이 움직이고 변화합니다.
그래서 탈레스는 우주 만물이 모두 살아 있고 영혼을 가졌다고 생각하게 된 겁니다.

앞에서 영혼이 신과 거의 같은 뜻이라고 하셨는데요, 그러면 제우스

*01 아르케를 찾아서*

**나 아폴론 같은 신이 영혼이라는 말씀인가요?**

그게 조금 차이가 있어요. 물론 신화가 있었지만, 그리스인들이 신을 체험한 방식은 꼭 신화만 있었던 건 아닙니다.

그리스인들이 자주 쓰는 표현 가운데 "이것은 신적이다"라는 말이 있어요. 특별한 경험을 할 때마다, 놀랍고 경이로운 것들을 만날 때마다 '신적이다'라고 표현합니다. 황무지에 피어난 꽃을 볼 때도, 그 꽃에 맺힌 영롱한 이슬방울을 볼 때도, 천둥 번개나 폭풍우처럼 압도적인 자연 현상을 볼 때도 그것을 '신적이다'라는 말로 나타냈습니다.

이런 경험이 바탕이 되어서 나중에 인격화된 신을 지어내게 된 거죠. 신은 근본적으로는 자연에서 마주하는 경이로운 힘을 나타냅니다. 사물에 작용해서 다양한 모습으로 변화를 일으키는 힘 말이에요. 그런 점에서 신과 영혼이 같은 의미였던 거예요.

**그러면 '만물이 신들로 가득 차 있다'라는 말은 만물이 모두 살아 있다는 것을 의미했겠네요.**

그렇죠. 우주 만물이 매 순간 활기차게 생성 소멸하면서 변하는 모습을 보고, 그것들이 모두 살아 있으며 그 배후에는 어떤 경이로운 힘이 작용한다는 생각을 하게 된 거예요. 그 힘을 '신'이라는 말로 나타낸 것이지요.

결론적으로 '만물이 신들로 가득 차 있다'라는 말은 자연 현상에 깃든 경이로운 힘의 존재를 표현하고 있습니다. 물론 탈레스가 그 힘의 정체를 충분히 밝혀내지는 못했어요. 그가 체험한 힘이 무엇이고 어떻게 작용하는지를 알아내는 것은 그의 후배들의 몫으로 남게 되었죠.

이렇게 해서 우리는 철학이 처음 등장하던 장면을 알아 봤습니다. 충분히 합리적이지도 않았고 신화의 영향에서 멀리 벗어나지도 못했지만, 그래도 로고스적 사유의 단초를 보여주었다는 점에서 의미를 찾을 수 있겠습니다.

탈레스의 사유는, 비유하자면, 깊은 숲 속에서 떨어지는 작은 물방울 수준이었어요. 하지만 이런 방울이 모여 거대한 강을 이룹니다. 실제로 그리 멀리 가지 않아도 그 강은 모습을 드러냅니다. 바로 그의 제자 세대들이 스승을 뛰어넘는 탁월한 이론을 만들어 냈거든요. 이제 그들을 만나보겠습니다.

# 02 아낙시만드로스

### 밀레토스의 현인

탈레스에 이어 밀레토스의 철학 전통을 이은 인물은 아낙시만드로스Anaximandros, 기원전 610~546 입니다. 탈레스보다 14살 아래였는데, 친척이라는 말도 있고 제자라는 말도 있습니다.

그는 자연을 탐구하고 책을 펴낸 최초의 인물입니다. 제목이 『자연에 관하여peri physeos』예요. 앞에서도 말씀드렸듯이 이후의 자연철학자들도 자기 책에 바로 이 제목을 붙이게 됩니다. 그런 점에서 자연철학의 학문적 전통을 창시한 인물이라고 볼 수 있어요.

그의 책은 특이하게도 운문이에요. 전통적인 서사시 운율로 되어 있어요. 철학책이 운문이라는 게 어색해 보이지만, 당시에는 산문보다 운문이 더 익숙했기 때문에 지식인들은 대개 운문으로 책을 썼어요. 산문은 개인적인 편지글이나 공식적인 기록 정도에만 쓰였죠. 아무래도 서사시 양식으로 쓰면, 신화적 분위기도 나고 권위와 아우라가 있다고 느꼈을 거예요.

그 책도 역시 소실되었나요?

네, 다른 자연 철학자들의 책과 마찬가지로 소실되었고요. 인용문이나 간접 자료만 전해집니다.

이야기를 시작하기 전에 「아테네 학당」에서 그를 잠시 보고 가죠.

왼쪽 아래에 한 무리의 학자가 모여 있죠. 커다란 책에 무엇인가를 열심히 적고 있는 사람이 피타고라스이고 그 뒤에 있는 사람이 아낙시만드로스예요. 왼쪽은 그를 확대한 그림입니다. 노안이 온 것 같죠? 미간을 찌푸려 피타고라스의 메모를 보며 자신도 무엇인가를 적고 있어요.

**아낙시만드로스** 「아테네 학당」 부분

라파엘로의 그림에서는 무리의 주변에 놓여 존재감이 좀 떨어져 보입니다. 이점은 좀 아쉬워요. 아낙시만드로스의 철학적 위상을 생각하면 그렇게 대우받을 일이 아니거든요.

그는 그리스 천문학의 틀을 세운 사람입니다. 가장 중요한 주제인 우주 생성 이론과 우주 순환론의 창시자예요. 게다가 천체의 궤도라는 개념을 수립해서 기하학적 우주론을 창안하기도 했죠.

그의 이론은 탈레스보다 훨씬 풍부하고 완성된 체계를 갖추고 있어요. 그래서 어떤 연구자들은 탈레스는 철학의 상징적 창시자일 뿐이고 아낙시만드로스야말로 진정한 창시자라고 보기도 합니다.

*01 아르케를 찾아서*

### 아페이론

청출어람이라고, 스승을 넘어섰던 모양이네요. 그래도 후계자니까 역시 만물의 아르케에 관해서 탐구했겠죠?

그렇죠. 아르케가 모든 것의 근원이자 시원이니 당연히 거기서 이론이 출발해야죠. 그런데 아낙시만드로스는 좀 독특한 용어를 사용합니다. '아페이론apeiron'이 만물의 아르케라고 말했거든요.

'아페이론'이요. 저는 처음 들어요.

그리스 단어인데 합성어입니다. '아a-'는 접두사로 부정의 의미를 나타내요. 가운데는 '페라스peras'라는 말에서 왔는데, 페라스는 '경계', '한계' 등을 뜻합니다. 끝에 붙은 '온-on'은 '~한 것'이라는 말이에요. 그래서 이 셋을 합치면, '경계가 없는 것' 혹은 '한정되지 않은 것'이라는 뜻이 되죠.

| a | + | peras | + | on | = | apeiron |
|---|---|---|---|---|---|---|
| 부정<br>결핍 | | 한계<br>경계 | | ~인 것 | | 한정되지 않은 것<br>경계가 없는 것 |

어렵네요. 아직 잘 모르겠어요.

네, 그러실 겁니다. 아페이론의 의미를 부연해서 우리에게 알려준 사람은 이번에도 아리스토텔레스예요. 그는 양적 측면과 질적 측면으로 나누어서 그 의미를 풀이해 줍니다.

우선 아페이론은 양적 측면에서 한계가 없다는 뜻이에요. 시간상으로 시작과 끝이 없이 영원히 존재하고, 공간상으로 온 우주에 걸쳐 무한히 펼쳐져 있는 어떤 것이라고 해요.

두 번째로는 질적인 측면에서 볼 때, 아무런 특징이 없다는 뜻이에요. 색도 없고, 무게도 없고, 온도도 없고, 보이지도 않고, 만져지지도 않고, 이동하지도 않아요. 이렇다 혹은 저렇다 하고 딱히 규정할 수 없는 어떤 것이라고 설명합니다.

음, 그게 뭘까요? 아직도 좀 아리송해요.

아페이론의 예를 떠올릴 수 없기 때문에 더 그러실 거예요. 여기서 잠시 아페이론이 나온 배경을 살펴보는 게 좋겠어요.

그리스인들은 기본적으로 '무無로부터는 아무것도 생기지 않는다nihil ex nihilo!'라고 믿었습니다. 생겨나는 것은 반드시 다른 무엇으로부터 생겨나야 해요.

이런 생각은 신화에도 투영되어 나타납니다. 신들에게는 계보가 있죠. 신들은 모두 부모가 있어요. 제우스는 크로노스와 레아의 아들이고, 크로노스는 우라노스와 가이아의 아들입니다. 무로부터 태어난 신은 없어요.

여기까지는 괜찮지만 이게 조금만 더 들어가면 문제가 있어요. 계보를 계속 거슬러 올라가면 언젠가는 최초의 조상이 나타나야 하거든요. 그리스 신화에서는 그게 카오스라고 말하죠. 문제는 그 카오스는 어떻게 생겨났느냐는 데 있어요.

그렇네요. 카오스의 부모는 없으니까요.

카오스가 최초의 신이니 그보다 이전에는 아무것도 없었을 거란 말이죠. 그러면 카오스는 무로부터 생겨났을까요? 그리스인들이 보기에 그건 불가능해요. 무로부터는 아무것도 생겨나지 않으니까요. 이 문제에 대해 그리스 신화가 내놓은 답은, 카오스가 태초부터 존재하고 있었다는 겁니다. 즉 최초의 존재는 시간상에 놓인 것이 아니라 영원이라는 차원에서 존재한다는 거죠. 이게 그리스적 사고방식입니다.

모든 존재의 최초의 근원은 생겨난 것이 아니라 원래부터 있었다, 그런 발상이군요.

그렇죠. 지금 아낙시만드로스도 그런 식으로 사고하는 겁니다. 우주가 있다면 그것의 근원 내지 시원, 즉 아르케가 있어야 합니다. 우주 만물이 그 아르케에서 생겨난 것이니, 아르케는 우주 만물 중의 하나일 수는 없어요.
그러면 그게 무엇이냐? 말로는 표현할 수 없습니다. 말로 표현할 수 없으니까 그 이름이 '아페이론'입니다. 하지만 그게 없다면 우주가 무로부터 생겨난 셈이 되니 이치에 맞지 않아요. 따라서 아페이론은 처음부터 존재했음이 확실합니다.

'딱히 뭐라고 할 수는 없지만, 하여튼 뭔가가 있어서 그것으로부터 이 우주가 생겨나게 된 그 무엇'이 있어야 합니다. 그게 바로 '아페이론'이에요.

그러니까 아페이론은 신화로 치자면 최초의 신에 해당하는 그 무엇이네요. 뭐라고 말로 표현할 수 없는 최초의 것, 그런 의미네요.

네, 최초의 것일뿐더러 그로부터 우주가 생성되는 근원적인 것을 말하죠. 카오스에서 신들이 유래하듯이, 아페이론으로부터 장차 우주 만물이 생성되어 나옵니다. 그런 점에서 아페이론은 '생성의 힘을 가진 최초의 근원적인 무엇'이라고 이해하는 것이 적절하지 않을까 싶습니다.

### 우주의 생성

그러면 딱히 뭐라고 말할 수는 없지만, 아페이론이라는 게 있고, 거기서 우주가 생겨 나온다, 그렇게 되겠어요.

그렇지요. 그래서 이번에는 아페이론에서 우주가 어떻게 만들어지는지 그 과정을 묘사합니다. 이게 그리스 자연철학에서 최초로 등장하는 우주 생성 이론입니다.

아낙시만드로스에 따르면 우주는 두 단계로 형성됩니다. 먼저 아페이론에서 대립자가 분리되어 나오고 다음 단계에서 이 대립자들이 결합하여 우주가 생성됩니다.

아페이론에서 우주 만물이 바로 나오지 않고 대립자를 거쳐 형성된다는 말이군요. 여기서 대립자는 뭘 말하나요?

전통적으로는 물·불·흙·공기, 이렇게 4가지의 원소라고 생각합니다. 이 해석도 아리스토텔레스가 처음으로 제시했는데요. 연구자들도 대체로 동의하는 편이에요.

물·불·흙·공기는 신화시대부터 우주의 기본적인 구성 원소라고 여겨 왔어요. 아낙시만드로스는 이런 전통적 견해를 그냥 받아들입니다. 그래서 아페이론에서 대립자가 어떻게 나오는지는 아무런 설명도 하지 않았어요. 그저 당연하다는 듯이 대립자를 끌어들입니다. 이런 면이 좀 미흡하긴 하지만, 대신 대립자가 출현한 이후의 우주 생성 과정은 상세하게 설명합니다.

본격적인 우주 생성론이네요. 대립자에서 구체적인 사물이 어떻게 만들어질까요?

그 첫 단계에서는 4가지 대립자가 자기 자리를 찾아갑니다. 가벼운 것은 위로 올라가고 무거운 것은 아래로 내려와요.

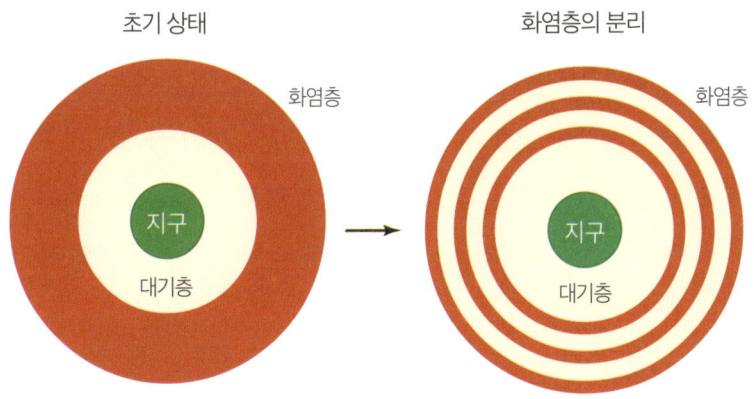

**초기 우주와 불의 고리**

흙과 물은 무겁고 불과 공기는 가벼워요. 흙과 물은 무거워서 아래로 내려와 우주의 중심인 지구가 됩니다. 그 둘레로 가벼운 공기가 에워싸며 대기층이 형성되고, 그 보다 더 가벼운 불이 가장 바깥에서 전체를 둘러싸며 화염층을 이룹니다. 이게 우주의 초기 상태예요.

그림에서 왼쪽이네요. 그런데 위와 아래는 어떻게 정해져요?

지구가 놓인 우주의 중심 방향이 아래쪽, 중심에서 멀어지는 방향이 위쪽입니다. 그래서 우주의 초기 상태는 나무 단면처럼, 다소 평면적인 둥근 고리 모양이라고 생각했던 것 같습니다.
초기 상태의 우주는 이제 다음 단계로 변화해 갑니다. 변화를 주도하는 요소는 수증기예요. 지표면에 있던 물이 증발해서 대기 속으로 수증기가 섞여 들어갑니다. 이로 인해 초기 우주에 균열이 생기는데요. 가장 먼저 화염층의 불덩이가 앞 페이지의 오른쪽 그림처럼 3개의 고리 모양으로 분리돼요.
그 고리들 각각을 촘촘한 증기가 에워싸면서, 마치 자전거 바퀴와 같은 구조의 원형 고리가 만들어져요. 자전거 바퀴는 고무 타이어 속에 바람이 들어 있잖아요. 그처럼 증기로 된 바퀴 속에 불이 들어 있게 된다는 거죠.

그림에서 보이는 불의 고리 각각을 증기가 둘러싸는군요.

그렇습니다. 증기로 둘러싸인 불의 고리는 지구를 중심으로 동심원 형태로 배치돼요. 아낙시만드로스는 불을 에워싼 증기가 약간 느슨한 부분에 구멍이 뚫려서 안에 갇힌 불빛이 새어 나오는데, 그게 바로 해, 달, 별 같은 천체라고 말했어요.

마치 타이어에 난 구멍으로 바람이 나오듯이,
공기층의 구멍으로 불빛이 새어 나온
것이 천체네요.

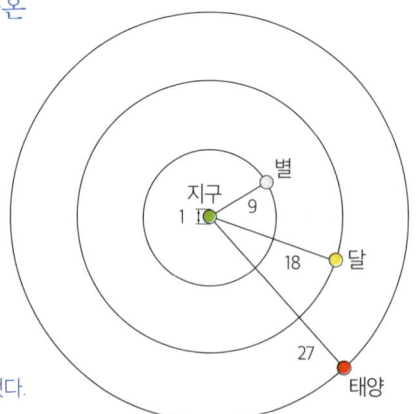

**천체의 궤도 반지름** : 아낙시만드로스는 별, 달, 태양의 궤도가 지구로부터 지구 지름의 9배, 18배, 27배만큼 떨어져 있다고 생각했다.

그렇습니다. 기발한 설명이죠? 여기서 불의 고리는 천체가 지나가는 길이 됩니다. 그게 바로 궤도입니다. 아낙시만드로스는 천체의 궤도라는 개념을 맨 처음으로 제안한 사람이에요.

궤도 개념을 바탕으로 그는 우주론을 기하학적으로 구성했습니다. 먼저 천체들의 궤도를 원으로 보고 그 중심을 지구로 잡아요. 말하자면 천체들은 지구를 중심으로 동심원 궤도를 이룹니다.

3개의 고리 가운데 가장 안쪽 고리가 별, 중간이 달, 바깥쪽이 태양입니다. 우리가 아는 순서와 좀 다르죠? 그런데 중요한 점은, 각 고리는 지구로부터 각각 지구 지름의 9배, 18배, 27배 거리만큼 떨어져 있다고 해요. 비율이 1 : 2 : 3이 되게끔 설정한 겁니다. 그래서 우주의 형태와 거리 등이 기하학적 조화를 이룬다고 봤죠. 이런 기하학 모델이 이후 그리스 천문학의 기본 바탕을 이루게 됩니다.

### 지구, 우주의 중심

아주 단순한 천동설 모형이에요.

맞아요. 이 모델의 중심이 지구인데요. 아낙시만드로스는 지구의 모습에 대해서도 독특한 이론을 내놓았어요.

특이하게도 그는 지구가 납작한 원기둥이라고 생각했습니다. 지름이 높이의 3배라고 해요. 마치 장기알 같죠. 그 위쪽 면이 지표로, 우리가 사는 땅과 바다가 놓여 있습니다.

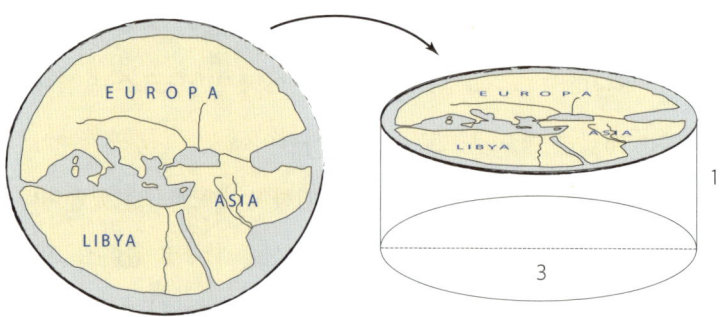

**아낙시만드로스의 세계 지도(왼쪽)와 지구 모델(오른쪽)**

위의 그림을 잠시 보시죠. 왼쪽에서 보시는 것은 세계 지도인데, 인류 최초로 세계 지도를 그린 인물이 바로 아낙시만드로스예요. 지표면은 이 지도와 같이 되어 있고, 이게 원기둥의 위쪽에 놓여 있다고 생각했습니다.

원기둥 지구라니, 정말 특이하네요. 그런데, 탈레스는 지구가 물 위에 떠 있다고 했잖아요. 아낙시만드로스는 지구가 어디에 놓여 있다고 봤나요?

그에 관한 아낙시만드로스 대답이 좀 놀라워요. 지구가 공중에 떠 있다고 했거든요. 오늘날은 다 아는 상식이지만 당시에는 상상을 초월하는 이야기죠. 땅을 받치는 게 아무것도 없다는 말이니까요.

그러면 공중에 떠 있어도 땅이 무너지지 않는다는 말인데, 어떻게 그런 발상을 할 수 있었을까요?

아리스토텔레스가 그에 대한 답을 제공해 줍니다.

> 아낙시만드로스는 지구가 원형의 불의 고리 중심에 자리 잡고 있어서 균형을 이루며 머물러 있다고 말했다. 왜냐하면 원주 상의 모든 점과 균등한 관계에 있는 것은 위나 아래로나 좌우 어느 한쪽으로 움직이는 것은 적절하지 않고, 반대쪽으로 동시에 움직일 수도 없어서 머물러 있어야만 하기 때문이다.
> ― 아리스토텔레스, 『천체에 관하여』 II. 13. 295b

부연하면, 우주가 동심원을 이루는 3개의 고리로 되어 있는데, 그 중심이 지구잖아요? 원의 중심은 원주 상의 모든 점으로부터 같은 거리에 있지요. 따라서 완벽한 균형을 이루니까 어느 한쪽으로 치우칠 수 없다는 이야기입니다.

### 원의 중심은 움직일 수 없나요?

지구가 조금이라도 옆으로 움직인다면, 원의 중심이 이동하니까 수학적 균형이 무너집니다. 기껏 기하학적 모델을 만들었는데, 균형이 무너지면 소용없게 되죠. 그런 이유로 원의 중심이 이동할 수 없다고 봤을 겁니다.

수학을 우주론에 도입하면서 비례·조화·균형 같은 개념들이 중요해졌어요. 이런 새로운 개념 덕분에 신화에 나오는 그 깊은 땅의 뿌리를 과감히 잘라내고, 장기알 모양 지구를 생각할 수 있었죠.

### 우주의 탄생과 죽음

아낙시만드로스 우주론의 또 다른 주제로 우주 순환론이 있습니다. 그에 따르면 생성된 우주는 언젠가 소멸해서 다시 아페이론으로 돌아가며 이 과정은 영원히 되풀이됩니다.

우주가 순환한다는 말이군요. 이것도 특이한 발상이네요.

그리스인들은 우주가 시간적으로 영원하다고 믿었어요. 시작도 끝도 없다는 거죠. 하지만 현실 우주는 끝없이 변화하니까 이렇게 변하다 보면 언젠가 우주가 소멸한다고도 생각했죠. 이 두 가지 생각을 종합해서 나온 게 바로 우주 순환론이에요. 소멸된 우주가 다시 생성되어야 영원할 수 있으니까요.
아낙시만드로스에서 흥미로운 건 우주 순환의 이유예요.

> 원소들로부터 있는 것들의 생성이 있게 되고, 다시 원소들로 돌아가는 소멸도 필연적으로 일어나게 된다. 왜냐하면 그것들은 자신의 불의에 대한 벌과 배상을 시간의 질서에 따라 서로에게 지불하기 때문이다.
> ─ 심플리키오스, 『아리스토텔레스 「자연학」 주석』 24. 13

여기 보면 '불의不義'라는 말이 나오는데요. 정의롭지 못하다는 뜻의 말로 원래는 사회적 관계에서 쓰는 말이죠. 그런데 아낙시만드로스는 이걸 자연 현상에 적용합니다.

### 여기서는 불의가 무슨 뜻이죠?

그가 말하고자 하는 건 이런 거예요. 4가지 대립자가 결합하여 사물이 생기는데요. 사물의 종류에 따라 대립자의 혼합 비율이 다르겠죠. 가령 구름을 생각하면, 구름 속에는 가벼운 물질인 공기나 불은 많지만, 흙이나 물은 적겠죠. 이런 비율의 불균형을 '불의'라고 부르는 겁니다.

흥미로운 것은 불의의 대가로 벌을 받고 배상을 치러야 한다는 주장이에요. 이 말이 뜻하는 바는 비율이 높았던 물질은 줄어들고, 반대로 비율이 낮았던 물질은 늘어나야 한다는 거예요. 다시 구름의 예로 돌아가면, 구름 속에서 비율이 높았던 공기와 불은 불의의 대가로 주도권을 물에게 넘겨주고, 그 결과 구름은 습기를 머금었다가 끝내 비가 되어 땅으로 내려옵니다.

이처럼 '불의'를 바로잡는 과정이 진행되기 마련인데, 이게 자연의 변화가 일어나는 이유라고 설명했습니다.

### 대립자의 지배권이 순환한다는 말인데, 그걸 벌과 배상이라고 표현한 점이 인상적이에요.

그 점이 재미나죠. 역시 사회적인 관계에서나 쓰는 말인데, 그걸 가져와서 자연 현상을 설명하니까요. 일부 연구자들은 당시에 자연과 사회라는 두 영역의 구분이 불확실해서 그렇다고 보기도 하는데요. 저는 그렇게 해석하기보다는 비유적인 표현이라고 보는 게 좋을 듯싶어요.

여하튼 불의와 그에 대한 벌과 배상이 반복되면서 변화가 일어나고, 결국에는 사물이 필연적으로 소멸에 이릅니다. 그래서 사물이 해체되면 우주가 소멸하고 다시 아페이론으로 돌아갑니다. 하지만 아페이론은 생성 능력이 있기 때문에 다시 대립자가 생겨나고 우주 생성 단계를 되풀이하게 됩니다. 이게 아낙시만드로스의 우주 순환론이에요.

### 인간의 기원

지금까지 우주론을 쭉 살펴봤는데요. 이번에는 생명과 인간의 기원에 대한 이론도 잠시 보기로 하죠.

요번에는 생물학인가요? 하긴 생물도 우주의 한 부분이니까 우주의 생성 과정과 연결되겠어요.

인간의 기원은 모든 신화에도 다 나오는 중요한 주제입니다. 기원을 이해하는 것은 삶의 의미와 방향을 찾는데 꼭 필요하죠. 어쩌면 신화나 철학이나 결국에는 인간이 어떻게 시작되었고 어떻게 살아야 하는지를 알아내려는 노력일지도 몰라요.

아낙시만드로스는 신화적인 설명 대신 자신의 우주 생성론의 일부로 생명과 인간의 기원을 밝혀 나갔어요. 그에 따르면 태양의 온기와 습한 요소가 결합하여 생명체가 생겨납니다. 최초의 생명체는 바다 생물이에요. 껍질에 가시가 가득한 물고기인데, 이게 나이가 들어서 땅으로 올라왔다고 합니다.

오, 신기해요. 바다에서 생명체가 시작되었다는 건 오늘날 과학에서도 하는 이야기 아닌가요?

네, 세부적인 것을 비교할 바는 아니지만, 큰 틀에서는 비슷하죠. 문제는 그런 물고기의 배 속에서 인간이 처음 생겨났다는 거예요.

> 아낙시만드로스는 처음에 사람들이 마치 상어처럼 생긴 물고기 안에서 태어나 길러졌고 충분히 자활할 수 있게 되자 그때 밖으로 나와 땅으로 갔다고 주장했다.
> ─ 플루타르코스, 『향연』 VIII. 8. 4. 730e

사람이 물고기 뱃속에서 나고 자라다가 육지에 오게 되었다는 말이네요? 어쩐지 사람의 진화 과정을 설명하는 것 같은데요?

그렇게 보는 연구자도 있는데요. 아직 생물 종種의 개념이 없던 시절이니 종의 변이를 생각할 수가 없었겠죠. 그래서 진화론으로 보는 것은 좀 과한 해석일 것 같아요.

아낙시만드로스는 생물이 처음 생길 때부터 현재 모습과 같았다고 생각했을 거예요. 인간도 역시 처음부터 지금과 같은 상태라고 봤을 겁니다.

그런데 앞서 보셨듯이 모든 생물이 바다에서 살다가 올라왔다는 게 그의 입장이에요. 하지만 인간은 바다에서 오랜 시간 지낼 수가 없잖아요. 그래서 아낙시만드로스는 인간이 큰 물고기의 뱃속에서 생겨나고 지내다가 나중에 그 물고기가 땅 위로 올라와 적응을 끝마친 후에 인간도 물고기 뱃속에서 나와 지상 생활을 시작했다고 봤던 것 같아요.

말씀을 듣고 보니, 아낙시만드로스가 참 여러 분야에 걸쳐 뛰어난 이론을 많이 세웠네요. 자연철학의 진정한 창시자, 철학의 제2의 창시자라고 부르는 이유를 알 것 같아요.

우리에게 전해진 문헌 기록으로 미루어볼 때, 그 이전에는 이런 문제를 다룬 사람이 없었거든요. 그야말로 이론의 황무지에서 눈부신 창의성을 발휘하여 종합적인 체계를 만들어 냈죠. 그의 노력을 통해 합리적 사유는 신화로부터 한 걸음 더 벗어날 수 있었고, 철학의 길이 더 탄탄하게 다져졌던 겁니다.

# 03 아낙시메네스

### 생동하는 도시, 밀레토스

세 번째로 소개해드릴 밀레토스학파의 주인공은 아낙시메네스$^{Anax-imenes}$, 기원전 585~528 입니다. 그의 삶에 대해서는 알려진 바가 거의 없습니다. 아낙시만드로스의 제자라는 게 전부에요.

그는 탈레스가 일식을 예언했다는 기원전 585년에 태어났습니다. 그때 탈레스는 40세, 아낙시만드로스는 26세였어요. 그리스에서는 보통 40세를 전성기로 보는데, 탈레스가 딱 그 나이였죠. 그는 이미 유명인사였어요. 그에게 영향을 받아 철학적 탐구에 몰두한 사람들이 많았습니다.

그중 한 명이 페레퀴데스라는 인물입니다. 탈레스가 이 사람에게 쓴 편지가 지금도 전해집니다.

그대가 신적인 사항에 관한 그대의 이론을 사람들에게 널리 알리려 한다는 말을 들었습니다. 몇몇 사람에게만 보여준다면 아무런 도움이 안 되겠지만 그렇게 널리 공개하신다니 정말 올바른 생각이 아닐 수 없습니다.

— 디오게네스 라에르티오스, 『고대 철학자들의 생애와 사상』 I. 43

탈레스가 아주 격하게 칭찬하네요.

그렇죠? 페레퀴데스가 무척 뿌듯했을 것 같아요. 이 편지 내용을 보면, 당시 지식인들 사이에 연구 성과를 발표하고 함께 검토하는 일이 드물지 않았던 것 같습니다. 당연히 비판과 논쟁도 있었겠죠. 말하자면 오늘날의 학회와 비슷한, 초보적인 시스템이 자리 잡아가고 있었던 거죠.

아낙시메네스는 이런 지적 환경에서 나고 자랐습니다. 그의 이론을 보면 이런 분위기가 잘 나타나요. 그가 다룬 주제들은 이미 선배들도 다룬 것들입니다. 그는 선배들이 미진하게 남겨둔 부분을 날카롭게 찾아내서 이를 보완하는 체계를 선보였어요. 그런 점에서 그의 이론은 비판과 논쟁의 산물이라고 볼 수 있습니다.

### 만물의 근원, 공기

그러면 아낙시메네스도 역시 우주 만물의 근원, 아르케에서 출발했겠네요.

그렇지요. 아르케가 밀레토스학파의 기본 주제였으니까요. 아낙시메네스는 우주 만물의 아르케가 공기라고 말했어요.

공기요? 우리가 숨 쉴 때 마시는 그 공기 말인가요?

네, 맞아요. '공기'는 그리스어로 '아에르$^{aer}$'라고 하는데, 신화에서는 '희끄무레한 안개' 같은 걸 의미했어요. 그런데 아낙시메네스는 오늘날 우리가 '대기'라고 부르는 그런 의미로 사용했습니다. 먼저 인용을 하나 할게요.

> 아낙시메네스는 밀레토스 사람으로서 아낙시만드로스의 동료였다. 아낙시만드로스처럼 그도 바탕에 놓여 있는 본연의 것$^{hypokeimene}$ $^{physis}$은 하나이며 무한하다고 말한다. 그러나 그는 그것을 공기라고 말하고 있으므로 아낙시만드로스의 주장처럼 한정되지 않은 것이 아니라 한정된 것으로 본 셈이다.
> ─ 심플리키오스, 『아리스토텔레스의 「자연학」 주석』 24. 26

이 글에서 보시듯이 아낙시메네스가 말하는 공기는 아페이론과 달리 한정된 것, 즉 구체적인 물질입니다. 물·불·흙·공기라고 할 때의 그 공기예요. 아페이론에 비교하면 추상적 단계에서 좀 후퇴했다고 볼 수도 있죠.

그러게요. 탈레스의 물과 같은 수준인데요, 왜 그랬을까요?

이유가 있습니다. 아낙시메네스는 선배들의 이론에 결함이 있다고 보는데요. 바로 아르케의 변화에 관한 거예요. 아르케가 물이든 아페이론이든, 그로부터 우주 만물이 생겨나야 하는데요. 이 과정이 충분히 해명되지 못했다는 게 문제였어요.

특히 아페이론은 세련된 발상이긴 합니다만 아페이론을 전제하면 변화를 설명할 수 없다고 봤어요. 대신 아르케를 공기라고 보면 문제가 풀린다고 믿었습니다. 비록 추상적 수준은 떨어지지만, 이론이 더 완결적일 수 있다는 말이죠.

### 변화의 원리

공기의 경우는 어째서 변화가 더 잘 설명될까요?

왜 그런지 알려면 우선 그가 변화를 어떻게 생각했는지부터 좀 알아봐야 할 것 같아요.

예를 하나 들어 볼게요. 가을이 와서 단풍나무가 붉게 물들었다고 상상해 보세요. 초록색이던 나뭇잎이 붉게 변했습니다. 나무의 색이 변화했죠.

그런데 나무는 어떤가요? 나무 자체가 달라졌을까요? 그렇지는 않습니다. 색은 달라졌어도 달라지기 전이나 달라진 후나 나무 자체는 같은 나무예요. 그래서 우리는 '이 붉은 나무가 그때 그 초록색 나무다'라고 말하기도 합니다.

그렇죠. 성질은 변해도 나무 자체는 그대로죠.

이 예에서 알 수 있듯이 변화에는 변화 과정 내내 변하지 않고 자신의 본성을 유지하는 것이 있어야 해요. 일련의 변화를 'x의 변화'라고 말할 수 있게 해주는 그 'x'가 있어야 하는 거예요. 변화란 그 'x'의 상태가 달라지는 과정입니다.

**아낙시메네스의 변화 개념**

이게 아낙시메네스가 생각한 변화의 원리입니다. 변화를 이론직으로 분석할 때는 이 틀에 맞아야 한다고 생각했어요.

그럼 탈레스나 아낙시만드로스의 이론은 이 조건에 안 맞는다는 거네요?

그렇습니다. 아낙시메네스가 보기에 선배들의 설명에서는 변화 주체의 지속성이 보장되지 않았어요.
가령 탈레스 말대로 아르케가 물이고 그로부터 불이 나온다고 해보죠. 여기서는 물이 불로 바뀝니다. 다시 말해 물은 사라지고 불이 생겨났어요. 따라서 이 설명에는 변화 과정 내내 지속하는 변화의 주체가 없어요.

아낙시만드로스는 어떨까요? 그는 아페이론에서 물·불·흙·공기, 이렇게 4가지 원소가 나온다고 합니다. 아페이론이 한정된 원소로 바뀌는 거죠. 그런데 여기서도 아페이론은 사라지고 다른 것이 생기거든요. 지속하는 변화 주체가 없기 때문에 이것도 만족스러운 설명이 아니에요.

### 공기의 변화 과정

그러면 공기가 아르케라면 변화가 설명되나요?

그렇습니다. 아낙시메네스는 공기의 변화를 설명하기 위해 특별한 개념을 사용했습니다. 바로 '희박araiosis'과 '응축pyknosis'이에요. 이것은 공기 밀도가 변하는 양상인데요. 희박은 밀도가 낮아져 공기가 느슨하게 되는 상태이고, 응축은 밀도가 높아져 공기가 촘촘하게 밀집하는 상태입니다.

공기는 희박이나 응축 작용을 통해 다른 물질로 변합니다. 희박해지면 불이 생겨나고 반대로 응축하면 바람이 되고 여기서 더 응축하면 더 무거운 원소인 구름·물·흙·돌이 순차적으로 생겨난다고 해요.

그래봤자 어차피 공기가 다른 물질들로 변한 것이니 마찬가지 아닌가요?

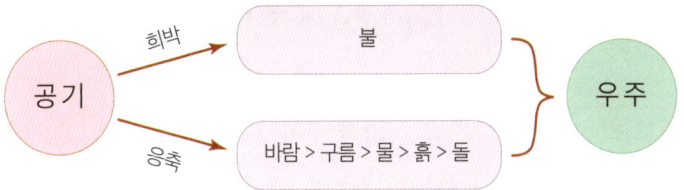

**아낙시메네스의 우주 생성론**

공기가 다른 것으로 변한다고만 했다면 마찬가지겠죠. 그러나 이 대목에서 아낙시메네스의 독창적인 면이 나타나는데요. 희박과 응축은 공기의 밀도가 변하는 것이지 공기 자체가 다른 것으로 바뀌는 것은 아니라고 합니다. 다시 말해 공기가 불이 되든 흙이 되든, 공기 자체는 그대로 유지되는 겁니다.

### 흙이나 불 같은 것이 다 공기라고요?

네, 바로 그 이야기입니다. 우리가 흙이라고 부르는 것이 사실은 아주 높은 밀도로 응축된 공기라는 말이죠. 겉보기로는 불·물·흙이 달라 보여도 그것은 밀도만 다를 뿐이지 실제로는 모두 공기입니다. 공기는 변화의 주체로서 본성이 그대로 유지되고, 다만 그 밀도가 달라져서 여러 가지 사물의 형태로 바뀌는 것뿐입니다.

이렇게 설명하면 변화 주체가 지속되고 그 상태만 달라지는 셈이니 자신의 내세운 변화 도식에 딱 맞아 떨어지게 되죠. 응축과 희박이라는 개념이 묘수였던 겁니다.

그러게요. 응축과 희박이 지속성을 보여주는 핵심 개념이군요.

밀레토스학파 사람들은 우주 만물의 아르케를 단 하나로 보는데요. 하나의 원리로 다양한 사물의 존재를 설명한다고 해서 이런 이론을 일원론一元論이라고 부릅니다.

일원론의 최대 난점은 다양성을 설명하는 문제입니다. 하나의 원리만 가지고 다양한 질적 차이를 어떻게 설명하느냐는 문제죠. 가장 합리적인 해법은 양적 차이로 환원하는 건데요. 질적 차이가 아르케의 양적 차이에서 나온다고 보는 거죠.

아낙시메네스 이론이 바로 이런 방식으로 진행됩니다. 그런 점에서 고대 일원론의 완결판이라고 평가받고 있어요.

## 입김을 불다

양적 차이라는 아이디어를 집약한 것이 희박과 응축이라는 개념인데 이런 발상을 어떻게 했을까요? 다들 천재인 것 같아요.

아마 입김에서 착안하지 않았나 추측합니다. 입김을 불 때, 입을 크게 벌리고 '하'하고 불면 따뜻한 김이 나오고요, 입술을 모아서 '호'하고 불면 차가운 입김이 나와요. 한번 해보세요.

입을 크게 벌리고 '하', 오므리고 '호'. 진짜 그렇네요.

입을 크게 벌리면 입김의 밀도가 낮아지고 따뜻해져요. 그래서 공기가 희박하면 뜨거운 성질, 불이 생긴다고 봤을 겁니다. 반대로 입을 오므리면 입김이 응축되는데 그때 입김이 차갑게 나오니까 찬 성질, 흙이나 물이 생긴다고 본 것 같아요.

이런 이야기를 전해준 사람은 플루타르코스인데, 아마 옛 사람들도 아낙시메네스가 그렇게 알아냈다고 믿었을 겁니다.

**공기에서 기본적 원소들이 생성되는 과정은 희박과 응축으로 설명했는데, 그러면 기본 원소에서 사물이 생기는 과정은 어떻게 설명하죠?**

그 문제는 별로 중요하게 다루지 않았어요. 기본 원소가 결합해서 사물이 생긴다는 것이 당시의 상식이라서 그랬을 것 같아요. 다만 천체의 발생에 대해서는 간단하게 언급했습니다.

맨 처음에 공기가 응축되어 바람·물·흙·돌 등이 만들어지면 이들이 결합하여 지구가 생깁니다. 이어서 지구에서 증발한 증기가 하늘로 올라가면 밀도가 낮아지면서 불이 되고 이게 장차 태양과 달과 별이 됩니다.

아낙시메네스는 천체를 아낙시만드로스처럼 고리라고 생각하지는 않았어요. 가령 태양이 잎사귀처럼 평평하다고 말했는데, 불이 납작하게 뭉쳐 태양이 되었다는 말인 것 같아요. 그러니까 천체를 하나하나 분리된 별개의 것으로 간주한 거죠.

하지만 워낙 단편적 언급만 남아 있어서 우주 전체에 대한 그의 생각을 자세히 알지는 못합니다.

## 지구를 떠받치는 것

그러면 선배들이 고심했던 것처럼 땅이 꺼지지 않는 이유 같은 건 안 나오나요?

아뇨. 우주론에 대한 내용이 많지는 않지만, 그래도 그 문제에 관해서는 나름의 답을 했어요. 밀레토스학파 사람들이 모두 설명한 걸 보면 그게 당시에 얼마나 중요한 문제였는지 알 수 있죠.
아낙시메네스는 지구가 원반형으로 납작하게 생겼다고 봤습니다. 그리고 지구가 공기 위에 떠 있다고도 했죠. 땅이 꺼지지 않는 이유는 공기가 떠받쳐 주기 때문이라는 거예요.

아르케인 공기가 떠받쳐 주니까 안정된다는 의미인가요?

그것도 있지만 좀 더 구체적으로 공기의 부양력을 생각했던 것 같습니다. 원반던지기 해 보셨죠? 원반을 던지면 공기를 가르며 상당히 안정적으로 날아가잖아요? 그런 힘이 지구를 받쳐준다고 본 거 같아요.
그렇게 판단하는 한 가지 근거는 아리스토텔레스의 글입니다. 그는 원반형 물체들은 공기의 저항력을 받는다는 사실을 지적하면서 아낙시메네스를 거론해요. 아낙시메네스가 지구가 원반처럼 납작하다고 봤기 때문에 공기의 저항력을 받아 떠 있다는 말을 했다고 기록하고 있어요.

아주 확실한 정보로군요!

또 다른 근거도 있는데요. 기원전 4세기, 그러니까 아낙시메네스보다 대략 130년 정도 뒤에 살았던 아리스토파네스라는 희극작가가 있어요. 이 사람이 쓴 『구름』이라는 작품에 이런 구절이 나옵니다.

> 오! 지구를 공중에 떠 있도록 받치고 있는 최상의 지배자이신 무한한 공기시여!
> ─ 아리스토파네스, 『구름』 264

공기가 지구를 떠받친다고 나오는데요?

이 작품은 자연철학자와 소크라테스를 조롱하고 풍자하는 내용이에요. 이 대목도 일종의 반어법입니다. 공기가 지구를 떠받친다는 주장을 하는 게 아니라, 그런 주장을 하는 사람이 얼마나 어이없는지 비꼬는 중이지요.
'최상의 지배자이자 무한한 공기'라는 표현을 보면 아낙시메네스를 공격한다는 걸 알 수 있습니다. 공기가 지구를 떠받치고 있다는 그의 주장을 조롱하는 대목이에요. 이런 대사가 나온다는 건 희극 작품의 관람객들이 이 내용을 알아들을 수 있었다는 뜻인데, 이로 미루어 볼 때 아낙시메네스의 이론이 이때쯤에는 일반인들에게도 많이 알려져 있었던 것 같습니다.

### 공기, 영혼, 생명

이제 마지막으로 영혼에 관한 학설을 살펴볼게요.

앞에서 탈레스 이야기를 해주실 때 고대 그리스의 영혼 개념이 독특하다고 말씀해 주셨어요.

아낙시메네스의 영혼 개념도 탈레스와 크게 다르지 않습니다. 앞서 말씀드린 걸 다시 한번 정리하면 도움이 될 거 같아요.
우선 고대 그리스 영혼 개념의 뿌리가 『일리아스』에 나온다고 했었죠? 영혼은 사람이 죽을 때 몸 밖으로 나오는 역할을 한다고 말이죠. 호메로스의 설명을 조금 더 덧붙이면, 영혼은 벌어진 입이나 창검에 뚫린 커다란 상처 구멍으로 바람처럼 새어 나갑니다. 영혼을 뜻하는 그리스어 '프쉬케psyche'는 바람이 새어 나가는 소리인 '프쉬'에서 생겨났거든요.
이처럼 영혼의 기본적인 속성은 숨결, 또는 바람과 같습니다. 바람은 바로 공기의 흐름이잖아요? 그래서 아낙시메네스는 공기가 곧 영혼이라고 생각하기에 이릅니다.

아에티오스가 전하는 아낙시메네스의 주장입니다.

> 공기인 우리의 혼이 우리들을 결속해 주는 것처럼, 바람과 공기는 세계 전체를 또한 감싸고 있다.
> ― 아에티오스, 『학설모음집』 I. 3. 4

이 글에 보면 공기가 곧 인간의 영혼이라고 나오죠. 그러면서 동시에 온 우주를 감싸는 우주적 영혼이라고도 말하고 있습니다.

그러게요. 공기와 영혼을 같다고 보네요.

둘을 같은 것으로 보는 이유는 또 있어요.
앞에서 영혼은 생명을 부여하는 것이고, 생명체는 스스로 움직이는 특징이 있다고 했었죠. 그런데 만물의 아르케인 공기의 특징이 스스로 움직인다는 점이에요. 공기가 희박과 응축이라는 변화를 겪을 때, 외부의 힘을 받는 게 아니라 스스로 그렇게 움직인다는 겁니다. 자발적 운동이니까 이는 영혼의 본성과 일치하는 거죠.

그러면 공기로 만들어진 우주의 모든 것들이 다 영혼을 가지게 되겠네요.

그렇습니다. 탈레스가 "만물은 신들로 가득 차 있다"라고 말한 바와 같이 아낙시메네스도 만물에 영혼이 깃들어 있고, 그래서 만물이 살아 있다고 봅니다.

> 아낙시메네스는 공기가 신이라고 말했다. 이 말에서 우리는 원소들이나 물체들 안에 침투해 있는 힘들에 주의를 기울여야 한다.
> ─ 아에티오스, 『학설모음집』 I. 7. 13

앞에서도 말씀드렸듯이 '신'의 원초적 의미는 사물을 움직이는 어떤 '힘'입니다. 움직이게 하는 것이 영혼이기 때문에 신적 힘은 다름 아닌 영혼의 힘, 즉 생명력과 같은 의미죠. 이런 힘이 모든 사물에 침투해 있으니 결국 우주의 모든 것은 살아 있다고 보게 된 겁니다.

그런 점은 탈레스와 같은 의견이네요.

그렇습니다. 우주의 모든 사물이 살아 있다는 생각을 보통 '물활론物活論, hylozoism'이라고 부릅니다. 고대인들은 대체로 이런 관점을 받아들였습니다. 그리스 신화도 물활론적 세계관을 바탕으로 하죠.
탈레스나 아낙시메네스의 철학이 물활론적 요소를 가지고 있는 점은 고대의 특징이자 한계에 속합니다. 그래도 신화적으로 다루지 않고 합리적 설명으로서, 즉 철학적 주장으로서 제시합니다. 특히 아낙시메네스는 공기라는 아르케로부터 우주가 생성되는 과정을 합리적으로 분석하면서 그를 토대로 물활론적 세계를 도출해 내지요. 이런 점도 신화로부터 잉태되어 나온 철학이 독립해가는 과정이라고 볼 수 있을 거예요.

밀레토스학파의 철학은 신화와 구조도 비슷하고 접점도 많은 듯한데, 그러면서도 점차 독립해갔다는 점도 잘 보여주는 듯해요.

보통 아낙시메네스까지를 밀레토스학파로 봅니다. 아낙시메네스가 40세가 되던 해인 기원전 546년에 탈레스와 아낙시만드로스가 사망합니다. 같은 해에 밀레토스는 동방의 신흥 강국인 페르시아에 복속됩니다. 그리스인들이 늘 긍지와 자부심을 느끼며 자랑하던 자유민의 지위를 잃고 말았지요. 아낙시메네스는 여생을 페르시아 치하에서 살다가 세상을 떠났습니다.

그가 죽고 나서 30년 후에 이오니아에서는 페르시아에 대한 저항운동이 일어나요. 밀레토스는 저항의 중심이었죠. 반란은 3년 만에 진압됩니다. 밀레토스의 여자와 아이들은 모두 노예로 잡혀가고 성인 남자들은 모조리 학살되었습니다. 이후로 다시는 밀레토스인이 태어나지 않았다고 역사에 기록되어 있어요.
위대한 사유를 꽃피운 아름다운 도시는 역사에서 사라졌지만, 그들이 지핀 불꽃은 그리스 지성인들의 영혼 속으로 옮겨붙었습니다. 이제 그 불꽃의 다음 장면을 보기 위해 이탈리아로 가 보겠습니다.

오, 학생들이여! 수학을 공부하시오.
그리고 기초없는 집을 짓지 마시오.
　— 레오나르도 다 빈치

## 02

### 천상의 하모니

다음으로 만나볼 철학자는 피타고라스Pythagoras, 기원전 570~490입니다. 철학자라기보다 수학자로 더 널리 알려진 인물이지요.

그러게요. 저도 수학자로 알고 있었는데 철학사에서 나오니 뜻밖이에요. 그는 어떤 사람이었나요?

피타고라스는 사모스섬의 귀족 집안에서 태어났습니다. 젊어서는 탈레스처럼 여행을 많이 다녔습니다. 밀레토스로 건너가 갓 태어난 철학적 사유를 접하기도 하고 더 멀리 이집트와 메소포타미아까지 가서 견문을 넓히고 왔다고 합니다.
그러다가 마흔 살 무렵에 참주의 폭정을 피해 고향을 등지고 이탈리아 남부에 있는 크로톤으로 이주하게 됩니다.

피타고라스와 관련된 도시들

## 이오니아에서 온 현자

크로톤은 말하자면 시골 촌 동네 같은 도시였습니다. 법체계가 엉성하고 통치 구조도 불안정했습니다. 그리스 정통종교보다 미신을 더 섬겼어요. 이오니아에서는 수학과 천문학과 철학이 번창했지만, 크로톤 사람들은 그런 게 있는지도 몰랐습니다.

이오니아와 이웃 선진국에서 세련된 교양을 쌓은 피타고라스가 그런 도시에 갔으니 크로톤 사람들에게 얼마나 특별해 보였겠습니까? 그는 오자마자 크로톤에 헌법을 제정해 줍니다. 크로톤 사람들은 박식하고 세련되고 탁월한 이 인물에게 매료되었어요.

더구나 피타고라스는 키가 크고 늠름한 체격에 눈빛마저 카리스마가 넘치는 리더 스타일이었거든요. 그러다 보니 따르는 추종자들이 점점 늘어났습니다. 이들이 모여 공동체를 이루게 되는데, 이것이 피타고라스 교단의 출발입니다.

'교단'이라면 종교적인 모임이라는 뜻인가요?

그렇습니다. 피타고라스의 공동체는 기본적으로 은밀하고 배타적인 종교 단체였습니다. 가입부터가 어려웠어요. "친구의 것은 공동의 것이다"라는 신조가 있었어요. 가입을 원하는 사람은 먼저 자기 재산을 내놓아야 했습니다. 큰맘 먹고 재산을 내놓는다고 다 받아주지도 않았어요. 평판과 성품을 따져보고 안 좋다 싶으면 가차 없이 퇴짜를 놓았습니다.

크로톤의 토박이 귀족 퀼론$^{Kylon}$이 그런 예입니다. 자신의 영향력만 믿고 당연히 가입되리라 기대했는데 품성이 포악하다는 이유로 거부당하고 말았어요. 퀼론은 앙심을 품고 회합 중인 피타고라스 교단 건물에 불을 질러 교인을 죽게 하고 이후로도 핍박을 이어갔습니다. 결국 피타고라스 교단은 이웃 도시인 메타폰티온으로 이주할 수밖에 없었어요. 피타고라스는 거기서 생을 마쳤습니다.

그럼 그 교단도 사라지게 되었나요?

피타고라스 교단은 그대로 유지되었습니다. 지도자가 사망한 후에 교세가 오히려 더 커져서 나중에는 피타고라스학파로 발전했고 기원후 4세기까지 이어졌어요. 거의 900년 동안 피타고라스주의자들이 활동한 거죠.

고대 사회에서 신흥 종교가 이렇게 오래 유지되는 건 흔한 일이 아니었어요. 피타고라스 교단이 성공을 거둔 배경에는 그들 특유의 생활 방식이 있었습니다. '피타고라스적 삶의 방식'이라는 건데요. 이것이 아주 매력이 있었던 모양이에요.

'삶의 방식'이라는 명칭을 보면, 이론보다는 실천적인 내용이었을 거 같은데요?

그렇습니다. '피타고라스적 삶의 방식'은 피타고라스의 가르침을 모아 놓은 생활 수칙입니다. 무엇을 해야 하고 무엇을 하면 안 되는지, 무엇이 가치 있는 일이고 무엇을 추구해야 하는지 이런 것들을 규정해 놓았죠.

무엇보다 희생 제의가 중요했어요. "가장 올바른 일은 신에게 제물을 바치는 것이다"가 그들의 으뜸 신조였습니다. 한꺼번에 황소 100마리를 제물로 바쳤다는 기록도 있어요. 이 정도면 엄청난 규모인데, 그만큼 종교적 제의를 중시했죠.

그런 점에서 확실히 종교 단체가 맞네요. 제의 말고 다른 건 또 어떤 게 있나요?

생활 수칙은 대부분 금기 사항입니다. 하지 말아야 할 일이죠. 미신적인 게 많아요. '콩을 먹지 말라', '제물로 바쳐진 물고기는 먹지 말라', '양모 옷을 입혀 매장하지 말라', '떨어진 물건을 줍지 말라', '흰 수탉에 손대지 말라' 같은 거예요.

동물 살생과 육식을 금했고요. 식탐을 경계하고 포도주를 마시지 말고 성생활을 피하라는 등 금욕적 생활을 권면하기도 했습니다. 워낙 특이한 수칙들이라서, 행동을 보면 그 사람이 피타고라스 교인인 것을 바로 알아볼 정도였다고 합니다.

그런데 금기 가운데 꼭 짚고 가야 할 게 있어요. 침묵의 규칙, 그러니까 피타고라스의 가르침을 교단 외부에 발설하지 말라는 규칙이 있었습니다. 이것 때문에 피타고라스에 관한 정보들이 비밀의 베일에 가려지게 돼요. 밖으로 알리지도 않고, 자기들끼리 말로만 전하며 기록도 남기지 않았습니다. 비밀스럽게 전승되다 보니 내용이 부풀려져서 나중에는 피타고라스가 그야말로 신비한 인물, 불가사의한 인물이 되어 버립니다.

### 영혼의 불멸과 윤회

그렇게 비밀에 부쳐졌는데, 오늘날 그의 학설을 어떻게 알아낼 수 있었을까요?

세상에 영원한 비밀은 없잖아요. 침묵의 장벽을 뚫고 그의 학설이 조금씩 새어나오듯 알려졌습니다. 다른 고대 철학자에 비하면 자료가 오히려 더 풍부한 편이에요. 그만큼 그가 유명인사였고 관심을 많이 받았다는 뜻이겠죠. 그중에서 가장 유명한 것이 영혼의 불멸과 윤회에 관한 이론입니다.

**인도가 아니라 그리스 사람인데 영혼 불멸과 윤회를 주장했어요?**

그렇습니다. 피타고라스에 따르면 영혼은 불멸해요. 육체가 죽어도 영혼은 죽지 않고 다른 몸에 들어가 다시 태어납니다. 피타고라스는 이를 '영혼의 이주'라고 표현하는데, 간단히 말해 윤회죠. 윤회할 때는 사람으로만 태어나는 것이 아니라 다른 동물로 태어나기도 합니다. 그래서 모든 동물은 친족 관계에 있다는 말도 했어요. 어쩐지 불교가 연상되죠?

**정말 불교와 비슷해 보여요. 그리스 사람들도 윤회를 받아들이고 믿었나요?**

교단에 속한 사람들이야 당연히 그랬겠죠. 그러나 지식인들은 좀 달랐습니다. 황당하고 터무니없는 이야기라면서 심지어 피타고라스를 사기꾼이라고 비난하기도 했어요.
크세노파네스가 전해주는 일화가 있어요. 어느 날 피타고라스가 길을 지나가다가 매 맞는 개를 보고 이렇게 외칩니다. "멈추어라. 매질하지 마라. 나의 친구인 사람의 혼이다. 그 개가 짖는 소리를 듣고서 나는 그 혼을 알아보았다."
크세노파네스는 직접 화법으로 이 내용을 전하는데, 그 의도는 피타고라스의 말이 얼마나 어이없는지 한번 느껴보라는 겁니다. 정말 말도 안 되는 헛소리라고 주장하는 거예요.

『역사』를 쓴 헤로도토스도 비판에 합류합니다. 그는 영혼의 불사와 윤회설을 처음 말한 건 원래 이집트 사람들인데, 그리스인 중에서도 이걸 주워듣고 와서 그게 마치 자신의 주장인 것처럼 떠들고 다니는 사람이 있다고 빈정댔습니다. "나는 그의 이름을 알지만 기록하지는 않겠다"라고 썼어요. 누구겠어요? 이집트를 다녀와서 영혼 불멸과 윤회를 주장한 사람이니 당연히 피타고라스지요.

정말 경멸하는 말투로군요. 추종자도 많고 인기도 있었는데 지식인들은 왜 그렇게 못마땅하게 여겼을까요?

무엇보다도 영혼 불멸이나 윤회 이론이 그리스 정통종교와 맞지 않기 때문입니다. 그리스적 관점에 따르면 사람이 죽으면 영혼은 그 몸에서 빠져나와 하데스라고 하는 지하 세계에 가서 연기처럼 떠돌게 됩니다. 사라지지는 않지만, 그렇다고 무엇을 식별하거나 느끼지도 못해요. 죽음 이후의 영혼은 진정한 의미의 삶이 없어요. 그러니 영혼이 불멸한다는 주장은 황당한 소리에 지나지 않았던 겁니다. 불멸은 오직 신의 속성이에요. 피타고라스 말대로 영혼이 불멸한다면, 인간 영혼이 신과 동급이라는 뜻이 됩니다. 이건 받아들일 수 없는 주장이죠. 인간이 신과 같다는 생각은 그야말로 오만hybris이었고 불경스러운 것이었죠.

## 오르페우스교

그렇군요. 당시 정통종교 입장에서는 신성모독일 수도 있었겠어요. 피타고라스는 어쩌다 이런 생각을 하게 되었을까요?

그 이유에 대해 연구자들이 대체로 합의하는 내용은 피타고라스가 오르페우스교의 영향을 받았다는 겁니다. 오르페우스교는 민간 신앙의 한 종파로 영혼 불멸과 윤회, 그리고 영혼의 정화를 주장했습니다. 피타고라스는 이를 거의 그대로 수용했죠.
어떤 연구자들은 피타고라스 교단이 오르페우스교의 개혁 운동이었다고 보기도 합니다. 확실한 결론을 내기에는 자료가 부족하지만, 그만큼 밀접하게 연결되어 있으니 잠시 오르페우스교에 대해 말씀드리는 것이 좋겠어요.

정통적인 올림포스 종교와는 다를 것 같네요.

그렇지요. 오르페우스교는 별도의 신화를 가지고 있습니다. 핵심적인 이야기는 디오뉘소스의 죽음과 재탄생이에요.
이 신화에 따르면 바람둥이 제우스가 인간 여인에게서 아들을 하나 낳았는데, 그가 바로 디오뉘소스예요. 제우스의 아내 헤라는 질투에 사로잡혀 티탄족에게 아이를 죽이라고 지시합니다. 이에 티탄 두 명이 어린 디오뉘소스를 납치하여 갈기갈기 찢어 죽이고 심장만 남기고는 나머지 조각을 다 먹어치웁니다.

**오르페우스, 마르크 샤갈, 1969년** 오르페우스(Orpheus)는 전설적인 인물로 기원전 7세기에 살았을 것으로 추정된다. 전설에 따르면 음악의 신 아폴론과 서사시의 여신 칼리오페 사이에서 태어나 음악적 재능이 탁월했다. 그가 뤼라를 뜯으며 노래하면 인간과 신들의 영혼을 사로잡았고 나무와 바위조차 들썩였다.

젊은 아내 에우뤼디케(Eurydike)가 죽자 오르페우스는 저승으로 내려가 죽은 자를 다스리는 여신 페르세포네 앞에서 연주하게 된다. 이 연주에 감동한 여신이 아내의 영혼을 데리고 가도 좋다고 허락했는데, 이승으로 돌아오는 도중에 뒤돌아보지 말라는 명령을 어겨 결국 아내를 잃고 만다. 샤갈은 오르페우스가 페르세포네 앞에서 연주하는 장면을 몽환적인 색채로 그려냈다.

뒤늦게 이 사실을 알게 된 제우스는 티탄을 태워 죽이고 아들의 심장을 수습하여 셀레네라는 여인의 자궁에 넣어 다시 태어나게 합니다. 그리고 타버린 티탄족의 재를 모아서 인간을 만들지요.

**오, 좀 섬뜩하네요. 뭔가 숨은 의미가 많아 보이는데요?**

이 신화의 주제는 인간의 이중성이에요. 티탄의 재로 인간을 만들었다고 나오는데, 이 재에는 티탄의 몸과 그들이 잡아먹은 디오뉘소스의 몸이 다 들어있습니다. 그래서 인간에게는 디오뉘소스적 요소와 티탄적 요소가 같이 있게 되죠.

오르페우스교는 이 두 요소를 영혼과 몸, 선과 악의 이중성으로 형상화합니다. 디오뉘소스적 속성은 영혼이 되고 티탄적 속성은 몸이 되었어요. 그래서 영혼은 신적이고 선하지만, 몸은 악한 본성의 근원이고 장차 파멸하게 됩니다. 인간은 그 두 측면을 모두 지닌 이중적인 존재죠.

**인간의 이중성이 영혼 불멸이나 윤회설 같은 교리와 관계가 있나요?**

영혼이 신적 속성을 가졌다는 말은 곧 영혼이 불사不死의 존재라는 뜻입니다. 영혼이 불멸한다는 아이디어가 여기서 나오게 되죠.
그렇다고 영혼이 현재 선한 상태는 아닙니다. 티탄의 원초적 죄로 인해 영혼이 타락한 상태이고 그 벌로 영혼은 몸속에 갇히게 되었어요. 몸soma은 영혼을 가두는 감옥sema입니다.

이 아이디어를 '소마-세마 이론'이라고 하는데, 피타고라스에서 시작해 플라톤을 거쳐 나중에 그리스도교 철학에까지 이어지는 아주 중요한 개념이에요.

감옥에 갇힌 자는 감옥에서 벗어나는 날만 기다리죠. 그처럼 영혼도 감옥에서 벗어나는 것을 목표로 삼습니다. 그러자면 죄를 씻어내야 해요. 영혼을 깨끗하게 정화해야 하는 것이죠.

영혼의 정화는 단박에 성취되지 않습니다. 아주 오랜 시간의 노력이 필요해요. 한 번의 생으로는 시간이 모자랄 정도예요. 죽음에 이르러 몸이 사라져도 아직 정화되지 못한 영혼은 다시 감옥에 들어가야 합니다. 이런 이유로 영혼이 다시 몸에 들어가 환생하게 되고 윤회가 일어나는 거예요.

## 윤회에서 벗어나기

영혼 불멸과 윤회가 오르페우스교의 신화에서 도출된 결론이군요. 그런데 윤회에서 벗어날 수는 있나요?

헤로도토스의 기록에 보면 살목시스$^{Salmoxis}$라는 인물이 나옵니다. 그는 피타고라스의 노예였다가 자유인이 된 후 돈을 많이 벌어서 고향으로 돌아갔어요. 거기서 사람들을 모아놓고 사람이 죽은 뒤에도 영혼은 불멸하며 언젠가는 온갖 좋은 것이 가득한 곳으로 갈 수 있다고 가르쳤습니다. 이 말은 윤회의 굴레에서 벗어날 수 있다는 뜻이죠.

피타고라스가 윤회의 주기를 3000년이라고 했다는 기록도 있지만, 이 아이디어는 그의 전체 생각과 별로 어울리지 않아요. 시간이 흐르면 저절로 윤회에서 벗어나는 것이 아니라, 피타고라스적 삶의 방식에 따라 경건하게 살면서 학문적 훈련도 같이 쌓아야 윤회를 끝낼 수 있다고 봤어요.

**피타고라스적 삶의 방식은 앞에서 말씀해 주셨는데, 여기서 말하는 학문적 훈련은 어떤 내용이에요?**

학문적 훈련은 영혼을 정화하기 위해 필요해요. '영혼의 정화'는 영혼이 죄에 물들기 전의 상태로 돌아간다는 의미예요. 다시 말해 영혼의 본성을 알아서 그 순수한 본성을 회복해야 합니다.

그런데 영혼은 본래 우주의 한 부분이에요. 영혼의 본성을 알려면 우주 삼라만상의 본성을 같이 알아야 합니다. 우주의 원리와 본성을 학문적으로 인식함으로써 영혼의 본성을 알 수 있고 궁극적인 정화에 이를 수 있다고 믿었지요.

피타고라스 교단이 특별히 강조한 학문들은 음악·수학·천문학·철학, 이렇게 넷이었습니다. 교단 내부에서 비의적 지식으로 전수되다가 나중에는 일반인들의 교양 과목으로 널리 알려졌습니다. 그 전통은 중세까지 이어져 12세기에 유럽 각지에 대학이 설립되었을 때, 대학의 기초 교양 과목으로 바로 이 네 학문이 선택되었죠.

## 협화음의 수학

정화와 구원 같은 종교적 문제를 학문과 연결지었다는 게 참 신기해요. 그런데 왜 하필 그 넷이 선정되었을까요?

요즘에는 그 네 학문이 분야가 다르지만, 피타고라스는 그걸 합쳐서 하나로 봤습니다. 말하자면 모두 연결된 한 덩어리라고 생각한 거죠.

그게 어떻게 연결되는지 보려면, 우선 음악 이야기에서 출발하는 게 좋겠어요. 피타고라스는 아름다운 음악을 만들기 위해 음정의 기준을 잡으려 했습니다. 그가 사용한 도구는 모노코드라는 악기입니다.

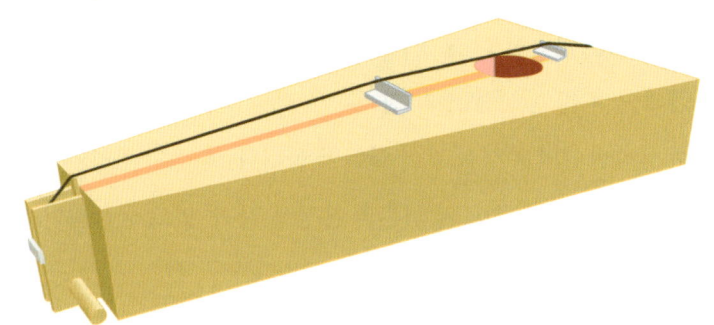

**모노코드의 구조**

그림에서 보시듯이 모노코드는 울림구멍이 있는 판 위에 탄성이 있는 현이 한 줄 걸려 있고, 중간에 브리지를 넣어 받치는 구조로 되어 있습니다. 기타 비슷하죠. 흔히 보시는 기타에는 줄이 6개 있는데,

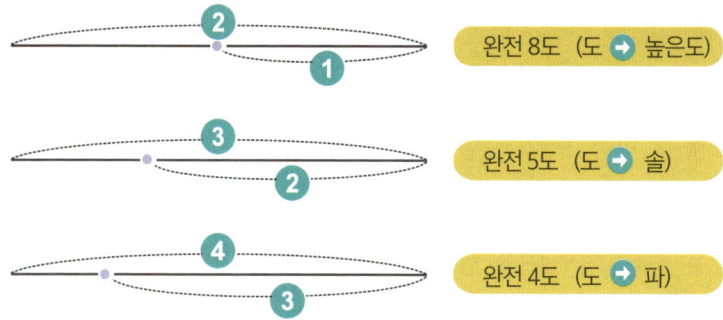

**협화음과 현의 비율**

모노코드는 한 줄만 걸어서 만든 악기죠.

피타고라스는 브리지를 뺀 상태에서 현을 튕긴 음을 기준 음으로 삼았습니다. 이때 브리지를 현의 한가운데 위치시킨 다음 현을 튕기면, 기준 음보다 정확히 한 옥타브 높은 음이 생긴다는 사실을 알아냈어요.

이번에는 브리지를 2/3 위치에 두고 현을 튕기면 기준 음보다 5도 높은 소리가 나고, 3/4의 위치에 두고 튕기면 4도 높은 소리가 난다는 사실도 발견했지요.

기준 음을 가운데 도$^{do}$라고 하면, 브리지 위치가 1/2일 때는 높은 도$_{do}$, 2/3이면 솔$^{sol}$, 3/4이면 파$^{fa}$ 소리가 난다는 말이지요.

만약 모노코드 두 대를 놓고 기준 음과 1/2일 때의 한 옥타브 높은 음을 동시에 뜯게 되면 낮은 도와 높은 도, 완전 8도의 화음이 생기게 됩니다. 가장 아름답게 어울리는 협화음이지요. 2/3일 때는 도와 솔이 함께 울리는데 이는 두 번째로 아름답게 들리는 완전 5도 화음입니다. 3/4일 때는 도와 파, 완전 4도의 협화음이 생깁니다.

*02 천상의 하모니*

현의 길이의 비율에 따라 협화음이 생긴다는 사실을 알아낸 거네요.

그렇죠. 피타고라스는 협화음에서 등장하는 비율 2∶1, 3∶2, 4∶3이 간단한 정수비라는 사실에 대단히 감동했다고 합니다. 1, 2, 3, 4는 처음 4개의 자연수죠. 협화음처럼 아름답고 조화로운 화음의 원리가 다름 아닌 자연수로 표현되는 수학적 관계였어요.

이 사실은 그에게 우주와 존재의 비밀을 열어 주는 계시처럼 나타났습니다. 그는 우주도 협화음과 마찬가지로 아름답고 조화로울 것이라고 생각했어요. 그렇다면 우주의 바탕에도 어떤 수학적 관계가 존재한다고 생각할 수 있잖아요? 이것을 밝히는 게 그의 철학의 주제가 됩니다.

### 천상의 화음

우주에서도 정말 그런 수학적 관계를 발견했나요?

모노코드의 화음처럼 구체적인 사례를 들지는 않았어요. 다만 우주의 조화와 아름다움이 수학적인 비율에 따라 이루어진다는 사실을 포괄적으로 묘사합니다.

우선 피타고라스는 화음을 구성하는 4개의 숫자, 즉 1, 2, 3, 4를 특별한 수로 여겼습니다. 1은 점을, 2는 선을, 3은 삼각형을, 4는 피라미드를 상징한다고 봅니다. 공간 속에 존재하는 삼라만상은 이 요

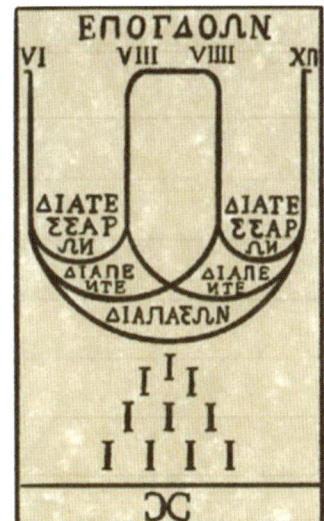

**피타고라스와 테트락튀스** 「아테네 학당」 부분

소로 이루어지지요. 그런 의미에서 우주 만물은 1, 2, 3, 4의 결합이었던 겁니다.

이 결합을 수학적으로 표현하면 그들의 합, 1+2+3+4=10입니다. 이런 이유로 피타고라스는 10을 아주 중요한 숫자로 간주했습니다. 10은 완전수이면서 모든 것의 원리$^{arche}$라고 주장했죠.

라파엘로의 그림에서 피타고라스를 잠시 찾아볼까요? 「아테네 학당」의 화면 왼쪽 아래를 보면 책을 펼쳐 무언가를 기록하는 사람이 나오는데, 바로 피타고라스입니다. 열정적인 자세와 카리스마 넘치는 표정이 인상적이죠?

피타고라스 앞쪽에서 그림이 그려진 판을 들고 있는 사람은 아낙사고라스로 알려져 있는데요. 그 판에 그려진 문양이 그림의 오른쪽

도형입니다. 위쪽에 그리스어로 적혀 있는 것은 협화음의 이름이고요, 아래쪽에 알파벳 '아이'가 피라미드 형태로 배열된 모양이 보이시죠? '아이'는 로마 숫자로 1이에요.

이 그림은 자연수 1, 2, 3, 4를 피라미드처럼 쌓은 것으로 '테트락튀스tetraktys'라고 불러요. '네 수의 합'이라는 뜻인데, 이 도형이 피타고라스 교단의 상징이었습니다. 맨 아래에는 도형을 요약해서 10을 뜻하는 로마 숫자 X가 표시되어 있습니다.

숫자 10을 도형으로 나타낸 것이 테트락튀스군요. 이 도형이 피타고라스의 철학을 압축해서 표현한 것인가요?

그렇습니다. 테트락튀스가 상징하는 것은 우주적 아름다움과 조화의 배후에 수학적 원리가 있다는 사실입니다.

피타고라스의 표현을 옮기면, 테트락튀스는 "델포이 신전에서 받은 신탁"이며 "가장 신성한 것이자 우주의 비밀스러운 원리"입니다. 델포이의 신탁이라는 말은 신성한 지식이라는 뜻이겠고요, 우주의 원리라는 말은, 우주에 내재하는 수학적 원리라는 말이겠죠.

그는 테트락튀스가 "세이렌들Seirenes이 이루어내는 화음"이라는 말도 했습니다. 세이렌은 호메로스의 『오뒷세우스』에 나오는 요정입니다. 이들의 노래는 너무나 아름다워서 항해하던 선원들이 그 노랫소리를 들으면 헤어나오지 못하고 빨려 들어가 죽음에 이르게 된다고 해요.

테트락튀스가 세이렌의 화음이라는 말은 우주가 수학적으로 짜여 있어서 세이렌의 노래처럼 아름다운 화음을 빚어낸다는 뜻입니다. 피타고라스는 자기가 이 우주의 화음을 매일 듣는다고 주장하기도 했어요.

우주가 정말 화음을 만들어 낸다고 생각했군요.

천구의 화음이론은 수학적 천문학의 초기 형태인데, 이를 처음 생각한 사람이 피타고라스였습니다. 비록 세이렌이라는 신의 이름을 사용하지만, 그의 의도는 자연 현상에 수학적 질서가 있다는 사실을 알리려는 거였죠. 이런 점에서 그는 확실히 자연철학의 전통에 속한다고 할 수 있겠어요.

### 불가사의한 존재

그러고 보면 피타고라스는 묘한 사람이에요. 수학적이고 합리적인 사고도 하지만 여전히 비합리적이고 미신적인 면을 보여줍니다. 어찌 보면 신화적 전통에 더 가까운 인물인지도 모르겠어요.
가령 "바다는 크로노스의 눈물"이라든가 "지진은 죽은 자들의 모임 때문에 일어나는 것"이며 "천둥은 타르타로스에 있는 자들을 위협하기 위한 것"이라는 식의 주장을 많이 했습니다.

탈레스는 지진이 땅 아래 물이 흔들리기 때문에 생긴다고 하면서 자연적 원인으로 설명했는데, 피타고라스는 탈레스보다 더 뒤떨어진 생각도 했군요.

그러니까요. 아마 피타고라스는 자연철학자들 가운데 신화적 요소가 가장 많이 나타나는 사람일 겁니다. 이것은 그의 주된 관심이 자연보다는 삶의 문제였기 때문이에요. 그의 가르침의 중심에는 영혼을 정화하고 윤회에서 벗어나 영원한 삶에 도달하려는 동기가 강하게 자리잡고 있었습니다.

맞아요. 철학과 다른 학문을 연구하는 것도 영혼을 정화하기 위한 수단이었죠.

아마 피타고라스는 그 제자들에게 과학과 종교와 철학을 통합한 도덕적 현자처럼 보였을 겁니다. 실제로 불가사의한 능력을 지닌 신비한 인물이라는 소문이 나돌기도 했습니다.
예를 들면 피타고라스가 크로톤과 메타폰티온에 동시에 나타났다는 이야기도 있고요. 또 올림피아 경기 도중에 자신의 허벅지를 사람들에게 보여주었는데 그게 황금으로 되어있었다는 이야기도 전해집니다. 그가 강을 건너는데 강이 그에게 인사말을 건넸다는 이야기, 또 지나가다가 독사에게 물렸는데 그가 그 독사를 물어 죽였다는 이야기도 전해집니다.
이런 이야기들이 사실은 아니겠지만, 당시 사람들에게 그가 아주 신비롭고 탁월한 인물로 비쳤다는 사실은 짐작할 수 있지요.

### 만물의 근원은 수?

그런데요, 학교에서 배울 때 피타고라스가 "만물의 근원은 수$^{\text{數}}$이다"라는 말을 했다고 들었는데요.

많은 분이 그걸 피타고라스의 말로 알고 계시죠. 그런데 사실은 그렇지 않습니다. 전해지는 자료를 보면, 피타고라스 자신이나 제자들 가운데 그런 말을 한 사람은 없어요.
"만물의 근원은 수"라는 문장을 처음 말한 사람은 아리스토텔레스입니다. 그는 피타고라스학파가 수를 자연의 구성 요소로 보았다고 이해합니다. 가령, 점은 1, 선은 2, 면은 3, 입체는 4, 성질이나 색이 들어있는 물체는 5, 혼이 들어있는 물체는 6, 이성이 들어있는 물체는 7, 이런 식으로 사물과 숫자를 동일시했다고 해석한 겁니다.
하지만 이것은 좀 과도한 해석이에요. 피타고라스에게 숫자는 사물 자체가 아니라 우주에 내재하는 수학적 원리의 상징일 뿐이었죠. 1, 2, 3, 4는 점·선·면·입체가 아니라 그런 사물의 공간적 특성을 상징하는 기호였거든요.
그런 점에서 "만물의 근원은 수"라는 말은 '우주에는 수학적 원리가 내재한다'라는 피타고라스의 통찰을 상징적으로 표현하는 문장 정도로 받아들이면 좋겠어요.

그렇군요. 처음 알았어요. 그래도 피타고라스 정리는 피타고라스가 발견한 것이 맞겠죠?

그것도 사실과 좀 달라요. 피타고라스 정리는 기원전 3000년 경에 이미 알려져 있었어요. 이 정리에서 유도되는, 3 : 4 : 5나 5 : 12 : 13 같은 피타고라스 수가 널리 알려져서 건축이나 토지 측량 등 실생활에 활용되고 있었어요.

피타고라스가 이 정리를 수학적으로 증명했다는 이야기도 있는데, 당시는 수학적 증명법이 나오기 전이에요. 그러니 증명했을 리 만무하죠.

**아니 그럼 발견한 것도 아니고, 증명한 것도 아닌데, 왜 '피타고라스 정리'라고 부르죠?**

아마 고대 수학자 아폴로도로스가 전하는 유명한 사건 때문일 겁니다.

> 피타고라스가 널리 알려진 그 도식을 발견했을 때, 그 일로 그는 그 유명한 황소 제사를 거행했노라.
> 
> — 디오게네스 라에르티오스, 『유명한 철학자들의 생애와 사상』 VIII. 12

'그 유명한 황소 제사'는 '헤카톰베hekatombe'라고 하는데, 황소 100마리를 제물로 바치는 제사입니다. 100마리면 어마어마하죠?
제 생각에는 피타고라스가 피타고라스 정리를 접하고 그것이 보여주는 아름답고 간결한 수학적 관계에 감명을 받았을 것 같아요. 그리고 그런 아름다움과 간결함이 우주에 내재하는 수학적 원리의 특성을 보여준다고 생각해서 제사를 바친 것 같습니다.

황소 100마리를 봉헌하는 어마어마한 의식을 거행했으니 실로 유명한 사건이었을 겁니다. 그래서 그 정리와 황소 제사 에피소드가 덧붙여져 전해지다가, 결국 어느 시점에 '피타고라스의 정리'로 불리게 된 것이 아닌가, 그렇게 추측됩니다.

이렇게 피타고라스를 만나보았습니다. 피타고라스는 합리적 자연철학과 비합리적 신화가 융합된 독특한 사유를 선 보였습니다. 철학이 신화에서 벗어나기 보다는 신화와의 결속을 통해 힘을 발휘한 경우인데요. 이런 경향은 앞으로 이탈리아에서 나타날 자연철학의 특징을 이루게 됩니다.

시간이 흐르자 지성인들 사이에서는 자연철학이 점점 더 주목을 끌게 되는데요. 한 세대가 지나기도 전에 자연철학은 새로운 도약을 맞이합니다. 봄날의 꽃들이 한순간에 피어나듯이, 보다 고양된 이론들이 쏟아지기 시작했어요. 그 이야기를 나누기 위해 다시 이오니아로 가보겠습니다.

헤라클레이토스의 사유는 너무나 충만하여
그것에 대해 '객관적으로 올바른 해석'이란 걸 시도해봤자
다 부질없는 짓이다.
— 마르틴 하이데거

# 03

## 흐르는 강물처럼

고대 그리스 철학사를 공부하다 보면 등산하는 느낌이 들 때가 있습니다. 철학에 앞선 신화 이야기를 들으면 입구의 편안한 산책로를 걷는 것 같고요. 밀레토스학파나 피타고라스를 읽으면 산길로 접어들었지만, 아직 경사가 별로 급하지 않은 초입 같은 느낌이 들죠. 그러다 이 등산로에 갑자기 급한 경사 구간이 나타나는데요. 지금 우리가 그 앞에 서 있어요.

갑자기 뭔가 확 어려워질 것 같은데요.

네, 어렵기도 하고 아리송하기도 하고 그렇습니다. 철학사가 전개되면서 철학자들의 문제의식이 더 깊어지고 사유도 심오해지기 때문이죠. 가파른 경사로의 첫 구간에서 만나볼 철학자는 헤라클레이토스Herakleitos, 기원전 540 ~ 480입니다.

## 에페소스의 수수께끼

어려운 사상가라니 오히려 기대돼요. 그는 어떤 사람이었나요?

헤라클레이토스는 이오니아 에페소스의 귀족 가문에서 태어났습니다. 에페소스는 밀레토스에서 북쪽으로 50킬로미터 정도 떨어진 항구도시로 당시에는 제법 큰 무역항이었습니다. 풍요와 다산을 상징하는 아르테미스Artemis 여신을 섬겼는데, 헤라클레이토스는 그 신전의 사제였다고 합니다.

일설에 의하면 사람을 아주 싫어해서 산속에 들어가 풀과 나뭇잎을 먹으며 살았다고 합니다. 그러다 수종水腫에 걸려 도시로 내려왔대요. 의사를 만나서는 대뜸 "폭우로부터 가뭄을 만들 수 있느냐?"고 물었답니다. 질문이 너무 황당하니 의사가 대답을 안 했습니다. 그러자 헤라클레이토스는 의사가 멍청해 믿을 수 없다며 외양간의 쇠똥 더미 속에 들어가 누워버렸습니다. 쇠똥의 열기로 병이 낫기를 바랬죠. 하지만 아무 효험도 보지 못하고 그길로 그냥 죽었다고 합니다.

그게 정말일까요?

「아테네 학당」의 헤라클레이토스(왼쪽)와 미켈란젤로의 자화상(오른쪽)

확실치는 않습니다만 그에 관한 일화 가운데 가장 널리 알려진 것이에요. 그 밖에 그의 삶에 대해서는 알려진 사실이 별로 없습니다. 다만 그의 별명이 '어두운 자'였다는 건 사실인 듯합니다.

라파엘로의 「아테네 학당」에는 헤라클레이토스도 나옵니다. 그림에서 확대한 사람인데요. 다른 사람들은 다 무리를 지어 같이 있는데, 이 사람만 혼자 따로 앉아 있어요. 턱을 괴고 눈을 지그시 내리뜬 채 사색에 잠긴 모습입니다. 그런데 어쩐지 좀 어둡고 침울해 보이죠? '어두운 자'라는 느낌을 잘 표현하고 있습니다.

재미난 것은 헤라클레이토스의 모델이 미켈란젤로라는 점이에요. 라파엘로는 평소에 미켈란젤로를 경쟁자로 여겼습니다. 처음엔 자기 그림에 넣어 줄 생각이 전혀 없었지요.

그러던 어느 날 미켈란젤로가 시스티나 성당 천장에 그린 「천지창조」를 보고 감동하게 됩니다. '얄미운 경쟁자이지만 그래도 이 친구가 천재라는 건 인정해 줘야겠군!'이라고 생각하고서는 비로소 자기 그림에 그려 넣게 됩니다. 그래도 영 내키지 않았는지 침울하고 어두운 헤라클레이토스의 모습으로 그리게 되었습니다.

경쟁자라서 괜히 더 그렇게 그린 걸 수도 있겠네요.

그럴지도 모르죠. 헤라클레이토스의 또 다른 별명은 '수수께끼를 내는 자'입니다. 실제로 수수께끼를 자주 낸 것은 아니고요. 그가 썼다는 책이 너무 어려워서 생긴 별명이에요. 그의 책은 문장이 짧고 설명이 부족한 데다가 비유적이거나 역설적인 표현이 많아요. 마치 신탁의 경구처럼 모호해서 수수께끼라고 불리게 된 겁니다.

수수께끼 같긴 하지만 그래도 주제별로 나눠서 보면 어느 정도 윤곽을 그릴 수는 있습니다. 상대적으로 이해하기 쉬운 '앎의 문제'에서 출발해 보죠.

### 앎이란 무엇인가?

헤라클레이토스 이전 철학자들은 '감각이 곧 앎이다'라고 생각했습니다. 다시 말해 사물에 대한 참된 앎을 얻으려면 감각만 있으면 충분하다는 거죠.

감각이란 보고 듣고 맛보고 냄새 맡는 그런 작용이에요. 감각은 사물과 직접 접촉합니다. 직접 보고 생생하게 접하니까 사물의 모습을 있는 그대로 알려 준다고 믿었던 거죠.

그러나 헤라클레이토스 생각은 달랐어요. 모든 인식이 감각에서 출발하는 건 맞아요. 사물을 일단 봐야 무엇이든 알게 될 테니까요. 하지만 감각만으로는 참된 앎에 도달할 수 없다고 봤어요. 철학이 추구하는 앎은 사물의 본성을 통찰하는 것인데, 감각은 기껏해야 사물의 겉모습만을 알려주기 때문이지요.

> 본성physis은 스스로 감추곤 한다. (단편 123)
>
> 눈과 귀는 나쁜 증인이다. 말을 알아듣지 못하는 영혼을 가졌다면.
> (단편 107)

그래서 참된 앎에 이르려면 감각 이상의 작용이 필요합니다.

### 어떤 작용이요?

헤라클레이토스 표현으로는 '사유sophronein' 또는 '생각phronein'인데요. 현대적 용어로 말씀드리면 '지성적인 추론'이라는 뜻이에요.
지성이 하는 일 중에는 공통점을 알아내는 것이 있습니다. 다양한 것들 중에서 공통점을 뽑아내는 거죠. 가령 꽃을 보세요. 송이가 큰 꽃도 있고, 작고 소담스러운 꽃도 있습니다. 봄에 피는 것도 있고 여름에 피는 것도 있어요. 색이 붉은 것, 노란 것, 분홍인 것, 참 많죠. 감각으로 보고 느끼는 꽃의 모습은 다양합니다.

하지만 그것들이 모두 똑같이 꽃이니까 어떤 공통점이 있겠죠? 지성은 바로 그 공통점을 찾아내는 작용이에요. 다양한 감각 내용을 비교해서 차이점은 버리고 모든 꽃에 공통되는 특징을 알아내죠. 그렇게 찾아진 특징이 바로 꽃의 본성입니다.

지성은 다양한 감각 경험을 살펴서 그 속에서 대상의 본성을 찾아내고 통찰합니다. 헤라클레이토스는 감각과 지성이 힘을 합해야 참된 앎에 이를 수 있다고 생각했어요.

**전통적인 모델보다 앎의 성격이 복합적이네요.**

그렇습니다. 다행히 사람은 누구나 다 지성을 가지고 있어요. 그래서 각자 자신의 지성을 제대로 사용하기만 하면 참된 앎을 얻을 수 있다고 생각했어요.

하지만 문제는 그게 쉽지 않다는 거죠. 누구나 지성이 있으니 잘 사용하면 좋겠지만, 실제로 사람들은 다양한 감각 경험에만 빠져서 참된 앎에 이르지 못한다고 합니다. 일반인은 말할 것도 없고요. 그리스에서 내로라하는 지식인들도 마찬가지라고 해요. 헤라클레이토스의 푸념을 들어보시죠.

> 듣고도 이해하지 못하니 그들은 귀머거리와 같다. "곁에 있지만 떠나 있다"라는 속담이 그들에 대해 증언한다. (단편 34)
> 사람들은 생각하지도 못하고, 배워도 알지 못하지만, 자신들이 안다고 여긴다. (단편 17)

박식하다고 지성이 생기는 것은 아니다. 만약 그랬으면 헤시오도스나 피타고라스도, 크세노파네스나 헤카타이오스도 지성을 가졌을 것이다. (단편 13)

피타고라스는 허튼소리를 하는 사람들의 원조다. (단편 81)

오, 사람들에 대해서 아주 신랄하게 비판하네요.

앞의 두 단편은 일반 대중을 향한 거예요. 헤라클레이토스 자신이 직접 가르쳐주어도 알아듣지 못한다고 한탄하고, 제대로 알지도 못하면서 안다고 여기는 세태를 안타깝게 여기죠.
뒤의 두 단편은 당대 최고 지식인들을 겨냥합니다. 단편 13에서는 '박식함'과 '지성'을 비교하는데요. 여기서 '박식함'은 경험을 통해 개별적 지식을 많이 축적했다는 뜻이에요. 그러니까 비판의 요점은 그리스 최고 지식인들조차 경험을 축적하기만 하고 그들을 비교해서 사물의 본성을 파악하는 단계로 나아가지 못했다는 거예요. 특히 피타고라스를 콕 집어서 허튼소리의 원조라고 날카롭게 몰아붙입니다. 피타고라스 학설은 순전히 엉터리이고 참된 앎이라는 기준에는 못 미친다고 본 거죠.

### 로고스의 진리

많은 사람을 비판했는데, 그만큼 자기 자신은 참된 앎을 얻었다는 자신감이 있었겠죠?

그렇습니다. 이런 비판의 바탕에는 그런 자신감과 자부심이 놓여 있었어요. 그는 자신이 발견한 진리를 '로고스'라고 불렀습니다. 그에 따르면, 우주 만물은 로고스에 따라 있게 된다고 합니다.

> 이 로고스는 늘 그대로 있지만, 사람들은 듣기 전에도, 들은 후에도 언제나 이해하지 못한다. 모든 것은 이 로고스에 따라 생긴다. 내가 사물의 본성에 관해 여러 가지 사항을 가르쳐주는데도 그들은 마치 들어보지도 못한 사람들 같다. (단편 1)

"모든 것이 로고스에 따라 생긴다"라는 구절에서 알 수 있듯이 '로고스'는 우주 만물이 존재하는 방식이자 모든 사물의 공통된 원리라고 할 수 있습니다. 이 구절에서 여전히 사람들의 무지를 나무라고 있어요. 요점은 사람들은 말해 줘도 모르지만 자신만은 로고스의 진리를 깨달았다는 거예요.

로고스의 진리, 그러니까 사물의 공통된 원리, 존재 방식은 무얼 말하나요?

로고스의 내용을 한마디로 설명하기는 좀 어렵습니다. 그래도 좀 간단히 정리하면 이렇게 표현할 수 있어요.

(1) 사물에는 대립적 요소가 포함되어서 서로 긴장과 투쟁을 지속한다.
(2) 하지만 그 긴장과 투쟁은 항상 조화와 균형에 도달하는 방식으로 통일된다.

음 … 두 가지 측면이 있다는 것 말고는 내용이 여전히 어려운데요.

당연히 그러실 겁니다. 헤라클레이토스가 이 문제를 설명할 때 든 예가 있는데요. 이걸 따라가면 도움이 돼요. 그가 예로 든 물건은 활과 뤼라인데, 활을 가지고 말씀드려 볼게요.
우선 활은 활대와 시위로 이루어져 있죠. 그런데 그 둘은 서로 반대 방향으로 힘이 작용합니다. 시위는 활대를 안으로 잡아당기고 활대는 시위를 밖으로 끌어당겨요.
이걸 헤라클레이토스는 긴장과 대립이라고 표현합니다. 그런데 이런 긴장과 대립은 꼭 필요해요. 시위와 활대가 서로 당기는 힘 때문에 탄력이 생기고 활로서 제대로 기능할 수 있죠.

그러니까 (1)번 문장은 활이라는 사물 속에 그런 긴장과 대립이 들어 있고, 그 덕분에 활로서 기능할 수 있다는 뜻이네요.

그렇죠. 그런데 만약 한쪽의 힘이 너무 강하면 어떻게 될까요? 활대가 너무 강해서 자꾸 펴지려고 하면 시위가 끊어지겠죠. 반대로 시위가 너무 팽팽하게 잡아당기면 활대가 부러질 겁니다. 결국에는 망

가져서 활이라는 사물이 사라지게 됩니다.

따라서 활이 존재하려면, 대립하는 힘들이 균형을 맞추고 조화를 이루어야 해요. 긴장과 투쟁만으로는 사물이 존재할 수 없고, 조화와 균형 속에서 통일되어야 한다는 거죠. 이게 (2)번 문장의 의미입니다.

헤라클레이토스는 활의 예에서 드러난 원리를 모든 사물에 적용했어요. 그래서 사물은 그 내부의 대립하는 요소들이 긴장과 투쟁을 벌이는 한편 두 힘이 균형과 조화에 도달하는 방식으로 조율됨으로써 존재한다고 보았어요. 그는 이렇게 적었습니다.

> 대립하는 것은 한 곳에 모이고, 불화하는 것들로부터 가장 아름다운 조화가 이루어진다. 그리고 모든 것은 투쟁으로 생겨난다. (단편 8)

사물이 존재하는 방식이 결국 대립하는 힘들의 조화이라는 말이군요.

그렇습니다. 사물에 포함된 대립하는 요소들 사이의 긴장과 투쟁, 그리

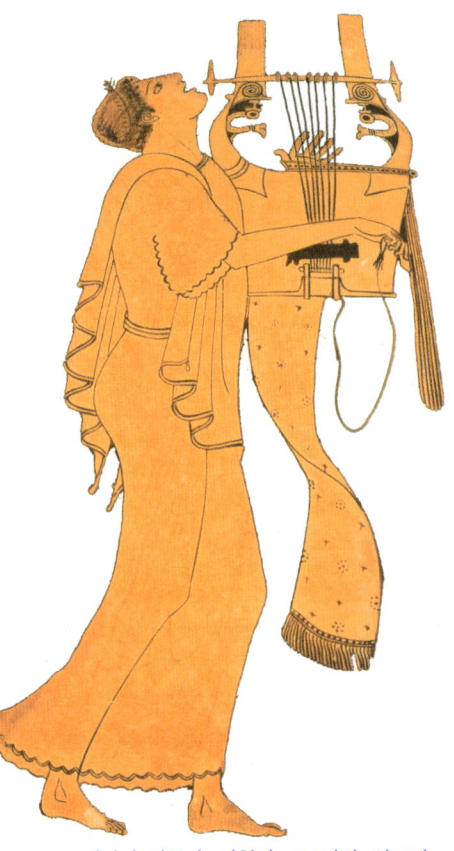

**키타라 연주자, 기원전 490년경, 암포라 그림 부분** 키타라도 활대와 마찬가지로 몸체와 현의 긴장과 조화에 의해 음을 낸다.

03 흐르는 강물처럼　137

고 그것의 균형과 조화, 이 두 측면이 상호 작용함으로써 사물이 존재한다는 말입니다. 이게 그가 말하는 로고스의 진리입니다.

## 대립자

헤라클레이토스는 사물 속에서 상호 작용하는 대립적인 요소를 '대립자'라고 불렀어요. 아낙시만드로스의 용어를 가져왔죠. 사물이 대립자를 가지고 있다는 건 눈여겨 볼만한 가치가 있어요.
가끔 사람들 사이에 의견 대립이 일어나죠. 같은 사물을 보고서도 느낌과 판단이 달라요. 그래서 의견이 대립하고 때로는 갈등이 일어나기도 하고 그러는데요. 헤라클레이토스는 이게 당연한 일이라고 생각합니다.
사물 자체가 대립자를 포함하기 때문에 사물에 대한 평가 역시 대립적일 수밖에 없어요. 사물에 대한 가치 평가의 다양성, 관점의 다양성은 모두 사물의 본성에 기초한다는 말이죠.

생각의 차이가 사물 자체에서 비롯한다고요?

그렇습니다. 그는 대립자의 다양한 유형을 열거하면서 이런 주장을 펼쳐나갑니다. 한 번 읽어보죠.

사람들을 가르친 자는 헤시오도스이다. 그들은 그가 가장 많이 안다고 알고 있다. 낮과 밤도 알지 못하는 그가. 그것들은 하나인데도.
(단편 57)

축융기의 길은 곧바르고도 굽었다. (단편 59)

올라가는 길과 내려가는 길은 하나이며 동일하다. (단편 60)

바닷물은 가장 깨끗하고 또한 가장 더럽다. 물고기들에게는 마실 수 있고 삶을 보존해 주는 것이지만 인간들에게는 마실 수 없고 삶을 앗아가는 것이다. (단편 61)

설명을 보태면, 낮과 밤은 똑같은 시간의 두 가지 유형입니다. 겉보기에는 달라 보이지만, 시간의 흐름이라는 본질을 생각하면 같은 것이에요. 현상을 보느냐 본질을 보느냐에 따라 생각이 달라질 수 있죠.

축융기는 원통 모양의 기구로 실을 감아 당겨서 곧게 펴는데 쓰던 물건입니다. 실이 축융기에 감기면 원통의 곡면에 따라 휘지만 동시에 펴집니다. 실이 곧다고 볼 수도 있고, 굽었다고 볼 수도 있어요. 다르게 바라볼 근거가 사물 자체에 있어요.

올라가는 길과 내려가는 길, 바닷물의 효과 이런 것도 마찬가지네요.

네. 사물은 관점이나 처지에 따라, 혹은 관계 맺는 자가 누구인가에 따라 그때그때 다른 모습으로 나타나기 마련이에요. 상반되고 심지어 모순되어 보이지요.

하지만 이는 사물의 본성상 어쩔 수 없는 일입니다. 만약에 한쪽 관점만을 고집한다면 편협해져서 결국에는 사물을 이해하지 못하게 될 거예요. 지혜에 이르려면 사물의 대립하는 다양성과 내적인 통일성을 모두 잘 헤아려야겠죠.

## 만물은 흐른다?

헤라클레이토스 사상이 어렵다고 하셨는데, 확실히 그렇네요. 그런데 그가 "만물은 흐른다"라고 했다던데요. 그건 무슨 뜻인가요?

고대 철학사에 관해서 알려진 내용 중에는 종종 잘못된 것이 있는데 이것도 그중 하나예요. "만물은 흐른다"라는 문장은 헤라클레이토스가 한 말이 아니에요. 그 말의 기원은 플라톤으로 거슬러 올라갑니다. 플라톤이 대화편 『크라튈로스』에서 이런 말을 했어요.

> 어디에선가 헤라클레이토스는 모든 것은 나아가고 아무것도 제자리에 머무르지 않는다고 말하고, 있는 것들을 강의 흐름에 비유하면서 "너는 같은 강물에 두 번 들어갈 수 없을 것이다"라고 말했지요.
>
> — 플라톤, 『크라튈로스』 402a

플라톤에 따르면, 헤라클레이토스는 극단적인 변화를 주장한 사람입니다. 사물은 끊임없이 변하고 매 순간 달라지기 때문에 정체성을 유지하지 못한다는 거예요. 마치 강물이 흐르듯 사물이 계속 변한다는 거죠.

이 아이디어가 전해져서 후대의 누군가가 "만물은 흐른다panta rhei"라는 말을 지어냈고, 이게 헤라클레이토스 사상을 집약하는 표어처럼 알려지게 되었어요. 그러나 이것은 헤라클레이토스에 대한 플라톤의 해석에서 파생된 말일 뿐입니다.

### 그럼 그 해석에 문제가 있나요?

만약 헤라클레이토스가 플라톤의 해석을 들었다면, 무슨 뚱딴지같은 소리냐고 항의했을지도 모릅니다.

헤라클레이토스는 단순히 사물이 변화한다는 점을 지적하려던 게 아니거든요. 그 변화가 로고스의 원리에 따라 일어난다는 게 진짜 핵심이죠. 로고스의 원리에는 대립자의 긴장과 투쟁만 있는 게 아니라 균형과 조화도 포함되잖아요.

헤라클레이토스는 사물의 변화하는 측면과 그 변화 속에서도 유지되는 사물의 정체성을 항상 같이 보라고 요구하죠. 흐르는 강물에 대해 그가 실제로 한 말을 보시죠.

> 같은 강에 발을 담근 사람들에게 다른 강물이, 그리고 또 다른 강물이 계속해서 흘러간다. (단편 12)

여기서 '같은 강'이라는 표현을 주목해서 보세요. 강물이 계속 흐르

강물은 끊임없이 흐르지만 강은 늘 같은 강으로 머물러 있다. 강물의 흐름은 강의 본성에 속한다.

지만, 그래도 강은 '같은 강'이에요. 강의 정체성이 유지된다는 뜻이죠. 사실 강은 강물이 흘러야 진짜 강이죠. 흐름이라는 변화 자체가 이미 강의 정체성의 일부예요. 이처럼 헤라클레이토스는 변화와 그 변화의 바탕에 놓인 사물의 정체성을 함께 보라고 요구합니다.

플라톤은 변화의 측면만을 강조한 것이군요.

맞아요. 그런 점에서 플라톤의 해석은 일면적이죠. "만물은 흐른다"라는 저 문장도 헤라클레이토스 사상의 한쪽 측면만을 부각하고 있다는 점을 주의해서 볼 필요가 있습니다.

### 만물의 근원은 불이다?

그렇게 유명한 말이 오해라니, 뜻밖이에요. 그런데 헤라클레이토스는 만물의 근원, 아르케에 관해서는 주장하지 않았나요?

그게 헤라클레이토스의 특징인데요. 그는 우주의 근원이나 기원, 혹은 우주 생성론에는 관심이 없었습니다. 이런 단편이 있어요.

> 이 세계는 어떤 신이나 인간이 만든 것이 아니라 언제나 있었고, 있을 것이며, 영원히 살아 있는 불로서 적절한 만큼 타고 적절한 만큼 꺼진다. (단편 30)

여기 보시면 이 세계가 생겨난 것이 아니라 원래부터 있었고 영원히 있을 거라고 말하죠. 그는 우주가 생성된 게 아니라 원래부터 있었다고 생각했어요. 따라서 우주 만물의 기원이나 근원이라는 의미에서 아르케를 탐구할 필요가 없었죠.

그렇군요. '불'이라는 단어가 나와서 갑자기 생각난 건데요, "만물의 근원은 불이다" 이런 말을 들어 봤는데요.

그 문장도 헤라클레이토스의 명제가 아닙니다. 그 문장을 처음 말한 사람은 아리스토텔레스예요. 그는 헤라클레이토스가 우주의 질료적 근원을 찾았던 이오니아 자연 철학의 전통에 속한다고 보았어요.

그래서 헤라클레이토스가 아르케를 불이라고 보고서 '우주 만물이 불을 재료로 해서 만들어졌다'라고 말했다고 해석했습니다.

그러면 이것도 헤라클레이토스의 사상을 오해한 것인가요?

오해라고 딱 잘라 말할 수는 없어요. 헤라클레이토스의 어떤 단편을 보면 그런 해석도 가능하거든요. 이를테면 이런 게 있어요.

> 불의 전환, 우선 바다, 그리고 바다의 절반은 땅, 나머지 절반은 뇌우. (단편 31)

이 단편을 보면 불이 전환되어 바다와 땅이 생성되는 것처럼 되어 있죠. 불을 질료적 근원으로 해석할 여지가 있어요. 그렇지만 불을 이런 의미로 말한 단편은 이게 유일합니다. 다른 단편에서는 다른 뜻으로 등장합니다.

어떻게 나와요?

불은 상징으로 나옵니다. 사물 내부에서 지속하는 긴장과 투쟁을 상징하는 것 같아요. 불이 등장하는 단편을 살펴보죠.

> 이 세계는 어떤 신이나 인간이 만든 것이 아니라 언제나 있어 왔고, 있을 것이며, 영원히 살아 있는 불로서 적절한 만큼 타고 적절한 만

큼 꺼진다. (단편 30)

번개가 만물을 조종한다. (단편 64)

불이 덮쳐와서 모든 것을 판결하고 단죄할 것이다. (단편 66)

단편 30은 앞서도 나온 건데요. 여길 보면 세계는 생성되지 않고 원래부터 존재합니다. 그때 불은 적절한 만큼 타거나 꺼지면서 이 세계의 변화를 가져온다고 나와요. 이 단편에서는 불을 변화의 원리라고 해석할 수 있을 거 같아요.

단편 64에 등장하는 번개는 불의 가장 순수한 형태예요. 단편 64와 66을 보면 불이 우주 만물의 지배자이자 재판관입니다. 우주 전체에 힘을 행사하는 존재예요. 우주에 미치는 힘은 결국엔 사물의 변화를 일으키는 원동력이겠죠. 그래서 불이 변화의 원리이자 힘을 상징한다고 볼 수 있어요.

어쨌거나 만물의 질료적 근원하고는 좀 다르군요.

그래서 "만물의 근원은 불이다"라는 명제는 헤라클레이토스의 철학과는 거리가 좀 있다고 보는 게 맞을 것 같습니다.

### 영혼과 지성

마무리하기 전에 영혼에 관한 헤라클레이토스의 생각을 잠시 살펴보고 갈게요. 앞에서도 나온 단편인데요, 다시 한번 인용할게요.

눈과 귀는 나쁜 증인이다. 말을 알아듣지 못하는 영혼을 가졌다면.
(단편 107)

이 단편을 다시 가져온 까닭은 인상적인 구절이 있어서예요. 바로 "말을 알아듣지 못하는 영혼"이라는 표현입니다.
'말을 알아듣는다'라는 것은 무엇인가를 이해한다는 뜻이겠죠. 지성적 능력을 의미합니다. '영혼이 말을 알아듣는다'라는 것은 인식 능력이 있다는 뜻인데 영혼에 이런 능력이 있다고 본 것은 그가 처음입니다.
헤라클레이토스 이전에는 영혼을 단순한 생명 작용으로 간주했어요. 숨결이나 호흡, 연기, 공기 같은 것으로 여겼습니다. 그런데 그가 이 개념을 확장해서 영혼에 지적 능력을 포함시켰어요. 영혼 개념의 발전 과정에서 아주 중요한 진전을 이루었죠.

이런 식으로 개념이 역사적으로 형성되는군요. 이것도 재미난 현상 같아요. 헤라클레이토스 이전에는 영혼을 물질과 연결된 것으로 보았는데, 그러면 헤라클레이토스는 그 둘을 완전히 분리했나요?

아직 그 정도는 아니에요. 아직도 영혼과 물질이 뒤섞여 있었어요. 헤라클레이토스가 영혼에 붙인 수식어를 보면 그런 점이 잘 나타납니다.

건조한 영혼은 가장 현명하고 가장 뛰어나다. (단편 118)

사람이 술에 취했을 때는 어디로 가는지 알지 못하고 비틀거리면서 철없는 아이처럼 이끌려 다닌다. 젖은 혼을 가졌으므로. (단편 117)

여기 '건조한 혼'이라든가 '젖은 혼' 같은 표현이 나오죠. 그리스인들은 전통적으로 온냉건습溫冷乾濕이 공기·흙·불·물의 속성이라고 여겨왔어요. 그러니까 건조한 혼은 불의 성격이 강한 혼이고, 젖은 혼은 물의 성격이 강한 혼이라는 의미입니다. 이런 걸 보면 아직도 영혼을 물질적 요소를 바탕으로 하는 어떤 것이라고 본 것 같아요. 그러니까 영혼의 개념을 확장시켰지만, 물질과 완전히 분리하지는 못했죠.

### 성품이 수호신이다

기왕 영혼 이야기까지 왔으니, 인간의 삶에 관한 단편 하나만 더 볼게요.

사람에게는 성품이 수호신이다. (단편 119)

'수호신'은 그리스말로 '다이몬daimon'이에요. 다이몬은 신적 존재인데, 신은 사람에게 운명을 부여하죠. '좋은eu' 다이몬이 내려준 운명이 '행복eudaimon'이고, '나쁜kako' 다이몬이 내려준 운명이 곧 '불행

kakodaimon'입니다.

지금 이 단편에서는 행복과 불행을 결정하는 다이몬이 다름 아닌 성품이라고 말해요. 그러니까 사람의 운명이 태어날 때 미리 정해진 것이 아니라 성품에 따라 달라진다는 뜻이죠. 좋은 덕을 쌓고 좋은 품성을 기르는 것이 행복의 비결이라고 일깨워줍니다.

공감이 가요. 지금 우리도 보통 그렇게 생각하는데, 비슷하네요.

신화의 영향력이 큰 시대였던 걸 고려하면 상당히 시대를 앞서 나간 견해죠. 문제는 좋은 덕과 좋은 성품이 무엇인지일 텐데요. 구체적으로 설명하지는 않았지만 이런 구절이 있습니다.

> 사유하는 것이 가장 큰 덕이자 지혜이다. 그것은 참을 말하고 본성에 귀 기울여 그것에 따라 행동하는 것이다. (단편 112)

여기 보면 사유와 지혜가 최고의 덕이라고 나옵니다. 사물의 본성을 깨달아 그에 맞춰 행동하라는 말이죠.

지혜를 최고의 덕으로 보는 건 철학자라서 그렇겠죠?

고대 그리스 철학을 살펴보면 지혜를 인간 존재의 최고의 가능성으로 보는 견해가 되풀이해서 나옵니다. 철학자들의 주장이니 그러려니 하고 보시기 쉬운데요, 실은 중요한 의미가 있어요.

바로 우주와 인간의 조화에 관한 소망을 표현한다는 점입니다. 그리스인들에게 인간은 우주에서 특별한 존재이고 우주 전체를 축약한 소우주였어요. 대우주인 자연과 소우주인 인간은 그 존재 원리가 같다고 봤습니다. 따라서 가장 이상적인 삶은 우주와 일치하는 삶이라고 믿었지요.

헤라클레이토스의 단편에서도 이런 고대적 이상주의가 드러납니다. 사물의 본성인 로고스의 진리를 통찰하고 그것을 사유함으로써 로고스에 따르는 삶을 살아가라고 권유하고 있습니다.

이처럼 고대 철학은 우주와 사물에 대한 이론적 지식에만 머무르지 않고, 삶의 방식과 행위의 방향을 알려주는 실천적 지식이기도 했습니다. "성품이 수호신"이라는 헤라클레이토스의 말 속에 철학의 그런 본성이 잘 드러나고 있어요.

사실 신들이 가사자$^{可死者}$들에게 처음부터 모든 것을 밝혀 주지는 않았기에
가사자들은 시간을 두고 탐구하면서 더 나은 것을 발견해 간다.
— 크세노파네스

# 04

## 존재와 가상

앞에서 헤라클레이토스가 가파른 등산로의 첫 번째 관문이라고 했었는데, 어땠는지 모르겠네요.

아닌 게 아니라 확실히 좀 어려웠어요.

그러셨을 것 같아요. 그런데 이번에 알아볼 철학자도 만만치 않습니다. 소크라테스 이전 철학자 가운데 가장 난해하다고 알려진 인물이거든요.

산 넘어 산이네요. 그 사람이 누구예요?

존재의 철학자로 알려진 파르메니데스입니다. '존재'라는 개념을 철

**파르메니데스 시대 엘레아** 엘레아는 소아시아 포카이아의 식민도시로 파르메니데스는 엘레아로 이주한 귀족의 2세였다. 그의 제자들도 엘레아를 중심으로 활동했기 때문에 그와 제자들을 엘레아학파라고 부른다.

학적으로 다룬 첫 번째 인물이죠. 본격적인 존재론을 창시해서 이후 철학에 지대한 영향을 끼쳤어요.

그는 이탈리아 서쪽 해안의 아름다운 도시 엘레아Elea를 배경으로 활동하면서 걸출한 제자를 여러 명 길러냈습니다. 그래서 그와 그의 제자들을 엘레아학파라고 부릅니다.

이오니아의 철학이 과학적이고 실증적이었던 것과 달리 이탈리아의 철학은 신화적 모티브와 논리적 사유가 묘하게 결합한 경향을 보여줍니다. 피타고라스도 그런 특징이 있었는데요. 엘레아학파를 통해서 한 단계 더 성숙한 이탈리아 철학의 모습을 살펴보도록 하겠습니다.

# 01 파르메니데스

### 존재의 철학자

난해한 사상가라고 하셨는데, 그는 어떤 사람인가요?

파르메니데스$^{Parmenides,\ 기원전\ 515?\ \sim\ ??}$의 생애에 대해서는 별로 알려진 게 없습니다. 엘레아의 귀족 태생이고 이주민의 2세대라는 것, 엘레아의 헌법을 만들었으며 이후로 공직자들이 취임할 때 그가 만든 헌법에 손을 얹고 선서를 했다는 것 정도입니다.

생몰 연대도 확실하지가 않아요. 그의 출생 시점에 관한 기록은 두 가지가 있습니다. 플라톤과 디오게네스 라에르티오스가 각각 다르게 전해주는데요. 이 두 사람이 살던 시대는 대략 6백 년 정도 차이가 있어요. 그래서 보통 시기적으로 앞선 플라톤의 기록이 더 믿을 만하다고 봐요.

아무래도 시대가 더 가까우니까 그렇겠네요.

플라톤의 대화편 가운데『파르메니데스』라는 작품이 있어요. 노년의 파르메니데스가 제자 제논과 함께 아테네로 건너가서 풋풋한 청년 소크라테스와 대화를 나눈 이야기예요.

여기서 파르메니데스는 65세로 하얀 백발에 기품있는 인물로 나옵니다. 소크라테스가 '아주 젊은' 청년으로 등장하는데 관례에 따라 20세 정도로 봅니다. 그러면 두 사람이 45살 차이죠. 소크라테스가 기원전 470년경에 태어났기 때문에 파르메니데스는 기원전 515년경 출생한 것으로 추정합니다.

파르메니데스가 태어날 무렵 이탈리아에는 피타고라스의 제자들과 철학적 시인으로 유명한 크세노파네스가 활동하고 있었어요. 그래서 그의 스승이 피타고라스학파라는 설도 있고, 크세노파네스라는 설도 전해집니다. 하지만 둘로부터 사상적으로 영향을 받았다고 볼 만한 뚜렷한 근거는 없어요.

파르메니데스도 책을 썼나요?

네, 제목이 역시『자연에 관하여 peri physeos』입니다. 아낙시만드로스처럼 이 작품도 서사시 형식으로 되어있습니다. 원본은 전해지지 않고 다른 책에 인용되어 전해지는 분량이 대략 150행 정도예요. 이 정도면 고대 문헌치고는 많이 보존된 편에 속하죠.

철학을 시로 썼다는 게 저는 아직도 낯선데요. 어떤 내용인가요?

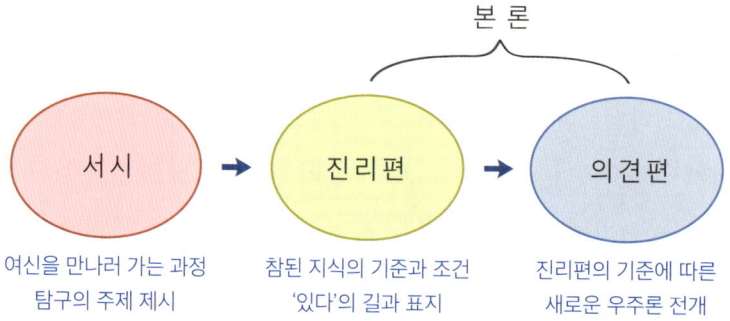

**파르메니데스 단편시의 구성**

위의 그림에서 보시듯이 이 서사시는 세 부분으로 되어있습니다. 도입부로 서시가 있고 이어서 본론이 나오는데 본론은 다시 두 부분으로 나뉩니다. 각 부분의 중심 주제를 따서 보통 '진리편'과 '의견편'이라고 부릅니다.

서시와 진리편은 유실된 부분 없이 거의 모두 전해진 것으로 봅니다. 앞뒤가 딱 맞아떨어지거든요. 이와 달리 의견편은 원래는 분량이 많았던 것 같은데, 전승된 것은 그리 많지 않아요.

읽어보면 참 어렵습니다. 시로 쓴 데다가 옛날식 표현이 많다 보니 의미가 불확실하고 해석이 까다롭습니다. 어떤 구절은 더 추적할 수 없을 만큼 모호하기도 합니다.

그런데도 이후 철학사에 큰 영향을 끼친 불멸의 작품이라는 사실에는 이견이 없어요. 참 대단한 작품이죠. 우리도 이 시를 쭉 따라가며 이야기를 진행해 보려 합니다.

### 서시 : 여신을 만나다

어려운 작품이라니 긴장도 되고 기대도 되네요.

맨 처음 부분인 서시는 30행 정도예요. 화자인 '나', 파르메니데스는 멋진 말들이 이끄는 마차를 타고 이름 모를 여신을 만나러 갑니다. 태양신 헬리오스Helios의 따님들이 마차를 몰아 나를 호위합니다. 마차는 '밤'에서 '낮'으로 가는 길을 내달립니다. 중간에 관문이 하나 있는데, 정의의 여신 디케Dike가 지키고 있습니다. 헬리오스의 따님들이 부드러운 말로 설득하자 디케는 빗장을 풀고 문을 열어줍니다. 일행은 열린 문을 지나 넓게 뻗은 길로 나서게 되죠.
'밤'에서 '낮'으로 이어지는 길은 무지에서 참된 앎으로 나아가는 과정을 상징할 겁니다. 중간에 디케가 등장하고 문을 열어준다는 모티브도 상징인데요. 이 여행을 신들이 인도하고 보증한다는 거니까 책의 내용이 참된 진리라는 주장을 은연중에 내보이는 거죠.

신화적인 분위기네요.

서사시가 원래 신화를 전하던 문학 양식이니까요. 최종 목적지에서도 여신이 나와요. 마차가 도착하자 이름 모를 여신이 나와 손을 내밀며 반겨줍니다.
여기서부터는 여신의 독백이 쭉 이어집니다. 여신의 첫마디는 이렇습니다.

자, 그대는 모든 것들을 배워야 한다.
설득력 있는 진리의 흔들리지 않는 심장과
가사자들의 의견을. (단편1, 28~30)

앞으로 들려줄 이야기가 '설득력 있는 진리'와 '가사자들의 의견', 이 두 가지라고 하면서 전체 줄거리를 제시하죠. 본론의 두 부분인 '진리편'과 '의견편'이라는 이름이 이 표현에서 나왔어요.

진리는 참이라는 뜻인데, 그러면 의견은 거짓이라는 뜻인가요?

그건 아니고요. '의견'은 그리스어로 '독사doxa'예요. 이 단어는 사람들이 상식적으로 가지고 있는 믿음이나 의견 같은 걸 뜻합니다. 이를테면 "내 생각에는 …인 것 같아"라고 말할 때가 있죠. 주관적이긴 하지만 그래도 자기는 그렇게 생각하고 믿는다는 뜻인데요. 이런 게 '독사'에 해당합니다. 이렇게 해서 서시가 끝나고 곧바로 진리의 길에 관한 이야기가 이어집니다.

### 진리편 : '있다'의 길과 '있지 않다'의 길

첫 소절을 한 번 볼게요.

자, 이제 내가 말할 터이니 그대는 이야기를 듣고 명심하라.

> 탐구의 어떤 길만이 사유$^{noein}$를 위해 있는지.
> 그중 하나는 '있다$^{estin}$'라는, 그리고 '있지 않을 수 없다'라는 길로서
> 진리를 따르는 설득의 길이며,
> 다른 하나는 '있지 않다$^{ouk\ estin}$'라는 그리고 '있지 않을 수밖에 없다'
> 라는 길로서,
> 그 길은 전혀 배움이 없는 길이라고 나는 그대에게 지적하는 바이다.
> (단편 2, 1~6)

여기서는 앞으로 전개될 이야기의 주제와 방향이 나옵니다. 우선 주제가 '사유를 위한 탐구의 길'이라고 되어있죠. '사유'로 번역한 그리스어 '노에인$^{noein}$'은 지성의 사고 작용을 나타내는 말인데, 파르메니데스는 보통 '참된 지식'이라는 뜻으로 사용합니다. 그렇게 보면 '사유를 위한 탐구의 길'은 '참된 지식을 얻기 위한 올바른 방법'을 뜻하겠죠.

**진리를 얻는 방법이 문제군요.**

네, 그런 의미예요. 인용한 구절을 보시면 진리에 접근하는 길이 두 가지로 나옵니다. '있다'의 길과 '있지 않다'의 길이 그 두 가지입니다. 그런데 두 길을 제시하자마자 '있다'의 길은 진리의 길인 반면에 '있지 않다'의 길에는 배움이 없다고 덧붙여요.
여기서 '있다의 길', '있지 않다의 길', 이런 표현이 아무래도 좀 어색하죠. 연구자들 사이에서도 이게 정확히 무슨 뜻인지 의견이 분분

합니다. 대체로 동의할 만한 수준에서 좀 쉽게 바꾼다면, '있는 것을 탐구하는 길'과 '있지 않은 것을 탐구하는 길'이라고 해도 좋을 것 같아요.

그러면 여신의 말은 진리를 얻으려면 '있는 것'을 탐구하라는 것이겠네요.

그렇습니다. 이 부분의 주제는 진리에 이르는 방법을 결정하는 것인데, 여신은 최종적으로 이렇게 결론 내립니다.

> 말할 수 있고 사유할 수 있는 것은 있어야 한다. (단편 6)

그러니까 '있는 것'만을 대상으로 삼아서 탐구해야 참된 지식을 얻을 수 있다는 말이죠.

### '존재'의 표지

참된 지식의 대상이 '있는 것'이라야 한다는 말이군요. 그런데 여기서 '있는 것'이라는 말을 어떻게 이해하면 좋을까요?

문자대로 이해하자면, '실제로 존재하는 것'이라는 뜻이죠. 하지만 한 걸음 더 들어가서 '존재하다'가 무슨 뜻인지 따져 물으면 머리가 아파져요. '존재한다'라는 말의 뜻은 다 알지만, 내용이 너무 단순해서 개념적으로 설명하기가 오히려 더 힘들어요.

그래서 파르메니데스는 전략을 바꿉니다. '있는 것'이란 개념을 정의하기보다 '있는 것'의 특징을 살펴보자는 거죠. 이 특징을 '존재의 표지semata'라고 부르는데요. 3가지입니다.

1) 있는 것은 생성 소멸하지 않는다.
2) 있는 것은 나뉘지 않는다.
3) 있는 것은 변화하지 않는다.

그러니까 이 3가지 특징을 모두 가지고 있는 것이 바로 '있는 것'이라는 말이죠.

그렇군요. 무슨 말인지는 알겠는데, 이게 '있는 것'의 특징이 맞나요? 오히려 있는 것은 생성 소멸하고 변화하지 않나요? 헤라클레이토스도 모든 사물은 변한다고 했는데 말이죠.

그러게요. 파르메니데스의 주장은 경험과 충돌하죠. 아마 그 자신도 잘 알고 있었을 거예요. 그래서 그는 독자를 설득하기 위해서 자신의 주장을 논리적으로 증명해 나갑니다.

이 증명은 좀 살펴볼 가치가 있어요. 파르메니데스 사상의 핵심이 담겨 있을 뿐아니라 철학사에서 등장하는 최초의 논리적 증명이기도 하니까요. 같이 한 번 보시죠.

# # 논증 1 : 있는 것은 생성 소멸하지 않는다

1) 있는 것이 생성되었다면 있는 것으로부터 생성되었거나
   있지 않은 것으로부터 생성되었을 것이다.
2) 있는 것으로부터 생성되지는 않았다.
   왜냐하면, 있는 것은 이미 있으므로 생성될 필요가 없으니까.
3) 있지 않은 것으로부터 생성되지도 않았다.
   왜냐하면, 아무것도 있지 않다면, 어떤 시점에서 있는 것이 생성될 이유가 없으니까.
4) 그러므로 생성은 없다.

생성과 소멸을 모두 논증해야 하겠으나 실제로 파르메니데스는 생성만 논증하고 소멸은 생략했습니다.

논증은 1)의 가정에서 출발하죠. 있는 것이 생성된다면, 있는 것에서 생성되거나 있지 않은 것에서 생성되거나 둘 중 하나라야 합니다. 그러나 2)와 3)에서 보여주듯이 두 경우 모두 성립하지 않기 때문에 결국에는 생성이란 게 없다고 논증합니다.

따져볼 게 많지만, 지금은 3)에 대해서만 좀 부연할게요. 3)에서 등장하는 원리는 나중에 '충족이유율'이라고 부르게 될 원리인데요. 어떤 일이 어떤 시점에 일어나려면 그렇게 될 만한 원인이 있어야 한다는 원리죠. 그러나 아무것도 없다면, 원인 자체가 없으니, 아무것도 생겨날 수 없다는 주장입니다.

### #논증 2 : 있는 것은 나뉘지 않는다

   1) 있는 것이 나뉘려면 틈이 있어야 한다.
   2) 틈은 있지 않다.
   3) 따라서 있는 것은 나뉘지 않는다.

이 논증은 간단하죠?

여기서 틈이란 건 공간을 말하나요?

네, 아무것도 없이 비어있는 공간을 말합니다. 오늘날에는 공간이라는 개념이 익숙하죠. 공간이라는 게 있고, 물질이 그것을 채우고 있다고 생각해요. 물질과 분리된 수학적이고 추상적인 공간을 말하는데, 현대에는 이게 상식적인 개념이죠.

하지만 그 당시 그리스인들에게는 그렇지 않았어요. 그들에게는 물질이 없는 공간이라는 개념이 아직 없었습니다. 물질이 없으면 아무것도 없다고 생각했어요. 우리가 이해하는 수학적이고 추상적인 공간 같은 건 생각하지 못했죠.

파르메니데스는 물질 없이 텅 빈 공간을 없는 것으로 보고 있어요. 그래서 2)에서 틈이라는 게 있지 않다고 표현합니다.

저와 철알못님 사이에 공간이 없다면, 우리가 분리되지 않겠죠. 이처럼 있는 것들을 분리시켜 주는 틈이 없으니까 있는 것은 빈틈없이 쭉 이어진 한 덩어리로만 있다고 주장하고 있어요.

# 논증 3 : 있는 것은 변화하지 않는다

1) 있는 것은 생성 소멸하지 않는다. 따라서 상태의 변화는 없다.
2) 있는 것은 나뉘지 않고 연속적인 전체를 이루고 있다.
   따라서 위치의 변화가 불가능하다.
3) 따라서 있는 것은 변화하지 않는다.

그리스 철학에서 변화와 운동이라는 말은 같은 뜻인데요. 크게 두 가지를 포함해요. 하나는 상태 변화고 다른 하나는 위치 변화입니다. 이 논증은 그 두 가지 유형의 변화를 다루고 있어요.
1)에서는 상태 변화를 다루는데, 파르메니데스는 이를 생성과 소멸로 이해합니다. 예를 들어 가을에 나뭇잎이 붉게 물드는 현상을 초록 잎이 소멸하고 붉은 잎이 생성된다는 식으로 이해하는 거죠. 그러나 앞서 논증 1에서 생성과 소멸이 없다고 했으니 상태의 변화도 인정할 수 없다고 주장합니다.
그리고 2)에서는 위치 변화를 부정합니다. 위치를 바꾸려면 어딘가 빈 곳이 있어야 하는데, 논증 2에서 보았듯이 있는 것은 빈틈없이 이어진 연속체라는 거죠. 따라서 위치 변화를 위한 여유 공간이 없어서 자리를 바꿀 수 없다는 주장입니다.
이처럼 변화의 두 가지 유형이 모두 불가능하므로 변화가 없다는 결론을 도출하고 있습니다.

### 있는 것은 구와 같다

이 증명에는 논리적인 문제점이 없을까요?

자세히 검토하면 당연히 문제가 있습니다만 지금은 그의 주장을 좀 더 따라가 보죠. 그는 논증을 마무리하면서 비유를 하나 듭니다. 바로 구$^{球}$의 비유예요.
논증을 종합하면 '있는 것'은 결국 영원히 존속하고 하나의 연속체이면서 고정불변입니다. 파르메니데스는 이런 상태가 존재의 속성을 충만하게 구현한 완전한 상태라고 봐요. 그는 이 상태를 구에 비유합니다.

>   있는 것은 완결된 것
>   모든 방면으로부터 잘 둥글려진 공의 덩어리와 흡사하며
>   (단편 8 : 42~43)

구는 그리스인들이 가장 완전하다고 여긴 도형입니다. 여기서 구는 '있는 것'의 겉모습을 말하는 게 아니라 존재의 속성을 충만하게 실현한 상태, 즉 영속적이고 연속적이며 완전한 상태를 상징적으로 표현하고 있죠.

아, 상징이로군요. 저는 있는 것이 공모양이라는 줄 알았어요.

네, 그런 뜻은 아니에요. 공이라는 완전한 도형처럼 있는 것도 존재의 표지를 완전하게 구현한다는 것뿐이죠. 이 비유를 제시하면서 진리편이 마무리됩니다.

### 현실은 환상일 뿐

그런데 파르메니데스의 논증을 보긴 했지만 그래도 사물은 변화하는 것 아닌가요? 논리적인 결론과 눈에 보이는 경험 사실이 달라서 좀 혼란스러워요.

당연히 그러시죠. 경험하고 너무 안 맞으니까 그의 주장이 황당하게 들리기도 합니다. 파르메니데스 자신도 자연의 변화를 목격했을 텐데요. 그렇게 생생하게 보면서 자연의 변화를 정말 부정했을지, 아니면 뭔가 다른 의미가 있는지, 고대로부터 의견이 나뉘기 시작했어요.

저만 그런 게 아니군요. 어떻게들 보았나요?

많은 사람들이 파르메니데스가 자연의 변화를 인정하지 않는다고 해석했습니다. 파르메니데스가 보기에 끊임없이 변화하는 현실 세계는 한갓 환상이거나 착각일 뿐입니다. 그래서 이들은 눈앞에 변화의 증거가 아무리 많이 펼쳐져도 현혹되지 말아야 하고, 오직 논증의 논리적 결론을 받아들여 '있는 것'이 변화하지 않는다는 사실을 인정해야 한다고 해석했죠.

**자연의 변화가 환상이라니, 가상 현실인가요? 놀랍군요.**

이런 해석은 파르메니데스의 직계 제자인 제논과 멜리소스에서 시작되었어요. 경험은 사람마다 다르며 불확실하므로 경험보다 논리적 사고에 의거해야 더 확실한 앎에 이를 수 있다며 스승의 이론을 사람들에게 설파하기 위해 노력했습니다. 나중에 아리스토텔레스도 같은 관점에 서게 됩니다. 아리스토텔레스의 말을 들어보시죠.

> 파르메니데스와 멜리소스 같은 사람들은 생성과 소멸을 완전히 제거했다. 있는 것들 가운데 어떤 것도 생겨나거나 소멸하지 않고, 다만 그렇다고 우리에게 여겨질 뿐이라는 것이다. 그들은 여러 훌륭한 말들을 하긴 했지만, 적어도 자연학에는 걸맞지 않은 방식으로 말했다고 봐야 한다.
> ─ 아리스토텔레스, 『천체에 관하여』 III. 1. 298b14

그래서 아리스토텔레스는 파르메니데스와 제자들을 일컬어 '자연을 멈추게 하는 자들stasiotai' 또는 '자연 부정론자들aphysikoi'이라고 불렀습니다.

파르메니데스가 자연의 변화를 부정했다는 해석은 이후 철학사에서 표준적인 해석으로 자리 잡게 됩니다. 오늘날에도 이게 널리 알려져서 우리나라의 독자들께서도 이렇게 알고 계신 분이 많지요.

## 현상을 구제하라

이 해석은 상식과 너무 동떨어진 주장 아닐까요?

그렇습니다. 이미 고대에도 그런 문제의식을 느낀 사람들이 있었습니다. 특히 자연철학의 전통에 속한 사람들은 위기감에 사로잡혔어요. 자연철학의 기본 전제는 자연이 변화한다는 것이거든요. 변화를 설명하는 일이 자연철학의 중심 과제였어요. 만약 표준 해석이 옳다면, 그래서 자연이 진정 환상이라면 자연철학은 쓸모없는 게 되고 말겠죠.

파르메니데스 이후 자연철학자들은 깊은 고민에 빠집니다. 파르메니데스 주장을 반박하지도 못하고, 그렇다고 너무나 명백한 자연의 변화를 부정할 수도 없었어요. 고심 끝에 그들은 그 두 가지를 모두 수용하기로 합니다. 파르메니데스의 논리적 결론을 인정하면서 동시에 자연의 변화를 설명해 보기로 했어요.

이 과제를 '현상의 구제'라고 부릅니다. 표준 해석으로 차갑게 얼어붙은 자연 현상을 생동하는 변화의 흐름 속으로 되살리고자 한 거예요.

그런데 그게 가능한가요? 파르메니데스 자신이 있는 것은 변화하

**라파엘로의 「아테네 학당」 부분** 라파엘로는 파르메니데스를 자연철학자 그룹에 끼워 넣어 그렸다. 특히 파르메니데스의 시선이 필기하는 피타고라스를 향하는데, 이는 파르메니데스가 피타고라스의 제자라는 일부의 전승을 반영한 것이다.

지 않는다고 말했잖아요?

그들도 믿는 구석이 있었죠. 바로 '두 세계 이론'이에요.

그게 뭐예요?

일찍이 자연철학이 우주 만물의 근원에 대해 물었을 때, 이 세계는 두 개의 층으로 나뉘게 됩니다. 우주 만물과 그것의 근원, 다시 말해 날마다 경험하는 현상 세계와 그 배후에 있는 참된 실재 세계, 이렇게 두 세계죠.

현상을 구제하려는 자연철학자들은 이 구별을 끌어들입니다. 그래서 파르메니데스가 말하는 존재는 오직 배후 세계의 실재에만 적용된다고 해석했어요.

다시 말해 생성 소멸하지 않고 변화하지 않아야 하는 건 진정한 의미에서 '있는 것', 즉 배후 세계의 아르케라고 해석합니다. 그와 달리 현상 세계에 속한 자연 사물은 얼마든지 변화할 수 있다는 거죠. 그리고 이게 파르메니데스의 진정한 생각이라는 거예요.

표준 해석과는 정반대네요. 파르메니데스가 자연의 변화를 인정했다니요.

그렇습니다. 이런 해석을 내놓은 사람들은 다음 장에서 살펴보실 다원론자들입니다. 이들은 파르메니데스의 직계 제자는 아니지만, 오히려 자기네가 직계 제자보다 파르메니데스를 더 잘 이해한다고 자부했죠. 그들이 보기에 파르메니데스는 여전히 자연철학자이고 나아가서 다원론의 시조였어요.

### 의견편

그렇게 생각한 이유가 있었을 것 같은데요?

그 증거로 파르메니데스 작품의 세 번째 부분, 즉 의견편을 제시합니다. 의견편의 내용은 전통적인 자연철학 논의거든요. 역사가 플루타르코스가 전하는 기록을 보시죠.

> 파르메니데스는 밝은 것과 어두운 것이라는 원소들을 섞어 이것들로부터 모든 나타나는 것들을 완성해 내고 있다. 그는 땅에 관해서만이 아니라 하늘과 태양, 달, 별들에 관해서도 많은 이야기를 했으며, 인간의 생성에 대해서도 자세히 설명했다. 그리고 그는 자연학에 몸담고 있으면서 (…) 중요한 것들 가운데 말하지 않은 채 넘어간 것이 아무것도 없었다.
> ─ 플루타르코스, 『콜로테스에 대한 반박』 1114b

오, 정말 자연학에 몸담았다고 나오네요.

만약 표준 해석이 주장하듯이 자연이 환상이고 착각이라면 파르메니데스가 왜 자연철학의 문제를 저토록 광범위하게 다루었는지 설명이 안 됩니다. 그래서 표준 해석의 전통에서는 이 의견편을 일부러 무시해 왔어요. 그 바람에 전승된 분량도 무척 적죠.
하지만 다원론자들은 의견편을 중요하게 봤습니다. 바로 여기에 현상을 구제하는 비법이 나오기 때문이에요.

파르메니데스 자신이 그걸 제시했다니 놀라워요. 비법이 뭐예요?

만물의 아르케를 하나가 아니라 여럿으로 잡는 거예요. 위의 인용에서도 보시면, 파르메니데스가 '밝은 것'과 '어두운 것'을 아르케로 삼았다고 나옵니다. 어떤 책에서는 '낮'과 '밤', 또 다른 책에서는 '불'과 '흙'이라고 나와요. 어느 경우에나 둘을 설정했죠.

그리고 또 하나 중요한 개념이 있는데, 바로 '섞임'이에요. 그러니까 여럿 종류의 아르케가 섞여서 만물이 생성된다고 보는 방식입니다.

### 그렇게 하면 현상을 구제할 수 있나요?

그렇습니다. 우선 아르케는 생성 소멸하지 않고 변하지 않아요. 파르메니데스의 조건을 충족해요. 그리고 그들이 섞임으로써 사물이 생겨납니다. 이때 섞이는 비율에 따라 다양한 사물이 생겨난다고 설명할 수 있어요. 또 생겨난 사물 내부에서 비율이 변하면서 사물의 변화가 일어난다고 설명할 수도 있죠.

그래서 현상 배후에 있는 실재의 차원에서는 파르메니데스가 말하는 존재의 표지가 유지되면서도 현상 세계의 변화를 설명할 수 있게 되었죠.

### 아, 참신한데요.

그렇죠. 자연을 바라보는 완전히 새로운 프레임을 들고나온 거죠. 다원론자들은 이 점에 감명받게 됩니다. 두 개 이상의 아르케와 그들의 섞임이라는 개념을 통해 사물의 생성과 변화를 설명함으로써 현상을 충분히 구제할 수 있다고 믿었습니다.

### 저는 다원론적 해석이 더 끌리는데요?

나름의 타당성이 없지는 않지만, 반드시 전통적인 표준 해석이 틀리고 다원론적 해석이 옳다고 보기도 어렵습니다. 파르메니데스의 텍스트를 면밀하게 검토하면 각각의 해석을 지지하는 구절이 다 들어 있기 때문이지요.

제가 소개해 드린 두 해석은 고대 철학사에서 출현한 중요한 해석들이고요. 현대의 연구자들은 훨씬 다양한 해석을 내놓고 있어요. 이렇게 다양한 해석이 가능한 것은 그의 작품이 모호한 탓도 있지만, 그의 사유가 풍부하고 깊기 때문이기도 합니다.

한 가지 분명한 것은 고대로부터 딱 정해진 해석이 없었는데도 수많은 철학적 유파들이 그의 이론을 존중했다는 점입니다. 파르메니데스 이후의 철학은 모두 그의 짙은 그림자 속에서 전개되었죠.

이제 그를 계승한 직계 제자와 다원론 진영의 철학을 통해 그의 사상이 어떻게 이어지는지 살펴보도록 할게요.

# 02 제논

### 엘레아의 제논

파르메니데스의 직계 제자 중 가장 유명한 인물은 제논$^{Zenon, 기원전 490}$ $^{~??}$입니다. 혹시 아킬레우스와 거북이 이야기 아시나요?

네, 아킬레우스와 거북이가 경주하는 이야기요? 그럼요, 들어봤죠.

그 이야기를 만든 사람이 제논이에요. 그것 말고도 재미난 이야기가 많은데요. 우선 그가 어떤 인물인지 잠시 소개할게요.
그는 엘레아 출신으로 어려서 파르메니데스의 양자가 되어 소년 애인$^{paidika}$으로 지냈다고 합니다. 플라톤의 대화편 『파르메니데스』에 보면 파르메니데스보다 25살 정도 젊다고 나와요. 이를 바탕으로 기원전 490년경에 태어났을 것으로 추정하고 있죠.
어릴 때부터 미소년이었는데, 장성해서는 키가 훤칠하고 인물도 배우처럼 잘 생겼다고 전해집니다. 완전 훈남 스타일이에요. 하지만 성격은 열정적이고 강렬했던 것 같아요.

정치에도 관여해서 엘레아의 참주 축출 운동에 뛰어듭니다. 도중에 체포되어 심문받게 되었는데 제논은 자백을 거부하고 참주를 비난하며 저주합니다. 그리고는 자기 혀를 깨물어 심문하던 참주에게 뱉었다고 해요. 나중에 맷돌에 으깨지는 형벌을 받아 죽었다고 하니 정말 치열한 삶을 살았던 것 같습니다.

**왠지 혁명에 투신한 열혈 투사 같이 느껴지는데요.**

삶은 그랬을지 모르지만, 철학은 아주 섬세해요. 그는 파르메니데스에 관한 표준적인 해석을 만든 인물입니다. 앞서 말씀드렸듯이 표준 해석에서는 자연의 변화를 부정하죠. 제논은 일반인들을 상대로 이런 해석을 설득하기 위해 여러 가지 논증을 만들었습니다.

이 논증들은 자연에 변화가 실제로 있다고 가정하면 상식에 어긋나는 결과가 나온다는 점을 보여주는 구조로 되어있어요. 상식에 반하는 주장을 영어로는 '파라독스paradox'라고 하고 우리말로는 보통 '역설'로 옮기죠. 그래서 그의 논증을 '제논의 파라독스', '제논의 역설' 이렇게 부릅니다.

**아킬레우스와 거북이도 그런 역설에 속하나요?**

네, 4가지 역설 가운데 하나입니다. 이 논증들이 아리스토텔레스의 『자연학』에 나오는데요. 같이 살펴보기로 해요.

### 이분법의 역설

첫 번째는 이분법의 역설이에요. 이것은 한 지점에서 다른 지점으로 이동할 수 없다는 논증입니다. 논증의 내용은 이래요.

A 지점에서 출발하여 B 지점에 도착하려면 중점 C를 통과해야 합니다. 이어서 C에서 B에 도착하려면 다시 그 둘의 중점 D를 통과해야 합니다. 이후로도 이런 식으로 무한히 많은 중점을 지나야 해요. 그러나 유한한 시간 내에 무한개의 작업을 완수할 수는 없어요.
그러니 A에서 B로 가는 움직임이 있다고 가정하면 그 움직임은 결코 실현될 수 없다는, 역설적인 결과가 나옵니다. 따라서 운동은 없다는 주장이지요.

그야말로 역설적이네요. 실제로는 이동할 수 있는데, 그렇지 않다는 결론이 나오니까요. 뭔가 홀린 듯한데요.

아리스토텔레스는 제논이 오류를 범했다고 지적했어요. 제논이 거리만 무한히 분할 가능하다고 보고 시간에 대해서는 그렇지 않다고 봤다는 겁니다.
하지만 유한한 시간도 거리와 마찬가지로 끝없이 나눌 수 있어요.

시간을 거리와 같은 방식으로 분할시키면 무한개의 중점과 그 점을 지나는 무한개의 시각이 하나씩 대응하게 됩니다.

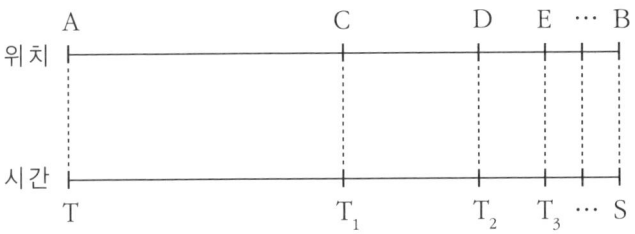

따라서 시각 T와 시각 S 사이의 유한한 시간 안에 모든 중점을 다 지나갈 수 있고 결국 B에 도달할 수 있습니다.

이 아이디어를 현대적으로 표현한 것이 수학 시간에 배우는 무한급수의 합이에요.

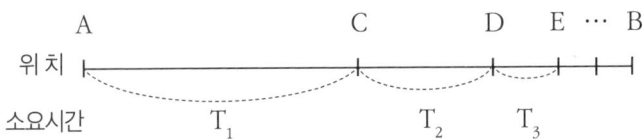

그림처럼 각 구간을 이동하는데 걸리는 시간을 $T_1$, $T_2$, $T_3$,…이라고 해보죠. 속력이 일정하다면 각 구간의 길이가 반으로 짧아지므로 각 구간을 이동하는데 걸리는 시간 역시 반으로 줄어듭니다. $T_2$는 $T_1$의 반이고 $T_3$는 $T_2$의 반, 즉 $T_1$의 반의 반이 되죠. 그런 식으로 계산하면 전체 소요 시간은 아래와 같아요.

$$T_1 \times (1 + 1/2 + 1/4 + 1/8 + \cdots)$$

제논은 이 급수의 합이 무한히 커진다고 봤어요. 더하는 숫자가 무한히 많으니까 합도 무한히 커진다는 거죠. 하지만 일정한 비율로 축소되는 숫자들의 급수는 무한히 커지지 않고 합이 존재합니다. 아래 그림을 보세요.

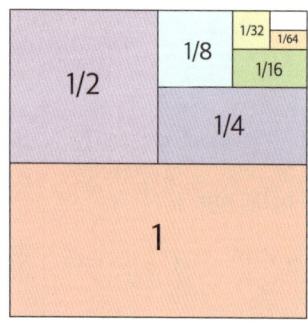

**무한급수의 합** 전체 사각형의 한 변의 길이는 √2이다. 전체 정사각형의 넓이가 2이므로 무한급수의 합이 2임을 보여준다.

이 그림에서 전체 사각형의 넓이는 2예요. 전체 넓이의 반에 해당하는 사각형을 색칠하고 또 그것의 반인 사각형을 색칠하고, 그런 식으로 계속 칠해나가면 전체 사각형을 다 칠하게 되겠죠. 따라서

$$T_1 \times (1 + 1/2 + 1/4 + 1/8 + \cdots) = 2T_1$$

이라는 것을 알 수 있어요. 제논의 생각과 달리 급수의 합이 2인 거죠. 즉 $T_1$의 두 배에 해당하는 시간이 흐르면 A에서 B까지 이동할 수 있는 거죠.

시간을 무한히 잘게 나눔으로써 역설이 해결되는 것이군요.

수학이 나오지만 그래도 별로 어렵진 않았죠?

### 아킬레우스와 거북이 역설

두 번째 역설은 그 유명한 아킬레우스와 거북이의 역설이에요. 아킬레우스와 거북이가 달리기 경주를 하는데, 거북이가 걸음이 느리잖아요. 불쌍한 거북이를 배려해서 아킬레우스보다 몇 걸음 앞에서 출발하게 해주면, 아킬레우스는 결코 거북이를 따라잡을 수 없다는 이야기지요.

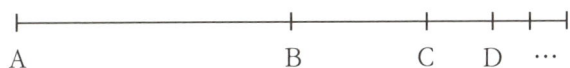

이 논증은 위의 그림에서 아킬레우스가 A 지점에서 출발하고, 거북이가 B 지점에서 출발한다고 가정합니다. 아킬레우스가 거북이를 따라잡으려면 일단 B 지점에 와야 하는데, 그때 거북이는 앞으로 조금 나가서 C 지점에 있게 돼요. 이어서 아킬레우스가 C 지점에 도착하면 거북이는 다시 D 지점에 도달하죠.
이런 식으로 아킬레우스가 도착해야 하는 점들이 무한히 많이 생기는데, 유한한 시간 동안 무한개의 작업을 완수할 수 없으므로 아킬

**아킬레우스와 파트로클로스, 기원전 500년경, 그리스 도기 그림, 베를린 알테스 미술관**
트로이아와의 전투에서 화살에 맞아 부상당한 친구 파트로클로스의 팔에 붕대를 감아주는 아킬레우스의 모습이다. 아킬레우스는 『일리아스』의 영웅 가운데 가장 용맹하고 전투에 능한 인물이다. 호메로스는 "발이 빠른 아킬레우스"라는 표현을 관용적으로 사용했다. 그리스인에게 아킬레우스는 세상에서 가장 빠른 사나이였다. 제논은 그런 그가 거북이와의 경주에서 이길 수 없다고 함으로써, 자신의 역설에 극적인 효과를 부여했다.

레우스는 거북이를 따라잡지 못하게 된다는 겁니다.

말씀을 듣고 보니 앞에서 나온 이분법의 역설과 비슷하네요. 이것도 시간을 무한히 잘게 쪼개면 해결되는 것 아닌가요?

네, 맞습니다. 이분법의 역설에서 형태만 조금 바꾸었을 뿐이에요. 역시 시간을 수학적으로 나누어 생각하면, 아킬레우스가 각 지점에 도달하는데 걸리는 시간을 알 수 있고, 그 합 역시 일정한 값에 수렴합니다. 그래서 제논 주장과 달리 현실에서는 아킬레우스가 거북이를 추월하게 되죠.

### 날아가는 화살의 역설

세 번째는 "날아가는 화살은 움직이지 않는다"는 역설입니다. 운동이 존재해서, 화살이 날아간다고 가정해 보죠. 제논에 따르면 어떤 특정 순간 화살은 자기 길이 만큼의 공간을 차지합니다. 그런데 자기 길이 만큼의 공간을 차지한 물체는 움직일 수 없어요. 따라서 매 순간 화살은 움직이지 않는다는 결론이 나오죠.
예를 들어 움직이는 물체를 사진으로 찍으면 딱 정지하고 있잖아요. 그처럼 순간순간으로 나누어 보면 물체는 정지해 있고, 정지된 것을 아무리 합쳐봤자 운동은 생기지 않는다는 논리죠.

이것도 나름대로 일리 있게 들리는데요, 혹시 여기에도 오류가 있나요?

당연히 그렇죠. 화살은 실제로 날아가니까요. 아리스토텔레스의 지적에 따르면, 화살이 정지된 듯이 보이는 그 짧은 순간에도 시간은 흘러갑니다. 다시 말해 순간이 아니라 그 자체도 지속이에요. 시간은 무한히 잘게 나눌 수 있기에, 지속이 전혀 들어있지 않은 그런 순간은 없습니다.

사진이 찍히는 아주 짧은 순간에도 카메라의 셔터가 작동하는 만큼 시간이 흐르죠. 125분의 1초나 250분의 1초 같이 짧은 시간이 흐릅니다. 따라서 '물체가 멈춰 있는 순간'이라는 개념 자체가 잘못되었음을 알 수 있어요.

## 경기장의 역설

마지막은 경기장의 역설이에요. 옆 페이지의 그림처럼 어떤 경기장에 3개의 열이 있어서 각 열 마다 세 사람이 같은 간격으로 줄 서 있다고 해보죠.

A 열의 사람들은 가만히 있고 B 열은 왼쪽으로, C 열은 오른쪽으로 이동하여 그림의 오른쪽과 같이 정사각형 모양의 배열을 완성한다고 해 봅시다.

이때 B 열의 첫 번째 사람(보라색)은 같은 시간 동안 A 열의 한 사

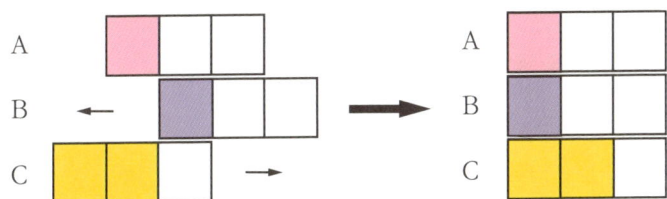

**경기장의 역설**

람(분홍색)과 C 열의 두 사람(노란색)을 스쳐 지나가게 되죠. 제논은 바로 이 상황이 역설적이라고 봐요. 그러니까 같은 시간 동안 B 열의 첫 번째 사람(보라색)이 지난 거리가 A 열 기준으로는 한 명, C 열 기준으로는 두 명이 되어 1=2라는 모순된 결과가 나온다는 겁니다.

그게 왜 1=2예요. A 열은 가만히 있고 C 열은 반대로 움직였으니 당연하지 않은가요?

그럼요. 당연하죠. 거리를 측정하는 기준이 되는 A 열과 C 열의 운동 상태가 다르니 당연히 달라집니다. 상대 속도라는 개념으로 보면 역설적인 것이 전혀 없죠. 하지만 제논 시대는 그런 개념이 확립되지 않아서, 이 결과가 모순이라고 해석하고 말았어요.

## 역설의 의의

제논의 주장은 첨엔 당혹스럽고 '정말 그런 건가?' 하고 막 설득될 뻔했는데, 알고 보니 모두 문제가 있네요.

그렇습니다. 쭉 살펴보았듯이 하나같이 오류가 있어요. 개념을 모호하게 사용하거나 분석이 불완전해서 생긴 문제들이었어요. 하지만 당시에는 아직 이걸 알아차리지 못했죠.

제논이 역설을 고안한 것은 스승인 파르메니데스의 사상을 옹호하고 반대자들을 논박하기 위한 것이었어요. 그러니까 '당신들 말대로 운동이 있다고 해보자, 그러면 이런 문제가 생긴다'하고 보여주었던 겁니다. 당시에는 강력한 논증이어서 반대자들을 곤혹에 빠트리곤 했습니다. 제논의 역설 덕분에, 운동과 변화가 성립하지 않는다는 파르메니데스에 관한 표준적 해석이 널리 알려지게 되었죠.

문제 있는 논증을 주장하고 가르쳤으니 제논은 철학사에서 부정적 역할을 담당했던 것이로군요?

꼭 그렇게 볼 일은 아닌 것 같아요. 상식에 반하는 주장을 그냥 쉽게 받아들일 수는 없잖아요. 그래서 제논이 남긴 역설을 해결하려고 고민하게 되고 그 과정에서 개념을 점검하고 논리를 섬세하게 검토하게 되었죠. 우리가 보았듯이 결국에는 논증의 문제점을 알아냈잖아요. 그런 점에서 합리적 사유를 한 걸음 더 진전시키는 긍정적 효과를 불러왔다고 평가할 수 있어요.

제논의 역설은 파르메니데스에 관한 표준적인 해석을 더 널리 알렸습니다. 지지자도 많이 생겼어요. 그러나 한편에서는 표준적인 해석의 불합리성을 극복하려는 시도도 꾸준히 이어졌습니다. 상식을 옹호하고 현실 세계를 긍정하려는 전혀 다른 태도가 나타나게 되었죠. 이제 파르메니데스의 논증에 맞서 자연철학적 사유를 한계까지 밀어붙였던 이들의 영웅적이고 혁신적인 사유를 만나볼 시간입니다.

지혜로운 사람은 모든 땅으로 여행할 수 있다.
왜냐하면 우주 전체가 지혜로운 영혼의 고향이기 때문이다.
　　― 데모크리토스

## 05

그렇게나 많은 것들이

철학자마다 사상의 색깔이 있습니다. 탈레스의 철학은 따뜻하며 여유롭고 아낙시만드로스의 철학은 스케일이 크고 섬세하며 과학적이죠. 피타고라스에게는 어떤 영성이 느껴져요. 그는 신비주의와 합리주의를 결합해서 개성 넘치는 체계를 보여주었죠.
저는 가끔 혼자서 사상가들 특유의 색깔이 어디에서 유래하는지 생각해 보곤 해요.

그러게요. 철학 이론에도 철학자의 성격이나 기질이 반영되는 걸까요?

확실히 그런 것 같습니다. 아무리 이론적인 작업이라도 사람이 하는 일이다 보니 각자의 개성이 묻어날 수밖에 없겠죠. 철학사를 쭉 떠올려보면 철학적 기질에는 크게 두 가지가 있는 것 같아요. 하나는 논리에 치중하는 것이고요. 다른 하나는 경험을 중시하는 것이지요. 파르메니데스 철학을 해석하는 문제와 관련지어 봐도 이런 경향이 확연히 나타납니다. 논리를 중시했던 제논 같은 인물은 파르메니데스의 사상을 논증 중심으로 해석하면서 현실에 관한 모든 경험을 일거에 날려버렸어요. 이게 상식에 맞지 않아도 논리적이기만 하다면 문제 될 것이 전혀 없었어요.

맞아요. 역설에도 불구하고 논리적 결과만을 고집했죠.

반면에 기질적으로 경험을 버리지 못하는 사람들도 있습니다. 밀레토스학파도 그랬지만, 이제 우리가 만나 볼 다원론자들이 그런 사람들이에요.

이들은 논리나 이론보다 현실 경험을 우위에 둡니다. 자연의 변화를 보고 겪은 그 경험이 모든 사유의 출발점이었어요. 이들의 철학은 어딘지 모르게 따뜻하고 인간미 넘칩니다. 경험을 존중하는 태도가 그런 결과로 이어진 게 아닐까 싶어요.

이들의 목표는 '현상의 구제'였습니다. 파르메니데스의 논리를 수용하면서도 자연의 변화를 합리적으로 설명하는, 두 마리 토끼를 모두 잡으려는 시도였죠. 다원론자들이 이 과제를 성취한 과정을 보면 인간의 지적 능력이 경이롭게 느껴지기도 해요. 어떤 이야기가 펼쳐지는지 지금 바로 알아보도록 하죠.

# 01 엠페도클레스

### 아크라가스의 샤먼

엠페도클레스Empedokles, 기원전 494~434는 이탈리아 남부의 섬 시칠리아의 아크라가스 출신입니다. 명망 높은 귀족이었는데 정치적인 이유로 고향에서 추방되어 떠돌이 신세가 되었습니다.
그는 철학과 종교, 양쪽 모두에 발을 담근 인물이었습니다. 한편으로는 합리적인 자연철학을 탐구하고 다른 한편으로는 광신적으로 주술과 미신을 섬겼어요.

이탈리아 출신의 자연철학자답네요.

엠페도클레스의 직업은 예언자였습니다. 복장부터 남달랐어요. 황금 화관을 쓰고 황금 허리띠를 두르고 구리 샌들을 신고 다녔어요. 추종자를 모아 놓고 자신의 신통력을 과시하기도 했습니다. 자신이 주문을 외면 폭풍우를 일으킬 수도 있고, 부는 바람을 막을 수도 있고, 죽은 자를 살릴 수도 있다고 허풍을 쳤어요. 심지어 스스로 신의 반열에 들어갔다고 주장하기도 했지요. 유명한 역사학자 에릭 도즈 Eric R. Dodds는 그를 샤먼이라고 봅니다.

> 그는 주술가와 자연학자, 시인과 철학자, 변론가, 의사와 대중의 조언자라는 여전히 미분화된 역할들을 한꺼번에 떠맡고 있는 샤먼을 대표한다.
> ─ 에릭 도즈,『그리스인들과 비이성적인 것』(까치, 2002) 120쪽

고대 사회에서는 샤먼이 과학과 종교를 담당했는데, 엠페도클레스의 캐릭터가 거기에 딱 들어맞는다는 이야기입니다.

**오호, 샤먼이었군요?**

그건 확실치 않지만, 평생 그런 이중성을 유지한 건 분명합니다. 죽음도 예사롭지 않아요. 자신이 마침내 신이 되었다는 사실을 입증하려고 시칠리아섬의 에트나 화산 용암에 스스로 뛰어들었습니다. 이 정도면 엽기적인 수준인데요. 투신의 증거로 신고 다니던 구리 샌들을 얌전히 벗어두었다는 이야기가 전해 내려옵니다.

**정말 화끈한 캐릭터네요. 책도 썼나요?**

네, 작품이 많다고 하는데, 전해지는 건 두 가지예요. 하나는 『자연

에 관하여』이고요, 또 하나는 『정화의례』입니다. 이 두 권도 원본은 소실되고 일부 단편만 전해져요. 특징적인 건 둘 다 서사시라는 거예요. 이렇게 시로 철학책을 쓴 마지막 인물이기도 하죠. 우리는 이 두 작품을 따라가며 그의 이론을 살펴보려 합니다.

### 4 원소, 네 개의 뿌리

『자연에 관하여』는 전형적인 자연철학 저서로 다원론의 목표인 '현상의 구제'가 최초로 등장하는 작품입니다.

이들의 논리가 경이롭다고 하셨는데 어떨지 정말 궁금하네요.

파르메니데스에 따르면, '있는 것'은 생성 소멸하지 않고 변화하지 말아야 합니다. 엠페도클레스는 이 주장을 수용합니다. 그러면서 그 조건에 부합하는 것이 '물, 불, 땅 그리고 한없이 높이 있는 공기'라고 규정했어요.

물·불·흙·공기네요. 어째서 그런 걸까요?

그 이유는 설명하지 않았어요. 물·불·흙·공기가 우주의 기본 물질이라는 건 고대 그리스의 상식이었는데, 이를 그냥 받아들인 것으로 보입니다.

그리고는 이 네 가지 원소에서 사물이 생겨난다고 합니다. 그런 의미에서 그 넷을 '만물의 네 뿌리$^{rhizomata}$'라고 불렀어요. 나중에 아리스토텔레스는 '뿌리' 대신 '원소'라는 말로 바꾸어 불렀죠. 그래서 엠페도클레스의 이론을 '4원소설' 혹은 '네 개의 뿌리 이론'이라고 부르게 되었습니다.

**뿌리로부터 나무가 자라고 열매가 맺히는 것처럼, 4원소로부터 사물이 생겨난다는 의미 같은데요, 실제로 어떤 방식으로 생겨나나요?**

사물의 생성을 설명하기 위해 그는 '섞임'이라는 개념을 들고나와요. 섞는다는 표현을 들으면 저는 팔레트에서 여러 색깔의 물감을 붓으로 섞는 게 생각나는데요. 엠페도클레스의 섞임은 그와 좀 달라요. 그의 생각은 다음 페이지의 그림과 같습니다.

그림을 보시면 사물 속에 4원소가 같은 원소끼리 모여서 경계선을 기준으로 나란히 배열된 것이 보이시죠. 그가 생각한 섞임은 이런 방식의 결합이었어요. 2세기에 활동했던 유명한 의사이자 과학자인 갈레노스의 글에 이런 구절이 나옵니다.

> 엠페도클레스가 말하길, 우리와 지구에 있는 다른 모든 사물은 4원소로부터 생겨나는데, 서로서로 잘 뒤섞여서가 아니라 작은 조각들이 서로 나란히 놓이고 서로 닿아서 생긴다고 한다.
> ─ 갈레노스, 『히포크라테스의 「사람의 본성에 관하여」 주석』 XV. 49

**엠페도클레스의 섞임 모델**

이 글에서 보시듯이 엠페도클레스가 말하는 '섞임'은 4원소 조각이 시루떡처럼 차례로 포개진 상태였던 거죠.

하나는 빵이고 하나는 살이군요. 그런데 빵에는 불과 공기가 많이 들어있고, 살에는 흙과 물이 많이 들어있네요.

이해를 돕기 위해 제가 그렇게 표현해 봤습니다. 요점은 4원소의 비율에 따라 물질의 종류가 달라진다는 점입니다. 이 원리가 현상을 구제하는 열쇠가 됩니다.

어떻게요?

예를 들어 '빵을 먹었더니 살이 찌고 머리카락이 자랐다'라고 해보죠. 겉으로만 보면 빵이라는 사물이 살과 머리카락이라는 사물로 바뀐 것처럼 보여요.

그러나 실제로 변한 것은 원소 비율입니다. 빵이 소화되면 빵의 원소가 분리되었다가 재결합하는데, 이때 비율이 바뀌면서 살도 되고 머리카락도 되는 거예요.

이 과정에서 4원소의 총량과 본성은 그대로 유지됩니다. 4원소는 생성되지도 않았고 소멸하지도 않았고 변화하지도 않았어요. 즉 파르메니데스가 말한 '있는 것'의 조건을 만족합니다. 단지 섞이는 비율이 달라지면서 외형적인 변화가 나타날 뿐입니다.

그러면 파르메니데스가 말하는 '있는 것'은 4원소네요? 빵이나 살이나 머리카락이 아니라요.

그렇습니다. 만물의 뿌리인 4원소에 대해서만 '있는 것'의 개념을 적용했죠. 레고를 조립해서 집을 만들었다고 하면, '있는 것'은 레고뿐입니다. 집은 레고의 조합이지요. 엠페도클레스도 그렇게 이해하는 겁니다. '있는 것'은 4원소 뿐이고, 사물은 4원소의 조합에 지나지 않는다는 말이죠.

4원소는 지속하기 때문에 파르메니데스의 존재 조건을 만족하죠. 그러면서도 그 비율의 차이로 자연 사물의 변화를 설명해냈죠. 이게 다원론 철학이 '현상을 구제'하는 기본 논리였어요.

파르메니데스의 의견편에서도 나왔었는데, 같은 논리네요. 정말 참신한 아이디어예요.

물론 문제도 많습니다. 그중 하나는 '섞임'의 가능성에 관한 거예요. 예를 들어 책장에 책이 빽빽하게 꽂혀 있으면 책 순서를 바꿀 수 없죠. 여유 공간이 좀 있거나 다른 곳에 임시로 빼놓을 수 있어야 변화를 줄 수 있어요. 즉, 섞이려면 여유 공간이 필요합니다.

그런데 엠페도클레스는 공간의 존재를 부정했거든요. 우리가 공간이라고 부르는 것에는 실은 공기가 가득 채워져 있다고 봤어요. 나아가 온 우주가 4원소로 꽉 채워져 있고 빈틈은 아예 없다고 했죠. 만약 그의 말대로라면 4원소가 빈틈없이 밀집해 있는데 '어떻게 비율을 바꿀 수 있는가?'라는 문제가 제기됩니다.

그러게요. 원소 비율이 바뀌려면 어딘가 빈틈이나 여유 공간이 있어야 할텐데요.

엠페도클레스는 기발한 예를 들어 답합니다. 물과 자갈이 담긴 양동이를 떠올려보라고 해요. 자갈은 물로 빈틈없이 둘러싸여 있습니다. 그래도 양동이를 흔들면 자갈이 움직이잖아요? 그처럼 4원소가 빼곡하게 우주를 채우고 있지만, 서로 자리를 바꿀 수는 있다는 거예요.

후대 사람들이 그의 이론을 설명하려고 비슷한 예를 하나 더 만들었는데요. 바로 헤엄치는 물고기입니다. 여기서도 마찬가지로 물과 물고기 사이에 빈틈이 없어요. 그래도 물고기는 물살을 가르며 헤엄쳐 나갑니다. 여유 공간이 없어도 물질들의 자리바꿈이 가능하다는 겁니다. 이런 식으로 그는 변화의 가능성을 옹호했어요.

## 사랑과 불화, 세상을 창조하다

**얘들이 모두 기발한데요! 막 수긍이 돼요.**

또 다른 문제도 있습니다. 변화의 동인動因, 즉 '무엇이 네 개의 뿌리를 움직이게 하는가'라는 문제입니다.

이전 철학자들에게는 이게 문제가 아니었어요. 우주 만물에는 신성한 영혼이 깃들어 있어서 스스로 움직일 수 있다고 생각했거든요. 그런데 엠페도클레스는 이 관점을 거부했습니다. 물질은 외부의 힘이 없으면 움직이지 않는다고 봤어요. 그러니까 물질의 자체적인 운동성을 처음으로 부정한 것이지요. 물질이 스스로 움직일 수 없다면 애초에 어떻게 변화가 시작되었는지, 맨 처음의 운동원인, 즉 동인을 묻지 않을 수 없죠.

**동인이 없으면 물질은 영원히 가만히 있었을 테니까요. 그래서 엠페도클레스는 동인이 뭐라고 했어요?**

좀 엉뚱하지만 '사랑philotes'과 '불화neikos'라고 답했습니다. 이 둘은 인간의 감정을 나타내는 용어인데, 여기서는 물질에 작용하는 힘을 의미합니다. 사랑은 다른 것을 잡아당기고 같은 것을 밀어내는 힘이고요. 불화는 다른 것을 밀어내고 같은 것을 잡아당기는 힘이에요. 엠페도클레스는 이 두 힘 때문에 우주가 생성과 소멸 과정을 반복한다고 설명했습니다. 만약 사랑의 힘만 우주를 지배한다면 네 원소는

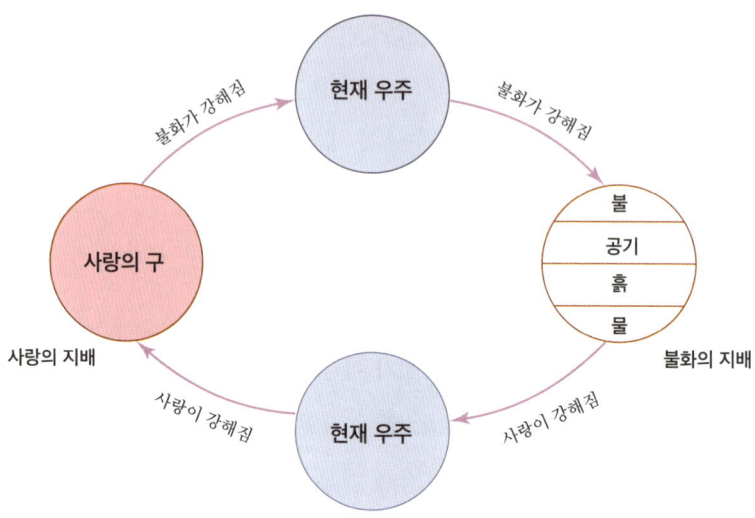

**엠페도클레스의 우주 순환론**

서로 끌어 당겨져 궁극적으로는 완전히 융합된 사랑의 구를 이루게 됩니다. 물론 각각의 원소들은 자신의 본성을 유지하지만, 완전히 혼합된 탓에 눈으로 네 원소를 식별할 수는 없어요.

그럼 이 상태에서는 팔레트 물감 섞듯 완전히 섞이겠어요.

그렇지요. 그러다 불현듯 불화가 들어와 융합된 원소들을 분리하기 시작합니다. 불화의 힘이 점점 강해지면 원소들은 적절히 분리되고 적절히 섞이게 되는데, 이로써 사물이 생겨나고 우주가 탄생합니다. 지금 우리는 이 중간 단계의 우주에 살고 있어요.
그 단계를 지나면 마침내 불화가 전적으로 지배하는 단계에 이르게 됩니다. 이때는 원소들이 모두 분리되어 우주는 해체되어 사라지고 분리된 네 원소만 따로따로 존재하게 돼요. 무거운 것은 아래로 내려가고, 가벼운 것은 위로 올라가 마치 지층처럼 나란히 배치된다고 합니다.

우주가 소멸하게 되는군요. 불화의 전성시대인데, 그러면 이번에는 사랑이 다시 등장하나요?

그렇습니다. 불화가 맹위를 떨치고 나면 다시 사랑이 들어와서 이 모든 과정을 역으로 밟아 나가요. 사랑과 불화의 힘이 비슷해지는 중간 단계에서 다시 한번 현재와 같은 우주가 나타났다가 마침내 사랑의 힘이 최고조에 달하면 최초의 원초적 상태인 사랑의 구로 돌아갑니다.

이런 식으로 우주는 영원히 순환합니다. 우주가 순환한다는 이론은 이후에도 꾸준히 이어지는데요. 우주 운동에 동인이 필요하다는 점을 처음으로 지적했을 뿐 아니라 그것을 물질의 외부에서 작용하는 정신적인 요소, 그러니까 '사랑'과 '불화'로 정의한 점이 엠페도클레스의 특징입니다.

우주의 동인이 어떤 정신적인 실체라는 이 아이디어는 이후에 등장하는 우주 순환론에 큰 영향을 주게 되었죠. 그리스 철학뿐 아니라 나중에 보시겠지만 중세 그리스도교 사상도 이런 노선을 따르게 됩니다.

## 같은 것이 같은 것에

엠페도클레스에서 빼놓을 수 없는 게 감각 이야기입니다. 그는 감각적 지각이 어떻게 이루어지는지, 그러니까 사람이 사물을 감각하는 과정이 어떻게 이루어지는지 물었습니다.

하긴 그때는 감각 세포나 물질 분자 같은 과학적 사실에 대해 잘 모를 때니까요.

맞아요. 그래도 그의 설명은 현대적 아이디어와 비슷합니다. 아시다시피 시각은 대상에 반사된 빛을 눈이 보는 것이고, 후각은 대상에서 나오는 냄새 분자를 코안의 수용기가 포착하는 것이고, 청각은 매질을 타고 전해진 파동을 귀의 고막이 잡아내는 것이지요. 요컨대 빛이든 냄새 분자든 파동이든 대상에서 생겨난 전달물이 있어야 감각이 성립합니다. 엠페도클레스의 설명도 이와 유사한 구조예요.

정말요? 어떻게 설명했나요?.

엠페도클레스에 따르면, 사물에는 방출물이 있다고 합니다. 다음 페이지의 그림에서 보시듯이 사물은 자신의 모상模像을 방출하는데요. 그 크기와 모양이 다양해요. 가령 시각적 모양이 동그라미라면 냄새는 네모, 소리는 별 모양, 그런 식이죠. 감각 유형에 따라 방출물이 달라져요.

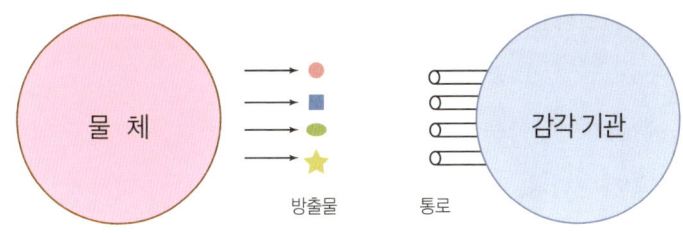

**엠페도클레스의 감각 모델**

한편 감각 기관에는 방출물이 들어올 수 있는 통로가 있어요. 이 통로와 모양이 같은 방출물만 안으로 들어올 수 있습니다. 예컨대 그림의 감각 기관이 눈이고 그 통로가 동그라미 모양이라면 방출물 가운데 동그라미 모양만 들어옵니다. 이게 시각이 일어나는 방식이에요. 냄새나 맛, 소리 등은 네모나 별 모양이어서 동그라미인 눈의 통로와 모양이 달라 눈으로는 파악할 수 없어요. 통로에 맞는 형태만 지각할 수 있는 거죠.

오, 재미난 이론이네요.

이 이론을 방출설이라고 합니다. 아리스토텔레스는 그 핵심을 "같은 것이 같은 것에 들어온다"라고 표현합니다. 이게 고대 철학에서 감각을 설명하는 기본적인 방식입니다. 나중에 데모크리토스나 플라톤이 방출설 아이디어를 계승하여 자신의 감각 이론을 만드는데, 이건 나중에 또 살펴보게 될 겁니다.

## 잃어버린 황금시대

이쯤에서 자연철학을 마무리하고 두 번째 책 『정화의례』로 넘어가는 게 좋겠습니다. 그는 이 책에서 인간의 역사를 간단하게 서술합니다.
처음에 인간은 죄가 없는 원초적인 순수의 상태에서 살았어요. 이 시대는 오직 사랑의 신인 퀴프리스만이 세상을 지배했습니다. 모든 것이 인간과 조화를 이루며 화목하게 살았고, 오염되지 않은 순수성을 유지했어요. 헤시오도스가 말한 황금시대의 모습이 떠오르죠. 그런데 인간의 죄로 말미암아 이 시대가 막을 내립니다.

무슨 죄를 지었나요?

살생입니다. 살인을 저지르고 동물을 희생 제물로 죽였습니다. 그 결과 인간은 살인과 피 흘림, 반목과 갈등과 투쟁으로 얼룩진 죽음의 종족으로서 미혹의 들판을 헤매게 되었어요. 황금시대가 끝나고 바야흐로 고통스러운 삶의 여정이 시작되었죠.

평화로운 시대에 어쩌다 그런 일이 벌어졌을까요?

그러니까요. 안타까운 마음이 드는데요. 엠페도클레스는 "아낭케 ananke, 필연의 선택에 따른 필연적인 종말"이라고 말합니다. 이건 앞서 살펴본 그의 순환적 우주론과 관련이 있어요. 우주를 지배하는 두 힘, 사랑과 불화가 서로 커졌다가 작아지기를 반복하잖아요? 사랑이 지배하던 시대에 필연적으로 불화가 침투해서 분열이 일어납니다. 살생의 죄는 바로 이 불화의 작용 탓이에요.
엠페도클레스는 비통한 마음으로 한탄합니다.

> 슬프다, 입술로 살코기를 먹는 끔찍한 일을 내가 꾀하기 전에
> 왜 일찍이 비정한 죽음의 날이 나를 파멸시키지 않았던가.
> ― 포르퓌리오스, 『금기에 대하여』 II. 31

애절하죠? 마치 성서 『욥기』에 나오는 탄식과도 같은 문학적 비장미를 보여줍니다.

**육식이 죄라니 좀 찔리는데요. 죄의 댓가도 있겠죠?**

그렇죠. 엠페도클레스에 따르면, 죄에 대한 벌이 바로 윤회의 고통입니다. 단 한 번의 삶도 고달픈데, 그것이 반복되며 고통이 이어져요. 그는 자신이 한때 소년이었고 소녀였으며, 덤불이었고 새였고, 바다에서 뛰어오르는 말 못 하는 물고기이기도 했다고 말합니다. 그렇게 환생할 때마다 낯선 장소를 바라보며 비탄에 빠져 울부짖었노라고 노래했어요.

그런데 윤회와 관련해 그는 또 특이한 이야기를 하는데요. 윤회로 다시 태어날 때 존재의 위계가 있다는 거예요. 식물보다는 동물이, 동물보다는 인간이 더 나은 존재입니다. 인간 중에서도 예언자, 시

인, 의사, 통치자 순으로 더 높은 위치를 차지합니다. 점점 높은 위치로 올라가서 마침내 다이몬<sup>daimon</sup>이 되어야 윤회의 사슬을 끊을 수 있다고 주장합니다.

'다이몬'이라면 신적 존재를 말하죠?

그렇습니다. 엠페도클레스는 황금시대에는 인간들도 다이몬이었다고 해요. 인간 존재의 최상의 단계를 그런 신적 존재로 본 것이죠. 하지만 지금은 죄에 물들어 있기에 처음의 순수한 상태를 잃고 말았어요. 삶의 목표는 황금시대의 순수한 상태를 회복하여 윤회의 사슬을 끊고 고통에서 벗어나는 것입니다. 그 방법이 바로 이 책의 제목인 '정화의례'입니다.

### 정화, 구원의 길

순수한 상태를 회복하는 방법이 정화의례군요. 어떤 방법으로 정화가 되나요?

3가지 방법이 나옵니다. 첫째는 "다섯 개의 샘에서 마모되지 않은 청동으로 물을 퍼내어" 그 물로 씻으라는 겁니다. 물을 퍼내거나 물로 씻는 것은 고대의 전형적인 정화 방식이죠. 소포클레스의 유명한 비극 『오이디푸스』에서 자신의 죄를 깨달은 오이디푸스도 가장 먼저 샘에서 물을 퍼내며 참회합니다. 또 그리스는 아니지만, 성서의 민족 유대인들도 부정한 것을 만지거나 피가 묻으면 물로 씻는 것이 부정을 없애는 방법이라고 믿었어요. 그들은 예루살렘 성전 곳곳에 우물과 연못을 설치하고 수시로 몸을 씻었습니다. 이처럼 고대인들은 물이 정화 작용을 한다고 믿었는데, 엠페도클레스도 이런 믿음을 가졌던 것으로 보입니다.

두 번째 방법은 도덕 계율을 지키는 거예요. "악을 멀리하라", "월계수 잎과 콩을 먹지 마라" 같은 계율이 나와요. 피타고라스학파의 계율과 비슷한데, 엠페도클레스는 그런 신비적 밀교에 깊이 관여했던 것 같아요.

아닌 게 아니라 피타고라스학파도 윤회와 정화를 말했었죠. 둘이 어쩐지 비슷한 느낌이 들어요.

마지막은 좀 색다른 방법인데, 신적인 정신과 지혜를 갖추라는 겁니다. 여기서 주목해서 보실 것은 '신적 정신'이라는 표현이에요. 그리스말로는 '프렌phren'인데요. '프렌'은 '정신', '지성'뿐 아니라 '배려하는 사랑의 감정' 같은 의미도 있어요.

그런 뜻을 전제하고 보면, 이 세 번째 방법은 지혜를 추구하면서도 타인을 배려하는 내면의 품성을 기르라는 권유라고 볼 수 있겠습니다. 내면적 의식을 강조한 점에서 윤리적인 길이라고 볼 수 있죠. 자연철학 내부에서도 이렇게 초보적인 윤리 의식이 싹텄다는 걸 알 수 있습니다.

# 02 아낙사고라스

### 아테네의 철학 전도사

아낙사고라스Anaxagoras, 기원전 500~428는 엠페도클레스보다 나이가 조금 많지만 학문 활동은 더 늦게 시작했습니다. 이오니아 클라조메나이 출신으로 돈과 명예, 권력 같은 세속사에는 관심이 없었고 오직 지적 탐구에만 몰두한 인물이죠. 기원전 467년 아이고스 포타모이에서 있었던 운석 추락을 예측하면서 그리스 자연철학계의 유명 인사가 되었습니다.

그가 스무 살 때 페르시아 전쟁이 끝났습니다. 승리의 주역 아테네는 전성시대를 맞이합니다. 민주주의가 꽃피고 건축·조각·예술 등 여러 분야에서 눈부신 성과를 내게 되죠. 아테네의 지도자였던 페리클레스는 아테네를 학문의 중심지로 만들기 위해 그리스의 유명 지식인들을 외부에서 모셔옵니다. 30대 중반의 아낙사고라스도 그중 한 사람이었어요. 이후 30년 동안 아테네에 머물며 가르쳤는데, 그를 통해 철학이 처음으로 아테네에 알려지게 되었습니다.

**아테네에 하면 철학의 도시로 유명한데, 그전에는 철학 활동이 없었다는 말씀인가요?**

그렇습니다. 이오니아나 이탈리아와는 달리 그리스 본토에는 그때까지 철학이 알려져 있지 않았어요. 아낙사고라스와 다른 철학자들 덕분에 처음으로 알려졌죠. 환영하는 이들도 있었지만, 반감도 만만치 않았습니다. 특히 자연철학에 대해 적대감이 심했어요. '신적인 것을 믿지 않는 사람들이나 천체 현상에 관한 이론을 가르치는 사람들을 고발하는 법안'을 만들 정도였어요.

그 법안의 첫 번째 희생자가 바로 아낙사고라스입니다. "태양은 신이 아니라 붉게 달아오른 돌덩이"라고 주장했다는 이유로 불경죄로 고발됩니다.

역사학자들은 그 배경에 정치적인 이유가 있을 것으로 추정합니다. 페리클레스의 반대 세력이 그를 압박하기 위해서 그의 친구인 아낙사고라스를 겨냥했다는 거죠. 사정이 어찌 되었든 간에 철학 사상을 이유로 법적 탄압을 받은 최초의 사건이었습니다.

재판 결과에 관해서는 두 가지 설이 있어요. 벌금형을 받고 추방되었다는 전승도 있고, 사형 선고를 받았는데 페리클레스의 도움을 받아 도주했다는 기록도 있습니다. 어느 쪽이 사실인지는 확실치 않지만, 재판 후에 그는 아테네를 떠나 이오니아의 람사코스라는 도시로 건너갔습니다.

**람사코스의 분위기는 어땠나요?**

람사코스 사람들은 이방인인 아낙사고라스를 존중하고 그의 철학을 열심히 배웠어요. 그는 거기서 생을 마쳤는데, 임종할 때 그날을 어린이를 위한 공휴일로 지정해달라는 유언을 남겼대요. 인류 최초의 어린이날을 선물로 남기고 떠난 거죠.

박식하고 너그러운 사람이었을 거 같아요.

네, 온화한 학자 스타일의 인물이었습니다. 『자연에 관하여』라는 제목으로 책을 썼는데 간결한 산문체라서 명료하고 알기 쉬운 데다가 가격마저 저렴해서 널리 읽혔다고 합니다. 당시의 베스트셀러였죠. 현재는 그 책의 1권이 부분적으로 남아 있어요.

### 씨앗, 물질의 근원

아낙사고라스의 중심 주제 역시 '현상의 구제'였습니다. 그는 이렇게 물었습니다.

> 대체 어떻게 머리카락이 아닌 것에서 머리카락이 생기고 살이 아닌 것에서 살이 생길 수 있는가?

이 질문은 엠페도클레스를 설명할 때도 나왔죠. 빵을 먹었더니 머리카락이 자라고 살이 찐다는 이야기를 할 때요. 아낙사고라스는 빵이 머리카락이나 살로 변화하는 현상의 본질을 파헤치고자 했습니다. 다시 말해 도대체 변화란 무엇인가를 다시 한번 탐구하고 제대로 밝히려 했던 겁니다.

현상을 구제한다는 것이 결국 변화를 설명하는 일이니까요.

그렇죠. 그는 이 문제에 답하기 위해 '씨앗spermata'이라는 개념을 도입했습니다. 씨앗은 물질을 이루는 아주 작고 미세한 입자를 말합니다. 빵 덩어리를 자르고, 또 자르고, 또 자르고, 이런 식으로 잘라가다 보면 빵가루 보다 훨씬 미세한 입자가 얻어지는데 이걸 씨앗이라고 불렀습니다.

그렇다고 다들 아시는 원자 같은 걸 말하는 건 아닙니다. 원자는 더는 자를 수 없는 입자라는 뜻이죠. 즉 원자는 물질의 최소단위입니다. 그러나 씨앗은 또 자를 수 있다고 합니다. 그러니까 아낙사고라스가 하고 싶은 말은, 얼마나 작은지 정확히 말할 수는 없지만, 여하튼 빵의 특징을 가지고 있는 아주 작은 입자를 상상해보자는 겁니다.

빵을 이루는 너무너무 작고 미세한 입자라는 뜻 정도로 받아들이면 되겠죠?

네, 일단 그렇게 보면 될 듯한데요. 여기서 눈여겨볼 것은 씨앗의 구조입니다. 아낙사고라스에 따르면 빵의 씨앗에는 빵만 들어있는 것

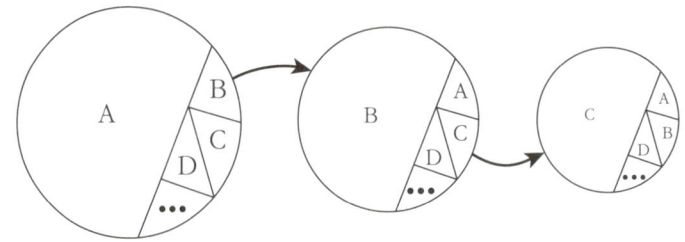

**아낙사고라스의 씨앗 모델**

이 아니라 세상의 모든 물질이 다 들어있습니다. 즉, 살과 피와 뼈와 머리카락같이 몸을 이루는 물질은 물론이고 금·은·물·흙 등 몸과 관련 없는 물질들도 들어있어요. 물질만 있는 것이 아니라, 따스함·차가움·건조함·습함·맛·색깔·촉감 같은 감각적 성질도 들어있다고 봤습니다.

**씨앗 속에 모든 물질과 성질이 종류마다 다 들어있다고요?**

네, 기이한 생각이지만 그렇게 말했어요. 위의 그림은 씨앗의 구성 원리를 나타내는데요. 왼쪽은 A라는 물질의 씨앗입니다. 금방 말씀드렸듯이 A의 씨앗에는 A말고도 다른 물질 B, C, D, …가 적은 양이나마 같이 들어있어요. A가 가장 많이 포함되어 있어서 A의 씨앗이지만, 그 안에는 세상 모든 물질이 다 들어있는 거죠.

A의 씨앗에서 B 부분만을 다시 살펴봐도 마찬가지입니다. 거기에도 B만 있는 것이 아니라 다른 물질이 또 조금씩 모두 들어있어요. 그중에 C 부분을 확대해 봐도 같은 구조가 또 나타납니다.

그래서 한 물질의 씨앗에는 다른 모든 물질이 조금씩 포함되고, 그 구조가 반복돼요. 아낙사고라스는 이를 "모든 것들 속에 모든 것이 부분으로 포함된다"라고 표현했는데, 이것이 씨앗의 구성 방식입니다.

특이하군요. 전체가 부분 속에서 반복되는 구조라니요.

아낙사고라스는 물질의 종류만큼 씨앗이 다양하며 특정 종류의 씨앗이 모여 그 물질을 이룬다고 보았습니다. 이것이 씨앗 이론의 뼈대예요.
그런데 앞 페이지에 나온 그림은 구조를 보여드리려고 물질을 분리해서 그렸지만, 실제로 아낙사고라스가 생각한 것은 다음 페이지 그림의 오른쪽처럼 그것들이 완전히 뒤섞인 상태였어요. 그림에서 보시듯이 A의 씨앗 일부를 잘라내도 크기만 작아지고 원래의 구조가 그대로 유지됩니다.

빵 씨앗의 조각이 다시 빵의 씨앗이군요.

그렇지요. 아낙사고라스가 이런 개념을 만든 것은 엠페도클레스에 대한 비판의 의미가 있어요.
엠페도클레스의 '섞임' 개념 생각나시죠? 4원소가 섞임으로써 사물이 생긴다는 이론요. 그가 생각한 섞임은 4원소가 레고나 퍼즐처럼 조합되지만 뒤섞이지는 않는 형태였어요.

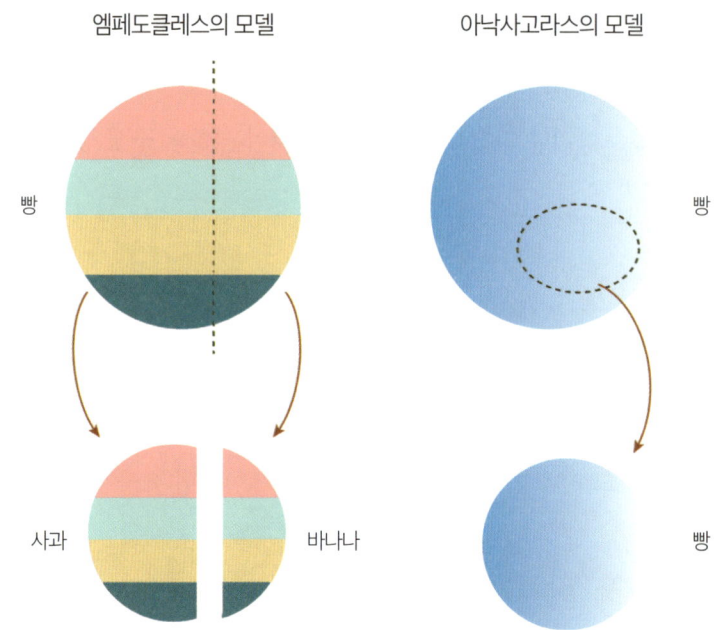

엠페도클레스와 아낙사고라스의 섞임 개념 비교

아낙사고라스는 이게 잘못된 모델이라고 봅니다. 제대로 섞이려면 팔레트 위의 물감처럼 분리할 수 없게끔 섞어야 한다는 거죠. 엠페도클레스의 문제는 빵을 자르면 금방 드러나요. 그림에서 보시듯이 빵을 자르면 잘린 각 조각에 포함된 4원소의 비율이 처음과 달라집니다. 비율이 달라지면 사물이 달라져요. 빵이 아니라 다른 사물, 가령 사과나 바나나가 되는 거죠. 빵을 먹으려고 잘랐더니 갑자기 사과와 바나나가 된다면 이치에 맞지 않겠죠? 그래서 아낙사고라스는 엠페도클레스와 다른 모델을 제안한 거예요.

그 모델이 씨앗 이론이군요.

맞아요. 아낙사고라스는 자신의 씨앗 모델만이 이 문제를 해결한다고 봤습니다. 빵은 빵의 씨앗들로 되어 있어서 빵을 잘라도 그대로 빵이에요. 엠페도클레스의 불합리한 결론과 달라지는 거죠.

### 변화란 무엇인가?

더 중요한 것은 씨앗 이론으로 변화의 본질을 설명한 내용입니다. 앞에서 빵이 살과 머리카락으로 변하는 현상의 본질이 무엇인지 물음을 던졌는데요. 이제 씨앗 이론을 바탕으로 그 답을 제시합니다. 아낙사고라스에 따르면, 빵은 일단 소화되어 씨앗들로 분리됩니다. 분리된 씨앗은 같은 종류끼리 모이려는 특징이 있어요. 머리카락의 씨앗은 자기들끼리 모여서 머리카락이 되고 살의 씨앗은 모여서 살이 됩니다.

따라서 빵이 머리카락과 살로 변화하는 현상은 생성이나 소멸이 아닙니다. 단지 빵이 씨앗으로 분리되고 새로운 방식으로 결합할 뿐이죠. 결합 방식이 달라져도 각각의 씨앗은 그대로 존속하며 파르메니데스의 조건을 충족합니다. 생성된 것도 없고 소멸한 것도 없어요. 그 상황에서 분리와 결합을 통해 자연의 변화가 일어난다는 것이 아낙사고라스의 요점입니다.

그는 이렇게 적었어요.

> 헬라스 사람들은 생겨나고 소멸하는 것에 대해 옳게 생각하지 못한다. 어떤 사물도 생겨나지도 않고 소멸하지도 않으며 사물의 씨앗들이 서로 섞이고 분리될 뿐이다. 그렇다면 생겨나는 것은 (씨앗들이) 함께 섞이는 것이라고, 소멸하는 것은 (씨앗들이) 분리되는 것이라고 불러야 옳을 것이다.
>
> — 심플리키오스, 『아리스토텔레스의 「자연학」 주석』 163. 18

변화가 생성 소멸이 아니라, 씨앗들의 결합과 분리라는 설명이군요. 확실히 다원론의 설명방식은 설득력이 있는 것 같아요.

### 지성, 소용돌이를 일으키다

기본 발상은 엠페도클레스와 유사하죠. 사실 둘의 생각은 닮은 데가 많아요. 그런 것 중의 하나가 물질의 동인에 관한 생각입니다. 아낙사고라스는 물질이 스스로 움직이지 못하고 물질의 변화에는 외부의 동인이 필요하다고 본 점에서 엠페도클레스와 생각이 같았습니다. 다만 그 동인을 사랑과 불화에서 한 발 더 나간 개념으로 정의했는데요. 바로 지성$^{nous}$입니다.

지성이라면 사람들 각자가 가지고 있는 지적 능력을 말하나요?

그보다는 넓은 의미예요. 아낙사고라스는 우주적 차원의 지성을 염두에 두었어요. 지성은 무엇보다 우주 생성과 질서의 원인이라고 보았습니다.

지성이 물질의 동인으로 작용하는 방식을 설명하기 위해 그는 당시 천문학에서 유행하던 회오리 이론을 도입합니다. 회오리 이론에 따르면 우주 생성 초기에 물질의 원소들이 마구 뒤섞여 있다가, 우주적 규모의 회오리가 일어나면서 원소들이 하나씩 분리되었다고 해요. 아낙사고라스는 이런 아이디어에 바탕을 두고 자신의 우주 생성론을 전개합니다.

그에 따르면 원초적 우주에서는 물질 전체가 하나로 뭉쳐진 덩어리 상태였습니다. 팔레트 위의 물감처럼 완전히 뒤섞여서 아무것도 생겨날 수 없었어요. 그러다가 어느 순간 물질 외부에 있던 지성이 우주적 회오리를 일으켜 물질 덩어리를 회전시킵니다.

### 토네이도 같은 회오리바람 말인가요?

그렇습니다. 다만 토네이도는 바다나 땅의 일부 지역에서 일어나지만, 태초의 대회전에서는 우주 전체가 회전하게 되죠. 이 대회전으로 인해 물질 덩어리에서 사물의 씨앗들이 분리됩니다. 씨앗들이 다 분리되면 대회전도 힘을 잃고 서서히 멈추게 되지요.

하지만 앞서 말씀드렸듯이 분리된 씨앗은 같은 종류 씨앗끼리 결합하려는 경향이 있어요. 이 자연적 경향을 바탕으로 씨앗이 결합하여 사물이 생겨나고 우주가 탄생하게 되는데요. 이후로 씨앗들의 분리와 결합이 반복되면서 자연의 변화가 영원히 이어진다는 거예요.

**대회전 이후에 일어나는 분리와 결합도 지성이 동인으로서 작용하겠죠?**

그게 독특하고 재미난 대목인데요. 대회전 이후에는 지성이 작용하지 않아요. 일단 우주가 형성되고 나면 사물들이 알아서 저절로 변화하게 돼요. 그렇다고 아무렇게나 변화하는 건 아닙니다. 여기에도 질서가 있어요.
사실 이 질서도 지성이 부여한 겁니다. 지성은 대회전을 일으킬 뿐만 아니라 대회전 이후에 일어날 모든 변화의 질서도 부여합니다. 그런 점에서 지성은 우주 생성의 원인이면서 동시에 우주적 질서의 원인이기도 해요.

**그런데 왜 하필 동인을 지성이라고 봤을까요?**

방금 말씀드린 우주적 질서와 관련이 있어요. 자연철학자들은 자연현상을 관찰하고 우주의 법칙과 질서를 발견해 갑니다. 이때 철학자는 자신의 지성을 사용해요. 이 말은 우주 법칙을 지성으로 이해할 수 있다는 것이고, 따라서 우주 법칙도 지성적 구조로 되어 있다는 뜻이지요.
우주 법칙이 지성적인 것은 왜 그럴까요? 아낙사고라스의 판단으로는 우주 자체가 지성에 의해 설계되었기 때문에 그렇습니다. 그래서 우주는 지성적 질서로 짜여져 있고 이로 인해 우리 인간이 지성을 통해 우주의 법칙을 알아낼 수 있어요.

그러니까 물질적 변화의 동인이 지성이라는 말에는 우주가 어떤 지적인 방식으로 설계되어 있다는 생각이 담겨 있는 거죠.

## 지성과 목적의 세계

이 생각은 당시의 젊은이들에게 영감을 주었어요. 우주가 지적인 설계자에 의해 만들어졌다면 인간의 지성만으로도 우주를 모조리 이해할 수 있잖아요? 그의 이론은 많은 사람을 자극했고 그들의 영혼 속에 지적 열정의 불을 지폈어요.
그렇게 영향받은 사람 중의 하나가 소크라테스였습니다. 그는 아낙사고라스의 지성 개념을 전해 듣고 너무 기뻤다고 합니다.

> 나는 아낙사고라스의 설명이 마음에 들었네. 지성이 만물의 원인이라는 것이 어떤 의미에서는 옳아 보였다네. 지성이야말로 만물에 질서를 부여하고 모든 사물을 각각 그것에 가장 좋은 방법으로 정돈하리라고 생각했네.
>
> — 플라톤, 『파이돈』 97c

첫 구절에 "마음에 들었다"라고 나오죠? 소크라테스같이 깐깐한 사람이 이렇게 말할 정도면 정말 맘에 쏙 들었던 거예요.

어떤 점이 그렇게 마음에 들었을까요?

아낙사고라스의 지성이 자신의 세계관에 부합하리라는 기대가 있었기 때문이죠. 소크라테스의 관점은 한마디로 '목적론적 세계관'이라고 할 수 있어요. 그는 우주에 목적이 있다고 생각했습니다. 다시 말해 모든 사물은 어떤 상태일 때 최상인지가 이미 정해져 있고, 우주적 지성은 최상의 상태가 실현되도록 우주를 만들고 지배한다고 믿었어요.

방금 인용한 글에 "지성이 모든 사물을 각각 그것에 가장 좋은 방법으로 정돈"할 것이라는 구절이 있는데, 바로 목적론적 세계관을 표방하는 대목입니다. 소크라테스는 아낙사고라스의 이론에서도 이런 생각을 찾고 싶었죠.

그래서 어떻게 되었어요?

소크라테스는 설레는 마음으로 책을 구해 읽었습니다. 그러나 "이 놀라운 희망은 금방 사라지고" 말았어요. 책을 읽어 보니 아낙사고라스의 지성은 단지 최초의 운동에만 관여하고 이후로는 씨앗들이 기계적으로 운동한다고 나와 있었어요.

아낙사고라스가 말한 우주의 질서는 목적론적 의미에서 최선의 상태가 아니라 단지 자연의 규칙성일 뿐이었어요. 우주는 정해진 대로 기계처럼 운행됩니다. 현재의 질서가 최상의 상태인지 아닌지는 아무런 언급도 없었어요. 다시 말해 아낙사고라스는 소크라테스의 희망과 달리 세계의 목적에 관해서는 관심이 없었던 거예요.

### 목적론자들은 질서를 좀 다르게 이해하나 보죠?

그렇죠. 플라톤이나 아리스토텔레스 같은 목적론자들은 정신이 우주의 형성 과정뿐 아니라 이후에도 우주에 꾸준히 개입한다고 생각했습니다. 그래야 우주가 언제나 최상의 질서를 유지할 수 있다고 보았으니까요. 하지만 아낙사고라스는 우주적 질서의 규칙성에만 관심을 두었습니다. 소크라테스는 이런 견해 차이 때문에 아낙사고라스 철학에 실망하고 말았어요.

한 가지 재미난 것은 이후의 역사입니다. 목적론적 우주론은 그리스도교 교리에 흡수되면서 이후 2000년 동안 서양 우주론의 기본 프레임이 됩니다. 그러다 17세기에 뉴턴이 나타나 이 프레임을 단번에 바꾸어 버렸죠.

뉴턴에 따르면 신이 우주를 창조하고 질서를 부여했는데, 창조된 우주는 신이 부여한 수학적 질서에 따라 기계적으로 운동합니다. 이것은 아낙사고라스와 완전히 같은 생각이에요. 주류 철학에 가려져 잊혔던 그의 아이디어가 2000년 세월을 훌쩍 건너뛰어서 다시 빛을 발하게 되었죠.

오늘날 우리도 자연에는 규칙성과 지성적 질서가 있다고 믿어요. 그 먼 옛날 아낙사고라스가 착안했던 그 생각이 오늘날에는 일반적인 진리로 인정받게 된 셈이죠.

# 03 데모크리토스

## 웃는 철학자, 데모크리토스

마지막으로 살펴볼 다원론자는 데모크리토스$^{Demokritos, 기원전 460~380}$입니다. 그는 다원론 가운데서도 특히 원자론을 주장한 사람입니다. 보통 고대 원자론은 레우키포스가 창시하고 데모크리토스가 완성했다고 보고 있어요. 레우키포스는 데모크리토스의 스승이라고 전해지는데 한편으로는 실존 인물인지에 대해 회의적인 의견도 있어요. 두 사람의 사상이 거의 비슷하다고도 하고요. 그래서 우리는 원자론을 완성했다고 하는 데모크리토스에 대해 살펴볼 거예요.

원자론의 완성자라니 기대되는데요. 어떤 사람이었어요?

그는 트라키아 지방의 압데라 출신입니다. 그리스에서는 변방에 속하는 시골 출신이었어요. 소크라테스와 동시대를 살았습니다.
그는 주변에 인기가 많았습니다. 항상 밝고 유쾌했거든요. 어디서나 큰소리로 웃으며 쾌활하게 지냈다고 합니다. 그래서 '웃는 철학자'라는 별명이 붙었습니다.

부유한 집안 출신이라 엄청난 유산을 물려받아 이 돈으로 이웃 나라로 여행을 떠납니다. 이집트에서 기하학을 배우고 페르시아 칼데아의 학자들을 만나고 심지어 인도로 건너가 힌두교 나체 수도승들에게도 배움을 청했다고 합니다.

오랜 여행 끝에 빈털터리로 돌아와서는 고향으로 가지 않고 당시 떠오르던 도시 아테네로 갔습니다. 그리스의 지식인이라는 지식인은 모두 성공을 꿈꾸며 아테네로 모여들던 시절이었죠. 그러나 데모크리토스는 쓰라린 실패를 맛봅니다. 아무도 그의 철학을 알아주지 않았던 거예요.

뜻밖이네요. 왜 그랬을까요?

무엇보다도 그의 철학이 당시 아테네 사람들이 원하는 지식과 달라서였죠. 그는 전통적인 의미의 자연철학자였습니다. 그는 이렇게 말하곤 했어요.

> 나는 페르시아 왕국을 얻기보다 오히려 우주의 원인에 대한 설명을 하나라도 더 찾아내기를 원한다.

하지만 당시 아테네인은 이런 문제에 관심이 없었습니다. 사회적 출세를 갈망했고, 자연철학보다 수사학과 변론술을 더 선호했습니다.

나중에 보시겠지만 아테네에는 그런 지식을 가르치는 사람들이 넘쳐났습니다. 그의 사상은 너무 낡은 구닥다리였어요.

그는 좌절의 아픔을 안고 아테네를 떠나 고향으로 돌아갔습니다. 고향에서 유력 인사들을 대상으로 강좌를 열어 자기 저술 하나를 쭉 설명했다고 해요. 탁월한 이론에 감동한 청중들이 십시일반 돈을 모아 사례했는데, 액수가 이미 써버린 여행 경비를 다 채울 정도였다고 합니다.

대박이네요. 웃는 철학자라더니 정말 웃으면 복이 오나 봐요.

그러게요. 훈훈한 이야기죠. 그는 70여 권의 책을 썼다고 알려져 있습니다. 저술 숫자로는 고대 철학자 가운데 최고입니다. 수학·자연학·윤리학·음악·의학·기술·역사 등 다양한 분야를 다루었다고 합니다.

로마의 사상가 키케로는 그의 문체가 기운차고 더할 나위 없이 명료했다고 전합니다. 재능과 사고력의 크기에서 그와 비교될 인물이 없을 것이라며 극찬하기도 했습니다.

기원전 3세기의 학자 아리스토크세노스에 따르면, 플라톤은 데모크리토스의 이론을 극도로 혐오했습니다. 데모크리토스의 책을 모두 사들여 불살라버리려 했는데, 너무 많아서 도저히 그렇게 할 수 없었다고 해요. 그런데도 단편 300여 개만 남아 있고 온전히 전해지는 책이 한 권도 없으니 참으로 애석하고 안타까운 일입니다.

**웃는 철학자 데모크리토스** 데모크리토스의 별명은 '웃는 철학자'였다. 낙천적이고 쾌활한 품성으로 인해 붙은 별명이었는데, 이 모티브를 사용한 회화 작품이 많이 그려졌다. 왼쪽 위부터 시계 방향으로, 앙투안 쿠아펠(1692), 렘브란트(1628), 헨드릭 테르 브루겐(1628), 파울루스 모렐스(1630)

## 우주의 근원, 원자와 허공

데모크리토스 역시 '현상의 구제'라는 과제에 뛰어들었습니다. 그는 이 문제를 해결하기 위해, 두 가지 개념을 제시했어요. 바로 원자와 허공입니다. 아리스토텔레스는 이렇게 전합니다.

> 레우키포스와 그의 동료 데모크리토스는 원자와 허공을 원소들이라고 말하며, 전자를 있는 것, 후자를 있지 않은 것이라고 말한다.
> ― 아리스토텔레스, 『형이상학』 985b5

아리스토텔레스 용법에서 '원소'는 만물의 근원을 가리킵니다. 따라서 데모크리토스가 원자와 허공을 만물의 근원으로 봤다고 소개하는 내용이에요.

여기서 '원자'가 과학 시간에 배우는 그 원자인가요?

비슷해요. 원자를 나타내는 그리스말 '아톰$^{atom}$'은 '더는 나뉘지 않는다$^{atomoi}$'라는 의미예요. 물질 덩어리를 계속 나누어 가면 더는 쪼개지지 않는 단계가 오는데, 이런 최소 입자가 원자입니다.

그는 원자가 파르메니데스의 조건을 충족한다고 말합니다. 원자는 우주 시작부터 있었고 생성하거나 소멸하지 않습니다. 그 내부는 빈틈없이 꽉 채워져 있어요. 그래서 그는 원자를 '꽉 찬 것$^{pleres}$'이라고 부르기도 했습니다. 파르메니데스의 구가 생각나죠? 그러나 원자가 모두 구형은 아니라고 해요. 종류에 따라 모양과 크기가 다르고 그 종류는 셀 수 없이 많다고 보았어요.

### 그런데 허공은 '있지 않은 것'인데도 원소가 될 수 있나요?

'허공'은 공간을 말합니다. 그걸 '있지 않은 것'이라고 불렀는데, 이는 허공 자체가 없다는 게 아니라 허공에 물질이 없다는 뜻이에요. 앞에서 보셨듯이 파르메니데스에서도 틈이라는 개념이 잠깐 나옵니다. 하지만 그는 물질이 없이 비어 있는 공간 자체를 인식하지 못했고 그래서 틈이란 것은 있지 않다고 말했죠.
엠페도클레스나 아낙사고라스도 파르메니데스를 따라 물질이 없이 빈 공간인 허공이 없다고 생각했어요. 그런데 지금 데모크리토스는 허공의 존재를 인정하는 거예요. 공간이 있고, 그 속에 사물이 들어 있다는 생각을 처음으로 제시했어요. 이런 점에서 그는 공간을 발견한 사람이기도 하죠.

### 허공은 원자론에서 어떤 의미가 있어요?

허공은 원자의 운동이 일어나는 장소예요. 데모크리토스 이론에서는 허공이 있고 그 속에 원자들이 존재합니다. 원자들은 가만히 떠 있지 않고 다양한 방식으로 서로 부딪쳐요.
그 결과 원자들의 결합이 일어납니다. 때로는 다시 분리되고 구성이 바뀌면서 재결합하기도 해요. 이 과정에서 경험 세계의 사물들이 생성 소멸하게 됩니다. 이게 원자론의 기본 아이디어예요.

### 다양한 세계

원자들도 아낙사고라스의 씨앗처럼 무한히 다양한가요?

데모크리토스는 무한하다는 말 대신 셀 수 없이 다양하다는 표현을 씁니다. 종류에 따라 모양이 다른데요. 둥근 모양, 울퉁불퉁한 모양, 갈고리 모양, 톱니 모양, 굴곡이 있는 모양 등 여러 모양이 있다고 해요. 모양이 다르면 크기와 질감도 달라집니다. 매끈한 것, 까칠까칠한 것, 끈적이는 것 등 다양한 원자가 있어요.

사물의 다양성을 결정하는 요인은 여러 가지가 있는데, 첫째는 결합하는 원자의 종류입니다. 데모크리토스가 든 예를 보면, 작고 매끄럽고 표면에 굴곡이 있는 원자들이 결합하면 쓴맛의 사물이 생깁니다. 그래서 쓴맛은 들러붙고 끈적끈적합니다. 이와 달리 크고 둥글지 않으며 울퉁불퉁한 원자들이 결합하면 짠맛의 사물이 생겨요. 종류뿐 아니라 원자 배열과 방향도 다양성의 원인이에요. 배열 순서가 AN인지 NA인지에 따라, 그리고 방향이 Z인지 N인지에 따라 생성된 사물이 또 달라진다고 봤습니다.

여기에 덧붙여 종류에 상관없이 같은 종류의 원자가 무한히 많다고도 말했습니다. 이 생각은 재미난 결론으로 이어지는데요. 원자가 무한히 많으면 우주 역시 무한해야 해요.

*왜 그렇죠?*

만약 우주가 유한하다면, 원자가 아무리 작아도 그 수가 무한히 많으니까 결국 우주를 가득 채우게 되겠죠. 그러나 우주는 물질로 가득 찬 것이 아니라 물질이 없이 비어 있는 허공도 있단 말이죠. 따라서 우주는 유한하지 않고 무한한 거예요.

*오호, 그렇게 연결되는군요.*

데모크리토스는 우주 자체가 무한하다고 봅니다. 그런데 여기서 또 특이한 주장을 해요. 단 하나의 우주가 공간적으로 무한한 것이 아니라, 크기가 다른 무수한 세계가 있다는 거예요.

그중에 어떤 세계는 해와 달이 없고, 어떤 세계는 현재 우리가 사는 세계보다 크고, 어떤 세계는 천체들이 더 빼곡히 들어차 있다고 합니다. 점점 팽창하는 세계도 있고, 전성기를 향해 가는 세계, 이미 전성기를 지나 쇠퇴하는 세계, 동식물이 살지 않는 세계, 물이 없는 세계 등등 정말 다양한 세계가 있을 것이라고 주장했죠.

우주의 무한성을 공간적인 크기로 보지 않고 성질의 다양성으로 이해하는데요. 다른 자연철학자들은 우주가 순환한다고 본 반면에 그는 다양한 우주가 공존한다고 봤던 거죠. 이런 점에서도 데모크리토스만의 독특함을 엿볼 수 있습니다.

### 원자 운동의 원인

우와, 고대에도 다중 우주 이론이 있었네요? 놀라운데요. 그런데 처음에 원자들이 충돌한다고 했는데, 충돌은 왜 일어나나요?

참 좋은 질문입니다. 말하자면 원자들의 운동 원인, 즉 동인의 문제인데요. 데모크리토스는 선배들과 달리 이 동인에 대해서는 아무런 언급도 하지 않았습니다.
그 대신 우주 생성 과정만을 제시했어요. 당시 우주 생성론의 단골 메뉴는 회오리였습니다. 여기서도 회오리가 나옵니다.
우선 원자는 아낙사고라스의 씨앗과 마찬가지로 자체로는 운동 능력이 없어요. 우주가 시작할 때 원자들은 움직임 없이 여기저기에 흩어져 허공에 떠 있습니다. 그러다가 서로 얽히고 충돌하기 시작해요. 부딪치는 원자들이 많아지면 회오리가 발생하는데, 그 속에서 원자들은 더욱 격렬하게 부딪치고 다양한 결합을 이루게 됩니다. 이렇게 해서 원초적 우주가 탄생했다는 거예요.

그럼 허공에 떠 있던 원자들이 맨 처음에 서로 얽히고 충돌하는 원인이 무엇인지는 언급을 안 한 거네요?

어떤 단편에서는 "아낭케$^{ananke, 필연}$에 따라" 회오리가 생긴다고 하고, 다른 단편에서는 "우연히" 혹은 "저절로" 그렇게 된다고 기록되어 있습니다. 기록이 서로 다른 걸 보면 데모크리토스 자신이 명확하게 설명하지 않았던 것 같아요.

원자론에서 최초의 동인 문제는 백 년쯤 후에 나오는 에피쿠로스 학파에서 다시 다뤄지게 됩니다. 이건 뒤에서 또 말씀드릴 기회가 있을 거예요.

알겠습니다. 그런데 회오리는 이번에도 우주 초기에만 나오고 이후에는 사라지나요?

네, 맞아요. 아낙사고라스의 경우와 같아요. 우주적 회오리는 처음에만 일어나고 일단 원자들의 결합과 분리가 시작되면 그 이후로 잦아들게 됩니다.

그런데 재미난 것은 회오리가 멈추고 난 이후의 물질 운동 방식이에요. 데모크리토스는 물질의 결합과 분리가 기계적으로 진행된다고 보거든요. 그는 최초의 회오리에서 넘겨 받은 힘이 이 운동을 지배한다고 말했는데, 아마 '관성'을 염두에 두었던 것 같습니다.

이런 생각도 그의 독특함을 보여줍니다. 당시에는 물질이 그 외부의 정신적인 요소 때문에 운동한다고 여겼거든요. 물질의 동인으로 신적인 힘이나 정신, 사랑과 불화 같은 개념들이 등장했었죠.

그러나 데모크리토스는 그런 정신적 요소를 배격하고 회오리의 회전력이나 그로부터 관성적으로 넘겨받은 물리적 힘이 물질에 작용한다고 생각했어요. 물질과 정신을 분리한 최초의 사례입니다. 이런 점에서 자기 시대의 일반적인 물질 개념을 뛰어넘었다고 평가 받을 만하죠.

## 자연에는 그것이 없다

데모크리토스의 또 다른 주제로 감각 이론이 있어요. "감각은 어떻게 이루어지는가?" 하는 문제죠.

앞서 엠페도클레스의 방출설이 생각나요. 동그라미 물질이 감각 기관의 동그라미 통로로 들어간다고 했죠? 너무 인상적이었어요.

데모크리토스 이론도 기본적으로는 방출설이에요. 차이점이 있다면 엠페도클레스에서는 '사물'의 모상이 방출되지만, 데모크리토스에서는 '원자'의 모상이 방출된다는 점이에요. 방출된 원자 모상은 감각 기관의 원자와 접촉하고 부딪쳐서 감각이 일어나게 됩니다. 큰 틀에서는 비슷합니다.

그런데 데모크리토스가 새롭게 제기한 문제가 있어요. 감각 성질의 본성에 관한 거죠.

감각 성질요? 감각 성질이라고 하면 무얼 말하나요?

감각은 오감, 즉 시각·청각·후각·미각·촉각을 말해요. 감각을 통해 사물의 색과 형태·소리·냄새·맛·질감을 지각하는데 이렇게 지각하는 성질을 감각 성질이라고 합니다.

데모크리토스는 이 성질이 어떻게 생겨나는지 궁금해했어요. 가령 포도는 왜 진보라색으로 보이며 왜 시고 단 맛이 나는가? 이게 그의 질문이었죠.

그건 포도 자체가 진보라색이고 시고 단 맛을 가지고 있어서 그런 거 아닌가요?

그의 원자론에 따르면, 원자들은 모양과 크기만 있고 색이나 맛은 없어요. 원자가 색이나 맛이 없으니까 원자로 이루어진 사물 역시 색이나 맛이 없어야 하죠. 따라서 색이나 맛은 포도 자체에서 온 것이 아니라고 봤죠.

듣고 보니 그러네요. 그러면 그런 성질은 어디서 왔을까요?

사물 자체는 아니에요. 사물에는 그런 성질이 없으니까요. 그런데 감각 결과 그런 성질을 체험한단 말입니다. 그러므로 감각 성질은 방출된 원자와 감각 기관이 접촉하는 그 순간에 생성된 게 분명합니다. 다시 말해 감각 성질은 인간이 감각 하는 방식에서 유래한 것이죠.

보통 사물의 크기와 모양을 '1차 성질'이라고 하고, 색·맛·소리·냄새 등을 '2차 성질'이라고 부릅니다. 1차 성질은 사물 자체의 특성이지만, 2차 성질은 사물을 지각하는 우리의 지각 방식에서 유래한다는 게 전통적인 견해입니다. 현대 과학이 감각을 밝혀내기 전까지 철학자들은 대개 이 둘을 구분하곤 했는데, 이걸 처음으로 발견한 사람이 바로 데모크리토스입니다.

## 앎의 두 원천

오, 그런 줄 몰랐어요. 그러고 보면 감각을 그대로 믿으면 안 되겠네요. 감각에는 감각 성질이 따라오는데 사물 자체에는 그런 성질이 없으니까요.

맞아요. 그래서 데모크리토스는 감각을 신뢰하기 어렵다고 평가했어요. 그렇다고 감각을 무조건 평가절하한 것도 아닙니다.
데모크리토스는 인식 능력은 둘로 나눕니다. 하나는 감각$^{aisthesis}$이고 또 하나는 사고$^{dianoia}$예요. 감각은 시각·청각·후각·미각 같은 능력이고 사고는 추론 능력입니다. 이 둘은 특징이 조금 달라요. 데모크리토스는 감각은 '서출적庶出的' 인식이고 사고는 '적법한' 인식이라고 불렀어요.

서출요? 홍길동처럼 정실부인이 아닌 여자에게서 난 자식을 서자庶子라고 하잖아요? 그 뜻인가요?

네, 바로 그거예요. 감각도 인식 능력이긴 합니다. 하지만 아버지를 아버지라 부르지 못하는 홍길동처럼 감각에는 결핍이 있다는 거예요. 감각 경험만으로는 참된 앎을 얻을 수 없어요.
그래서 사고의 도움이 필요합니다. 감각으로 사물을 먼저 경험하고 사고 작용을 통해 감각을 넘어서는 사물의 본질을 정확하게 탐구해야 한다는 겁니다. 참된 앎을 얻으려면 감각과 사고의 협력이 필해요.

그가 쓴 글 중에 감각과 사고를 의인화해서 둘이 대화를 나누는 내용이 있어요. 먼저 사고가 감각에게 너는 허상이라고 평가절하하자 감각이 반박하는 대목이 나옵니다.

> 가련한 마음phren, 사고이여, 그대는 우리 감각에게서 믿음의 증거들을 얻으면서도 우리를 뒤엎는가? 우리의 전복은 그대에게는 몰락이다.
> ─ 갈레노스, 『의술의 경험에 관하여』 1259.8

여기서 요점은 감각을 부정하면 사고조차 불가능하다는 점입니다. 사고는 감각 내용을 대상으로 삼으니까요.

감각이 사고의 전제네요.

그렇죠. 이런 생각도 당시에는 새로운 것이었죠. 고대 사상가들은 대개 감각과 사유를 구분할뿐더러 그들이 각각 따로 작용한다고 봤어요. 감각은 오류투성이지만, 사유는 참된 지식에 적합하다고 평가했습니다. 파르메니데스만 해도 그래요. 논리적 사유만 신뢰하고 감각을 통한 현실 경험은 가상이라며 폄훼했죠.

그런 시대에 인식 작용의 협력을 강조했으니 놀라운 일이 아닐 수 없습니다. 이처럼 데모크리토스는 자기 시대의 일반적인 상식에서 벗어나는 획기적이고 독특한 아이디어를 여러 가지 선보였어요. 쭉 보셨지만, 오늘날 우리가 알고 있는 세계는 데모크리토스가 상상한 것과 유사하죠. 관찰 도구 하나 없는 그 옛날에 오직 사고력 하나만으로 이런 결론들을 끌어냈다는 점을 생각하면 정말 인간의 지적 능력이 경이롭게 느껴집니다.

## 자연철학의 종말

끝으로 슬픈 이야기를 하나 할까요? 탈레스 이래 이어진 그리스 자연철학은 데모크리토스의 원자론에서 가장 완결된 형태에 도달합니다. 우주의 원리와 사물의 본성에 관한 150년 사유의 역사에서 그는 정점에 올랐어요. 하지만 그 정점에서 그리스 자연철학은 갑작스레 막을 내립니다.

아, 그럼 자연철학은 데모크리토스를 끝으로 마감되나요?

물론 자연철학이 순식간에 싹 사라진 건 아닙니다. 꾸준히 연구하는 사람들이 있었습니다. 하지만 철학사에서 유의미하게 언급할 만한 중요한 발전은 더는 나오지 않았어요.

자연철학은 왜 발전을 멈추게 된 거죠?

한 가지 이유는 이미 나올만한 답이 다 나왔기 때문입니다. 탈레스의 일원론에서 데모크리토스의 원자론에 이르는 동안 나올만한 이론적 프레임은 다 나왔다고 할 수 있어요.

그러나 더 중요한 이유는 시대 상황으로 인해 철학적 관심사가 달라졌기 때문이에요. 변화를 몰고 온 것은 무엇보다 페르시아 전쟁입니다. 헤라클레이토스 말마따나 전쟁은 변화의 어머니죠. 그리스인들은 죽음의 벼랑 끝까지 몰렸다가 가까스로 전세를 뒤집었습니다. 이런 극단적인 체험이 생각의 변화를 낳았죠.

자연철학이 태동할 무렵의 세계관적 위기를 묘사하던 '만물의 근원 혹은 기원'이나 '사물의 본성' 같은 키워드는 이제 '행복'·'공동체'·'인간의 윤리와 덕'·'정치적 삶' 같은 말로 대체됩니다. 새로운 시대가 열렸고 그에 맞는 새로운 철학이 요청되었던 거죠.

**시대 변화로 인한 것이니 어쩔 수가 없었겠네요.**

그렇습니다. 자연철학의 위대한 역사는 인류에게 사유의 깊은 본성과 높이 치솟는 불꽃을 선사하고, 하늘 가득 붉게 타오르는 저녁노을처럼 저물어갔습니다. 트라키아의 해변에 앉아 데모크리토스도 그런 노을을 바라봤을까요? 마지막 빛이 어둠에 묻히듯 자신이 속한 시대가 저무는 것을 그도 알아차렸을까요?

명민한 정신에게 호기심과 영감을 불어 넣어주던 하늘과 땅, 지중해의 쪽빛 파도는 그대로였지만, 바야흐로 그리스에는 새로운 시대가 도래합니다. 그리고 그 시대를 사유하는 새로운 철학들이 나타나 삶의 이야기를 이어가게 됩니다. 이제 그 현장으로 가보겠습니다.

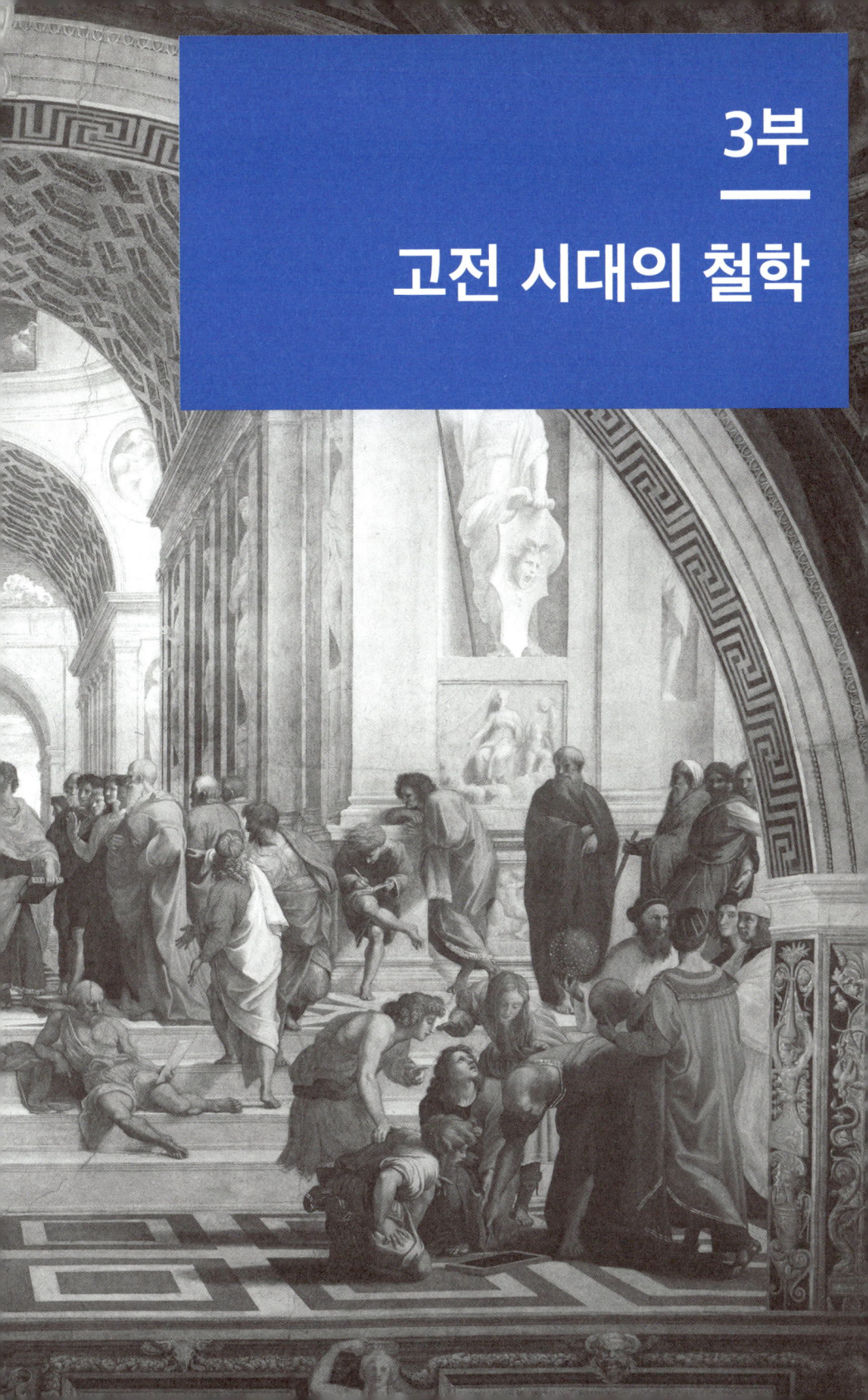

# 3부
## 고전 시대의 철학

필멸의 인간으로서 그 일이 일어나지 않으리라 어찌 장담하겠습니까?
처음엔 옳다 생각했지만 돌이켜보면 늘 거짓이기 마련이니까요.
― 소포클레스

# 01

## 세상 속으로

기원전 5세기 시작부터 그리스에는 혹독한 시련이 닥칩니다. 동방의 절대 강자인 페르시아가 그리스 정벌에 나선 겁니다. 역사학자들은 이 전쟁을 코끼리와 모기떼의 싸움에 비유합니다. 힘의 크기에서 비교할 수 없는 두 세력이 맞붙었으니까요. 승패는 불을 보듯 뻔해 보였어요.

그러나 예상을 뒤엎고 두 번의 전쟁에서 그리스가 당당히 승리합니다. 페르시아 군대는 육지와 바다 양쪽에서 치명적 타격을 입었습니다. 마지막 전투가 벌어졌던 살라미스 앞바다는 동백꽃보다 붉은 핏빛으로 물들었죠. 부서진 배의 잔해와 페르시아 병사들의 시신이 피의 바다를 뒤덮었습니다. 도저히 일어날 수 없는 일, 그야말로 기적이 일어난 것입니다.

승리의 주역은 아티카의 유서 깊은 도시 아테네였습니다. 전쟁이 끝나자 아테네는 일약 지중해 세계의 최강자로 우뚝 섰습니다. 오늘날 우리가 아는 아테네의 번영은 모두 이 시기에 이루어졌습니다. 바야흐로 아테네의 황금시대가 열린 것입니다.

### 아테네의 황금시대

조그만 도시 아테네가 어떻게 그런 승리를 일구고 번영을 누리게 되었는지는 흥미로운 주제입니다. 많은 요인이 있겠지만 무엇보다 중요한 요인은 안정된 정치체제, 그러니까 그 유명한 민주주의 제도일 거예요.

아테네의 민주주의는 요즘과 달리 직접민주주의였다고 하던데요.

맞아요. 모든 시민이 국정에 참여했죠. 그 중심은 '에클레시아'라고 불리던 민회입니다. 요즘으로 치면 의회에 해당하는데요. 아테네 남자 시민은 18세가 되면 자동으로 민회의 구성원이 됩니다. 우리가 주민등록을 할 나이에 그들은 국회의원이 되었죠.
다른 정부 기구의 담당자들은 이 민회에서 선출이나 추첨을 통해 뽑았습니다. 행정부인 평의회 의원과 시민 법정의 배심원들이 민회에서 선임되었어요.

민회에서 선출되려면 영향력이 큰 사람이 유리했겠어요.

그렇지요. 당시에는 정당이 없어서 모든 사람은 개인 자격으로 민회에 참여했어요. 영향력을 결정하는 요인은 주로 말솜씨, 언변이었습니다. 말을 잘해야 출세할 수 있었어요.

민회뿐 아니라 법정에서도 말하기 능력은 필수였어요. 당시에는 검사 변호사 이런 게 없었어요. 고발하는 본인이 나와서 고발 사유를 밝히고, 고발당한 당사자가 나와서 직접 변론을 해야 했습니다.

말주변이 없어서 제대로 변론하지 못하면 억울해도 꼼짝없이 당하게 되었죠. 더구나 당시 아테네는 소송이 끊이지 않았다고 합니다. 사람들 사이의 갈등을 조절하는 기구가 법정 말고는 없었으니까요.

**말솜씨가 중요한 사회적 능력이었군요.**

그렇습니다. 오늘날 학생들이 공부 잘해서 명문대 들어가고 싶어 하듯이 당시에는 청년들이 말을 잘해서 출세하고 싶어 했어요. 요즘은 덜 하지만 우리나라에서도 한때 어린이들이 웅변을 배우는 게 유행이었죠. 정치인들도 유세할 때 화려한 말솜씨를 뽐내곤 하잖아요. 예나 지금이나 말을 잘하는 기술은 중요한 능력입니다.

말하는 기술을 '수사학'이라고 하는데, 당시 그리스의 젊은이들은 출세를 위해 수사학을 배우려는 열의가 대단했습니다. 급기야 아테네에는 수사학을 가르치는 선생들이 넘쳐나게 됩니다. 이들이 바로 소피스트예요.

## 소피스트는 누구인가?

소피스트는 그리스말 '소피스테스$^{sophistes}$'의 영어 표현입니다. 우리 이야기는 그리스식 표현을 주로 사용하지만, '소피스트'가 워낙 널리 알려진 말이라서 우리도 '소피스트'로 표기하려 합니다.

'소피스트'는 어원적으로는 '지혜로운 자'를 뜻해요. 그런데 당시에는 이걸 직업으로 이해했어요. 그러니까 '지혜를 가르치는 교사'라는 의미였죠.

지혜라면 구체적으로 무엇을 말하나요?

핵심은 역시 말하는 기술입니다. 수사학과 논쟁술을 예로 들 수 있어요. 수사학은 여러 사람을 상대로 설득력 있게 연설하는 기술이고 논쟁술은 문자 그대로 논쟁에서 이기는 기술입니다. 말솜씨가 사회적 성공의 비결이다 보니 이 두 기술에 관심이 많았습니다.

그런데 말을 잘 하려면 화술만으로는 부족하죠. 화술을 뒷받침할 배경 지식도 필요합니다. 그래서 소피스트는 자연철학·수학·문법·지리·역사·정치·법률·예술 등 당대 알려진 모든 분야의 지식을 다 가르쳤어요.

그 정도면 각 분야의 전문가를 모셔다가 학교를 세워야 할 수준인데요!

학교는 세우지 않았어요. 학교를 운영하려면 교사가 조직되어야 하는데 소피스트들은 개인으로 활동했습니다. 주로 학생의 집에서 기거하면서 소수의 인원을 모아 가르쳤습니다. 말하자면 가정 교사에 가까웠어요.

대신 수업료가 아주 비쌌습니다. 그래서 자식 교육에 큰돈을 투자할 능력이 있는 부자들이 주된 고객이었어요. 가끔 대중 강연도 했는데, 금액은 작았지만 역시 유료였습니다. 그래도 소피스트의 가르침에 목말라하는 서민들에게 이런 대중 강연은 절호의 기회였죠. 구름처럼 몰려들어 강연을 듣곤 했습니다.

**요즘으로 치면 스타 강사였군요.**

하지만 모두가 좋게 생각한 건 아닙니다. 마땅치 않게 바라보는 사람도 많았어요. 플라톤도 그랬죠. 그는 소피스트에 대한 적대감이 아주 강했습니다.

한 가지 이유는 수업료였어요. 제대로 된 교사라면 참된 지식을 가르쳐서 훌륭한 품성을 쌓도록 이끌어야 하는데, 소피스트들은 돈을 받고 가르치다 보니 학생 입맛에 맞춰 출세 수단만 알려준다고 비난을 쏟아 냈습니다.

플라톤의 대화편 『프로타고라스』에 보면, 한 젊은이가 유명한 소피스트인 프로타고라스의 제자가 되고 싶어 안달이 납니다. 새벽부터 소크라테스를 찾아와서 프로타고라스가 자기를 제자로 받아 줄 것 같냐고 물어요. 그러자 소크라테스가 특유의 능청을 떨며 이렇게 대답합니다.

> 틀림없이 받아 줄 거야. 자네가 돈을 좀 바치고 설득한다면 그는 자기가 알고 있는 모든 것을 자네에게 가르쳐줄 걸세.
> ─ 플라톤, 『프로타고라스』 310d

프로타고라스를 돈만 주면 지식을 파는, 영혼 없는 장사꾼처럼 언급하고 있습니다. 경멸하는 마음이 은근히 드러나죠. 플라톤의 다른 대화편 『소피스테스』에서는 아예 소피스트의 본질을 파헤치는데요. 여기 보면 "소피스트는 부유한 젊은이들을 사냥꾼처럼 포획해서 돈을 바라고 논쟁 기술만 가르치며 거짓 지식을 참된 것인 양 꾸며대는 '철학의 협잡꾼'이"라고 되어있습니다.

플라톤은 소피스트를 진짜 싫어했군요. 아주 경멸하는 투인데요. 그런데 소피스트가 정말 '철학의 협잡꾼'인가요?

글쎄요. 그건 관점에 따라 다르게 볼 수 있어요. 역사적으로도 평가가 변해 왔습니다. 처음에는 플라톤의 영향을 받아 소피스트에 대한 부정적 인식이 퍼집니다. 진리는 알지도 못하면서 대중을 현혹하는 '궤변론자'로 치부했죠. 그래서 철학사에서 별로 다루지 않았고 기껏해야 플라톤의 적수로 등장하는 정도였어요. 이런 생각은 2000년 넘게 이어집니다.

변화가 나타난 건 19세기예요. 고작 200년 전이죠. 철학자 헤겔이 소피스트 운동을 긍정적으로 평가하고 나섰어요.
그에 따르면 소피스트들은 고대의 이성주의자였습니다. 이성을 바탕으로 전통에 비판적 자세를 취하면서 합리적인 철학을 추구했다는 겁니다. 특히 철학의 주제를 자연에서 인간으로 바꾼 공로가 크다고 칭송했습니다.

헤겔이 소피스트의 명예를 회복시켰군요.

맞아요. 최근에도 이런 평가가 이어지고 있습니다. 소피스트 운동의 가장 큰 의미를 꼽는다면, 철학을 실제 삶으로 끌어왔다는 점이에요. 그들은 현실적인 삶의 문제를 다루었고, 실질적이고 실용적인 해결책을 내놓았어요. 이론 탐구에만 몰두한 자연철학과는 완전히 다른 자세죠.
소피스트가 주제로 삼은 건 '인간'입니다. 인간의 가치와 능력을 처음으로 철학적으로 묻기 시작했어요.
'사물은 인간에게 어떻게 알려지는가?', '언어는 실재를 반영하는가?', '인간 사회는 어떻게 생겨났는가?', '인간이 만든 관습과 법은 반드시 지켜야 하는가?' 이런 식으로 인간과 관련된 주제를 파고들었습니다. 이를 통해 고대 철학이 새로운 단계로 도약할 수 있었죠. 그런 점에서 소피스트 운동의 철학사적 의미가 크다고 할 수 있습니다.
그들이 이런 주제를 어떻게 다루었는지 지금부터 살펴 볼게요.

## 인간은 만물의 척도

소피스트 가운데 가장 유명한 인물은 프로타고라스Protagoras, 기원전 490?~420?입니다. 그는 최초의 소피스트, 혹은 '소피스트'라는 말을 최초로 사용한 사람으로 알려져 있어요. 가르침의 대가로 수업료를 요구한 최초의 인물이기도 하고요.

트라키아의 압데라 출신인데, 다원론에서 우리가 다루었던 아낙사고라스처럼, 페리클레스의 초빙으로 아테네에 건너왔습니다. 두 사람은 친분이 돈독했어요. 특히 페리클레스가 새로운 식민 도시 투리오이의 헌법 제정을 프로타고라스에게 의뢰한 것으로 미루어볼 때, 실무적인 능력도 뛰어났던 것 같아요.

아테네는 여러 번에 걸쳐 방문했다고 합니다. 그때마다 제자가 되려는 젊은이들이 줄을 섰어요. 당대 최고의 스타 강사였죠. 그러나 끝이 안 좋았어요. "젊은이들을 타락시키고 아테네의 신들을 믿지 않는다"라는 혐의로 유죄 판결을 받습니다. 이 점도 아낙사고라스와 비슷하죠.

당국은 프로타고라스의 책을 모아 아고라에서 불태우고 그를 추방했어요. 그게 그의 마지막 여행이 되고 말았는데, 아테네를 떠나서 배를 타고 가다가 사고로 바다에 빠져 죽었다고 전해집니다.

소피스트에 대한 평판이 극과 극으로 나뉘었는데, 그런 점이 여기서도 드러나네요. 그의 이론은 어떤 건가요?

프로타고라스가 이런 말을 했다고 합니다.

> 인간은 만물의 척도이다. 존재하는 것들에 대해서는 그것들이 존재한다는 척도이고, 존재하지 않는 것들에 대해서는 그것들이 존재하지 않는다는 척도이다.
> ― 플라톤, 『테아이테토스』 152a

오, 많이 들어본 말이에요. 유명한 말 맞죠?

네, 아주 유명하죠. '인간은 만물의 척도!Homo Mensura!'라는 말은 소피스트의 사상을 대표하는 명제입니다. 여기서 인간은 우리 각자 개개인을 말해요. 개개인이 척도라는 거니까 결국 각자가 진리의 기준이라는 뜻이죠.
예컨대 포도주가 어떤 사람한테는 달콤하고 어떤 사람한테는 시큼할 수 있습니다. 그럼 이 포도주는 달콤할까요? 시큼할까요? 프로타고라스의 주장은, 달콤하다고 느끼는 사람에게는 달콤하고, 시큼하다고 느끼는 사람에게는 시큼하다는 거예요.

그렇다면 진리가 사람마다 다르다는 말인가요?

네, 바로 그 말입니다. 다시 말해 사람의 입맛과 상관없이 존재하는, 객관적인 포도주 맛은 없다는 이야기입니다. 달콤한 포도주는 '나에게는' 달콤하므로, '너에게는' 어떨지 모르지만, 어쨌든 '나에게는'

달콤한 포도주로서 존재한다는 말입니다.

진리가 사람에 따라 달라진다고 보는 이런 입장을 '상대주의'라고 합니다. 상대주의에서 진리의 기준은 인간이에요. 자연철학이 사물의 본성을 탐구한 것과 달리 소피스트들은 상대주의를 옹호하면서 사물은 각자에게 나타나는 그대로 존재한다고 주장했죠.

소피스트들은 대체로 상대주의자인가 봐요?

소피스트들 사이에 미묘한 차이가 있긴 하지만, 대개는 상대주의적 태도를 견지했습니다. 또 다른 대표적인 소피스트로 고르기아스Gorgias, 기원전 483? ~ 385?가 있는데요, 그는 더 극단적인 상대주의를 표방합니다.

### 고르기아스와 회의주의

고르기아스라는 이름도 들어본 것 같아요.

네, 그는 아주 스마트한 사람이에요. 엠페도클레스의 제자였고, 특히 수사학의 대가였습니다. 아테네 민회에서 연설한 일이 있었는데, 어찌나 말을 잘하는지 감명을 받은 아테네 사람들이 제자가 되려고 줄을 섰다고 합니다.

그가 쓴 책 중에 『존재하지 않는 것에 대하여 혹은 자연에 대하여』

라는 긴 제목이 붙은 작품이 있어요. 여기서 아주 유명한 말을 남겼습니다.

(1) 아무것도 없다.
(2) 있다 해도 알 수 없다.
(3) 알 수 있다 해도 다른 사람에게 전달할 수 없다.

오, 어려워라. 이게 대체 무슨 말이에요?

그냥 읽어보면 너무 이상한 말이라서 무얼 말하는지 한 번에 딱 알기가 어렵습니다. 이 문장을 어떻게 해석할지 연구자들 사이에서도 의견이 많은데요. 보통은 고르기아스가 이탈리아 사람인 데다가 엠페도클레스의 제자였으니 파르메니데스를 의식했다고 봅니다.
그래서 이 문장에 등장하는 '있다'와 '없다'를 파르메니데스적인 의미로 이해할 수 있어요. 다시 말해 '있다'는 말은, '인간과 상관없이 객관적으로 존재하며 영원히 고정불변인 상태로 있음'을 뜻한다고 해석할 수 있어요.

변화하지 않고 생성 소멸하지 않고 객관적으로 존재하는 상태 말이죠?

바로 그런 의미죠. 그렇게 해석하고 이 문장을 보면, (1)은 인간의 감각작용과 상관없이 별개로 존재하는 사물, 즉 객관적으로 존재하는 사물은 없다는 뜻이 됩니다.

(2)는 설령 객관적 사물이 있다 해도 우리 인간에게 나타나는 것은 그 객관적인 사물 자체가 아니라는 뜻입니다. '이 포도주가 달콤하다'라고 느껴져도 '나에게' 달콤하게 느껴질 뿐이지, 이 포도주 자체가 달콤한지 아닌지는 알 수 없다는 말이지요.

프로타고라스의 상대주의는 각자가 느끼는 대로가 진리라고 했는데, 고르기아스는 아예 알 수 없다고 하니 더 나아간 주장 같아요.

그렇습니다. 고르기아스는 지식의 가능성을 원천적으로 부정하는데, 이런 견해를 '회의주의'라고 합니다. 상대주의를 극단까지 밀고 나간 이론이죠. 고르기아스는 느슨한 상대주의를 넘어 회의주의를 선언하는데, 이게 그리스 철학에서 처음으로 등장한 회의주의 주장이에요.

### 언어와 실재

이제는 (3)이 남았네요. 이건 무슨 의미인가요?

(3)은 소통 가능성을 부인하는 주장입니다. 소통은 말이나 글, 그러니까 언어를 통해 이루어지죠. 그런데 언어는 개인적이라서 소통이 안 된다는 주장이에요.

### 언어가 개인적이라는 건 어떤 의미일까요?

상대주의의 원칙에 따르면 사물은 각자 개인에게 나타나는 방식으로 존재해요. 이 포도주는 '갑에게는' 달콤하고 '을에게는' 시큼합니다. 만약 갑이 '포도주'라고 표현하면 그는 달콤한 사물을 지칭하는 거예요. 그러나 을이 그 말을 들을 때는 시큼한 사물이라는 말로 들리는 거죠.

말하는 이가 자기 생각을 정확하게 표현해도 듣는 이는 그걸 말한 사람과 같은 의미로 알아들을 수 없다는 뜻입니다. 우리 말에 '아' 다르고 '어' 다르다는 말이 있지만, 이건 한 걸음 더 들어간 주장이에요. '아'라는 말 한마디조차도 갑과 을에게 서로 의미가 다르니까요.

### 소피스트식 언어 철학이군요.

네, 언어의 특징에 관한 관심을 불러일으킨 것도 소피스트의 공로입니다. 당시에는 언어가 실재를 정확히 반영한다고 생각했어요. 언어는 자연과 사물을 반영하는 거울이라고들 믿었죠. 그런데 소피스트들이 그런 언어관의 문제점을 날카롭게 지적하고 나왔습니다. 전통적인 관점에 따르면, 언어적 표현은 항상 지시 대상이 있어요. 예컨대 '소크라테스'라는 이름은 항상 특정한 사람 소크라테스를 지시합니다. 그가 누구이며 어떤 사람인지 알면 '소크라테스'라는 이름을 이해할 수 있어요. 즉 이름의 의미는 그 이름이 나타내는 지시 대상이라는 거죠.

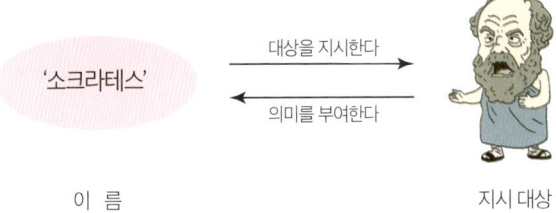

이 름 　　　　　　　　　　　지시 대상

**이름과 지시 대상의 관계**

그게 맞지 않나요? 이름의 의미는 그 이름을 가진 사람일 것 같은데요.

고유 명사의 경우는 그런대로 잘 맞지만, 고유 명사가 아닌 다른 언어적 표현에는 잘 맞지 않는다는 점이 문제에요.

그런가요? 어떤 문젠데요?

예를 들어 '도깨비'나 '페가수스' 같은 걸 생각해보세요. 이런 건 상상의 동물이니까 지시하는 대상이 없죠. 하지만 그 단어들은 의미가 있잖아요. 또 '이성계'와 '태종의 아버지'는 같은 사람이지만 표현의 의미는 다르죠. 이런 예를 보면 언어의 의미와 지시 대상이 별개라는 점을 알 수 있죠.

그렇군요. 그러면 전통적인 언어관에 문제가 있네요.

그렇습니다. 게다가 전통적 언어관을 밀고 나가면 더 심각한 문제가 생깁니다. 예를 들어 "소크라테스는 새가 아니다"라는 문장을 보세요. '소크라테스'나 '새' 는 지시 대상이 있지만, '~이 아니다' 는 지시 대상이 없죠. 지시 대상이 없으면 의미 없는 말이 되죠. 따라서 모든 부정문은 의미가 없어져요. 우리가 사용하는 문장의 절반이 의미 없는 문장이 돼 버려요.

그건 확실히 문제가 있네요.

이런 이유로 소피스트들은 언어가 실재를 재현하지 못한다고 봤습니다. 고르기아스가 소통 가능성을 부정한 배경에는 바로 이 생각이 자리 잡고 있었어요.
게다가 방금 말씀드린 것처럼 '부정문은 의미가 없다'라고 하면, 이제 참 거짓도 구분할 수 없게 됩니다.

그건 왜 그런가요?

"소크라테스는 새다"라는 명제는 거짓이죠? "소크라테스는 새가 아니다"가 참이에요. 그런데 부정문이 의미가 없다고 하면, 참인 문장인데 의미가 없는 거예요. 의미가 없는데 참이라는 건 말이 안 되죠. 그래서 소피스트들은 언어의 한계 때문에 참이나 거짓을 판별하는 것이 원칙적으로 불가능하다고 주장했어요.

참 거짓의 구분마저 무력화시켰군요.

그렇지요. 그러니 사물의 참된 실재나 절대적 진리 같은 것도 주장할 수 없게 돼 버렸죠. 사물은 각자에게 나타나는 모습으로만 존재한다는 거예요.

이처럼 언어에는 한계가 있다는 생각이 상대주의를 뒷받침해 주었어요. 언어에 대해 그들이 제기한 문제는 사실 현대 철학에서도 계속 검토하고 있을 정도로 해결하기 어려운 주제입니다. 당시에는 당연히 해결하지 못했죠. 그러다 보니 언어의 한계에 관한 주장이나 상대주의 논리가 설득력을 발휘하게 되었습니다.

### 이중논변

상대주의를 받아들이면 각자 자기 생각이 옳다고 주장하게 될 텐데, 그러면 소통이 안 되니까 너무 혼란스럽지 않을까요?

소피스트는 그게 당연하다고 봤어요. 같은 문제에 대해서 사람마다 의견과 주장이 다를 수 있고, 심지어 같은 사람도 그가 처한 상황에 따라 의견과 주장이 달라질 수 있다는 거죠. 하지만 그게 논리적으로 아무런 문제가 없다고 생각했어요.

심지어 프로타고라스는 어떤 문제에 대해서든 반대되는 논증을 만들어 낼 수 있다고 주장했습니다. 그 자신이 그런 기술의 대가라고 자부하기도 했고요.

**반대되는 주장이 둘 다 논증 가능하다고요? 그게 정말 가능해요?**

그러니까 이런 식이에요. 예를 하나 들어볼게요. 프로타고라스와 그 제자가 벌였다는 재판 이야기입니다.

한 젊은이가 프로타고라스를 찾아와서 모든 재판에서 이길 수 있는 기술을 가르쳐달라고 해요. 대신 수업료는 첫 재판에서 이기면 그때 내겠다고 했어요. 프로타고라스는 흔쾌히 수락하고 수업을 해주었어요. 그런데 수업이 다 끝났는데도 도통 수업료를 안 내는 거예요. 급기야 프로타고라스가 제자를 고소합니다.

자, 어떨까요? 제자는 수업료를 내야 할까요? 아니면 안 내도 될까요?

**글쎄요. 수업을 받았으니 내야 하지 않나요?**

프로타고라스는 당연히 내야 한다고 논증합니다.

> 재판에서 내가 이기면, 재판 결과에 따라 제자는 수업료를 내야 한다. 만약 내가 지면 제자는 첫 재판에서 이겼으므로 계약에 따라 수업료를 내야 한다. 따라서 어느 경우든 제자는 수업료를 내야 한다.

반면에 제자는 당연히 안 내도 된다고 주장합니다.

재판에서 내가 이기면, 재판 결과에 따라 수업료를 낼 필요가 없다. 만약 내가 지면 첫 재판에 진 것이므로 계약에 따라 수업료를 낼 필요가 없다. 따라서 어느 경우든 나는 수업료를 낼 필요가 없다.

아하, 각자의 처지에서 자기에게 유리한 말만 하네요.

그렇습니다. 여기서 참이나 거짓은 중요하지 않아요. 상대주의에 따르면 참과 거짓은 어차피 구분할 수도 없죠. 오직 효과적인 설득만이 문제였어요. 설득에 성공하면 이기는 거죠.

그럴싸하게 보이기만 하면 되었군요.

그래서 수사학이 중요했어요. 객관적 진리가 없으니 어떤 주장이든 그럴 듯하게 근거를 꾸며서 설득해내기만 하면 되었죠. 상대주의, 언어에 대한 불신, 그리고 이에 입각한 수사학은 소피스트 사상을 특징짓는 3대 요소라고 할 수 있겠습니다.
상대주의와 관련된 주제는 여기서 마무리하고요. 이제 새로운 주제를 하나 더 살펴보겠습니다.

### 안티고네의 고뇌

오이디푸스 왕 아시죠? 아버지를 살해하고 어머니를 아내로 맞아 살다가 나중에 진실을 알고 자기 눈을 뽑으며 참회하고 방랑길에 올랐던 비극의 주인공이죠. 그에게는 딸이 하나 있는데 이름이 안티고네입니다. 소포클레스는『오이디푸스왕』의 다음 이야기인『안티고네』도 썼어요. 이 작품에서 안티고네는 눈먼 아버지를 시중들기 위해 아버지의 방랑길에 동행합니다.

테바이에 남은 오이디푸스 왕의 두 아들은 매년 번갈아 가며 나라를 다스리기로 약속합니다. 그런데 먼저 왕 노릇을 한 에테오클레스가 약속을 저버리고 왕권을 내주지 않았어요. 또 다른 왕자 폴뤼네이케스는 아르고스로 달아나 그곳 왕의 사위가 된 후 병사를 얻어 테바이를 공격합니다. 이 싸움으로 둘 다 죽게 되지요.

이제 왕권은 외삼촌 크레온에게 넘어갑니다. 크레온은 에테오클레스의 장례를 성대히 치러주지만, 외국 군대를 동원해 조국을 공격한 폴뤼네이케스를 반역자로 선포하고 그 누구도 시신을 수습하지 못하게 합니다. 무덤에 묻지도 말고 곡하지도 말고 개나 새들의 먹이가 되게 내버려 두라고 명령합니다.

오, 저런. 안티고네는 어떻게 되었어요?

안티고네는 아버지가 죽은 후 이미 테바이로 돌아와 있다가 이 비참한 상황을 마주합니다. 금지 명령에도 불구하고 그녀는 오라버니의 시신을 마른 흙으로 덮고 신성한 의식을 거행하여 장례를 치릅니다. 왕의 포고를 어겼으니 죄인으로 끌려갔죠. 안티고네에게 왕은 왜 그리했느냐고 묻습니다. 이에 안티고네가 대답해요.

**폴뤼네이케스의 시신을 마주한 안티고네,** 니콜라스 뤼트라스, 1865

> 제가 보기에 시신 수습을 금하도록 명하신 이는 제우스가 아니며,
> 하계의 신들과 함께 사시는 정의의 여신께서도
> 인간들에게 그와 같은 법은 정하지 않으셨으니까요.
> 그리고 저는 당신의 포고가 그만큼 강력하다고
> 생각지도 않아요. 기록되진 않았지만 확고한 신들의
> 법을 필멸의 존재가 넘어설 수는 없지요.
> ― 소포클레스, 『안티고네』 450~455

여기서 안티고네는 왕의 명령과 제우스의 명령, 즉 인간의 법과 신의 법을 대비시킵니다. 그러면서 신의 법이 더 강력하고 능가할 수 없는 권위를 갖기 때문에 신의 법을 따르는 것이 옳다며 자신을 변호합니다.

## 노모스와 퓌시스

요즘 식으로 보면 실정법과 보편적 규범의 갈등 상황이네요.

우리는 그렇게 부르지만, 그리스에서는 '노모스와 퓌시스의 대립'이라고 불렀습니다.

노모스nomos는 사회 질서를 유지하기 위해 만든 여러 가지 행위 규범을 말합니다. 전통·관습·법률·도덕 같은 게 다 노모스예요. 노모스의 특징은 인간이 개입하여 만들었다는 점이에요. 사람이 만든 것이니 마음만 먹으면 언제든 바꿀 수도 있어요.

퓌시스physis는 아시다시피 자연을 뜻하는데, 좀 깊이 들어가 보면 사물이 자기 본성에 맞게 존재하는 방식을 나타냅니다. 원래부터 그랬던 것이라 인간이 개입할 수 없는 영역이에요. 요컨대 노모스는 인위적이고 상황에 따라 바뀔 수도 있지만 퓌시스는 필연적이고 변경할 수 없다는 차이가 있어요.

왕의 명령이 노모스라면 신의 명령은 퓌시스인가요?

그렇죠. 신은 세상을 만들었고 자연에 질서를 부여했습니다. 신의 명령은 필연적이라서 인위적으로 바꿀 수 없어요. 그 명령에 거슬러 행동하게 되면, 결국엔 파멸하는 수밖에 없죠. 신이 명령했다는 그 한 가지 이유만으로 권위와 정당성을 지닙니다.

**퓌시스는 신의 법이자 자연의 질서이니 거스를 수가 없겠네요.**

하지만 노모스는 그렇지 않죠. 공동체마다 법과 전통과 관습이 다 다릅니다. 이렇게 만들 수도, 저렇게 만들 수도 있는 거죠. 노모스는 사람이 만든 것이라서 상대적이고 우연적이에요.

문제는 여기서 생깁니다. 노모스는 한갓 인위적이고 우연적인 것인데 그걸 왜 꼭 따라야 하는가, 궁금해지는 거죠. 아무리 공동체의 규범이라지만 내가 직접 동의한 것도 아니거든요. 그러니 노모스가 우리 각자에게 구속력을 갖는 원천이 무엇인지 묻게 되는 겁니다. 이게 당시 일반인의 관심사였고, 대중의 관심에 민감한 소피스트들 역시 이 문제를 집중적으로 다루게 되었습니다.

**소피스트들은 상대주의자였으니까 노모스를 지키지 않아도 된다고 봤을 거 같은데요?**

꼭 그렇진 않습니다. 같은 소피스트 내부에서도 다양한 의견이 나오게 됩니다. 노모스가 정당하니 반드시 따라야 한다는 견해부터 전혀 지킬 필요가 없다는 견해까지 다양한 의견이 등장했죠.

### 프로타고라스의 신화

노모스의 정당성을 주장한 사람으로 예컨대 프로타고라스가 있습니다.
플라톤의 대화편『프로타고라스』에 보면 프로타고라스가 사회와 국가의 기원을 설명하는 대목이 나옵니다. 이 설명이 노모스에 대한 프로타고라스 견해의 바탕을 이루지요. 재미난 것은 이게 이론적 설명이 아니라 신화로 되어있다는 점입니다.

그런 설명을 신화로 하기도 하는군요. 어떤 내용이죠?

신들이 동물과 인간을 창조하고 프로메테우스와 에피메테우스 형제에게 각각의 종이 생존하는데 필요한 능력을 나눠주라고 시킵니다. 먼저 에피메테우스가 나서서 동물들에게 민첩함·발톱·뿔·날개·번식력 등의 능력을 나눠줍니다. 그러나 생각 없이 나눠주다 보니 나눠줄 능력이 다 떨어져서 인간에게는 줄 것이 남지 않았어요. 그래서 프로메테우스가 신들의 불과 의식주를 해결하는 지혜를 훔쳐서 인간에게 건네줍니다. 그 덕분에 인간들은 먹고사는 문제를 해결하고 생존을 확보하게 되었죠.
하지만 신체적으로 약하다 보니 힘센 동물에게 자꾸 잡아먹히거나 다치는 거예요. 이 문제를 해결하기 위해 사람들이 공동체를 건설하려 했는데, 모였다 하면 불화가 생겨서 흩어지기를 반복했어요. 정치적 기술이 없었기 때문입니다.

이 모습을 지켜보던 제우스는 인간 종족이 멸종할까 봐 걱정하게 됩니다. 그러다 묘안을 짜냈어요. 염치$^{aidos}$와 정의$^{dike}$를 모든 인간에게 골고루 나누어 준 거예요. 이 두 덕목 덕분에 인간들이 모여 불화를 극복할 수 있었고 비로소 국가를 만들 수 있었다는 이야기입니다.

염치와 정의가 국가 수립에 꼭 필요한 덕목이군요. 제우스는 역시 지혜롭네요. 여기서 염치와 정의가 노모스인가요?

염치와 정의 자체가 노모스는 아니에요. 그보다는 장차 국가 운영에 필요한 시민적 자질이라고 볼 수 있어요. 이런 능력을 모두가 나누어 가지고 그를 바탕으로 합의를 통해 노모스를 제정하면 국가 질서를 확립하고 서로 불의를 저지르지 않고 살아갈 수 있다는 이야기죠.

잘은 모르지만, 사회계약론에서 말하는 내용과 비슷해 보여요. 사람들이 사회를 구성할 때 합의에 따라 규범을 정하면 그렇게 약속되었다는 이유로 규범이 정당하다고 보는 것 같더라고요.

네, 맞아요. 프로타고라스는 극단적인 상대주의를 주장했지만, 실천과 사회의 영역에서는 좀 더 완화된 설명을 하고 있어요. 선악과 정의가 객관적으로 따로 정해진 것은 아니지만, 공동체가 다수의 합의를 바탕으로 노모스를 정하면 선과 정의의 척도로 활용할 수 있다고 믿었죠.

그렇다고 노모스가 절대적인 진리라는 말은 아닙니다. 공동체마다 노모스가 다르고, 또 필요에 따라 변경할 수도 있어요. 그러나 한 공동체가 시민들의 합의를 끌어낸 한에서 그 공동체에 대해서는 노모스가 정당하다고 보는 거예요. 프로타고라스는 이렇게 말합니다.

> 어떤 폴리스에서 정의롭고 훌륭하다고 여겨지는 것은, 그것이 그렇게 간주 되는 한, 그 폴리스에서는 정의롭고 훌륭하다.
> — 플라톤, 『테아이테토스』 167c

"나에게 달콤한 포도주는, 내가 그렇게 느끼는 한, 나에게는 달콤한 포도주다"라는 말과 비슷하네요!

네, 둘 다 상대주의에 해당합니다. 차이가 좀 있죠. 포도주 맛과 같은 인식의 영역에서는 진리의 기준이 개개인이죠. 그러나 노모스와 같은 실천과 사회의 영역에서는 그 기준이 공동체입니다. 각 공동체마다 합의에 따라 노모스를 정하면, 그 공동체 내부에서는 노모스가 정당하다고 보았죠.

이런 식으로 프로타고라스는 노모스의 정당성을 옹호했습니다. 프로타고라스뿐 아니라 고르기아스나 또 다른 1세대 소피스트들도 대체로 노모스가 정당하다고 봤습니다. 하지만 그 제자 세대에서는 노모스를 거부하는 이론들이 차츰 등장합니다.

### 정의는 강자의 이익

노모스를 거부하는 이유는 뭐예요?

노모스와 퓌시스가 일치하지 않는다는 게 이유였어요. 좀 더 정확히 말씀드리면 인간의 규범인 노모스가 자연 질서인 퓌시스를 거스른다는 겁니다.

퓌시스가 기준이었군요.

그렇죠. 자연의 질서는 신이 부여했기에 그 자체로 정당하고 바꿀 수 없으니까요. 노모스가 퓌시스에 어긋난다면, 잘못된 것은 바로 노모스라고 봤죠.
노모스의 정당성을 부인하는 인물로 트라쉬마코스Thrasymachos가 있습니다. 이 사람은 플라톤의 대화편 『국가』에서 아주 젊고 격정적이고 다혈질인 소피스트로 나옵니다. "정의는 강자의 이익"이라는 말로 유명하지요.

> 들어보십시오! 저로서는 정의로운 것이란 더 강한 자의 이익 이외에 다른 것이 아니라고 주장합니다.
> ─ 플라톤, 『국가』 338c

저도 들어본 말이에요.

많이 알려졌죠. 또 강자의 이익을 옹호한다고 잘못 알려지기도 했고요.

**어? 그게 잘못 알려진 거예요?**

'강자가 이익을 추구하는 것이 정당하다'라는 뜻으로 알고 계신 분이 많아요. 그래서 트라쉬마코스가 약육강식을 지지했다고 알려졌는데요. 사실은 그런 뜻이 아니에요.

**저는 대충 그런 뜻이라고 짐작했었는데, 그러면 원래 의미는 뭔가요?**

우선 이 문장에 사용된 '정의'라는 단어는 흔히 말하는 '정의로움'이나 '옳음'과는 상관이 없어요. 여기서 '정의'는 단지 '노모스를 따르는 것'을 말합니다. 당시에 많은 소피스트가 '정의'를 그런 뜻으로 이해했습니다.
이를 염두에 두고 그의 주장을 정리하면 이런 내용이에요.
퓌시스에 따르면 인간은 누구나 자기 이익을 최대한으로 추구하게끔 태어났어요. 그런데 인간은 평등한 존재가 아니라 힘과 능력에서 차이가 있어요. "남보다 이익을 더 취할 능력이 있는 사람"이 따로 있어요. 그가 바로 강자입니다.
강자는 국가의 통치자가 돼요. 그리고 그가 노모스를 만듭니다. 퓌시스에 따르면 인간은 이기적이기 때문에, 강자는 당연히 자기에게 유리하게끔 노모스를 만들어요.

따라서 약자가 노모스를 따르게 되면 결국엔 강자에게 이익이 되는, 그러니까 자신에게는 손해가 되는 행동을 하는 셈이라는 거죠. "정의는 강자의 이익"이라는 말은 바로 이걸 뜻해요.

약자가 노모스를 지키면 강자만 이익을 취한다는 뜻이군요.

그렇죠. 문제는 그게 퓌시스에 어긋난다는 점이에요. 누구나 자기 이익을 도모하는 것이 퓌시스인데, 약자들이 노모스를 지켜서 정의를 행하면 타인의 이익을 도모하는 셈이 되니까 노모스를 따르는 행위는 어리석은 짓이죠.

그럼 노모스를 지키지 않아도 되겠네요?

논리적으로는 그렇습니다. 자신이 아니라 타인의 이익을 실현하는 노모스는 약자에게는 정당성이 없으니까요. 그래서 할 수만 있다면 노모스를 지키지 않는 게 지혜로울 뿐 아니라 퓌시스에도 어울리는 일입니다. 여기까지가 트라쉬마코스의 첫 번째 주장이에요.

하지만 그게 끝이 아닙니다. 두 번째 주장이 또 있어요. 현실에서 정말 약자가 노모스를 거부할 수 있을까요? 당장 법을 어기면 처벌을 받습니다. 이것도 불이익이죠. 노모스를 지켜도 불이익이고 지키지 않아도 불이익이 따라와요.

그럼 어떡하죠?

이 상황에 대해 트라쉬마코스는 차라리 노모스를 지키라고 합니다. 노모스를 지켜서 생기는 불이익보다 처벌로 인한 불이익이 더 크기 때문에 어쩔 수 없다는 거예요. 비록 노모스가 정당성이 없지만, 현실에서 약자는 울며 겨자 먹기로 따를 수밖에 없습니다. 이런 점에서 현실의 지배는 항상 정의롭지 못하다는 것이 트라쉬마코스의 주장이에요.

노모스의 정당성을 부인하지만, 현실적으로 노모스를 따를 수밖에 없다는 말인데요. 현실의 부조리함을 가감없이 드러내는 느낌이 들어요.

현실이 부당한 노모스를 강제한다는 지적인데요. 어찌 보면 현재 우리 사회의 모습에 대한 비판 같기도 합니다. 예나 지금이나 정의의 문제는 참으로 중요하고도 어려운 철학적 과제임이 분명해요.

### 강자의 윤리

트라쉬마코스와 비슷한 주장을 한 인물로 칼리클레스$^{Kallikles}$가 있습니다. 플라톤의 대화편 『고르기아스』에 나오는데, 소피스트의 견해를 내세우기 위해 플라톤이 만든 가공의 인물로 보는 연구자들도 있습니다. 여기서 칼리클레스는 인간의 불평등을 자연의 질서로 간주하면서 약육강식의 논리를 펼칩니다.

이번에는 불평등과 약육강식의 상황을 퓌시스로 보네요!

그렇습니다. 트라쉬마코스와 달리 칼리클레스는 노모스를 만든 사람이 약자라고 봐요.

> 내 생각에, 노모스를 제정하는 것은 힘없는 사람들, 즉 대중인 것 같아요. 그들은 자신들의 이익을 위해 노모스를 제정하며, 그것을 기준으로 칭찬하고 비난도 하지요. (…) 그러나 내 생각에, 더 나은 사람이 더 못한 사람보다, 더 유능한 사람이 더 무능한 사람보다 더 많이 갖는 것이 정의라는 것을 퓌시스 자체가 분명히 보여주는 것 같아요.
> — 플라톤, 『고르기아스』 483c-d

이 주장에 따르면, 노모스는 강자의 이익을 제한하고 약자의 이익을 보장하려는 의도로 만들어진 거예요. 노모스는 평등을 강요하는 인위적 장치라는 말이죠.
그러나 퓌시스의 관점에서는 강자가 이익을 얻는 것이 정당하다고 봅니다. 약자의 노모스는 강자의 이익을 제한할 뿐 아니라 퓌시스에도 반하기 때문에 거부해야 한다고 보고 있죠.

트라쉬마코스는 약자가 노모스를 거부해야 한다고 했는데, 칼리클레스는 강자가 노모스를 거부해야 한다고 주장하는군요.

그렇습니다. 인간이 불평등하다는, 퓌시스에 대한 생각은 둘이 같은데, 노모스를 만든 게 약자인지 강자인지에 대한 견해가 다르기 때문에 결론이 달라진 거죠.

칼리클레스는 국가에 대해서도 부정적 시선을 가졌어요. 국가가 약자의 노모스를 바탕으로 세워지기 때문이에요. 그중에서도 민주주의는 다수의 약자가 소수의 강자를 조직적으로 지배하는 가장 반자연적 체제라고 평가합니다. 사자와 같은 강자를 노예처럼 만들어 억압한다는 거예요. 그러면서 이렇게 덧붙였습니다.

> 하지만 퓌시스에 충실한 남자가 태어나면 이 모든 제약을 털어내어 부수고는 자유를 찾게 될 것이라고 나는 확신해요. 그리고 그 노예는 자연에 반하는 모든 노모스를 짓밟고 일어나 자신이 우리의 주인임을 드러낼 거예요. 거기서 자연의 정의가 빛을 발하겠지요.
> ― 플라톤, 『고르기아스』 484a

여기서 칼리클레스는 강자의 자연적 권리를 정의의 기준으로 제시하며 결국에는 현실이 그렇게 진행될 거라고 예언하고 있습니다. 강자의 이익을 정당화한 점에서 극단적인 약육강식의 논리라고 평가할 수 있겠죠.

말씀하신 대로 노모스에 대해서 소피스트들의 의견이 다양하네요.

그렇습니다. 소피스트는 노모스와 퓌시스의 대립을 발견하고 이를 철학적으로 검토한 공로가 있습니다. 그러나 현실에서 규범의 정당성을 계속 의심한다면 건강한 공동체에 위험 요소가 되고 말 겁니다. 실제로 소피스트들의 담론은 기존의 가치 체계에 도전하며 아테네 사회에 혼란을 가져왔습니다.

대략 50여 년에 걸친 소피스트 운동은 차츰 시민들에게 의혹을 사게 되었어요. 서로 엇갈리는 주장과 소통을 가로막는 상대주의적인 태도로 인해 신뢰를 잃어갔습니다. 급기야 소피스트적 정신을 극복하려는 사람들이 나타나기에 이릅니다.

그중 한 사람이 소크라테스입니다. 그는 소피스트의 가짜 지식이 아테네의 정신을 좀먹고 훌륭한 삶의 가능성을 빼앗아간다고 보았어요. 진정한 앎과 훌륭한 삶을 회복하기 위해 죽음을 감수하며 소피스트에 대한 철학적 투쟁에 헌신하게 되죠.

그를 통해 철학은 고전기의 절정을 향해 나아가게 됩니다. 이제 삶 자체를 온전히 철학에 바쳤던 사람, 철학의 진정한 스승을 만나볼 시간입니다.

만약 지혜라는 것이 우리 가운데 더 가득 찬 사람에게서
더 비어있는 사람에게로 흘러들어갈 수 있는 것이라면 얼마나 좋을까?
　　― 플라톤, 『향연』

*02*

철학, 삶을 묻다

우리가 고대 그리스 철학사를 공부하고 있는데요. 좀 엉뚱하지만 질문을 하나 드릴게요. 철학사를 통틀어서 가장 유명한 철학자를 꼽는다면 누구일까요?

글쎄요. 유명한 사람이야 많지만 아무래도 소크라테스가 아닐까요?

그렇죠? 답이 너무 뻔한 질문이었나요? 소크라테스Sokrates, 기원전 469~399는 가히 철학의 대명사라고 할 수 있어요. 철학을 잘 모르시는 분도 그가 고대 그리스 철학자라는 것쯤은 다 아시니까요. 누가 뽑은 것인지 확실치 않지만, 공자, 석가모니, 예수와 더불어 4대 성인으로 추앙받기도 합니다.

대중에게도 친숙한 인물이죠. 우리 철알못님은 '소크라테스' 하면 어떤 게 떠오르세요?

음, 우선 "너 자신을 알라"도 있고요. "악법도 법이다"도 있고요. 독약을 마시고 사형되었다는 거요?

맞아요. 대개 그런 사실이 알려져 있죠. 재판을 받고 사형에 처해진 건 사실이에요. 하지만 처음에 말씀하신 두 문장은 소크라테스의 것이 아닙니다.
"너 자신을 알라"는 델피의 아폴론 신전에 쓰여 있던 문구라고 합니다. 소크라테스가 좋아한 문장이기는 하지만 소크라테스가 말한 건 아니지요. "악법도 법이다" 역시 소크라테스의 말로 알려졌지만 사실은 그런 말을 한 적이 없어요. 게다가 그의 철학적인 입장과도 거리가 멀고요.

그런 거예요? 제가 알고 있는 게 다 잘못되었다니, 이럴 수가요.

워낙 널리 그렇게 알려져서 오해할 만도 하죠. 누구나 다 아는 철학자지만, 사실 그의 철학을 차분히 살펴볼 기회는 그리 많지 않은 게 사실이죠.
마침 오늘은 소크라테스에 대해 알아볼 시간이에요. 그가 왜 철학을 대표하는 사람이 되었는지, 어떤 삶을 살았고 어떤 사상을 펼쳤는지, 어떻게 죽음에 임했는지 지금부터 차근차근 이야기해 보죠.

## 소크라테스 문제

소크라테스는 유명한 철학자니까 혼자 앉아서 사색도 많이 하고 책도 많이 썼을 거 같아요.

보통 '철학자'라고 하면 그런 이미지가 떠오르지요. 그러나 소크라테스는 가만히 앉아 사색하지도 않았고 책을 쓰지도 않았어요. 좀 뜻밖이지요?
그는 매일 아테네 시내를 배회하며 지냈습니다. 사람들이 붐비는 시장이나 광장에 나가 만나는 사람을 붙들고 이런저런 주제로 대화를 나누곤 했어요. 우리가 알고 있는 그의 철학은 바로 그 대화를 말하는 거죠.

책을 쓰지 않았는데 그 대화 내용을 어떻게 알 수 있죠?

소크라테스가 어떤 이야기를 나누었는지 기록한 글들이 많이 남아 있습니다. 희극 작가 아리스토파네스의 작품에도 나오고 소크라테스의 제자인 크세노폰이나 플라톤의 책에도 나와요.

희극 작품에 소크라테스의 철학이 소개되어 있어요?

아리스토파네스의 『구름』이라는 작품의 주인공이 소크라테스입니다. 여기서 소크라테스는 소피스트로 그려집니다. 구름을 신처럼 떠받들고 수업료를 받고 논쟁술이나 가르치는 양심 없는 인물로 나오죠. 우리가 아는 소크라테스와 완전 다르죠?

그런데 당시에는 이렇게 생각한 사람이 꽤 많았어요. 소크라테스의 대화법이 얼핏 보면 소피스트와 비슷하거든요. 사람들이 헷갈릴 만했지요. 아리스토파네스는 그런 소문을 제대로 확인하지 않고 자기 작품에 반영했던 거예요.

『구름』은 기원전 423년 디오뉘소스 축제에서 공연되었습니다. 소크라테스도 그 공연을 보러 갔어요. 관객들이 극 속의 소크라테스를 보며 웃고 야유하는 내내 그는 관람석에서 서 있었다고 전해집니다. 극 속의 인물과 현실의 자신이 다르다는 걸 그런 행위를 통해 주장하고 싶었기 때문이죠.

무척 억울했나봐요. 좀 안쓰러운 생각이 드네요. 제자들이 남긴 기록은 어떤가요? 정확한 사실이 나오겠죠?

그렇지요. 크세노폰 Xenophon, 기원전 430~354은 소크라테스 사후에 『소크라테스 회상 Memorabilia』이라는 책을 씁니다. 스승의 일상적인 모습과 법정 변론을 잔잔하게 기록했어요. 스승을 추억하는 글이죠. 하지만 크세노폰은 전문 철학자가 아니다 보니 철학적 사상은 거의 나오지 않습니다.

철학적으로 중요한 자료는 역시 플라톤의 대화편입니다. 플라톤 대화편은 언제나 주인공인 소크라테스가 다른 인물과 대화하는 형식으로 되어있어요. 소크라테스의 철학적 관점과 방법론이 잘 드러나 있죠. 오늘날 우리가 알고 있는 소크라테스 사상은 전부 플라톤의 저술을 통해 알게 된 거예요.

그렇군요. 그런데 플라톤의 책이라면 플라톤 자신의 사상이 아닌가요? 플라톤의 책 내용이 왜 소크라테스의 사상이죠?

네, 당연히 그런 의문이 들 법합니다. 플라톤 대화편에 나오는 소크라테스의 모습이 역사적 소크라테스를 그대로 그려낸 것인지, 아니면 소크라테스의 입을 통해 플라톤이 자신의 사상을 피력하고 있는 건지, 이런 게 궁금하죠.
이 문제를 '소크라테스 문제'라고 부릅니다. 정답은 없지만, 연구자들 사이에서 어느 정도 의견 일치가 이루어지긴 했어요. 그에 따르면 플라톤이 젊은 시절에 쓴 초기 대화편은 역사적 소크라테스에 가깝다고 합니다.

아무래도 스승에 대한 기억이 생생하고 자신의 독자적인 철학이 성숙하기 전이라서 그럴 거 같아요.

특히 『소크라테스의 변론』·『크리톤』·『향연』·『에우튀프론』, 이 네 작품을 '소크라테스 대화편'이라고 부르는데요. 여기 나오는 에피소드나 대화 내용은 역사적 소크라테스를 충실하게 반영한다고 보고 있어요. 우리도 이런 관점을 받아들여서 초기 대화편에 바탕을 두고 소크라테스의 사상을 살펴보겠습니다.

## 가장 지혜로운 사람

그래도 신빙성 있는 역사적 자료가 있어서 다행이네요!

맞아요. 저도 참 고마운 일이라고 생각해요. 플라톤의 대화편은 따분하게 철학적인 대화만 서술하는 게 아니라 대화 전후의 상황도 생생하게 그리고 있어요. 읽다 보면 소크라테스의 표정, 동작, 성격, 이런 걸 직접 대면하는 듯한 착각이 들 정도지요.

소크라테스의 일생에 관한 이야기도 나오겠네요.

그럼요. 대화편 여기저기에 나옵니다.
『소크라테스의 변론』은 기원전 399년에 있었던 재판 기록인데, 그때 소크라테스 나이가 70세라고 나와요. 이를 기준으로 계산해서 출생 연도를 기원전 469년 혹은 470년으로 잡아요.
소크라테스는 아테네의 평범한 시민으로 살았습니다. 민회 의원이 되었고 추첨에 뽑혀 행정부에서 일하기도 하고 전쟁이 벌어지면 입대하여 원정에 나가기도 했습니다. 특별할 것 없는 일반 시민의 평균적인 삶이었죠.
그러던 어느 날 그의 삶을 송두리째 뒤흔드는 일대 사건이 일어납니다.

오, 무슨 일이죠?

그의 어릴 적부터 친한 친구 중에 카이레폰이라는 사람이 있었어요. 하루는 이 친구가 델포이의 아폴론 신전에 가서 "우리 헬라스에 소크라테스보다 더 지혜로운 사람이 있나요?"하고 물어봤어요. 질문이 좀 생뚱맞죠? 평소에 소크라테스의 영민한 모습을 자주 봤던 터라 델포이까지 간 김에 별 뜻 없이 물어봤을 거예요.
그런데 놀라운 일이 일어납니다. 예언녀가 뜻밖의 신탁을 전해주었어요. "소크라테스보다 더 지혜로운 사람은 아무도 없다"라고 했던 거죠.

**장난삼아 물어본 건데 신이 정색하고 답을 해주었네요.**

그렇죠. 델포이는 그리스에서 가장 권위 있는 신탁이거든요. 그러니 놀라움이 더 컸죠. 가장 놀란 사람은 다름 아닌 소크라테스 자신이었습니다.

> 신께서 무슨 말씀을 하시는 것일까? 그 수수께끼는 대체 무슨 뜻일까? 나야말로 큰일이든 작은 일이든 매사에 지혜롭지 못하다는 것을 내가 잘 아는데, 신께서는 무슨 뜻으로 내가 세상에서 가장 지혜로운 자라고 말씀하시는 것일까? 신께서 거짓말을 할 리는 없는데.
> ― 플라톤, 『소크라테스의 변론』 21b

소크라테스는 신탁이 사실인지 확인해 보고 싶었어요. 자기보다 더 지혜로워 보이는 사람이 많았거든요. 그래서 그들을 찾아가 이야기를 나눠보고 과연 자신이 가장 지혜로운 게 맞는지, 그게 아니라면 신탁의 의미가 무엇인지를 알아보기로 했습니다.

그래서 어떻게 됐어요?

소크라테스는 아테네에서 지혜롭기로 유명한 정치가, 장인, 시인들을 찾아갑니다. 그들에게 궁금한 걸 묻고 대화를 나눴어요. 그런데 이상한 일이 일어납니다.
지혜롭다고 자처하던 사람들이건만, 대화를 나누면 나눌수록 그들이 곤경에 빠지는 거예요. 그들이 내세우는 지식은 허점투성이고 모호하고 심지어는 모순되기도 했어요.
그런 일이 자꾸 반복되자 소크라테스는 문득 깨달음을 하나 얻습니다. '인간이 자처하는 지혜는 한계가 있구나! 신들에게나 어울리는 참된 지혜와 비교하면 값어치 없는 의견$^{doxa}$에 불과하구나!' 이런 사실을 깨우쳤어요.

인간이 가진 지혜의 한계를 보았네요.

그렇습니다. 당대 아테네에서 가장 지혜롭다는 사람들조차 사물의 진정한 본성을 통찰하지 못했음을 알게 되었죠. 참된 지혜가 없다는 점에서 무지無知하다고 할 수도 있죠. 소크라테스는 홀로 인간의 한계와 무지를 자각합니다.
전통적으로 이걸 '무지의 지'라고 부릅니다.

**사튀로스와 마이나데스, 그리스 도기 그림, 기원전 5세기**
소크라테스는 외모가 추한 것으로 유명하다. 그의 소년 연인이자 제자였던 알키비아데스는 그를 칭송하면서 그가 사튀로스를 닮았다고 묘사했다. 사튀로스는 숲의 요정으로 그림의 왼쪽에서 보이듯이 말꼬리가 있고, 말의 귀와 사자의 코, 대머리의 모습을 하고 있다. 그리스인들은 아름다움과 좋음을 같은 것으로 여겼다. 소크라테스의 외모가 아름답지 못하다는 것은 그가 좋은 것과는 거리가 멀다는 의미. 자칫 비난이나 험담이 될 수 있다. 그러나 알키비아데스는 외모의 추함에도 불구하고 내면의 아름다움으로 인해 신적인 최상의 좋음을 구현한 인물로 소크라테스를 치켜세운다. (플라톤, 『향연』 215a 이하)

아, 무지의 지! 제가 알죠. '나는 아무것도 모르지만, 모른다는 사실만큼은 안다!' 맞죠?

'무지의 지'를 그렇게 해석한 것은 헬레니즘 시대의 일입니다. 그러나 아무것도 모른다는 건 좀 과장된 거예요. 생각해 보면 어떻게 아무것도 모를 수가 있겠어요. 우리 대부분이 그러하듯 소크라테스도 아는 게 많지요.
요점은, 우리가 아는 게 많지만, 우리의 그 어떤 지식도 사물의 본성에 대한 참다운 지혜가 아니라는 거예요. 그런 의미에서 소크라테스의 무지를 '박식한 무지$^{docta\ ignorantia}$'라고도 부릅니다.

소크라테스가 말하는 '무지'는 '아무것도 모른다'가 아니라, '우리 인간의 지식이 참된 지혜가 아니다'라는 뜻이군요.

그렇습니다. 소크라테스는 무지가 만연한 아테네의 지적 풍토를 안쓰럽게 바라봤어요. 피상적인 앎, 상대주의, 지적 자만심에 빠진 아테네 시민들이 자신의 무지를 깨닫도록 하고 싶었지요. 그래야 참된 지혜를 탐구하고 각자의 영혼을 돌보게 될 테니까요.
그는 이 과업을 신의 소명으로 여겼습니다. 신탁이 자신을 가장 지혜로운 사람으로 지목한 것은 바로 이 일을 떠맡으라는 명령이라고 받아들인 거예요.

신탁의 수수께끼가 풀렸네요.

그렇지요. 수수께끼를 푼 뒤 그는 신에게 헌신하는 마음으로 이 일에 남은 생애를 바쳤어요. 이것이 그가 철학을 한 이유였어요.

> 내가 미덕과 그 밖에 대화를 통해 나 자신과 다른 사람들에게 캐묻곤 하던, 여러분이 들었던 그런 주제들에 관해 날마다 대화하는 것이야말로 인간에게는 최고선입니다. 캐묻지 않는 삶은 인간에게 살 가치가 없습니다.
> ― 플라톤, 『소크라테스의 변론』 38a

이후로 그는 철학을 위해 사는 사람, 자신의 모든 일상을 철학에 바치는 사람으로 살아가게 됩니다.

### 에우튀프론

소크라테스는 대화로 철학을 한다고 하셨는데, 이 점이 진짜 특이하게 보여요.

네 맞아요. 소크라테스는 책에 관해 회의적이었습니다. 저자의 생각을 일방적으로 전달하기 때문에 진정한 소통의 수단이 아니라고 봤어요. 그래서 선택한 것이 대화입니다. 대화는 상대와 상호작용하면서 생각과 삶의 태도를 나누기 때문에 최선의 철학적 소통 방법이라고 여겼어요.

철학적 대화라는 게 어떤 것인지 진짜 궁금해요. 일상 대화하고는 좀 달랐을 거 같은데 말이죠.

우리 속담에 "백 번 듣는 것보다 한 번 보는 게 낫다"라는 말이 있죠. 소크라테스의 대화가 어땠는지 알려면, 대화편을 직접 보는 게 제일 좋을 것 같아요. 그래서 제가 비교적 이해하기 쉬운 대화편으로 『에우튀프론』을 골라봤어요.

에우튀프론은 젊은 예언자인데, 자기 아버지를 법정에 살인죄로 고발하러 가다가 도중에 소크라테스를 만납니다. 아버지를 고발한다는 게 좀 그렇죠? 그러나 그는 그렇게 하는 것이 경건하다고 믿었어요. 자신이 예언자로서 경건과 불경에 관해서는 누구보다 잘 안다는 엘리트 의식이 강한 인물이었죠.

소크라테스도 마침 자신이 불경죄로 고발당한 처지라 이참에 경건이 무엇이고 불경이 무엇인지 알아두면 재판에서 변론하기 좋을 거라고 너스레를 떱니다. 그렇게 해서 둘의 대화가 시작돼요.

제가 부분부분 따서 편집을 좀 했는데요, 같이 한번 읽어 보죠.

> **소크라테스** : 그러면 말해보게. 자네는 경건은 무엇이며, 불경은 무엇이라고 주장하는가?
>
> **에우튀프론** : 말씀드리지요. 경건이란 살인을 하거나 성물聖物을 훔치거나 그 밖의 다른 범행을 저지른 범인을 고발하는 것입니다. 그가 아버지이건 어머니이건 그 밖의 누구건 말입니다.
>
> **소크라테스** : 이보게 에우튀프론. 경건이 무엇이냐고 물었더니 자네

는 경건한 행위 가운데 한두 가지 예를 드는군. 내가 자네에게 요청한 것은 그런 게 아니고, 모든 경건한 것이 경건한 것이게끔 하는 형상eidos을 말해달라는 것이었네. 내가 그것을 눈여겨보고 기준으로 사용해서 자네나 다른 사람의 행위가 그것과 일치하면 경건하다고 말하고, 일치하지 않으면 불경하다고 말할 수 있도록 말일세.

**에우튀프론** : 소크라테스 선생님, 그렇게 설명하기를 원하신다면 그렇게 하겠습니다.

**소크라테스** : 나는 그렇게 해주기를 원하네.

**에우튀프론** : 그러면 신들에게 사랑받는 것은 경건하고, 신들에게 사랑받지 못하는 것은 불경합니다.

**소크라테스** : 아주 훌륭해, 에우튀프론. 이번에는 내가 대답해달라고 부탁한 대로 자네가 대답했네. 한데 자네 대답이 옳은지는 아직 모르겠네. 자네 말이 옳다는 걸 자네가 증명해 보이겠지.

— 플라톤, 『에우튀프론』 5d~7a

플라톤 대화편은 처음 보는데, 정말 대화로만 되어있네요. 마치 연극 대본 같아요.

맞아요. 현장감 넘치는 대화로만 되어있죠. 스토리 전개는 거의 없지

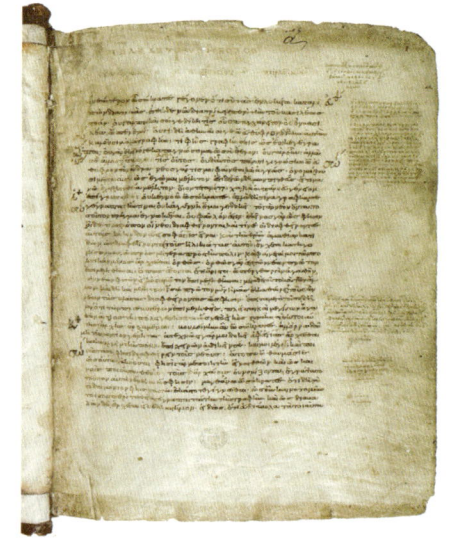

플라톤 대화록, 『에우튀프론』 도입부 895년에 제작된 코덱스 형식의 책으로, 현존하는 필사본 중에는 가장 오래된 것이다.

만, 논증은 섬세하고 흥미롭습니다. 대화 일부만 먼저 살펴보았는데요, 여기에 소크라테스의 전형적인 주제가 잘 나와 있어요.

## 그것은 무엇인가?

여기서 주목해 보실 것은 질문입니다. 맨 처음에 "경건이란 무엇인가?" 이렇게 묻죠.
'~는 무엇인가?'라는 질문은 소크라테스의 트레이드 마크예요. '좋음은 무엇인가?', '아름다움은 무엇인가?', '정의는 무엇인가?', '덕은 무엇인가?', '용기는 무엇인가?' 그는 늘 이런 식으로 질문하죠.
플라톤의 대화편마다 이런 질문이 하나씩 나와서 그 대화편의 주제가 됩니다. 지금 『에우튀프론』의 '경건'처럼요.

네, 그러게요. 첫마디에서 "경건은 무엇인지, 불경은 무엇인지" 말해보라고 하네요.

그런데 '~는 무엇인가?'라는 질문은 대답하기가 만만치 않아요. 뭐라고 답할지 막막할 때가 많습니다. 우리만 그런 게 아니라 소크라테스의 상대들도 그랬던 것 같아요.
여러 대화편을 보면 똑같은 패턴이 나오는데요. 질문을 받은 사람들은 하나같이 첫 번째 대답으로 '~하다'고 볼 수 있는 예를 나열합니다. 지금 에우튀프론도 경건이 무엇인지 답하는데 경건한 행동 몇 가지를 나열하죠? "살인을 하거나, 성물聖物을 훔치거나, 그 밖의 다른 범행을 저지른 범인을 고발하는 것"이라고 말이죠.

네, 그런데 그런 대답은 안 좋은 건가요?

소크라테스 맘에는 들지 않았지요. 그렇게 답하면 예시된 것들이 경건한 것인 줄은 알지만, 예시되지 않은 다른 행동이 경건한지 아닌지는 여전히 헷갈릴 수 있거든요.
예컨대, 소크라테스의 철학은 경건할까요? 아니면 불경할까요? 본인은 신에 대한 헌신으로 철학을 하니 경건하다고 주장할 겁니다. 반면에 그를 고발한 사람들은 소크라테스가 철학을 한답시고 아테네의 전통적 신을 거부했으니 불경하다고 볼 거예요. 관점에 따라 판단이 달라지죠.
이 상황에서는 경건과 불경을 구분하는 객관적인 기준을 세워야 해요. 그러자면 '경건이란 무엇이고 불경은 무엇인지' 다시 물어봐야 하는데, 이렇게 되면 결국 원점에 돌아오고 말죠. 그러니까 기준 없이 사례만 나열하는 대답은 하나 마나 한 겁니다.

그렇군요. 그런데 왜 대화편마다 그런 패턴이 반복해서 나올까요?

사람들이 그런 식으로 사고했기 때문이죠. 경건의 절대적 기준이 있다고 생각하지 않았던 겁니다. 몇 가지 사례를 통해 경건을 이해한다고 생각했지만, 그게 모호하고 불충분하다는 점은 몰랐지요.

소피스트의 상대주의는 이런 경향을 부추겼어요. 입장에 따라 판단이 얼마든지 다를 수 있다고 주장하면서 가치의 절대적 기준을 부정했죠. 사실 에우튀프론처럼 사례를 들어 답하는 것은 소피스트의 전형적인 화법이기도 합니다.

그럼 소크라테스의 대화는 은근히 소피스트를 반박하려는 의도가 있었겠네요?

그렇지요. 그는 소피스트가 상대주의를 유포해서 대중을 무지함에 빠트리고 있다고 생각했어요. 무지를 자각하고 참된 지혜를 얻으려면, 상대주의를 버리고 절대적이고 보편타당한 본성을 인식해야 한다고 믿었습니다.

소크라테스는 이것을 '형상$^{eidos}$'이라고 부르는데, 모든 경건한 행위들을 경건한 행위이게끔 해주는 특징, 즉 경건함의 본질을 뜻합니다. 형상을 알면 그것을 기준으로 구체적 행동이 경건한지 아닌지 판별할 수 있다는 거죠. 이것이 '~는 무엇인가?'라는 질문의 목표이자 의도였어요.

### 앎과 덕은 하나다.

그런데 경건의 형상을 안다고 해서 경건해질 수 있나요? 아는 것과 행위하는 것은 다르지 않나요?

그러게요. 우리의 일상 경험에서는 아는 것과 행동하는 것이 다르죠. 다이어트할 때 먹으면 안 되는 걸 알지만, 기름지고 달콤한 음식을 보면 또 못 참고 먹잖아요?

그러니까요. 안다고 행하는 건 아닌 거 같단 말이죠.

그런데 소크라테스는 알면 행한다고 봐요. 좀 놀라운 견해죠? 소크라테스의 표현으로는 "앎과 덕은 하나다"라고 말했지요.
다이어트 이야기도 했지만 실제로는 그렇지 않은 것 같은데, 소크라테스가 왜 그리 생각했는지 알려면, '앎'과 '덕'에 대해서 알아봐야 해요.
우선 '덕'이라고 옮긴 그리스 말은 '아레테arete'예요. 뜻이 좀 넓은 말인데요. 어떤 사물이 자신의 기능과 역할을 잘 수행하는 상태를 말합니다.
예컨대 말馬의 아레테는 잘 달리는 것이고, 칼의 아레테는 물건을 잘 자르는 것이고, 눈의 아레테는 밝게 잘 보는 것이죠. 사람에게도 아레테가 있어요. 선생의 아레테는 잘 가르치는 것이고, 군인의 아레테는 전투에서 승리하는 것이고, 대장장이의 아레테는 좋은 연장을 만드는 것이지요.

각자의 기능을 잘 한다는 뜻 같은데요, 그게 '덕'과 같은 뜻인가요?

원래 의미에 맞는 번역을 찾자면, '아레테'는 '탁월함'이라고 하는 게 좋아요. 탁월한 말이 잘 달리고, 탁월한 목수가 연장을 잘 만드니까요.

그런데 예를 들어 인간의 탁월함이 뭐냐고 물으면 어떻게 대답할까요? 이 경우에는 인간으로서 훌륭하게 잘 살아가게 하는 능력이나 자질, 품성, 이런 걸 의미하겠죠. 대개 훌륭한 사람을 '덕'이 있다고 하잖아요? 그러다 보니 훌륭한 삶을 살게 하는 품성과 능력도 '덕'이라고 보는 거죠. 그래서 아레테를 인간에게 적용할 때는 '덕'으로 번역하기도 합니다.

그러면 덕이란 건 훌륭한 삶을 살게 하는 탁월한 자질을 말하는 거로군요. 그런데 훌륭하게 잘 살려면 앎이 꼭 필요한가요?

기능을 잘 수행하려면 기능을 수행하는 법을 알아야 하니까요. 대장장이가 좋은 연장을 만들려면, 불을 다루는 법이나 금속의 성질 등을 알아야 합니다. 선생이 잘 가르치려면, 교육학적 지식이 필요하지요. 이처럼 탁월함을 발휘하려면 그런 상태에 도달하는 방법을 알아야 한다는 거죠.

음, 그건 맞는 말 같네요. 그러나 아직도 궁금해요. 어떤 것에 대해 알면 반드시 탁월함을 발휘하게 되나요?

그게 핵심이지요. 아까 우리가 다이어트 이야기도 했지만, 보통은 '알지만 행하지 못한다'라고 생각하죠. 반면에 소크라테스는 '무슨 소리, 알면 반드시 행하게 돼!'라고 주장하고요.

어떻게 안다고 해서 반드시 그대로 실천한다고 생각했을까요? 알지만 마음이 독하지 못해서 아는 대로 실천하지 못할 때가 많지 않나요?

이 문제를 전통적으로 '아크라시아akrasia의 불가능성'이라고 불러요. '아크라시아'는 '자제력 없음'이라는 뜻입니다. 다이어트를 하면서 참지 못하고 음식을 먹는 게 자제력이 없는 거죠. 그런데 소크라테스는 자제력 없음이 불가능하다고 주장했어요.

그가 이렇게 본 까닭은 두 가지 정도로 말씀드릴 수가 있습니다. 첫째는 앎의 개념인데요. 소크라테스가 말하는 앎은 이론적인 앎이기보다 실천적인 앎에 가까워요. 다시 말해 '~라는 사실'을 아는 것이 아니라 '~할 줄 안다'라는 뜻이죠.

가령, 수영 선수는 수영에 관한 앎을 가지고 있는데, 이것은 수영할 줄 안다는 뜻이에요. 수영할 줄 아는 사람이 물에 들어가면 몸이 저절로 수영하게 되죠. '~할 줄 앎' 때문에 '~하게 됨'이 곧바로 나옵니다. 따라서 앎과 행함이 같다는 거예요.

'덕', 즉 '아레테'의 경우도 마찬가지입니다. 경건이라는 덕의 경우를 보면, 경건이 무엇인지 안다는 것은 이론적으로만 아는 것이 아니고, 경건한 행동을 할 줄 안다는 걸 의미해요. 그 사람의 습성과 태도에 배어든 앎이에요. 따라서 그렇게 아는 사람은 결국 행하게 된다는 게 소크라테스의 생각입니다.

우리가 그냥 어떤 정보를 알고 있는, 그런 방식의 앎과는 차원이 좀 다르네요. 습성과 태도로 구현된 앎이라면, 아닌 게 아니라 알면 곧바로 행동으로 이어지겠어요.

맞아요. 그게 소크라테스의 '앎'의 개념이지요.
아크라시아가 불가능하다는 또 하나의 설명은, 금방 말씀드린 것과 같은 맥락인데요. 자제력 없음이 앎의 불완전함으로 인해 생겨난다는 거예요. 우리는 '먹으면 안 되는 줄 알면서도 참지 못하고 먹는다'라고 하지만, 소크라테스는 '그게 아니라 제대로 알지 못해서 먹는다'라고 봐요.
제대로 알지 못하는 앎은 바로 이론으로만 아는 인식을 말해요. 수영하는 법을 이론으로만 배운다고 생각해 보세요. 호흡을 하고 팔을 휘젓고 다리를 어떤 방식으로 움직이면 된다는 것만 알아서는 수영을 못하죠. 이건 이론으로만 알고 자신의 몸으로 행할 수는 없는 앎이죠. 사람의 습성과 태도에 배어든 앎만이 제대로 된 앎이에요. 그렇지 않고 불완전하게 알고 있을 때 앎과 행위가 어긋나게 된다고 본 거예요.

앎이 충분하다면 실천으로 연결될 수밖에 없다고 봤으니까요.

네, 맞아요. 그래서 그는 "누구도 일부러 잘못을 저지르지는 않는다"라는 말도 남겼어요. 잘못을 저지른다면 반드시 앎에 뭔가 문제가 있다고 본 거죠.

아크라시아의 불가능성은 인간의 지식과 의지의 본성에 관한 철학적 토론에서 매번 뜨거운 주제가 됩니다. 플라톤, 아리스토텔레스를 거쳐 나중에 중세 그리스도교 철학이나 근대 주관성의 철학에서도 반복해서 논의되는 문제예요. 그때마다 소크라테스의 주장, 곧 "앎과 덕은 하나다"에서 논의가 출발하곤 하지요.

여하튼 소크라테스는 인간의 훌륭한 상태를 실제로 실천하고 구현하기 위해서는 진정한 앎이 필요하다고 봤고, 그래서 끊임없이 '~은 무엇인가?'라는 문제를 제기하고 토론했던 거예요.

### 생각을 낳게 하는 남자

'~는 무엇인가?'라는 소크라테스식 물음이 왜 나왔고 왜 그에게 중요했는지 이제 좀 알겠어요. 경건해질 수 있으려면 경건함이 무엇인지 제대로 알아야 한다는 말이죠?

맞아요. 그게 소크라테스의 의도입니다. 이제 앞의 대화로 다시 돌아가 볼까요?

에우튀프론의 첫 번째 대답에 대해 소크라테스가 문제점을 지적하고 자기 질문의 취지를 다시 설명하죠. 그러면서 "모든 경건한 행동을 경건하게끔 해 주는 형상"을 답해보라고 요구합니다.

그러자 에우튀프론이 두 번째 대답을 내놓습니다. "경건이란 신들에게 사랑받는 것"이라고요.

네, 그러게요. 이 대답에 대해서는 소크라테스가 칭찬도 해주네요. 그런데 이렇게 칭찬하는 걸 보면 소크라테스는 답을 알았던 것 아닐까요? 답을 알고 있으면 그냥 본인이 쭉 설명을 해주면 될 텐데 왜 이렇게 모르는 척 묻고 그러는지 모르겠어요.

소크라테스는 자신이 늘 무지하다고 말하죠.

에이, 그렇게 위대한 철학자가 진짜로 몰랐을까요?

제 생각에는 소크라테스가 아마 자신이 정말 모른다고 생각했을 것 같아요. 앞에서 말씀드린 참된 앎의 기준은 상당히 높았잖아요? 그러니까 참된 앎은 보편적인 본질을 이해하고 또한 실천적 능력도 갖춘 앎이라야 하는데, 소크라테스는 동료 시민들뿐 아니라 자기 자신도 그런 앎을 갖지 못했다고 봤을 겁니다. 그걸 찾기 위해 대화를 나눈 거지요.
그런데 이 대화에서 소크라테스가 사용하는 방법을 보통 산파술이라고 부릅니다.

산파요? 산파는 산모가 아이를 낳도록 도와주는 사람을 말하는 거죠?

네, 요즘은 다들 병원에서 출산하지만, 전통 사회에서는 산파들이 아이를 받았죠. 소크라테스는 대화에서 자기가 하는 역할이 출산 과정에서 산파의 역할과 같다고 말했어요. 산파들이 임신한 여인의 몸에서 아이가 태어나게 돕듯이, 자신은 자신과 대화하고 있는 사람의 정신에서 생각이 태어나도록 돕는다는 말이죠.

> 내 산파술은 대체로 그들의 산파술과 다르지 않다네. 유일한 차이점이 있다면 내가 돌보는 것은 여자들이 아니라 남자들이며, 내 관심사는 그들의 몸이 아니라 출산하는 그들의 영혼이라는 것이랄까. 내 기술의 가장 주요한 점은 젊은이의 생각이 출산하는 것이 모상이거나 가짜인지, 아니면 생명이 있는 진짜인지 온갖 방법으로 시험할 수 있다는 것일세.
> ─ 플라톤, 『테아이테토스』 150b~c

산파들은 산모의 고통을 덜어주고 성공적으로 분만하도록 돕거나 필요할 때는 초기에 유산시키는 일을 했습니다. 그와 마찬가지로 소크라테스는 대화 상대를 철학적 사유로 인도하고, 사유 과정의 고통을 줄여주며, 생각을 산출할 수 있도록 도와준다는 겁니다. 또 그런 식으로 낳은 지식이 훌륭한 것인지 아닌지, 참이라서 길러야 하는지 거짓이라서 버려야 하는지 결정할 수 있도록 도와준다는 거예요.

생각을 낳는 산파, 비유가 근사한데요.

그렇죠. 재미난 것이요, 소크라테스의 어머니가 산파였어요. 아마 그는 어머니를 지켜보며 산파술을 생각해냈을 겁니다. 게다가 어머니 이름이 파이나레테$^{Phainarete}$인데, 이게 '아레테$^{arete}$를 낳게 하다$^{phain}$'라는 뜻입니다. 그러니까 소크라테스가 실천한 방법이 어머니 이름 속에 들어 있었던 거죠. 이렇게 보면 그가 철학자가 된 것이 어떤 운명처럼 느껴지기도 하죠?.

지금 에우튀프론과의 대화에서도 소크라테스는 산파술을 시도합니다. 에우튀프론이 "경건이란 신들의 사랑을 받는 것"이라는 의견을 내놓자 소크라테스는 그 생각을 격려하고, 이어서 그것의 타당성을 검토해보자고 해요. 이제 산파술이 어떻게 진행되는지 한번 보시죠.

## 엘렝코스

이어서 대화편을 읽어 볼까요?

**에우튀프론** : 그러면 신들에게 사랑받는 것은 경건하고, 신들에게 사랑받지 못하는 것은 불경합니다.

**소크라테스** : 아주 훌륭해, 에우튀프론. 이번에는 내가 대답해달라고 부탁한 대로 자네가 대답했네. 한데 자네 대답이 옳은지는 아직 모르겠네. 자네 말이 옳다는 걸 자네가 증명해 보이겠지.

**에우튀프론** : 물론입니다.

**소크라테스** : 그런데 에우튀프론, 우리는 신들이 서로 다투고 불화하고 적대시한다고도 말하곤 하지 않나?

**에우튀프론** : 아닌 게 아니라 그렇게 말하기도 하죠.

**소크라테스** : 신들 사이에 의견 차이가 있다면 신들도 서로 적이 되지 않겠는가?

**에우튀프론** : 당연히 그럴 수밖에 없겠지요.

**소크라테스** : 훌륭한 에우튀프론이여, 자네 말대로라면 신들도 더러는 이것을 더러는 저것을 옳다거나, 옳지 않다거나, 아름답다거나, 추하다거나, 좋다거나, 나쁘다고 여길 걸세. 이런 의견 차이가 생기지 않는다면 신들이 서로 다툴 일이 없을 테니 말일세. 그렇지 않은가?

**에우튀프론** : 옳은 말씀입니다.

**소크라테스** : 자네 말대로라면, 같은 것들을 신들 가운데 더러는 올바르다고 여기고, 더러는 올바르지 못하다고 여기며, 신들이 서로 다투고 교전하는 것은 이런 의견 차이가 있기 때문일세. 그렇지 않은가?

**에우튀프론** : 그렇습니다.

**소크라테스** : 그렇다면 신들은 같은 것을 두고 미워하기도 하고 사랑하기도 하며, 같은 것이 신들에게 동시에 미움받고 사랑받는 것 같네.

**에우튀프론** : 그런 것 같군요.

**소크라테스** : 에우튀프론, 그런 논리대로라면 같은 것이 경건하기도 하고 불경하기도 할 걸세.

**에우튀프론** : 그런 것 같아요.

― 플라톤, 『에우튀프론』 7a~8a

이 대목에서는 에우튀프론이 제안한 명제의 타당성을 검증합니다. 여기서 소크라테스가 사용하는 방법을 보통 '엘렝코스elenchos'라고 불러요. 우리말로는 '논박술'이라고 하는데, 이는 제안된 명제를 검증하는 기법으로, 산파술의 핵심적인 기술입니다.

우선 소크라테스는 상대의 명제를 일단 수용해요. 그리고는 그 명제가 그 사람의 다른 신념이나 앎과 충돌하지 않고 잘 조화되는지를 검토합니다. 새로 제안한 명제를 그 사람이 이미 가지고 있던 생각에 비추어 평가하는 방법이지요.

'당신의 말이 옳다고 쳤을 때 그게 당신의 다른 생각들과 잘 조화되느냐?'를 따져보자는 거네요.

맞습니다. 이 대화에는 논박의 과정이 잘 드러나요. 지금 에우튀프론에 따르면 "경건은 신들에게 사랑받는 것"이라고 합니다. 소크라테스는 이 주장에 대한 즉각적인 동의를 유보하죠. 그리고는 질문을 통해 몇 가지 사실을 단계적으로 짚어 나갑니다.

① 신들 사이에 다툼과 불화가 있다.
② 이는 신들 사이의 의견 차이 때문에 생겨난다.
③ 의견 차이로 인해 신들 각자가 무엇을 사랑하고 미워하는지가 다르다.
④ 따라서 신들이 사랑하는 것이 경건이라면, 하나의 행위가 경건하기도 하면서 동시에 경건하지 않기도 하다.

이런 논증을 거칩니다. 그 결과 에우튀프론의 제안이 적절하지 않다는 게 밝혀지죠.

그런데 여기서 중요한 것은 중간 단계에 나오는 명제들이 모두 에우튀프론의 생각이라는 점이에요. 다른 데서 근거를 가져온 것이 아니라, 그 자신의 기존 신념과 앎을 바탕으로 해서 논증을 끌어가죠. 그래서 최종적으로 '당신이 내린 정의는 당신의 기존 생각과 일치하지 않는다'라는 사실을 밝혀냅니다. 이제까지 알아차리지 못했지만, 당신은 모순된 생각을 하고 있고, 안다고 생각하지만 실은 무지한 상태에 빠져있다는 점을 보이는 거죠.

그렇게 논박당하면 너무 무안하고 할 말도 없어지고 기분도 아주 나빠졌겠어요.

당연히 그랬죠. 논박의 바탕이 평소 그 사람의 생각이잖아요? 어떤 주장이 논박당하면 당사자는 자신이 믿고 살아온 신념들이 부정당하고 결국엔 삶 자체가 평가절하되었다고 느끼게 됩니다.
소크라테스는 자신과 대화를 나눈 사람이 스스로의 무지함을 깨우치고 탐구의 길로 들어서기를 바랐지만, 현실은 달랐어요. 소크라테스와 대화를 나눈 사람은 대화 후에 수치와 분노로 인해 대개는 소크라테스의 적이 되곤 했지요. 그리하여 아테네 시민에게 내린 신의 축복을 자처했던 소크라테스는 차츰 공공의 적이 되어버립니다.

안타깝네요.

특히 귀족이나 지도층 사람들에게 소크라테스는 눈엣가시 같았어요. 전통과 권위를 위협하고 덩달아 자신들의 기득권에 도전한다고 느꼈지요. 소크라테스에 대한 반감은 결국 행동으로 옮겨졌습니다. 기원전 399년, 70세가 된 소크라테스는 아테네의 신들을 섬기지 않고 젊은이들을 타락시킨다는 혐의로 시민 법정에 고발되고 맙니다.

아, 좋은 뜻으로 나눈 대화가 그렇게 꼬이고 꼬여서 재판까지 가게 되었군요.

결국 소크라테스는 법정에 서게 됩니다. 법정에서 자신이 받은 혐의를 조목조목 반박하며 변론을 펼쳤습니다. 철학을 하게 된 동기와 목표, 그리고 재판이 열리기까지의 과정 같은 것들을 언급하고, 자신이 철학을 멈출 수 없는 이유를 설명했죠.
이때 플라톤은 27살이었어요. 배심원 자격으로 그 참담한 재판에 참여해서 스승의 변론과 사형 선고 과정을 지켜봤습니다. 아마 가슴이 찢어지는 것 같았을 거예요.

정말 마음이 아팠겠어요.

배심원들의 투표 결과 사형이 확정되었지만, 그나마 다행인 것은 재판 당일이 마침 아폴론 축제의 시작 날이어서 형 집행이 미뤄진 거예요. 축제 기간에는 사형을 집행하지 않았거든요. 소크라테스는 축제가 끝날 때까지 감옥에 갇혀 사형을 기다리는 신세가 되었죠. 그

동안 쓰지 않던 글을 쓰기도 하고 찾아오는 사람들과 대화하며 마지막을 준비하고 있었습니다.

### 탈옥할 수 없는 이유

사형수로서 감옥에 있었으니 고통스러웠겠어요. 그래도 면회 오는 사람들이 있었나 보네요.

아침 일찍부터 해 질 무렵까지 가족과 친구, 제자들이 찾아와서 같이 지냈습니다. 날마다 마지막 날일 것만 같은 긴장이 흘렀죠. 친구와 스승의 죽음을 기다리는 사람들의 안타까움이 오죽했겠습니까? 그러던 와중에 소크라테스의 친구 몇몇이 자금을 마련하여 탈옥 계획을 세웠습니다. 간수를 매수해서 탈옥한 후, 배를 타고 다른 도시국가로 도주하려는 계획을 세웠던 거죠. 죽마고우인 크리톤은 모든 준비를 마치고, 소크라테스에게 이 사실을 알립니다. 이제 선뜻 따라나서기만 하면 소크라테스는 살 수 있는 상황이었어요. 그랬더라면 그의 철학도 계속되었을 겁니다.

역시 죽마고우가 최고네요. 비밀스레 준비를 다 해놓고 탁 알려주었을 때 완전 감동했을 거 같아요.

우리같이 평범한 사람이면 그랬을 텐데, 소크라테스는 달랐어요.

그는 떨리는 마음으로 계획을 말해준 친구에게 이렇게 대꾸합니다.

> 사랑하는 내 친구 크리톤, 나는 자네의 열의가 정당한 목적을 위한 것이라면 높이 평가하겠네. (…) 그래서 자네의 조언을 따라야 할지 말아야 할지 고찰해봐야 하네. 나는 지금만 그런 것이 아니라 언제나, 곰곰이 따져본 결과 가장 훌륭하다고 생각되는 원칙 말고는 내게 속한 그 어떤 것도 따르지 않는 그런 사람이기 때문일세. 지금 내게 이런 운명이 주어졌다는 이유만으로 내가 전에 받아들였던 원칙들을 버릴 수는 없네.
> ― 플라톤, 『크리톤』 46b

에고 이걸 어째요, 이 상황에서도 원칙을 고집하는군요.

네. 그게 바로 소크라테스의 삶의 태도죠. 그리고 그는 감옥에 그대로 머물며 사형 집행을 받아들이기로 합니다.

왜 그랬을까요?

흔히 소크라테스가 이 대목에서 '악법도 법이다'라는 이유를 끌어댔다고 알려졌지만, 앞서도 말씀드렸듯이 그런 건 아니에요.
소크라테스는 아테네의 법률이 악법이라고 생각하지 않았어요. 도리어 그는 조국 아테네를 사랑했고 아테네의 법률 역시 신뢰하며 살았다고 고백합니다. 아테네의 체제와 법률 덕분에 시민으로 활동하고 철학자로 살아왔어요. 70년 동안 조국을 떠나지 않은 것은 그 법률의 보호를 받은 만큼 법률을 지키겠다고 자발적으로 합의했기 때문이라는 겁니다.

자신이 했던 약속을 번복할 수 없었던 거군요.

그렇습니다. 지금까지 아테네 법률에 합의하며 살아왔는데 이제 사형 선고로 인해 곤경에 처했다고 해서 도주한다면, 그 법을 저버리는 행동이고 이는 스스로 했던 합의를 어기는 일이라는 게 소크라테스의 생각이었어요. 자신이 도주하면 아테네의 법률이 자신에게 이렇게 물을 거라고 말합니다.

> 그런다고 해서 그대의 삶이 살 만한 가치가 있을까? 아니면 도주한 후에도 그대는 뻔뻔스럽게도 사람들과 대화할 텐가? 대체 어떤 주제를 놓고 대화할 것인가, 소크라테스? 이곳에서 늘 그랬듯이, 인간의 탁월함과 정의야말로 제도와 법률과 더불어 인류에게 가장 값진 재산이라고 말할 것인가? 그런 말을 하는 자네의 체면은 말이 아닐 것이라고 생각되지 않는가?
> 
> — 플라톤, 『크리톤』 54c

탈옥을 준비한 친구의 마음이 어땠을까요? 정말 속상했겠어요.

그랬겠죠. 이렇게 단호하게 주장을 펼치는 소크라테스 앞에서 크리톤은 설득을 포기합니다. "나는 할 말이 없네, 소크라테스"라고 말하고 친구의 결정을 받아들이고 말았죠.

## 이제는 떠나야 할 시간

다음 페이지에 나오는 그림은 프랑스 화가 자크 루이 다비드Jacques-Louis David, 1748~1825의 1787년 작품 「소크라테스의 죽음」입니다. 마침내 아폴론 축제에 갔던 배가 돌아오고, 소크라테스가 독약이 든 잔을 받는 장면입니다.

고통스럽고 마음 아픈 장면이네요.

왼쪽에 모든 걸 체념한 듯 등을 돌리고 앉아 있는 사람이 바로 크리톤입니다. 그의 체념과 깊은 슬픔이 보는 사람의 가슴을 먹먹하게 합니다. 주변의 제자들과 다른 벗들이 고통으로 괴로워하고 있어요. 그런데 정작 소크라테스 본인은 생기가 넘치죠.
손가락을 들어 하늘을 가리키는데, 그는 영혼이 불사한다고 믿었고, 그래서 자신이 독약을 마시고는 영혼이 거주하는 곳으로 가게 될 거라고 말하고 있어요. 그곳에 가서 그토록 만나고 싶었던 그리스의 위대한 인물들, 오르페우스와 호메로스와 헤시오도스와 오뒷세우스 같은 사람들을 만나 대화할 것이 너무 설렌다며 오히려 주변 사람들을 위로하는 장면입니다.

**소크라테스의 죽음,** 자크 루이 다비드, 1787년, 메트로폴리탄 미술관

## 마지막 유언으로는 어떤 이야길 했어요?

소크라테스 최후의 날을 묘사한 플라톤의 작품은 『파이돈』입니다. 사랑하는 스승의 죽음을 차마 지켜볼 수 없었던 탓이었겠지만, 플라톤은 몸이 아파 임종에 참여하지 않았다고 합니다. 『파이돈』에 나오는 소크라테스의 마지막 말은 이거였어요.

> 크리톤, 우리는 아스클레피오스에게 수탉 한 마리를 빚지고 있네. 잊지 말고 그분께 빚진 것을 갚도록 하게.
> — 플라톤, 『파이돈』 118a

아스클레피오스Asklepios는 의술과 치료를 담당하는 신입니다. 보통 환자가 병이 나으면, 아스클레피오스 신의 은혜에 보답하는 뜻으로 수탉 한 마리를 바치곤 했어요. 지금 소크라테스는 자기 죽음이 그런 치료 과정이라고 말하는 겁니다. 육체의 덫에서 벗어나 영혼이 자유로워지고 더 좋은 삶에 한 걸음 다가설 수 있게 되었다는 말이죠.

**죽음에 대한 생각과 태도가 남달랐네요. 뭔가 죽음에 초연한 자세를 보는 것 같아요.**

소크라테스에게 죽음은 아무것도 아니었어요. 긴 잠일 수도 있고 영혼의 낯선 여행일 수도 있죠. 영혼이 원래 살던 곳으로 돌아가 또 어떤 일들을 겪을지 모를 일입니다. 소크라테스는 낙관적으로 봤어요. 영혼의 거처가 어디든지 그는 자신이 살아온 삶과 자신의 목표를 계속 이어갈 거라고 믿었으니까요.

죽음은 삶의 마지막 경계일지도 모릅니다. 목표를 추구하며 살아온 과정의 끝일 수도 있죠. 그렇게 생각했다면 소크라테스도 삶을 지속하기 위해 도주했을지도 모르겠습니다. 다만 그 경우 그가 추구했던 삶은 허무한 꿈이 되어버렸겠죠.

하지만 죽음도 삶의 일부라면, 삶의 이야기를 의미 있게 이어가는 사건이 될 수도 있습니다. 소크라테스의 죽음이 바로 그런 경우지요. 그는 죽음을 받아들임으로써 자신을 점검하는 삶의 가치를 끝까지 지켜냈어요. 그의 테제는 '죽음의 순간까지도 삶의 일관성을 잃지 마라!'였어요. 정의와 인간의 탁월함과 좋음을 사유하며 살았던 삶의 마지막 결과로서 죽음을 수용했기 때문에, 그의 죽음은 역설적으로 그의 삶을 불멸의 것으로 만들었지요. 그의 죽음은 삶의 끝이 아니라, 그가 살아온 삶의 최종적 완성이었던 겁니다.

죽음에 임해서도 삶을 점검하고 최후의 순간까지 일관성을 유지한 자세는 정말 존경스럽네요.

삶의 의미를 돌아보고 그 의미를 변함없이 추구하는 것은 철학자들의 이상이고 철학이 존재하는 이유입니다. 이를 실천으로 보여준 인물이 소크라테스지요. 그래서 우리 철학자들과 삶을 진지하게 살고자 하시는 모든 독자는 소크라테스의 후예인 겁니다.

그렇게 말씀하시니 저도 제 삶을 다시금 돌아보게 되네요. 소크라테스의 자세는 정말 본받을 만한 것 같아요.

소크라테스는 재판정을 떠나며 이런 말을 남겼어요.

> 이제 떠날 시간이 되었습니다. 나는 죽으러 가고, 여러분은 살러 갈 것입니다. 그러나 우리 중에서 어느 쪽이 더 나은 운명을 향해 가는지는 신 말고는 아무도 모릅니다.
> ― 플라톤, 『소크라테스의 변론』 42a

저 세상으로 떠난 소크라테스가 불멸의 삶을 살고 있는지, 정말 우리보다 더 나은 삶을 살고 있는지는 잘 모르겠습니다. 하지만 그의 바람과 상관없이 현실 세계에서 그는 이미 불멸의 존재가 되었어요. 스승의 정신을 영혼 깊이 받아들이고 인류의 사유를 더없이 높은 경지로 끌어올린 제자들이 있었기 때문입니다.

제자들의 활약 덕분에 소크라테스의 정신은 인류 지성의 한 가운데에서 꺼지지 않는 불꽃으로 되살아나게 됩니다. 제자들 가운데서도 플라톤의 활약은 독보적이었죠. 바야흐로 그리스 문화는 고전 시대의 절정으로 치달았고 철학 역시 전성기를 맞이합니다. 이제 이 위대한 이야기가 펼쳐진 그 현장으로 가보겠습니다.

한밤중에도 언제나 하나의 척도가 존재한다.
그것은 모든 이에게 공통되면서도 고유한 성격을 지닌 것,
원하는 자 누구나 그것을 찾을 수 있으리라.
    ― 횔더린, 『빵과 포도주』

# 03

## 아름다운 세상

영국의 철학자 화이트헤드는 『과정과 실재』라는 책에서 이런 말을 남겼습니다.

> 유럽 철학의 전통은 플라톤에 대한 각주로 이루어져 있다고 할 수 있다. 이 말은 플라톤의 제자들이 열정을 다해 스승의 글로부터 체계적인 사상을 끌어냈다는 것이 아니라, 플라톤에게서 발견되는 근원적 사색의 풍부함을 말하는 것이다.

플라톤Platon, 기원전 427~347의 철학사적인 의의를 설명할 때 자주 인용하는 말입니다. 화이트헤드의 말대로 플라톤 사상은 후대의 철학에 많은 영향을 주었죠. 중요한 주제나 개념들이 그에게서 유래한 것이 많습니다.

**플라톤 철학을 아주 높게 평가하네요.**

반대로 플라톤을 평가절하하는 사람도 있습니다. 가령 니체 같은 사람이 그렇지요. 그는 한 편지에서 이렇게 적었습니다.

> 도덕을 통한 모든 사실의 날조가 그에게서 극단적으로 나타났다. 끔찍한 심리학. 시골 목사가 된 철학자. 이 모든 것의 책임은 플라톤이다! 그는 유럽 최대의 재난이다!
>
> — 니체, 『프란츠 오버베크에게 보낸 편지』

니체는 플라톤이 서양 철학을 잘못된 길로 이끈 원흉이라고 생각합니다. 플라톤의 이상적 도덕 철학이 철학사를 지배하면서 유럽 정신이 쇠퇴했다고 봤어요.

**이건 또 전혀 다른 평가네요. 어떻게 이렇게 다르죠?**

두 사람의 평가 내용은 다르지만, 공통점이 하나 있어요. 플라톤 철학의 영향력이죠. 자양분을 공급했든 아니면 잘못된 길로 이끌었든, 플라톤이 서양 철학의 흐름을 결정했다고 보는 점에서 둘은 일치합니다. 그만큼 플라톤의 철학사적 의미가 크다고 볼 수 있어요. 그는 모두가 인정하는 서양 철학의 원천이기도 하죠. 서양 철학을 이해하려면 반드시 이해하고 가야 할 인물입니다. 이제 그에 관한 이야기를 시작해 보죠.

## 거인의 탄생

플라톤은 아테네의 부유한 귀족 가문에서 태어났습니다. 어머니 쪽은 개혁가 솔론의 후손으로 아테네의 명문가였어요. 당시 귀족들은 대개 민주정보다 귀족을 주축으로 하는 과두정을 지지했어요. 실제로 플라톤 어머니의 숙부인 카르미데스Charmides는 기원전 411년 쿠데타 과두정의 일원이었고, 어머니의 사촌 크리티아스Kritias는 펠로폰네소스 전쟁 직후에 들어선 30인 참주 정부의 지도자였습니다.

그러나 아테네는 민주파들이 정권을 잡고 있었죠. 플라톤은 민주주의를 혐오했습니다. 어리석은 대중이 정치를 쥐락펴락하는 것은 공동체에 위협이 된다고 봤어요. 특히 민주파의 손에 소크라테스가 사형을 당하자 플라톤은 아테네의 정치 상황에 대해 실망을 넘어 환멸과 좌절감에 사로잡힙니다.

아테네는 희망이 없어 보였어요. 낙담한 그는 새로운 세계를 꿈꾸며 여행길에 오릅니다.

**마음이 복잡한 여행길이었겠어요.**

그랬겠죠. 맨 처음 간 지역은 이탈리아 남부의 타란토였어요. 여기서 피타고라스학파 사람들을 만나 영혼 불멸과 윤회에 대한 이론을 듣게 됩니다. 또 육체가 영혼의 감옥이라는 이야기라든가 수학적 대상의 불변하는 본성에 관해서도 배우게 됩니다.

이후 엘레아로 가서 파르메니데스학파 사람들도 만났어요. 당시 그 지역에는 제논의 제자들이 많이 살았는데 그들에게서 존재가 불변한다는 이론과 변증법적 논리를 익혔습니다.

**무기력하게 좌절감에 빠져 지낸 게 아니라, 새로운 이론들을 호기심을 갖고 배웠네요. 역시 비범하군요.**

그렇다고 공부만 한 건 아니에요. 아테네에서 포기했던 자신의 정치적 이상을 실험하고자 했죠. 후보지를 물색하다가 시칠리아섬에 있는 도시 시라쿠사로 가게 됩니다. 시라쿠사는 이웃 도시와의 전쟁에서 막 승리를 거두고 국가를 재정비하고 있었어요.

플라톤은 시라쿠사의 참주인 디오뉘시오스 1세<sup>Dionysios I</sup>를 설득해서 자신이 꿈꾸던 나라를 만들어 보려 했습니다. 하지만 디오뉘시오스 1세의 속셈은 달랐어요. 아테네의 유력한 귀족 청년을 이용하여 권력을 강화하고 경제적 지원을 받고자 했죠.

서로 목적이 다르니 관계가 금방 틀어졌습니다. 플라톤은 인질로 붙잡힌 신세가 되고 말았어요. 기회를 틈타 몰래 배를 타고 탈출을 시도했는데 얼마 못 가 붙잡히고 맙니다. 참주는 그를 노예로 팔아버렸어요.

**급반전이네요.**

아테네의 최고 명문가의 자제가 포로처럼 붙들려 노예 시장에 나왔으니 파란만장한 이야기죠. 천만다행으로 키레네 출신의 철학자 아니케레스가 그를 발견합니다. 이 사람은 소크라테스의 제자의 제자였어요. 그래서 플라톤을 알고 있었던 거죠. 그가 몸값을 내고 플라톤을 사서 노예 신분에서 풀어주고 아테네로 돌아갈 수 있도록 도와주었어요.

## 아카데미아

오, 정말 다행스러운 일이네요. 그다음에 어떻게 됐나요?

아테네에 돌아온 플라톤은 아니케레스에게 사례금을 보냈는데, 그가 이를 받지 않고 돌려보냅니다. 자신은 철학을 위해 그렇게 한 것이니 이 돈도 철학을 위해 써달라고 당부했죠.
플라톤은 고심 끝에 그 돈으로 고대의 영웅 아카데모스를 기리는 숲속에 있는 김나지움, 그러니까 요즘으로 치면 헬스장을 하나 사들입니다. 거기에 철학 학교를 세웠는데, 그게 바로 그 유명한 '아카데미아'입니다.
기원전 387년, 그가 40세 때의 일이죠. 그 후로 40년 동안 아카데미아에 거주하며 철학을 가르쳤어요.

훈훈한 이야기네요. 플라톤 아카데미아의 탄생 비화로군요. 아카데미아는 철학을 가르치는 학교였나요?

철학뿐 아니라 여러 학문을 두루 가르쳤죠. 입학하면 먼저 수학·음악·기하학·천문학을 기초 과목으로 배웠는데, 이는 피타고라스학파에서 영혼을 정화하기 위해 가르쳤던 그 학문들이에요. 이런 부분에서 피타고라스의 영향을 엿볼 수 있습니다.

혹시 '기하학을 모르는 자는 이 문을 들어오지 말라'라는 말 들어보셨나요?

**네, 들어본 거 같아요. 유명한 이야기 아닌가요?**

아카데미아 출입문 현판에 그런 문구가 쓰여 있었다고 알려져 있습니다. 물론 실제로 그랬던 건 아니고 소문이 그렇게 났을 뿐입니다. 하지만 그런 소문이 생겨날 만큼 아카데미아에서는 수학과 기하학을 중시했어요.

2년의 기초과정이 끝나면 본격적인 철학 수업을 받을 수 있었어요. 철학사도 가르치고 철학적 주제에 관한 토론식 수업도 병행했습니다.

그리고 철학을 어느 정도 익힌 사람들은 변증법을 배웠습니다. 아카데미아의 변증법은 대상을 분석하고 탐구하는 논리적인 방법인데요. 플라톤은 실제로 자기 대화편에 이를 적용해서 보여주고 있습니다.

**변증법을 알려면 대화편을 보는 게 좋겠네요.**

**플라톤 아카데미아, 1세기 로마 시대 모자이크화, 나폴리 고고학 박물관**
왼쪽에서 두 번째 인물이 플라톤이다. 노년의 플라톤이 자신의 대화편 두루마리를 들고 앉아서 제자들과 평온하게 토론하고 있다. 배경으로는 아카데모스 숲의 올리브 나무와 아카데미아의 건물 일부가 보인다. 아카데미아에서 가장 중요한 교과목은 역시 철학이었다. 그 외에 수학·기하학·천문학·수사학·변증법 등을 가르쳤다. 수업료는 받지 않았고, 요즘의 기숙학교처럼 스승과 제자 모두 학교 안 시설에 머물며 공동생활을 했다. 또 고대 세계에서 보기 드물게 여성을 제자로 받아주었는데 이는 플라톤의 앞선 면모를 보여준다.

앞에서 『에우튀프론』을 일부 읽었죠. 거기 보면 주장이 나오고 주장을 검토하다가 대립하는 관점이 등장하고 그러죠. 변증법은 그런 과정을 통해 참된 진리를 찾아내는 방법입니다.

플라톤이 대화편에서 변증법을 적용한 것을 보면 아마 변증법 수업 시간에 교재로 활용하지 않았나 추정됩니다. 희곡처럼 되어 있으니까 학생들이 역할을 맡아 일정 분량을 읽고, 그 내용과 관련해 토론하는 방식으로 수업이 진행되었던 것 같아요. 때로는 수업 시간에 진행된 토론을 대화편에 반영했을 거라고 보는 연구자들도 있어요.

**아카데미아의 수업 장면이 대화편에 담겨 있는 셈이네요. 뭔가 재미있었을 것 같은데요, 아카데미아는 인기가 많았나요?**

아카데미아는 고대 세계에서 최초로 만들어진 고등 교육 기관입니다. 당시에는 이런 교육이 필요하다는 인식이 별로 없었어요. 그래서 재능있는 제자들이 찾아오긴 했지만, 그 숫자가 그리 많지는 않았습니다. 플라톤 생존 시에 아카데미아의 평균 인원은 대체로 스무 명 정도였다고 알려져 있습니다.

하지만 세월이 지나면서 인식이 달라졌죠. 특히 아카데미아 출신들이 각자 자기 도시 국가로 돌아가 중요 인물이 되다 보니 점점 더 주목받게 됩니다.

그리스에서 최고의 명성을 얻었을 뿐 아니라 그리스가 멸망한 후에도 그 명성을 이어갔습니다. 헬레니즘 시대와 로마 시대에 이르러서는 제국의 지배층 자제들이 아카데미아에 와서 공부하는 게 관례가 되었어요.

그러다가 529년 동로마 제국의 황제 유스티니아누스가 그리스도교의 가르침에 어긋나는 이론을 가르친다는 이유로 아카데미아를 폐쇄하기에 이릅니다. 자그마치 900여 년 동안 고대 세계의 학문적 중심지 역할을 했으니, 참 놀라운 일이죠.

### 플라톤의 꿈

그렇게 오래 갈 줄은 플라톤도 예상하지 못했을 것 같아요.

그랬을 겁니다. 그는 아카데미아를 세우고 제자들을 가르쳐 그가 꿈꾸는 세상을 만들고자 하는 희망에 부풀었어요. 그의 철학의 주제는 이렇게 표현할 수 있어요.

'어떻게 하면 훌륭하고 좋은 삶을 살 수 있는가?'

이 질문은 소크라테스와 같은 질문이네요?

그렇습니다. 아테네가 몰락하고 삶이 위기에 봉착했다고 본 점에서 두 사람은 생각이 같았습니다. 플라톤은 철학을 통해 이 위기를 극복하고자 했어요.

훌륭하고 좋은 삶에는 두 차원이 있습니다. 우선 이 우주의 모든 것들이 조화를 이루듯이 우리 삶도 세상 모든 것과 조화를 유지해야 합니다. 그러자면 먼저 우주 만물의 본성과 존재의 원리를 알아야겠죠.

두 번째로는 그런 삶을 공동체가 뒷받침해야 합니다. 누구나 공동체 속에서 살 수밖에 없기 때문에, 조화로운 공동체가 꼭 있어야 해요. 그러자면 이상적인 국가를 건설하고 사람들의 도덕성을 회복해야 한다고 봤어요.

이론적 차원과 현실적 차원이 다 포함되는군요.

맞아요. 그 모두를 아우르는 것이 플라톤의 목표였습니다. 그래서 플라톤 철학의 주된 질문을 이렇게 정리할 수 있어요.

① 존재의 참된 본성은 무엇인가?
② 우리는 어떻게 그것에 관한 앎을 얻을 수 있는가?
③ 인간은 어떻게 살아야 하는가?
④ 이상적인 국가 체제는 무엇인가?

이 물음들은 훌륭하고 좋은 삶의 조건이라는 점에서 분리되지 않고 서로 연결되어 있어요. 어떤 물음을 중심으로 그의 사상을 살펴보더라도 우리는 이 네 가지 요소를 다 거쳐서 다시 처음으로 돌아오게 되죠. 우리도 이 네 가지 물음을 다룰 텐데요. 방금 말씀드린 순서대로 살펴보도록 할게요.

## 이데아, 혹은 형상

앞에서 『에우튀프론』을 같이 읽었는데, 거기서 소크라테스는 '경건이란 무엇인가'를 물었지요? 또 덧붙이기를, 여러 경건한 행동을 경건한 행동이게끔 해주는, 경건함의 본질本質을 찾아보자고 했었죠?

네, 어떤 행동이 경건한지 아닌지 판별하는 기준이라고도 했죠.

플라톤은 그 개념을 계승합니다. 다만 플라톤은 '본질' 대신 '경건함 자체' 혹은 '경건함의 이데아idea' 혹은 '경건함의 형상形像, eidos'이라는 용어로 표현합니다.

아, 플라톤의 이데아라는 말을 자주 들었는데, 이데아가 본질을 뜻하는 말이군요.

네, 이데아는 여러 의미가 있어요. 그중의 첫 번째 뜻은 방금 말씀드린 대로 사물의 본질입니다. 가령 꽃이 꽃인 이유는 그 꽃이 꽃의 본질, 즉 꽃의 이데아를 가지고 있기 때문이에요.
플라톤은 '이데아를 가지고 있다'라는 말보다 '이데아에 참여한다' 혹은 '이데아를 분유分有한다'라는 표현을 즐겨 썼어요. 그래서 이 꽃이 꽃인 이유는 그것이 '꽃의 이데아에 참여하기 때문이다' 혹은 '꽃의 이데아를 분유하기 때문이다'라는 식으로 말합니다.

본질을 갖는다는 말 대신 이데아에 참여한다고 했군요.

두 번째로 이데아는 사물의 가장 이상적인 상태를 나타냅니다. 그러니까 꽃의 이데아는 가장 꽃다운 상태, 다시 말해 가장 이상적인 꽃을 의미해요.
꽃들은 종류가 많죠. 색이 고운 것과 탁한 것, 탐스러운 것과 소박한 것, 송이가 큰 것과 작은 것 등 다양한 종류가 있어요. 그중에서 가장 곱고 가장 탐스럽고 가장 아름다운 특징을 모으면 가장 이상적인 꽃이라고 할 수 있을 텐데요. 이게 바로 꽃의 이데아예요.

그러면 이데아는 사물의 본질이면서 그것의 가장 이상적인 상태이기도 하네요?

그렇습니다. 게다가 세 번째로 이데아는 사물의 존재 근거이기도 합니다.
만약 꽃의 이데아가 없다면 어떻게 될까요? 꽃이 꽃이라는 본질을 가질 수 없을 테니 더는 꽃이 아니겠죠. 다시 말해 꽃이 존재할 수 없습니다. 꽃이 꽃으로서 존재하려면 먼저 꽃의 본질이 확립되어 있어야 해요.

그런가요? 혹시 꽃들이 먼저 있고 그다음에 꽃의 본질이 있는 거 아닐까요?

물론 그렇게 생각할 수도 있죠. 실제로 플라톤의 제자인 아리스토텔레스만 해도 철알못님처럼 생각했어요. 이게 플라톤을 비판하는 사람들이 늘 제기하는 문제죠.

그러나 플라톤은 동의하지 않아요. 그는 이데아가 먼저 있고, 여러 가지 꽃들은 이데아에 참여함으로써만 꽃으로 존재할 수 있다고 생각했어요.

플라톤은 이것을 비유를 들어 설명했습니다. 이데아와 사물의 관계는 마치 나무와 나무그림자의 관계와 같다고 해요. 나무는 그림자와 상관없이 그 자체로 존재합니다. 반면에 그림자는 나무 때문에 생기고 오직 그 나무의 그림자로서만 존재합니다. 태양의 위치에 따라 구름의 양에 따라 그림자의 형태와 방향이 달라지고 때로는 사라지기도 합니다. 하지만 나무는 언제나 변함없이 그 자체로 존재하죠. 이처럼 이데아가 먼저 있어야 사물이 있을 수 있고, 그래서 이데아가 사물의 존재 근거라는 게 그의 주장이지요.

### 이데아는 어디에?

그렇군요. 이데아의 첫 번째 의미가 사물의 본질이라고 하셨는데요. 꽃의 본질은 꽃이 이러저러하다고 생각하는 내용이잖아요. 그러면 이데아는 우리 머릿속 생각으로 있나요?

그게 재미난 점인데요, 플라톤은 이데아가 머릿속 생각, 즉 지성을 통해 알려지지만, 그렇다고 단지 머릿속에 있는 것은 아니라고 합니다. 오히려 어딘가에 실제로 존재한다고 주장했지요.

이데아가 실제로 존재한다고요?

그렇습니다. 비록 눈에 보이지는 않지만 어딘가에 존재하는 게 분명하다고 생각했어요. 플라톤이 그렇게 본 이유가 있어요. 사물의 본질은 객관적이고 보편적으로 인식되기 때문이에요.
플라톤의 생각은 이런 겁니다. 가령 철알못님하고 저하고 둘이서 종이에 삼각형을 하나씩 그려보기로 하죠. 어떨까요? 우리 둘이 그린 삼각형은 크기나 모양 등이 서로 다르겠죠? 우리 독자님들도 참여한다면 열이면 열, 백이면 백, 모두 다른 형태로 그리시지 않을까요?

그렇죠. 사람마다 생각이 다르니까요.

그러면 이번에는 삼각형의 본질이 뭔지, 즉 삼각형이란 무엇인지에 답해보기로 하죠. 철알못님은 뭐라고 하시겠어요?

삼각형요? 저라면 삼각형은 각이 3개고 변이 3개고 내각의 합이 180도인 다각형이라고 할 거 같아요.

훌륭합니다. 저도 그렇게 생각해요. 아마 독자들께서도 다들 동의하실 겁니다. 우리 각자 그린 삼각형은 다 다르지만, 삼각형이 무엇인지에 대해서는 모두의 생각이 일치해요.

왜 그럴까요? 만약 본질이 그저 머릿속 생각일 뿐이라면 사람마다 본질을 다르게 보겠죠. 각자의 생각은 얼마든지 다를 수 있으니까요. 하지만 실제로는 다들 똑같이 생각한단 말이죠. 그 이유는 각자의 생각과는 별개로 본질이 실제로 존재하기 때문이라는 게 플라톤의 생각이었어요.

삼각형의 본질이 실제로 있으니까 생각이 일치한다고요?

맞아요. 제주도가 한반도의 남서쪽에 있다는 건 모두 동의하죠? 그 이유는 실제로 제주도가 거기 있기 때문이죠. 마찬가지로 삼각형의 본질에 대해서 우리가 다 똑같이 생각하는 이유는 실제로 그 본질이 어딘가에 존재하기 때문이겠죠.

묘하게 설득이 되는군요.

플라톤은 삼각형 말고도 가령 아름다움이나 정의로움 같은 관념에 주목했어요. 사람들은 아름다운 걸 보고 아름다움을 느낀단 말이죠. 왜 그걸 모두 아름답다고 하느냐? 그 이유는 아름다움의 본질이 실제로 있고 사람들이 그것을 이해하기 때문입니다.

다시 말해 본질은 주관적인 상상이나 관념이 아니에요. 오히려 객관적이고 보편적으로 실재하죠. 우리가 그걸 이해하고 있기 때문에 아름다운 것들에 대해 다 같이 느끼게 된다는 것이 플라톤의 생각이었어요. 이런 이유로 이데아가 실재한다고 봤습니다.

말씀을 들고 보니 저도 정말 이데아가 있을 거 같은 생각이 드는데요. 있다면 어디에 있을까요?

현실 세계는 아니겠죠? 현실에서는 이데아를 볼 수 없으니까요. 따라서 이데아가 존재한다면 결국 '현실 세계 너머 그 어딘가'에 존재할 겁니다.

플라톤은 현실 세계를 넘어선 그곳을 '천상 세계'라고 표현했어요. 신들의 세계이자 불멸하는 영혼이 거주하는 곳이죠. 플라톤은 바로 그곳에 이데아가 있다는 의견을 여러 곳에서 암시합니다. 그곳은 영원불변하는 진리의 세계이고, 인간의 가장 신적인 부분인 지성을 통해서만 알 수 있어요.

반면에 현실 세계는 필멸의 인간과 사물의 세계죠. 이들은 감각의 대상인데, 끊임없이 변화하기 때문에 참된 존재라고 부를 수 없어요. 말하자면 가상의 세계입니다.

그러면 이 세상에는 두 개의 세계가 있네요? 천상의 이데아 세계와 이 땅 위의 현실 세계요.

그렇습니다. 이데아가 실재한다는 주장을 통해서 플라톤은 이데아의 세계와 현실 세계를 분리하기에 이릅니다. 이것을 전통적으로 '두 세계 이론'이라고 해요. 이 두 세계의 특징을 모아보면 이렇게 정리할 수 있습니다.

| 이데아의 세계 | 현실 세계 |
|---|---|
| 진리 | 가상 |
| 완전한 존재 | 불완전한 존재 |
| 영원불변 | 생성소멸 |
| 보편적 본질 | 개별적 사례 |
| 지성을 통해 알려짐 | 감각을 통해 알려짐 |
| 가지적(可知的) | 가시적(可視的) |

오, 완전히 대비되네요. 이데아가 진리이고 우리 현실은 가상이라니, 기분이 묘한데요.

사실 두 세계 이론은 이미 자연철학에서도 나왔죠. 현실 세계의 변화를 그 배후의 어떤 원리들을 가지고 설명할 때, 이런 이분법적인 사고방식이 작동하고 있었습니다. 플라톤은 이런 전통을 받아들여 이 세계의 모든 영역에 적용했습니다.

플라톤 철학이 남긴 유산 중에 가장 강력한 것이 바로 이 두 세계 이론입니다. 하늘과 땅, 창조자와 피조물, 선과 악, 진리와 가상, 지성과 감각, 영원과 순간. 이런 대립 개념이 익숙하게 들리지 않으세요? 플라톤에게서 시작된 이런 사고방식은 이후 철학사를 거쳐 지금도 우리 사유의 깊은 곳에 스며들어 있죠. 플라톤의 영향력을 실감하는 대목입니다.

### 좋음의 이데아

이데아 이론에는 '두 세계 이론' 못지않게 중요한 개념이 있어요. 바로 '좋음의 이데아'라는 개념입니다.

좋음의 이데아요? 이것도 이데아 중의 하나인가요?

네, 그렇습니다. 그런데 좀 특별한 이데아예요. 어떤 점이 특별한지를 설명하려고 플라톤은 비유를 하나 드는데요. '태양의 비유'라고 부릅니다.
태양은 이 땅에 빛과 온기를 보내줍니다. 태양의 빛 덕분에 우리가 육체의 눈으로 사물을 볼 수 있고 또 태양의 온기 덕분에 이 땅의 생명체들이 살아갈 수 있죠.
다시 말해 태양의 빛이 있어야 사물을 인식할 수 있고, 태양의 온기가 있어야 사물이 존재할 수 있어요. 이런 의미에서 태양은 사물에 대한 인식의 근거이자 사물의 존재 근거입니다.
플라톤은 이 비유를 이데아 세계에 적용해요. 이데아 세계에도 현실의 태양처럼 이데아들의 존재 근거이자 인식 근거인 것이 있는데, 그게 바로 '좋음의 이데아'라는 거예요.

그렇다면 정말 특별한 이데아인데요. 그런데 이데아들의 존재 근거나 인식 근거는 어떤 의미예요?

'좋음'을 뜻하는 그리스어는 '아가톤agaton'이에요. '아가톤'은 사물의 상태를 묘사하는데요. 사물이 훌륭하고 바람직하며 이상적인 상태에 있을 때, 그 사물이 '좋다'고 표현합니다.

그러니까 '좋음의 이데아'에서 '좋음'은 사물의 최선의 존재 상태, 사물의 이상적인 상태를 의미해요.

앞에서 보셨듯이 이것은 바로 이데아의 특징이죠. 예컨대 꽃의 이데아는 가장 꽃다운 상태, 그러니까 꽃으로서 가장 바람직하고 이상적인 상태입니다. 달리 표현하면 꽃으로서 가장 좋은 상태를 말합니다.

꽃의 이데아는 꽃의 가장 이상적인 상태이니 '좋은 상태'라고도 표현할 수 있겠네요.

꽃뿐만 아니라 다른 이데아들도 마찬가지예요. 이데아들은 그 종류별로 그것의 이상적인 상태, 즉 좋은 상태를 표현합니다. 모든 이데아가 '좋음'이라는 특징을 가지고 있어요. 따라서 이데아가 이데아로 존재하려면 먼저 '좋음' 자체가 정립되어 있어야 해요.

이때 좋음 자체를 정의하는 것이 바로 좋음의 이데아입니다. 좋음의 이데아가 좋음을 부여해 주어야 다른 이데아들이 비로소 존재할 수 있어요. 이런 의미에서 '좋음의 이데아'는 모든 이데아의 존재 근거입니다.

마치 꽃의 이데아가 먼저 있어야 꽃들이 존재하듯이, 좋음의 이데아가 먼저 있어야 다른 이데아들이 존재할 수 있다는 말이군요.

그렇습니다. 좋음의 이데아는 존재의 근거이면서 또한 인식의 근거이기도 한데요. 이데아를 '좋은 것'으로 파악하려면 이데아 속에 포함된 좋음을 알아볼 수 있어야 합니다. 그러자면 먼저 '좋음' 자체를 알고 있어야겠죠.
마치 사물을 태양 빛 속에서 바라보듯이, 우리 지성은 '좋음'을 이해하고 그것을 전제해야 이데아를 이데아로 인식할 수 있어요. 이런 의미에서 '좋음의 이데아'는 이데아를 인식하는 인식 근거입니다.

아, 그렇게 이해하니 태양의 비유가 아주 적절해 보여요.

맞아요. 이데아의 세계는 '좋음의 이데아'를 정점으로 그 아래에 다양한 이데아들이 존재하는 구조로 되어 있습니다. 플라톤에게 좋음의 이데아는 우주 만물의 존재 근거이자 인식 근거에 해당하는 최상의 존재였어요. 이런 이데아 세계가 '천상 세계'에 먼저 존재하고 현실의 사물들이 이것에 참여함으로써 존재하게 된다는 것이 이데아 이론의 주요 내용입니다.

### 사람의 이데아가 있을까?

그런데 이데아 이론은 처음부터 여러 비판에 직면했습니다. 수제자 아리스토텔레스도 이데아 이론은 "새들의 지저귐에 불과하다"라고 논평했죠. 그러나 이데아 이론에 대해 최초로 문제를 제기한 사람은 다름 아닌 플라톤 자신이었어요.

자기 이론을 스스로 비판했다고요? 놀랍네요!

플라톤 대화편 중에 『파르메니데스』라는 작품이 있는데, 여기서 이데아 이론을 비판적으로 검토합니다.
첫 번째 논점은 모든 종류의 사물이 자신의 이데아를 갖는가 하는 문제입니다. 플라톤은 먼저 사물을 3부류로 나눠요.

    (1그룹) **추상적 가치** : 정의, 아름다움, 좋음
    (2그룹) **일반 사물** : 사람, 물, 불
    (3그룹) **미천한 사물** : 머리카락, 진흙, 먼지

그리고는 (1그룹)은 이데아가 있지만, (2그룹)은 있는지 없는지 잘 모르겠고, (3그룹)은 이데아가 없는 것이 분명하다고 말합니다.

왜 그렇게 그룹마다 다르죠?

플라톤은 자기가 이런 생각이 들어서 고민스럽다고만 언급하고 더는 설명하지 않았어요. 그래서 연구자들이 그 이유를 추측할 수밖에 없는데요.

유력한 해석은 언어적 표현의 의미와 관련이 있어요. 당시 사람들은 표현의 의미가 그 지시대상이라고 생각했어요. 따라서 유의미한 표현은 반드시 지시대상이 있어야 해요.

앞에서도 그 말씀을 해주셨죠. '소크라테스'라는 이름의 의미가 사람 소크라테스라고요.

그런데 (1그룹)에 있는 '정의'·'아름다움'·'좋음' 같은 명사는 현실 세계에 그 지시대상이 없어요. 이 세상에는 아름다운 것들은 존재하지만, 아름다움 자체가 존재하지는 않거든요. 그런데도 아름다움이라는 말은 의미가 있습니다.
그렇다면 어딘가에는 아름다움의 지시 대상이 있어야 하겠죠. 만약 현실 세계에 그 지시 대상이 없다면, 이데아 세계에라도 있어야 할 겁니다. 이런 이유로 (1그룹)에 속하는 개념에 상응하는 이데아가 존재한다고 보지 않았나, 그렇게 추정합니다.

그 지시 대상이 바로 이데아라는 말이죠?

그렇습니다. 다음으로 (2그룹)은 (1그룹)과 달리 그것의 사례가 현실 세계에 존재해요. 비록 '사람 자체'는 없지만 개별적 사람들이 있죠. '사람'이라는 말이 그런 개별적 사람을 지칭하기도 하거든요. 그러니까 굳이 이데아가 없더라도 그 말의 의미를 이해할 수 있어요. 이런 까닭에 망설인 것 같아요.

(3그룹)은 하찮고 가치 없는 것들입니다. 이데아는 원래 이상적이고 좋은 존재 상태를 말하는데, 이렇게 하찮고 가치없는 것들에 대해 이상적이고 좋은 상태를 생각하는 건 적절하지 않죠. 그래서 이데아를 부정하지 않았나, 그렇게 보고 있어요.
말씀드렸듯이 이건 유력한 해석일 뿐입니다. 왜 어떤 건 있고 어떤 건 없는지, 정확한 이유는 알 길이 없어요.

### 전체냐 부분이냐?

이데아론의 두 번째 문제는 이데아와 사물의 관계입니다. 플라톤은 사물이 이데아에 '참여'하거나 이데아를 '분유'한다고 표현했는데, 그 구체적인 내용이 뭘까요?
플라톤은 '사물이 이데아에 참여할 때 이데아 전체에 참여하는지 아니면 이데아의 부분에 참여하는지'를 물으며 그 관계를 탐구합니다. 그래놓고는 전체든 부분이든 어느 쪽이나 다 문제가 있다는 점을 고백해요.

어떤 문제가 생기나요?

만약 전체에 참여한다고 해보죠. 이 꽃이 꽃의 이데아 전체에 참여한다면, 이 꽃 속에 꽃의 이데아 전체가 들어있어요. 마찬가지로 저 꽃이 또 꽃의 이데아 전체에 참여한다면 저 꽃 속에도 꽃의 이데아 전체가 들어있어야 해요.

이렇게 되면 꽃의 이데아가 두 군데에 들어있어야 하고 그러자면 똑같은 이데아가 두 개 있어야 합니다. 그런데 이데아는 원래 하나예요. 따라서 두 곳에 동시에 존재할 수는 없죠.

**그러면 사물들이 이데아 전체에 참여한다고 볼 수 없겠네요.**

그렇습니다. 그 생각은 포기해야 해요. 그렇다면 사물이 이데아의 부분에 참여한다고 봐야겠죠. 그런데 이 경우에도 문제가 생깁니다. 플라톤은 '큼의 이데아'를 가지고 이 문제점을 보여주었어요. 이제 큰 피라미드를 하나 생각해보죠. 피라미드가 큰 이유는 그것이 큼의 이데아의 부분에 참여하기 때문이에요. 즉 큼의 이데아의 부분이 피라미드 속에 있는 거죠.

그런데, 부분은 전체보다 작아요. 피라미드 속에 있는 큼의 이데아의 부분은 큼의 이데아 자체보다 작을 수밖에 없어요. 플라톤은 이게 문제라고 봐요. '큼'의 이데아에 대해 '작다'라고 말하는 상황이 생기기 때문이에요.

이데아는 사물의 이상적인 상태라고 했잖아요? 큼의 이데아는 가장 이상적인 큼, 즉 가장 큼을 말해야 하거든요. 따라서 큼의 이데아는, 부분이든 전체든, 작아서는 안 되는 거예요. 그런데 피라미드 속에 있는 큼의 이데아의 부분이 어떤 측면에서는 작다고 해야 하는데, 이건 불합리하다는 이야기죠.

결국에는 이데아 전체에 참여해도 문제고 이데아의 부분에 참여해도 문제네요. 이 난관을 어떻게 풀죠?

사실 이 논중에서 플라톤은 이데아를 어떤 물질적인 것처럼 생각합니다. 전체와 부분, 크다와 작다의 구별, 이런 건 크기가 있는 사물에 적합한 개념이지 이데아와는 안 맞아 보이죠.
이런 점에서 이데아에 대한 플라톤의 생각이 명료하지 않았다고 볼 수 있어요. 하지만 그는 이 문제를 심각하게 받아들였습니다. 그래서 참여와 분유의 개념을 슬그머니 내려놓게 돼요. 대신 이데아와 사물의 관계를 다른 방식으로 표현하게 됩니다.

### 원형으로서의 이데아

오, 새로운 접근을 했군요.

이번에는 이데아와 사물을 원형paradeigma과 모방mimesis의 관계로 생각하자고 제안했어요. 인물화를 그릴 때 모델을 보고 그리잖아요? 그처럼 이데아라는 원형이 있고, 사물은 그 원형을 모방해서 생겨난다고 보자는 거죠.
이렇게 보면 부분이냐 전체냐 같은 문제는 더는 생기지 않습니다. 원형은 하나지만 그걸 모방한 사물은 여럿이라는 점이 충분히 납득되니까요.

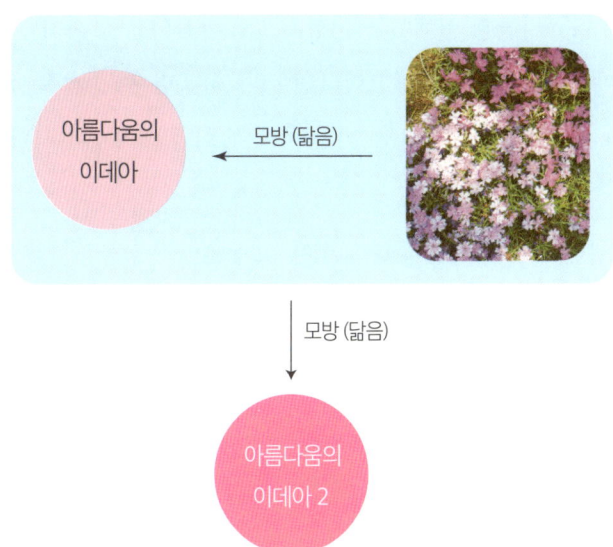

**원형으로서의 이데아에 관한 비판**

그러게요. 이게 더 괜찮아 보이는데요.

플라톤도 적절한 설명이라고 생각한 것 같아요. 『티마이오스』같은 후기 대화편에서도 선한 신인 데미우르고스$^{Demiurgos}$가 원형인 이데아 세계를 '모방'해서 이 세계를 만들었다고 하며 이 모델을 적용했습니다.

그런데 여기에도 문제가 있어요. 이를 지적한 사람은 제자인 아리스토텔레스예요. 그의 비판은 이런 겁니다.

가령, 아름다운 꽃을 생각해보죠. 이것이 아름다운 이유는 아름다움의 이데아를 모방하기 때문입니다.

그런데 아름다움의 이데아는 이상적으로 아름다운 상태이니 그 자체로 아름다워야 합니다. 그렇다면 이제 아름다운 것이 두 종류가 됩니다. 아름다운 꽃도 아름답고 아름다움의 이데아도 아름답죠.

아, 그림에서 위쪽 사각형 속에 있는 그 둘요.

그렇습니다. 그런데 꽃과 아름다움의 이데아가 모두 아름답다면, 그 둘이 공통으로 갖는 아름다움의 원인이 있어야 해요. 플라톤의 전제가, 아름다운 것들이 아름다운 이유는 아름다움의 이데아를 모방하기 때문이잖아요? 그러므로 위쪽 사각형에 들어있는 아름다운 것들이 아름다우려면 그것이 모방할 또 다른 아름다움의 이데아가 필요해지는 거죠.

그래서 그림에서 아름다움의 이데아2가 나오는군요.

네, 그렇습니다. 그림의 이데아2가 그 위쪽에 있는 아름다운 것들이 모방할 아름다움의 원형이에요.
그런데 같은 논리를 계속 적용하면 아름다움의 이데아2도 역시 또 아름다운 것이죠. 그러면 이제 그림에 표시된 것들 모두에게 공통인 아름다움에 대해 그 원형이 또 필요해져요. 그래서 새로운 이데아3이 나와야 하고, 그런 식으로 무한히 많은 이데아가 필요해지는 겁니다.
이것을 흔히 '제3의 이데아 논증'이라고 부릅니다. 이 논리를 따라가면 이데아가 무한히 증가하게 되는데 이것은 불합리하죠.

**플라톤도 이 비판을 알았나요?**

그가 생전에 알았는지는 알려지지 않았어요. 다만 그도 어떤 문제를 느꼈던 것 같아요. 나이가 들면서 그는 이데아 이론을 슬그머니 내려놓았거든요. 말년의 대화편에서는 이데아 이론이 거의 안 나와요. 결국 플라톤의 이데아 이론은 미완성으로 남고 맙니다. 아마 그 자신도 무척 아쉬웠을 거예요.

사실 플라톤이 이데아 이론을 강력히 주장했는지도 의문입니다. 많은 대화편에서 슬그머니 내밀었다가 아니라는 듯이 주워담기도 하거든요. 어떤 연구자들은 현상을 설명하는 한 가지 이론 프레임으로 이데아론을 검토한 정도라고 보기도 해요.

어쨌든 이데아 이론을 전개하면서 이상적이고 좋은 존재 상태를 숙고했고, 이것이 그의 모든 주제가 향하는 목표가 되었죠.

제가 준비한 이데아 이야기는 여기까지입니다. 이제 플라톤의 두 번째 주제인 '인식'의 문제로 넘어가도록 할게요.

### 모르는 자의 역설

그러지 않아도 궁금하던 참이었어요. 이데아를 어떻게 인식할 수 있죠?

플라톤은 대화편 『메논』에서 이 주제를 다룹니다. 『메논』에는 아주 흥미로운 이야기가 하나 나와요. 소크라테스의 논박에 부딪혀 잔뜩 약이 오른 메논이 '앎이란 것은 도대체 불가능하다'라며 이렇게 말합니다.

> 아는 사람은 알고 있기 때문에 탐구하지 않을 거예요. 모르는 사람은 무엇을 탐구해야 할지 모르기 때문에 탐구하지 않을 거고요. 그러니까 탐구라는 것은 애초에 불가능합니다, 소크라테스여.
> — 플라톤, 『메논』 80d~e

이 문제를 '모르는 자의 역설'이라고 불러요. 뭔가를 탐구하는 건 모르기 때문입니다. 즉 탐구의 발생 조건은 무지예요. 그러나 정말 아무것도 모른다면 무엇을 탐구해야 할지조차 모르니 탐구가 시작될 수 없겠죠. 즉 탐구가 시작되려면 조금이라도 앎이 필요해요. 그러니 탐구가 시작되려면 무지도 필요하고 앎도 필요한 거예요. 하지만 무지와 앎이 동시에 성립하지는 않죠. 따라서 탐구는 불가능하고 그래서 앎도 불가능하다는 것이 메논의 주장입니다.

그럴싸한데요? 이 역설도 해결되나요?

메논의 주장을 잘 보면 무지와 앎이 극단적으로 대립하는 상태처럼 제시됩니다. 완전히 무지하거나 아니면 완전히 아는 두 극단만 상정하고 있어요.

하지만 실제로는 그 중간 정도 되는 인식이 더 많죠. 아예 모르지는 않지만 그렇다고 완전히 알지도 못하는 상태 말이에요.

*아, 맞아요. 저는 수학 시간엔 늘 그랬어요. 모르는 건 아니지만, 그렇다고 잘 아는 것도 아닌 상태, 뭐 거의 언제나 알쏭달쏭했죠.*

보통의 인간적 인식은 다 그래요. 플라톤에 따르면, 임신부가 아이를 가지듯이 우리 영혼은 잠재적인 지식을 잉태하고 있어요. 이건 완전한 무지도 아니고 완전한 앎도 아니죠. 무지와 앎의 중간 상태인데, 이것이 역설을 벗어나는 열쇠입니다.

아직 무지하니 탐구가 필요해요. 또 무엇을 모르는지 정도는 알기 때문에 탐구를 시작할 수 있습니다. 이제 출산하듯이 영혼에 잠재된 지식을 꺼내기만 한다면 무지에서 벗어나 진정한 앎에 이를 수 있어요.

## 상기설

그러자면 우리가 지식을 잠재적으로 가지고 있어야 할 텐데요. 지식을 애초에 어떻게 잉태할 수 있나요?

그에 대한 플라톤의 대답이 그 유명한 상기설입니다. 그에 따르면 '모든 탐구와 지식은 상기$^{anamnesis}$'라고 합니다.

'상기'요? '상기'라면 '다시 떠올린다', '기억한다'라는 뜻인가요?

그렇습니다. 상기설의 내용은 이런 거예요.
플라톤이 피타고라스학파의 영향을 받은 건 알고 계시죠? 그래서 플라톤은 영혼이 불멸하며 윤회한다고 믿었어요. 사람이 죽으면 영혼은 천상 세계에 잠시 머물렀다가 다시 몸을 취해서 윤회합니다. 천상 세계는 바로 이데아가 있는 곳이죠. 영혼은 거기서 이데아를 직접 보고 이데아에 관한 앎을 얻습니다. 그런데 윤회하기 위해 천상 세계에서 현실 세계로 넘어올 때 그 경계에 흐르는 강을 건너는데, 이 강이 레테lethe의 강, 즉 망각의 강이에요. 강물에 닿으면 천상 세계의 기억이 지워지죠.

그러면 이데아도 다 잊어버리겠네요.

그렇습니다. 하지만 잊어버린다고 해서 백지처럼 완전히 사라지지는 않아요. 영혼에 어렴풋한 기억이 남죠. 그랬다가 적당한 기회가 되면 이 기억이 다시 살아납니다. 이게 바로 '상기'죠.

마치 기억 상실증에 걸렸다가 다시 기억이 되돌아오는 것 같네요. 기억을 회복하는 계기는 뭘까요?

저는 수박을 보면, 어릴 때 저희 어머니가 수박을 사 들고 골목 어귀로 걸어오시던 장면이 떠오르곤 하는데요. 이처럼 기억은 연관된 걸

볼 때 잘 떠오르죠.

플라톤도 그렇게 생각합니다. 이데아에 대한 기억을 불러오는 건 사물이에요. 사물은 이데아를 모방하고 닮았거든요. 세상에 지천으로 피어나는 꽃들을 이것 저것 보다 보면 완전하고 이상적인 꽃의 이데아의 희미한 기억을 떠올리게 됩니다.

이를 단서로 해서 탐구가 시작되고 마침내 천상의 지식을 상기함으로써 앎을 얻는다는 이야기예요.

사물을 보고 이데아를 다시 떠올리는 거군요. 저는 실제로 한 번도 그렇게 해 본 적이 없는데요. 제가 둔한 걸까요?

플라톤이 보기에는 당시 아테네 사람들도 다 그랬어요. 누구나 기억을 회복할 수는 있지만, 그렇다고 모두 그렇게 하지는 못해요. 그래서 도움이 필요하죠.

어떤 도움요?

대화편 『메논』이 이걸 극적으로 보여줍니다. 『메논』에는 기하학을 한 번도 배우지 않은 노예 소년이 나와요. 상기설에 따르면, 기하학을 배우지 않았어도 기하학 지식을 잠재적으로 잉태하고 있어야 하죠. 플라톤은 상기설이 옳다는 걸 보여주려고, 이 노예 소년이 스스로 기하학 문제를 푸는 과정을 보여줍니다.

### 배우지도 않았는데 문제를 풀었어요?

그렇습니다. 물론 혼자 푼 건 아니고요. 소크라테스가 풀이 과정을 유도합니다. 일련의 질문을 통해 방향을 잡아주죠. 기억을 회복하는 데 필요한 도움을 준 거예요.

그 도움의 정체가 바로 소크라테스의 산파술입니다. 산파술은 영혼이 잉태하고 있는 지식을 출산하도록 돕는 기술이죠. 소크라테스는 답을 알려주는 대신 산파술을 통해 노예 소년이 기억을 되살리도록 유도함으로써 지식이 태어나도록 이끌어 갑니다.

그러니까 산파술이 의미 있으려면 영혼이 이미 지식을 잉태하고 있다는 게 전제되어야 하죠. 그런 점에서 상기설은 스승 소크라테스의 산파술에 철학적 기초를 제공한다고 볼 수 있어요.

## 한 톨의 밀알

상기설에는 재미난 포인트가 하나 더 있어요. 이게 하나하나 따로따로 상기하는 게 아니고요, 하나를 상기하면 나머지는 고구마 줄기 당기듯 줄줄이 끌려 나온다고 합니다.

### 하나를 알면 열을 깨우친다고요? 어떻게 그런 일이?

플라톤에 따르면 자연 전체가 동족 관계를 갖기 때문이에요. 사람은 누구의 딸, 누구의 아들, 누구의 사촌, 사돈의 팔촌, 이런 식으로 쭉 연결되어 있죠. 이처럼 자연 사물들도 서로 연결되어 있어요. 그런데 사물은 이데아의 모방이잖아요? 사물이 서로 연결되어 있다면 이데아들도 서로 연결되어 있겠죠. 따라서 어느 한 이데아에 관한 앎이 얻어지면, 그게 단서가 되어서 연결된 전체를 통찰할 수 있다는 말이죠.

**그게 사실이면 정말 좋겠네요. 하나만 공부하면 나머지는 저절로 알 수 있을 테니까요.**

물론 실제로 그러기가 어렵죠. 중요한 것은 하나를 알면 정말로 열을 알게 되는지가 아니고요, 어떤 앎이 참된 것이 되려면 전체와 연결되어야 한다는 점이에요. 플라톤의 생각은 말하자면 '인식의 상호 연관 모델'이라고 부를 수 있습니다.

가령, '경복궁에 가는 길을 안다'라는 말을 생각해 봐요. 우연히 가다 보니 경복궁에 도달할 수도 있지만 그건 길을 아는 게 아니죠. 다시 가라면 못갈 수도 있고, 온 길을 설명하라면 못할 수도 있죠.

길을 안다는 것은 경복궁까지 도로의 연결 상태, 방향, 거리 등을 전체적으로 파악하고 있다는 뜻입니다. 완전한 인식을 위해서는 그 일대 도시의 전반적인 구조를 알아야 해요.

플라톤은 이 점을 강조합니다. 개별적인 지식만으로는 참된 앎이 아니에요. 대상들의 상호 연관성을 전체적으로 이해하고 전체의 맥락 속에서 대상을 파악해야 참된 앎이 된다는 거죠. 이게 상기설이 함축하고 있는 또 하나의 포인트입니다.

이렇게 해서 상기설을 중심으로 플라톤의 인식 이론을 살펴봤어요. 이제 다음 주제인 윤리학으로 넘어가 보죠.

### 탁월함은 자체로 좋은 것이다

플라톤 철학의 중심에는 '어떻게 하면 훌륭하고 좋은 삶을 살 수 있는가'라는 문제가 놓여 있어요. 그의 모든 사유는 이 문제를 해결하기 위한 노력이었죠. 그래서 말인데요. 플라톤이 우리에게 질문했다 치고 한번 답해보죄. 훌륭하고 좋은 삶을 살려면 어떤 게 필요할까요?

「아테네 학당」의 플라톤

글쎄요. 당장 떠오르는 건 건강해야 할 것 같고요. 경제적 여유도 있으면 좋겠고요. 가족, 친구, 사회적 관계 그런 게 좋아야 할 것 같아요.

맞아요. 잘 살기 위해서는 그런 게 다 필요하겠죠. 플라톤 당시의 사람들도 그렇게 생각했어요. 권력·돈·사회적 지위·건강 이런 걸 추구했죠.
인상적인 건 신체적인 아름다움을 굉장히 중요하게 여겼다는 점이에요. 물론 요즘 우리도 신체의 아름다움을 추구하지만, 그리스인들은 더 극성이었죠. 그리스 조각상이 괜히 그렇게 멋지게 만들어진 게 아니랍니다. 그들은 실제로 조각 같은 몸을 갈망했어요. '좋은 것'은 곧 '아름다운 것'이라고 믿었거든요.

그런데 이번에도 플라톤은 생각이 좀 달라요. 아무리 좋은 것이라도 그것을 잘 사용해야 좋다고 합니다. 가령 운동이 몸에 좋지만, 너무 과하면 상처를 입을 수도 있고 건강을 해칠 수도 있어요. 또 권력이나 지위도 남용하면 망하게 되죠.

그렇네요. 과유불급이라는 말처럼 아무리 좋은 것이라도 지나치면 도리어 해가 될 테니까요.

그래서 좋은 결과를 바란다면 건강이나 돈이나 권력이나 아름다운 외모 같은 삶의 수단들을 적합하고 훌륭하게 활용할 줄 알아야 합니다. 이 활용 능력이 중요해요.
이 능력이 적용되느냐 아니냐에 따라 결과가 좋으냐 나쁘냐가 정해지죠. 그래서 플라톤은 이 능력이야말로 좋음의 원천이고 그 자체로 좋은 것이라고 합니다.
플라톤이 강조하는 이 능력이 바로 아레테$^{arete}$예요. 모든 존재가 자신의 기능을 훌륭하고 좋게 발휘할 수 있는 능력 또는 자질을 뜻하는 말이죠.

아레테라면 소크라테스 이야기할 때 나왔던 개념이네요?

맞아요. 말馬의 아레테, 칼의 아레테, 군인의 아레테, 교사의 아레테 이런 식으로 쓰죠. 심지어 '도둑의 아레테'를 말할 수도 있어요. 도둑의 아레테는 들키지 않고 물건을 잘 훔치는 능력 또는 자질이겠죠. '덕'으로 번역하기도 하지만, '도둑의 덕'이라는 말은 아무래도 좀 이상하죠? 플라톤의 강조점은 훌륭하고 좋은 자질과 능력이라는 데 있었으니, '탁월함'으로 옮기는 게 좋을 것 같아요.

플라톤의 생각을 정리하면, 그 자체로 좋은 것은 권력이나 돈이나 건강 같은 삶의 수단이 아니고, 오직 탁월함뿐이에요. 탁월함이 있어야 삶의 수단을 잘 활용해서 좋은 삶을 살 수 있다고 봤죠.

그럼 무엇보다 탁월함이 필요할 텐데요. 탁월함은 어떻게 갖출 수 있어요?

플라톤은 소크라테스와 완전히 같은 생각을 했어요. 곧 '탁월함은 바로 앎'이라는 거죠.

용기가 무엇인지 알면 용감해지고 경건이 무엇인지 알면 경건해진다는 거예요. 삶에서 중요한 가치들, 정의·우정·사랑·절제·아름다움 이런 개별적인 가치들의 본성을 알기만 하면 그런 탁월함을 갖추게 된다는 이야기죠.

그 이야기가 또 나오는군요. 들을 때마다 신기해요. 앎과 실천은 뭔가 다른 듯한데 말이죠. 다이어트를 하면서 자꾸 먹게 되는 저만 이상한 사람 같아서요.

아뇨. 저도 늘 이 주장이 신기하게 느껴져요. 당시 사람들도 그랬고요. 플라톤 대화편 『프로타고라스』에 보면, 프로타고라스가 철알못 님이나 저와 같은 생각을 피력합니다. 좋은 것에 관한 앎에도 불구하고 쾌락과 고통, 혹은 여타의 다른 감정에 져서 앎과 다르게 행동한다고 지적해요. 이건 날마다 사람들이 겪는 평범하고 일상적인 사실이라고 강조하죠.

물론 소크라테스는 그게 진정으로 아는 게 아니어서 그렇다고 답합니다. 진정한 앎은 머리로만 아는 게 아니라 몸이 저절로 움직이게 되는 앎이라야 한다는 거죠. 마치 수영할 줄 아는 사람이 물에 들어가면 저절로 수영하게 되는 것처럼 말이죠.

플라톤은 스승의 이런 주장에 공감하지만, 이것만으로 이 문제를 풀기에는 좀 부족하다고 여깁니다. 그래서 탁월함과 앎을 같다고 보는 더 근본적인 이유, 더 확실한 이유를 제시합니다. 바로 탁월함이 단일하다는 주장이에요.

### 탁월함의 단일성

그게 무슨 뜻이죠?

탁월함에는 여러 가지가 있는데, 가령 지혜·용기·절제·정의 같은 것들이죠. 이것들은 서로 다른 것일까요? 아니면 같은 것일까요? 대화편 속에서 소크라테스가 이렇게 질문합니다.

정의·절제·경건과 같은 탁월함은 서로 구분되는 것들인가요? 아니면 이 모든 것은 동일한 하나이며 같은 것의 다른 이름인가요?

— 플라톤, 『프로타고라스』 329c-d

**뭐 다 좋은 것이지만 제 생각에는 조금씩 성질이 다를 거 같은데요.**

저도 그래요. 보통 그렇게 생각하죠. 프로타고라스도 그렇게 대답했어요. 용감하지만 정의롭지 않은 사람도 있고, 정의롭지만 지혜가 부족한 사람도 있다고 답하죠. 똑같은 얼굴의 부분인 눈과 코가 기능이 다르듯이, 개별적인 탁월함 역시 전체 탁월함의 부분이면서 성질이 다르다고 주장합니다.

하지만 대화편 속의 소크라테스는 달리 봅니다. 정의와 절제와 경건은 실은 똑같은 영혼의 상태라는 거예요. 그러니까 정의를 행할 수 있는 영혼의 상태는 절제하는 영혼의 상태와 같고, 나아가서 용감하게 행위하거나 경건하게 행동하는 영혼의 상태와도 완전히 같다는 말이죠.

**그러면 모든 탁월함이 똑같다는 말인가요?**

그렇습니다. 소크라테스에 따르면, 탁월함을 개별적으로 하나씩 따로따로 갖추는 게 아니에요. 마치 높은 인품을 지닌 성인군자가 여러 가지 미덕들을 실천으로 옮기듯이, 탁월함이라는 하나의 상태를 갖추게 되면 정의·절제·용기·경건과 같은 개별적인 탁월함을 모두 얻게 된다는 말이죠.

다시 말해 개별적인 탁월함들은 탁월함이라는, 영혼의 동일한 상태에서 발휘되며 그런 의미에서 같은 것의 다른 이름일 뿐입니다. 이것이 '탁월함은 단일하다'라는 말의 뜻이죠.

말씀대로 성인군자의 경지를 말하는 것 같은데요. 탁월함의 단일성은 앎하고 어떻게 연결되나요?

그게 이 주제가 등장한 원래 문제였죠. 일반적으로 앎을 얻기 위해서는 지혜가 필요해요. 그런데 지혜는 참된 앎을 얻게 해 주는 훌륭하고 좋은 능력이에요. 다시 말해 지혜 자체가 탁월함의 한 유형입니다. 앎을 가진 사람은 지혜라는 탁월함을 가지고 있고, 지혜를 갖춘 사람은 이미 탁월함이라는 영혼의 상태에 도달해 있는 거죠.

따라서 지혜로운 영혼은 정의로운 영혼이자 용감한 영혼이며 경건한 영혼이기도 합니다. 그래서 앎을 소유한 사람은 개별적인 탁월함을 두루 실현할 수 있는 거예요.

그렇군요. 그래서 앎을 가진 사람은 반드시 탁월한 행동을 실천으로 옮긴다고 봤군요.

그렇습니다. 아크라시아 문제, 곧 자제력 없음의 불가능성에 관한 플라톤의 궁극적인 답변이 바로 탁월함의 단일성이라는 테제입니다.

이런 논의를 통해서 플라톤은 훌륭하고 좋은 품성을 조화롭게 실현한 이상적인 인간을 떠올립니다. 앎과 지혜와 실천이 일치되는 그런 사람이죠. 플라톤은 다름 아닌 철학자가 바로 그런 사람이라고 봅니다. 그러면서 철학자만의 특별한 사명에 대해서 언급해요. 이런 내용을 잘 보여주는 상징적 논의가 바로 '동굴의 비유'입니다.

### 동굴의 비유

아, 동굴의 비유요. 정말 많이 들어봤는데 정확히는 몰라요. 그게 어떤 내용이에요?

『국가』 5권에 나오는데 플라톤의 사상을 종합해서 잘 보여주는 유명한 비유입니다. 다음 페이지의 그림을 보면서 말씀드릴게요.
그림 왼쪽 아래에 죄수들이 나오죠. 이들은 태어나면서부터 동굴 속에서 살아왔어요. 그들은 쇠사슬로 묶인 채 동굴 안쪽 벽면만을 바라보고 앉아 있어요.
죄수들의 뒤에는 벽이 있고 그 위로 사람들이 여러 가지 사물을 들어 나릅니다. 벽 위에는 불이 피워져 있어서 그들이 운반하는 여러 가지 사물의 그림자가 동굴의 안쪽 벽에 비칩니다. 불쌍한 죄수들은 평생 이 그림자만을 봐왔기 때문에 그게 사물의 실제 모습인 줄로 알고 있어요.

**동굴의 비유 모델** 이데아 이론을 중심으로 하는 형이상학적 사유와 현실 사회에서의 이상적인 삶의 형태에 관한 윤리적·정치 철학적 통찰이 종합된 비유로서, 플라톤 사상을 상징을 통해 집약하여 보여준다. 플라톤의 철학자로서의 자의식이 잘 드러나 있다.

비유에 나오는 동굴이 죄수들이 갇힌 동굴이었군요. 죄수들은 평생을 오해 속에서 사는 거네요.

그렇죠. 그러다 갑자기 죄수 하나가 이 사슬에서 풀려나게 됩니다. 그는 동굴 밖에서 들어오는 희미한 빛을 보고 그 빛을 따라 동굴 밖으로 나가는 길을 오르게 돼요.

동굴 밖은 참된 세상, 진짜 사물들이 햇빛을 받아 반짝이는 세상이 펼쳐져 있어요. 바깥세상을 처음 본 죄수는 눈이 부셔 처음에는 제대로 보지 못하다가 눈이 적응되면서 사물의 실제 모습을 보게 됩니다. 그림자가 아닌 실제 사물을 직접 목격하는 거죠.

*03* 아름다운 세상  353

더불어 이 죄수는 빛의 원천인 태양도 응시합니다. 그리고 그 빛이 존재의 근원이자 사물을 알아볼 수 있게 하는 인식의 원천임을 깨우칩니다. 영리한 죄수죠? 이리하여 동굴 속에서 보았던 가상의 세계 너머의 참된 진리의 세계를 이해하게 되죠.

아하, 태양의 비유에서 나온 내용이네요.

세계의 참된 모습이 얼마나 경이로웠겠어요? 그는 벅찬 감격으로 이 모든 것을 경험합니다. 그러면서 동시에 아직도 동굴 속에서 희미한 불빛에 비친 그림자를 진리로 알고 있는 가엾은 동료들을 떠올립니다. 자신이 깨우친 진리를 혼자 누리는 게 아니라 그들에게도 전하기 위해 이 죄수는 다시 동굴로 내려간다고 합니다. 이게 플라톤이 전해준 이야기예요.

비유라서 그렇겠지만 상징이 많이 나오네요. 조금 풀이해 주시겠어요?

동굴의 비유는 현실 세계와 이데아 세계라는 두 세계 이론을 배경으로 하고 있어요. 동굴은 현실 세계이고, 밖은 이데아 세계를 말합니다.
동굴 속에서 바라보았던 그림자들은 현실 세계에서 우리가 감각 하는 사물을 상징해요. 현실에서 우리는 감각 대상을 참된 존재로 여기지만, 플라톤은 그게 참된 존재의 그림자에 지나지 않는다고 말

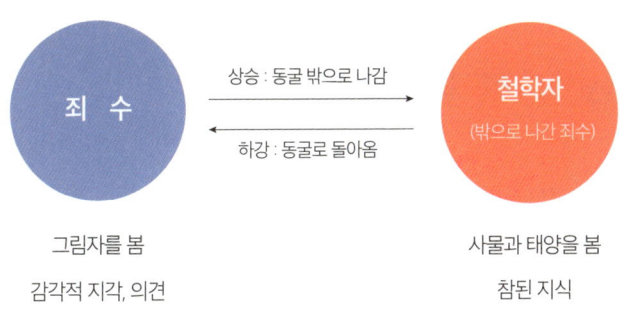

**동굴의 비유의 논리 구조**

하는 거죠.

반면에 동굴 밖의 사물은 참된 존재인 이데아예요. 그림자들의 원형이죠. 이데아를 비추는 태양은 최고의 이데아인 좋음의 이데아를 나타냅니다.

그렇군요. 비유에서 그림자―사물―태양이 의미하는 것이 각각 감각대상―이데아―좋음의 이데아군요.

그렇습니다. 이 비유에는 두 가지 운동이 나와 있어요. 첫째는 풀려난 죄수가 동굴 밖으로 올라가는 상승 운동입니다. 이건 인식의 변화를 나타내요. 동굴에서는 감각과 의견$^{doxa}$만을 가졌지만 이제 참된 존재의 세계로 나가서 참된 앎$^{episteme}$을 얻는다는 거죠. 의식의 상승 과정은 곧 철학적 탐구를 상징합니다.

밖으로 나간 죄수가 철학자인 플라톤 자신이군요.

그런 셈이죠. 그리고 이 비유에서 가장 중요한 대목이 이어집니다. 바로 진리를 깨우친 죄수가 다시 동굴로 내려오는 하강 운동이에요. 동료 죄수들에게 실상을 알려서 무지에서 벗어나 참된 지식을 얻게 하려는 거죠. 플라톤은 이것이야말로 철학자가 마땅히 해야 하는 일이고 책무라고 생각했어요. 자신의 존재 의미도 바로 거기에 있었죠.

이 비유에는 철학적 내용만 있는 게 아니라 철학자로서의 사명감 같은 것도 같이 들어있군요.

홀로 진리를 깨우쳤다고 해서 훌륭하고 좋은 삶을 사는 건 아니에요. 삶은 공동체 속에서만 가능하거든요. 공동체가 없다면 철학적 진리도 소용이 없죠.
철학자가 다시 동굴로 내려올 때는 아마도 그의 마음속에 원대한 꿈이 있었을 겁니다. 구성원 모두가 참된 진리를 깨우치고 그에 따라 새로운 사회를 건설하여 모두가 훌륭하고 좋은 삶을 사는, 이상적인 세상을 꿈꾸었을 거예요.
철학자가 왕이 되어 통치하는 이상적인 국가, 플라톤의 이상 국가 이론이 이렇게 등장합니다. 정치는 윤리의 완성이고 정치철학은 모든 철학의 정점에 자리하죠. 플라톤에게 그것은 운명적 과제와도 같았습니다.

## 이상 국가

플라톤은 대화편『국가』에서 '이상적인 폴리스$^{polis}$는 어떤 체제라야 하는가?'라는 문제를 다룹니다.

"인간은 폴리스적 동물이다"라는 아리스토텔레스의 말이 있는데요. 인간은 폴리스 속에서 살아야 하고 그럴 때만 진정으로 인간답게 살 수 있다는 뜻이죠.

플라톤은 이 말에 전적으로 동의할 겁니다. 그 역시 훌륭하고 좋은 삶은 폴리스를 기반으로 해야 한다고 믿었죠. 폴리스는 시민들 각자의 삶을 지탱해주기 위해 바람직한 체제를 갖추어야 한다고 봤는데, 이 체제가 그 유명한 이상 국가입니다.

**플라톤의 이상 국가, 정말 많이 들어본 말이에요. 그런데 그게 정확히 어떤 국가인지는 잘 모르겠어요.**

대개들 그러시죠. 이상 국가는 기본적으로 계급국가예요. 플라톤은 이상 국가를 구성하는 3가지 계급을 제안합니다. 생산자·수호자·통치자가 그 3가지 계급이에요.

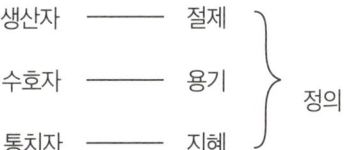

계급이 있었군요. 계급 사회는 어쩐지 결점이 많아 보이는데, 이상 국가가 계급 사회였다니 뜻밖이에요.

플라톤의 이상 국가에서 계급은 신분이라기보다 분업체계 속에서의 역할에 가까워요.
생산자는 이름 그대로 생산 활동을 하는 사람이에요. 사회에 필요한 재화 생산을 전담합니다. 수호자는 오늘날의 군인과 공무원으로 나라를 지키고 행정 업무를 보죠. 통치자는 수호자 중의 수호자라고도 불러요. 왕이나 참주처럼 권력의 정점에서 사회의 안녕을 도모하고 공동체를 이끌어갑니다.
이렇게 각자 맡은 일을 수행하고 호혜적으로 결과물을 나누는 분업 체계가 이상 국가의 기본 틀이죠. 그게 효율이 높고 또 각자의 자아를 실현하는 길이라고 봤어요.

그럼 계급은 어떻게 정해져요?

계급을 정하는 방법은 교육인데, 자세한 절차는 조금 있다가 말씀드리고요. 기본적으로는 각자의 성향과 소질, 능력에 따라 나누자는 게 플라톤의 생각입니다. 그런데 이게 앞에서도 나온 탁월함이죠. 그래서 계급은 각자의 탁월함을 기준으로 나뉜다고 볼 수 있어요.

계급마다 탁월함이 다른가 보죠?

그렇습니다. 우선 생산자는 고된 생산의 과정을 잘 견디고, 사치를 억제하며 물질적 욕구를 적절히 조절할 수 있어야 합니다. 그래서 생산자의 탁월함은 절제예요.

수호자는 물질적 욕구보다 명예를 추구하고 또한 전쟁을 승리로 이끌 수 있는 탁월함이 필요하죠. 그래서 수호자의 탁월함은 용기입니다.

통치자는 사회 구성원들의 다양한 욕구를 잘 조절하고 조화시켜야 합니다. 공동체의 방향을 정하고, 목표를 실현할 수단을 적절하게 구사할 수 있어야 해요. 이런 일을 잘 수행하는데 필요한 탁월함은 지혜입니다.

이렇게 계급마다 특화된 탁월함이 있는데, 자신의 탁월함을 최상의 상태로 유지할 수 있는 사람들이 그 계급의 역할을 맡게 되죠.

그런데 앞에서 탁월함은 단일하다고 하지 않았나요? 생산자가 절제라는 탁월함을 가졌다면, 용기나 지혜도 같이 갖지 않나요?

맞아요. 말씀대로 탁월함은 단일하니 절제를 갖춘 사람은 동시에 용기도 있고 지혜도 갖추고 있죠. 그러니까 모든 사람이 절제, 용기, 지혜를 아우르는 탁월함 자체를 가져요.

하지만 성향과 소질과 능력에 따라 탁월함이 조금씩 다르게 발현됩니다. 그래서 어떤 사람은 용기나 지혜보다 절제가 더 두드러지는데, 이런 사람이 생산자 역할을 맡습니다. 이와 달리 용기가 다른 것보다 더 강한 기질이면 수호자 역할을 맡고요.

**그렇군요. 결국 자신에게 어울리는 역할을 맡아서 자신의 소질과 능력을 최대한으로 실현하자는 말이군요.**

그렇죠. 플라톤은 개별적인 탁월함이 조화를 이룰 때 이상적인 사회가 된다고 보고 있어요. 그는 이 조화를 정의라고 불렀습니다. 정의를 이루기 위해서는 두 가지 조건이 충족되어야 해요.

우선 각자가 자신의 탁월함을 최선의 상태로 유지하고 발휘해야 합니다. 모든 사람이 다른 사람의 일에 간섭하지 않고 자기 일에 충실히 종사해서 결핍이 생기지 않도록 해야 해요.

그렇다고 각자가 분리된 채 묵묵히 자기 일만 해서는 조화를 이룰 수 없어요. 사회 전체의 상황을 고려해서 각자의 역할을 잘 조율해야 합니다. 다시 말해 조화를 이끄는 지도력이 필요해요.

이때 전체적인 조화를 주도하는 것은 지혜예요. 조화에는 적절한 균형점이 필요한데, 균형을 잡으려면 고도로 훈련된 분별력을 발휘해야 합니다. 그래서 절제와 용기가 아니라 지혜가 주도적인 역할을 해야 한다고 보는 것이죠.

**그럼 통치자의 책임이 크겠는데요?**

그렇습니다. 국가의 정의를 실현하는 데는 통치자의 역할이 가장 중요합니다. 통치자가 균형감각을 가지고 각 계급의 역할을 적절히 배치해서 조화를 이끌어야 해요.

그래서 플라톤의 이상 국가에서는 통치자를 양성하는 것이 아주 중요한 문제예요. 그래서 플라톤은 이상 국가의 교육 제도를 설계하는 데 심혈을 기울였습니다. 이에 대해 말씀드리기 전에 이상 국가의 생활 방식에 대해 잠깐 보고 가면 좋겠어요.

**옥시린쿠스 파피루스 LII 3679** 3세기 제작, 플라톤의 저서 『국가』의 한 대목이 적혀 있다.

### 이상 국가의 생활

네, 알겠습니다. 저도 이상 국가에서의 삶이 어땠는지 정말 궁금해요.

플라톤은 이상 국가를 운영함에 있어서 국가의 안정성을 가장 중요하게 봤어요. 그러기 위해서는 무엇보다 국가의 존립을 위협하는 요소를 제거해야 했죠.

플라톤은 사적 이익에 대한 욕망을 각별히 경계했습니다. 특히 통치자와 수호자 두 계급이 개인적인 이익을 추구하는 건 아주 위험하다고 봤어요. 이 두 계급의 타락을 막는 것이 이상 국가 존립의 관건이었습니다.

플라톤이 보기에 사적 이익을 추구하는 원천은 가족입니다. 가족이 생기면 어쩔 수 없이 이기적인 본성에 굴복한다는 거죠. 그래서 통치자와 수호자 계급에 속한 사람들에게는 가족과 사유 재산과 성생활을 금지해야 한다고 말합니다.

가족을 금지한다고요?

정확히 말하면 사적 가족을 금지하는 거죠. 대신 공적 가족을 구상했어요.
통치자 계급과 수호자 계급 사람들은 개인 가정을 꾸리지 않고 병영에서 공동생활을 해야 합니다. 재산을 소유하지 않는 대신 모든 생필품은 생산자 계급이 공급해 줍니다. 국가를 수호하고 방어해준 대가로 무상으로 지급합니다.
배우자가 없으니 성생활도 할 수 없죠. 물론 출산을 목적으로 하는 성관계는 허락해요. 하지만 그것도 국가의 통제에 따라야 했어요. 집정관이 우생학적 관점에서 배우자를 선발하면 지정된 시간에 잠자리를 가지고 아이를 갖도록 했습니다. 그 외의 성관계는 금지되었죠.
출산한 아이는 국가 보육원에서 공동으로 양육합니다. 아이들의 사적 부모가 누구인지는 알리지 않고 대신 모든 성인이 '아버지'와 '어머니'로 불리며 양육을 공동으로 책임집니다.

아니, 그건 완전 전체주의 국가 아닌가요? 개인의 자유도 없고, 사랑도 없고, 배우자도 지정하고, 부모 자식도 없다니, 너무 끔찍한데요.

네, 그런 느낌이 당연합니다. 그러지 않아도 플라톤의 이상 국가가 전체주의라는 비판은 꾸준히 제기되었죠. 하지만 플라톤도 이에 대해 할 말이 있을 겁니다.

보통 전체주의 국가는 통치자가 설정한 국가의 이익을 위해 시민의 자유를 제한하죠. 하지만 플라톤의 국가는 시민 모두의 이익을 추구하거든요. 자유를 제한받는 것은 시민이 아니라 통치자와 수호자 자신이죠. 그들이 자발적으로 이 제한을 수용한다는 점에서 전체주의와 다른 면이 있죠.

플라톤에게 개인과 공동체는 상호 보완하는 관계입니다. 그 둘이 조화를 이루어야 개인의 삶도 완성된다고 봤어요. 일부의 자유를 제한함으로써 공동체가 최선의 상태에 도달할 수 있다면, 그게 더 나은 선택이라고 보고 있는 겁니다.

그래도 저보고 거기 가서 살라고 하면, 저는 싫어요.

그건 저도 그렇습니다. 우리 사회 역시 공동체와 개인 사이의 긴장과 대립이 계속되지만, 그래도 플라톤의 이상 국가보다는 지금이 더 나은 거 같아요. 하지만 플라톤 국가론의 일부 결론을 수긍하지 못하더라도 그 속에 담긴 보석 같은 통찰들은 따로 또 떼어내서 평가할 수 있어야 하겠지요.

그 가운데 하나는 여성에 대한 견해예요. 플라톤은 사회적 역할에서 남성과 여성을 전혀 차별하지 않았습니다.

재능은 남녀 차이가 없고, 여성도 남성과 같은 일을 수행할 수 있다고 봤어요. 그러므로 교육과 직업 배분, 공적 권리에서 여성과 남성을 완전히 동등하게 대하라고 주장했습니다. 심지어 여성이 수호자나 통치자가 될 수 있다고 보기도 했어요.

**오, 놀랍네요. 현대 사회에서도 어려운 일인데, 그 옛날 고대 시절에 완전한 남녀평등이라는 생각을 하다니요.**

그렇습니다. 그 까마득한 옛날에, 가부장적 차별이 공고하던 고대 사회에서, 여성의 사회적 지위를 남성과 완벽하게 동등한 위치로 자리매김했으니 참으로 놀라운 견해입니다.
물론 플라톤이 여성주의자였다고 보기는 어려워요. 여성주의의 이론적 기초는 아직 없을 때죠. 결과적으로 여성주의적 주장을 펼친 셈인데, 이는 이상 국가를 구상하는 과정에서 나온 필연적인 결과라고 볼 수 있습니다.
고대 그리스에서 여성의 공간은 가족이었어요. 여성은 가족 내에서 살림을 꾸리고 아이를 양육하고 남자들의 사회적 활동을 뒷바라지했죠.
그런데 플라톤이 가족제도를 해체하자고 했잖아요? 가족을 해체하면 여성의 역할이 사라지거든요. 그래서 플라톤은 여성의 역할을 공공성 영역에서 다시 설정했고 그 결과 남녀 평등론이 등장했다고 볼 수 있습니다. 물론 그렇더라도 남녀의 재능과 성향을 동등하게 본 것은 당시로서는 놀라운 일이죠.

## 교육제도

이제 계급이 어떻게 정해지는지 살펴볼까요. 앞서 말씀드렸듯이 계급은 교육 과정을 통해 나뉘게 됩니다. 대화편 『국가』가 제법 두꺼운 책인데요. 그중 대부분을 교육 과정에 대해 논하고 있을 만큼, 플라톤은 이 주제에 정성을 기울였습니다.

**교육으로 계급을 나눈다면, 시험을 봐서 뽑는 방식인가요?**

아뇨. 플라톤이 구상한 건 그보다 좀 더 복잡해요.
이상 국가의 교육은 국가가 담당하는 백 퍼센트 무상 교육이고 또 능력에 따라 교육 기회가 달랐어요. 길게 보면 3단계 교육인데, 다음 단계로 넘어갈 때마다 학생을 선발하여 학업을 이어가고 탈락한 학생은 졸업시켜 교육을 마치는 방식이었죠.
우선 첫 단계는 성별과 신분에 상관없이 모든 아이를 대상으로 하는 기본 교육 과정입니다. 이 과정의 목표는 조화로운 신체를 만들고 도덕적 품성을 강화하여 탁월한 시민을 양성하는 것입니다. 몸을 위한 체육, 영혼을 위한 시가詩歌, 그리고 군사 훈련이 기본 교과목이에요.

**우리로 치면 의무 교육 과정이겠네요. 그런데 '시가'라는 건 뭐죠?**

고대 그리스의 시詩 작품이에요. 서사시 · 서정시 · 극시 · 찬가 등이 포함되죠. 오늘날에는 텍스트로만 남아 있지만, 당시에는 곡조를 붙여 노래하듯이 불렀거든요.

이걸 그리스 말로 '뮤지케musike'라고 하는데, 시인들에게 영감을 주는 여신의 이름인 '뮤제Muse'에서 유래했습니다. 이 말에서 음악을 뜻하는 뮤직music이 나왔어요. 곡조를 붙여 노래하듯 음송하기 때문에 '뮤지케'를 시와 노래라는 뜻으로 '시가'라고 번역합니다.

문학과 음악이 합쳐진 과목이군요.

그렇게 말할 수 있겠네요. 그런데 플라톤은 시가 교육에 각별한 주의가 필요하다고 지적했습니다. 순진무구한 아이들에게 가르치는 것이므로 아름다움보다 윤리적 의미를 중시해야 한다고 봤어요. 시가 작품에는 신들의 부도덕한 이야기, 가족 살해, 음모, 배신, 불륜 이런 내용이 많거든요. 이런 이야기를 아이들에게 여과 없이 가르치는 것은 바람직하지 않다고 봤습니다.

특히 서사시와 극시에 그런 에피소드가 많이 나와요. 그래서 이런 이야기를 계속 지어내는 서사시인이나 극시 작가들은 궁극적으로 이상 국가에서 추방하는 것이 좋다고 권유합니다. 이게 그 유명한 시인 추방론입니다. 아이들에게는 엄격한 검열하에서 제한적으로 가르치되 되도록 서정시만을 가르치는 것이 좋다고 봤죠.

대략 10세부터 19세까지 십 년 동안 이런 기본 교육을 받습니다. 그리고 스무 살이 되면 다음 단계로 진학할 학생을 선발합니다. 여기서 탈락한 학생은 교육을 마치고 생산자 계급으로서 생산 활동을 시작하는 거죠.

시험 보고 뽑는 게 아니면, 어떻게 선발하죠?

앞서 말씀드렸듯이 학생의 소질과 성향, 능력을 고려해서 선발해요. 플라톤은 선생님들이 그걸 고려해서 이런 선발절차를 충분히 공정하고 올바르게 처리할 수 있다고 믿었습니다. 요즘에도 독일 같은 나라에서는 상급 학교 진로를 정할 때 교사 의견이 결정적인 역할을 하는데, 이런 시스템의 원조가 바로 플라톤이라고 볼 수 있어요. 2단계 교육 과정에서는 고급의 지식을 배웁니다. 천문학과 수학이 중심 과목이에요. 이것도 십 년 동안 진행되고요. 서른이 되면 다시 진급생을 선발합니다. 여기서 선발되지 않은 사람은 사회에 나와 수호자가 됩니다.

3단계에 선발된 사람들이 바로 통치자가 될 사람들이에요. 그들은 5년 동안 철학과 변증법을 배웁니다. 참된 지혜를 함양하기 위한 과정이죠. 35세가 되면 배움의 과정을 마치고, 사회에 나가 현장에서 일을 배우고 여러 실무적인 경험을 쌓게 합니다. 그렇게 15년이 지나서 50세에 이르면 통치자를 보조하는 엘리트 집단의 일원이 됩니다. 그리고 상황이 생기면 그들 가운데 선발된 사람이 왕과 같은 지위를 부여받고 국가를 통치하게 됩니다.

통치자의 교육 과정이 정말 길어요. 10세에 시작해서 50세까지, 자그마치 40년이나 교육을 받아야 한다니요.

통치자의 탁월함인 지혜를 쌓는 게 그토록 어렵기 때문이죠. 지혜의 본성은 이데아를 아는 데 있어요. 좋음의 이데아를 위시하여 이데아 세계를 통찰하고 이것을 현실에 적용해서 이데아적 조화를 이끌 수 있어야 합니다.

플라톤은 이렇게 지혜를 갖춘 사람이 결국에는 철학자라고 봐요. 곧 이상 국가를 통치할 사람은 철학적 지혜를 갖춘 철학자라야 한다는 거죠. 흔히 '철인왕哲人王' 혹은 '철학자 왕'으로 부르는데요. 철학적 지혜를 터득한 통치자가 이데아적 질서를 현실에 실현해서 계층 간의 조화를 이룸으로써 이상 국가가 실현될 것이라고 믿었던 거죠.

### 일장춘몽

철학자 왕이 이상 국가에서는 아주 중요한 요소 같아요.

물론 왕 한 사람만 통치를 잘한다고 해서 이상 국가가 실현되는 건 아닙니다. 왕뿐 아니라 다른 계급들의 역할도 다 중요하죠. 그래서 모든 시민을 가르치는 교육제도를 기획한 겁니다. 이상 국가의 열쇠가 곧 교육이었으니까요.

하지만 안타깝게도 당시 현실에는 그런 교육 체계가 없었어요. 플라톤의 고민도 바로 이 지점에 있었죠. 자신의 기획을 뒷받침할 장치가 없는 상황에서 무엇을 해야 할지 고민할 수밖에 없었어요.

그러게요. 그래서 플라톤은 어떻게 했나요?

플라톤은 대안적으로 철학자 왕에 기대를 걸었습니다. 아무래도 통치자의 영향력이 크니까요. 지혜를 갖춘 통치자를 통해 이상 국가를 실현하려 했어요.
방법은 두 가지였습니다. 지도자가 될 인재를 찾아 철학 교육을 받게 하거나, 아니면 이미 지도자 위치에 올라간 사람에게 철학을 가르치는 것이었죠.

오, 둘 다 괜찮은 방법 같은데요.

그가 세운 학교 아카데미아는 이상 국가의 통치자 교육 과정을 대체하는 대안적 프로그램이었습니다. 제자들이 아카데미아를 졸업하고 각기 자기 도시 국가로 돌아가 정치적 영향력을 갖기를 바랐습니다. 제자들을 통해서 이상 국가를 시험하고 싶었죠. 물론 제자들은 자기 고향에서 영향력 있는 인물로 성장했지만, 이상 국가의 철학자 왕과 같은 지위에 이른 사람은 없었어요.
플라톤이 더 애착을 가졌던 것은 후자의 길이었어요. 이미 지도자가 된 인물을 골라 철학을 가르치는 것이 더 빠르고 확실한 방법처럼 보였습니다. 플라톤은 시칠리아섬의 시라쿠사에 대한 미련을 버리지 못했어요. 특히 디오뉘시오스 1세의 조카이며 자신의 제자인 디온Dion에게 큰 기대를 걸었습니다.
첫 방문의 불행한 기억에도 불구하고, 플라톤은 두 차례나 더 시라쿠사를 방문합니다. 하지만 결과는 참담했죠. 디온은 살해되었고 플라톤도 가까스로 빠져나왔습니다. 지도자를 철학자로 길러 내려던 시도도 끝내 좌절되고 말았죠.

### 거인, 지다.

꿈을 이루려고 정말 간절한 마음으로 노력했었군요. 위대한 철학자라고만 생각했는데, 현실적 좌절과 인간적 약함을 보니 너무 안타까워요.

플라톤은 할 수 있는 노력을 다 기울였어요. 간절히 바라면 이루어진다고 하지만, 현실은 그리 쉽게 길을 보여주지 않았죠.
노년의 플라톤은 회한으로 가득 찼습니다. 열정을 다해 구축하려던 이데아 이론은 이런저런 문제들을 해결하지 못한 채 좌초되고 말았습니다. 현실 세계에 이상 국가를 실현하려던 꿈도 끝내 허무하게 무너지고 말았지요.
모든 시도가 무산되자 상심으로 얼룩진 그의 영혼은 어두워져만 갔습니다. 그러나 제자들 앞에서만큼은 내면의 고통을 감추기 위해 무진 애를 썼다고 전해집니다.

철학자로서 평생을 치열하게 살았는데 노년에 이르러 참 허무했을 것 같아요. 애처롭네요.

오늘날 우리가 알고 있는 플라톤의 영향력을 생각하면 노년의 그가 느낀 상실감과 허탈감을 상상하기 어렵기도 해요. 하지만 역사는 늘 반전의 드라마라서, 그의 좌절에도 불구하고 그의 철학은 인류 정신의 가장 깊은 곳에 자리 잡게 됩니다. 그리고 그의 정신을 이어받은 후세들이 그가 미처 이루지 못한 꿈을 이어가게 되었지요. 세상의 원리에 대한 참된 지식을 얻고, 더 나은 세상을 건설해서, 훌륭하고 좋은 삶을 실현하려는 노력은 지금 이 순간에도 계속되고 있습니다.

플라톤은 80세까지 아카데미아에서 제자들을 가르쳤습니다. 기원전 347년, 아카데모스 숲의 올리브 나무가 짙은 녹색으로 무성해지던 어느 날, 흥겹고 기쁨에 들뜬 누군가의 결혼식 피로연에서 그는 조용히 숨을 거두었습니다.

그의 장례식 날에는 아카데미아 주변의 모든 주민이 나와 이 거인의 마지막을 배웅했다고 합니다. 제자들은 그를 신처럼 여기며 애통해했다고 하죠.

플라톤이 남긴 마지막 당부는 '네 영혼을 돌보라'던 소크라테스의 당부와 맥을 같이 합니다. 어쩌면 이것이 철학자들이 건네는 한결같은 교훈인지도 모르겠습니다.

> 인간이 가지고 있는 모든 것 중에서 영혼은 신들 다음으로 선한 것이고 진정으로 그 사람에게 고유하게 속하는 것이다.
>
> ― 플라톤, 『법률』 726a

정말 신비롭고 경이로운 것은
우리가 이 세계를 이해할 수 있다는 사실이다.
　　― 알베르트 아인슈타인

# 04

## 꽃들의 장엄

우리 철알못님 아이작 뉴턴을 아시죠?

당연하죠. 만유인력의 법칙을 발견한 과학자요. 설마 제가 그걸 모르겠어요?

맞아요. 잘 아시네요. 그럼 혹시 뉴턴이 수학자이면서 연금술사이기도 하고 역사가에다가 성서신학자였다는 것도 아셨어요?

정말요? 수학자는 그렇다고 치고 나머지는 정말 처음 듣는 얘기인데요?

그러실 줄 알았어요. 별로 알려지지 않은 사실이죠. 뉴턴처럼 한 사람이 여러 분야에 걸쳐 활동하는 예는 과거로 갈수록 더 흔하게 나타납니다. 가령 만능 르네상스인인 레오나르도 다 빈치를 보세요. 회화·조각·광학·해부학·식물학·조류학·도시공학·천문학·비행술·지리학·건축·음악 등 참 다양한 분야에서 활동했죠?

맞아요. 그렇다고 들었어요. 근데 어떻게 그럴 수 있죠? 옛날 사람들이 요즘 사람들보다 더 똑똑했나요?

그런 건 아니겠죠. 옛날에는 학문 분과가 세분되지 않았고, 연구 수준이 초보적이었던 탓이 클 겁니다. 오늘날처럼 전문화된 시대에는 있을 수 없는 일이죠.

그보다 더 먼 과거로 올라가서 고대 그리스로 가면 어떤 일이 벌어질까요? 예상하시겠지만 그런 경향이 더 강하게 나타납니다. 만능 지식인들이 한둘이 아니었죠. 그 중에서도 가장 두드러진 인물은 단연코 아리스토텔레스Aristoteles, 기원전 384 ~ 322일 겁니다.

철학·논리학·윤리학·정치학·심리학·철학사·수학·동물학·
식물학·천문학·의학·우주론·물리학·수사학·시학·음악

그가 연구한 분야를 나열해 본 건데요. 대단하죠?

어쩐지 학교 다닐 때 거의 모든 과목에서 첫머리에는 아리스토텔레스가 나오더라고요. 하지만 이 정도면 옛날이라서 그런 게 아니라,

아리스토텔레스가 그냥 특별한 사람이었던 거 같은데요.

그런 면도 있죠. 중세 시인 단테는 그를 가리켜 모든 박식한 사람들의 스승이라고 불렀습니다. 또 중세 사상가인 토마스 아퀴나스는 그를 별다른 수식어 없이 그냥 철학자라고 불렀어요. 유교에서 "선생께서 이르시기를子曰" 하면 달리 설명하지 않아도 그 선생님이 공자孔子라는 걸 다들 알잖아요? 그런 거나 마찬가지죠. 얼마나 큰 영예입니까? 수많은 철학자 가운데 철학자로 불린 단 한 사람, 인류 역사에서 가장 탁월한 지적 능력을 보여준 사람, 아리스토텔레스에 관한 이야기를 이제 시작해 보죠.

### 스타게이로스 촌놈

플라톤에 이어서 또 한 명의 위대한 사상가가 등장했네요. 그런데 제목이 왜 촌놈이에요?

아리스토텔레스 고향 스타게이로스는 그리스 북동부 해안의 작은 도시입니다. 당시 그리스의 중심인 아테네에서 한참 벗어난 곳이라서 아테네 사람들이 보기에는 시골 촌 동네에 지나지 않았어요. 그런 이유로 아리스토텔레스의 별명이 스타게이로스 촌놈이 되었지요.

아버지 니코마코스는 의사로 마케도니아의 왕 아뮌토스 2세의 시의侍醫였습니다.

그래서 아리스토텔레스는 어려서부터 펠라에 있는 궁정에 살면서 수준 높은 교육을 받았습니다. 특히 아뮌토스 2세의 아들 필리포스하고 친구가 되었는데, 필리포스는 그 유명한 알렉산드로스 대왕의 아버지가 되는 인물입니다. 이처럼 아리스토텔레스는 마케도니아 왕족과 인연이 깊었어요.

17세가 되던 기원전 367년, 아리스토텔레스는 아테네 아카데미아에 입학합니다. 그때부터 플라톤이 사망한 기원전 347년까지 20년 동안 이곳에서 공부했지요. 당시 아리스토텔레스의 모습에 대한 묘사가 있는데, 이게 재미있습니다.

> 아리스토텔레스는 플라톤의 학생들 중 가장 유명했으나, 말투가 어눌하고 말할 때 혀가 경련을 일으키기도 했다. 그의 다리는 가늘고 눈은 작았으며, 화려한 옷을 걸치고 반지를 끼고 머리는 짧게 깎았다.
> ─ 디오게네스 라에르티오스, 『유명한 철학가들의 생애와 사상』 V. 1

화려한 옷을 입고 반지를 끼고 다녔다니 어쩐지 좀 촌스러웠을 거 같아요.

그는 나름 외모에 신경을 썼던 모양인데, 당시 아테네의 세련된 감각은 아니었어요. '오만하고 제멋대로 살았다', '식탐이 강해서 절제하지 않고 먹었다', '남을 조롱하는 버릇이 있었다'라는 이야기도 전해집니다. 호감이 가는 편은 아니죠? 그렇다고 모난 인물은 아니었던 것 같습니다. 아리스토텔레스의 유언장을 보면 또 다른 면모가 나타나거든요. 꽤 많은 유산을 주변 사람들에게 일일이 나눠줍니다. 자신이 부리던 노예에게 고마움을 표하고 그를 노예 신분에서 풀어주라고 당부합니다. 이어서 자녀들의 결혼에 대해 아주 꼼꼼하고 자상하게 기록하고 있어요. 이런 걸 보면 정이 많고 따뜻한 사람이었던 것 같아요.

### 아카데미아의 정신 혹은 망아지

아리스토텔레스가 20년 동안 플라톤에게서 직접 배웠다니, 역사상 최고의 철학자 두 명이 같이 있었던 거잖아요? 정말 대단한 사건 같아요.

**아리스토텔레스** 「아테네 학당」 부분

아리스토텔레스는 처음부터 두각을 나타낸 학생이었어요. 플라톤은 그의 명석함에 반해 아리스토텔레스를 '아카데미아의 정신'이라고 추켜세우기도 했지요. 아리스토텔레스도 스승을 깊이 존경했습니다.

물론 결국에는 스승의 철학에서 벗어나 여러 주제에서 플라톤의 가르침을 비판하고 대립하는 쪽에 섰지만요. 그는 스승이 가르친 이데아의 천상 세계는 "새들의 지저귐에 불과하다"라고 잘라 말했죠.

**총애하는 제자가 자신의 가르침에 반대하니, 플라톤으로서는 무척 실망스러웠겠네요.**

플라톤은 "망아지가 저를 낳은 어미에게 그렇게 하는 것처럼, 아리스토텔레스는 나를 차버렸다"라며 아쉬워했습니다. 그러나 스승의 가르침이라고 무조건 따를 수도 없는 노릇이죠. 아리스토텔레스의 말을 한 번 들어볼까요?

> 그렇기는 해도, 어쩌면 진리를 지키기 위해서라면 우리와 아주 가까운 이와의 사사로운 정은 끊어버리는 것이 좋고 또한 마땅히 그래야 한다. 하물며 지혜를 사랑하는 자, 즉 철학자라면 더더욱 그렇다. 친구와 진리 둘 다 소중하지만, 진리를 더 존중하는 것이 경건하기 때문이다.
> ─ 아리스토텔레스, 『니코마코스 윤리학』 1096a

중세 사람들은 아리스토텔레스의 이런 태도를 유명한 문장으로 표현했습니다.

> 플라톤은 친구다. 그렇지만 진리는 더더욱 친구다.
> (Amicus quidem Plato sed magis amica veritas.)

앞으로 보시겠는데, 아리스토텔레스는 이데아 이론과 관련된 주제들, 즉 보편자의 실재성·혼의 불멸·상기설·윤회설 등을 모두 계승하지 않아요. 물론 플라톤적 사고의 그림자는 남아 있지만, 그의 핵심 사상을 모두 거부합니다. 플라톤이 사망하자 아리스토텔레스는 20년 동안의 배움을 뒤로 하고 아카데미아를 떠납니다.

### 폭발하는 지식

어, 아리스토텔레스가 아카데미아를 물려받은 게 아니었어요? 가장 뛰어난 제자였을 텐데요.

물론 가장 총애하는 제자였고 뛰어난 학자였지만, 당시는 고대 사회잖아요? 재산은 우선 가족과 친척들이 물려 받았죠. 아카데미아의 2대 학장이 된 사람은 플라톤의 조카인 스페우시포스입니다. 그는 수학과 철학을 중시했어요. 아리스토텔레스가 보기에는 학문적 관심의 폭이 좀 좁았죠. 학장과 학문적 경향이 다르니 떠나는 것이 더 나았을 겁니다.

그보다 중요한 요인은 정치적인 것이었어요. 때마침 마케도니아의 필리포스 왕이 그리스 여러 도시를 위협하기 시작했어요. 아테네도 위기에 빠졌고 반反마케도니아 기운이 감돌았죠. 아리스토텔레스는 필리포스 왕의 친구잖아요. 아테네에 계속 머무를 수 없었던 겁니다.

**철학자들의 삶이 정치적인 환경의 영향을 참 많이 받는 거 같아요.**

그러게요. 고대는 더 그랬던 거 같죠. 아카데미아를 떠난 아리스토텔레스는 친구들이 있는 소아시아로 갔습니다. 앗소스에서 3년, 뮈틸레네에서 3년 동안 머물며 자기 연구를 이어갔습니다.

아리스토텔레스가 제일 좋아한 주제는 생물학, 특히 해양생물학이었습니다. 만약 그가 요즘 대학에 초빙되어서 학과를 마음대로 고른다면, 생물학과 교수가 되었을 거예요. 그는 여러 해양 생물의 섭생을 관찰하고 분류하여 기록했습니다. 다윈이 등장하기 전까지 아리스토텔레스의 관찰 기록은 정확도와 섬세함에 있어서 타의 추종을 불허하는 업적이었지요.

기원전 342년 필리포스 왕이 그를 초대합니다. 최고의 석학인 친구에게 어린 아들 알렉산드로스의 교육을 부탁한 겁니다. 떠돌이 신세로 지내기보다 왕궁의 유리한 조건에서 연구를 계속할 수 있으니 얼마나 좋은 기회였겠어요. 아리스토텔레스는 펠라로 돌아갑니다. 그리고 거기서 한 3년 정도 알렉산드로스를 가르쳤다고 전해져요.

**오, 알렉산드로스 대왕의 스승이 아리스토텔레스라니요. 세종대왕의 스승이 공자님이신 셈이네요.**

네, 그러나 실제로 왕자에게 적절한 교육이었는지는 의문입니다. 당시 왕자 나이가 13세~15세, 지금의 중학생 나이인데, 중학생을 대학 교수가 가르친 셈이죠. 실제로 알렉산드로스 대왕의 삶이나 통치 과정을 보면 스승의 영향이 거의 나타나지 않거든요. 결과적으로 보면 특별히 의미 있는 교육은 아니었던 것 같아요.

하지만 이 인연은 아리스토텔레스로서는 값진 것이었습니다. 나중에 알렉산드로스가 왕이 되어 그리스 전역을 점령하게 되자 아리스토텔레스는 그의 후원을 받아 다시 아테네로 돌아올 수 있었어요. 기원전 335년경이죠.

그는 아테네에 오자마자 아카데미아를 본떠 학교를 세웁니다. 아폴론 신전 경내에 있는 뤼케이오스$^{lykeios}$정원에 세웠다고 해서 '뤼케이온$^{lykeion}$'이라고 불렀습니다. 이후 860년간 존속하며 고대 세계의 고등 교육 기관으로서 플라톤의 아카데미아와 쌍벽을 이루게 되죠.

플라톤과 아리스토텔레스, 두 사람 모두 사학의 설립자였군요.

그런 셈이에요. 아리스토텔레스는 책을 아주 좋아했어요. 그리스 전역에서 책을 모아 도서관을 세우고, 또 세계 최초의 자연사 박물관도 설립했습니다. 제국의 대왕이 된 옛 제자 알렉산드로스는 스승을 위해 제국 각지에서 책과 생물 표본을 골라 뤼케이온으로 보내주었습니다. 그 업무를 전담하는 관료가 따로 있었다고 하니 옛 제자의 후원이 대단했다는 것을 알 수 있습니다.

뤼케이온에는 지붕을 덮은 산책로가 있었어요. 아리스토텔레스와 제자들은 산책로를 거닐며 가르침을 전하고 배웠다고 하죠. 그래서 아리스토텔레스의 학파를 '소요학파'라고 불러요.

**'소요'라는 말은 이리저리 슬슬 거닐며 돌아다닌다는 뜻이죠?**

그렇습니다. '페리파토스peripathos학파'라고도 하는데, '이리저리 거닐다'라는 뜻을 가진 그리스어 '페리파테인peripathein'에서 온 말이죠. 공자님 말씀에 천하의 영재들을 모아 가르치는 것은 참으로 즐거운 일이라고 했는데, 뤼케이온 시절 아리스토텔레스가 딱 그랬습니다. 제국의 지배자가 후원해 주고 뛰어난 제자들이 모여 열심히 배우고 연구 동료로 활동했으니 학자로서는 더할 수 없이 행복한 나날이었죠. 아리스토텔레스의 학문적 업적은 대부분 이 시기에 나왔습니다. 다양한 학문 분야에서 이제까지 볼 수 없었던 지식이 폭발적으로 산출된, 생산적인 시기였어요.

그러나 늘 그렇듯이 행복한 시간은 금방 지나가기 마련입니다. 기원전 323년 33세의 젊은 나이에 알렉산드로스 대왕이 사망합니다. 아리스토텔레스의 가장 든든한 후원자가 사라진 거죠. 아테네는 당장 독립을 원했고 마케도니아에 우호적이었던 인사들을 숙청하기 시작했습니다. 아리스토텔레스도 불경죄로 기소됩니다.

**알렉산드로스의 선생이었으니까 어찌 보면 당연한 일이네요.**

일찍이 아낙사고라스와 프로타고라스, 그리고 소크라테스도 똑같은 죄목으로 기소되었죠. 소크라테스는 고향을 저버리지 않고 재판에 임했다가 사형당했지만, 아리스토텔레스는 미련 없이 아테네를 떠납니다. 재판이 열리기 전에 조용히 탈출했던 겁니다. 학자로서 최고의 행복을 맛보았던 뤼케이온 생활이 12년 만에 그렇게 막을 내렸어요.

아테네인들이 철학에 두 번째로 죄를 짓지 않게끔 하기 위해서!

이건 아리스토텔레스가 아테네를 떠나며 한 말입니다. 자신의 도피를 철학을 위한 것으로 표현하고 있죠. 또 자신에 앞서 소크라테스를 희생시킨 아테네 사람들을 비난하는 것이기도 합니다.
아테네를 떠나 어머니의 고향인 칼키스 섬에 정착했는데, 1년 만에 위장병으로 사망하고 말았어요. 대학자의 말년이 도피와 낯선 환경, 갑작스러운 병으로 마무리되었다는 점이 못내 아쉽죠.

### 파피루스에 핀 곰팡이

아리스토텔레스는 방대한 저술을 남겼어요. 그 가운데는 대중을 위해 쉽게 쓴 대화록 형식의 저술도 있었습니다. 문장이 아주 매력적이었다고 해요. 로마 시대 문장가 키케로가 "언사의 황금의 강"이라며 칭송했으니 정말 대단했던 모양입니다. 하지만 아쉽게도 이 대화록들은 전해지지 않아요.
지금 우리가 가지고 있는 그의 저작들은 대부분 뤼케이온 시절에 작성된 강의 노트입니다. 아리스토텔레스 자신이 쓴 것일 수도 있고 강의를 들은 제자들이 받아 적은 것일 수도 있어요. 어느 쪽인지 확실치 않지만, 강의 노트라서 그런지 문장이 간결하고 무미건조해요. 반면 내용은 아주 치밀하고 분석적이죠. 이런 연유로 아리스토텔레스의 글은 정말 어려워요.

처음부터 책으로 펴내려고 쓴 게 아니군요.

네, 그렇죠. 게다가 사라진 원고도 많아요. 추정컨대 남아 있는 건 원래 저술의 삼 분의 일 정도인 것 같아요. 또 세월이 흐르면서 아리스토텔레스의 견해가 미묘하게 달라지는 바람에 앞뒤가 안 맞는 구절도 많아요. 그래서 읽고 이해하기가 더 어려워진 거죠. 어쨌든 그는 엄청난 양의 두루마리 뭉치를 남겼어요.

남아 있는 작품도 꽤 되는 거로 아는데, 그것보다 소실된 게 많다니, 원래는 어마어마했겠어요.

그랬을 겁니다. 그런데 그가 아테네에서 급히 도망친 바람에 그 방대한 양의 두루마리들은 제대로 관리가 되지 않았어요. 이리저리 떠돌다 마침내 어느 지하 창고에 묻혀 잊히고 맙니다.
어둡고 축축한 지하실 구석에서 벌레와 곰팡이와 습기에 삭으며 200년이 넘도록 방치되어 있었어요. 그러다 기원전 1세기에 한 서적 수입가가 이 원고들을 발견합니다. 기적 같은 일이죠.

천만다행이네요. 발견하지 못하고 그냥 묻혀버렸다면, 아리스토텔레스의 학문적 성과가 모두 사라질 뻔한 거잖아요?

그러게 말입니다. 이 원고 뭉치는 원정 왔던 로마군에 의해 로마로 옮겨지고 드디어 원고의 진가를 제대로 아는 인물을 만나게 됩니다. 로도스 출신의 안드로니코스라는 사람인데 이 사람이 원고를 내용에 따라 분류해서 '아리스토텔레스 전집Corpus Aristotelicum'이라는 제목으로 출판하게 됩니다. 이것을 보통 로마 판본이라고 부릅니다.

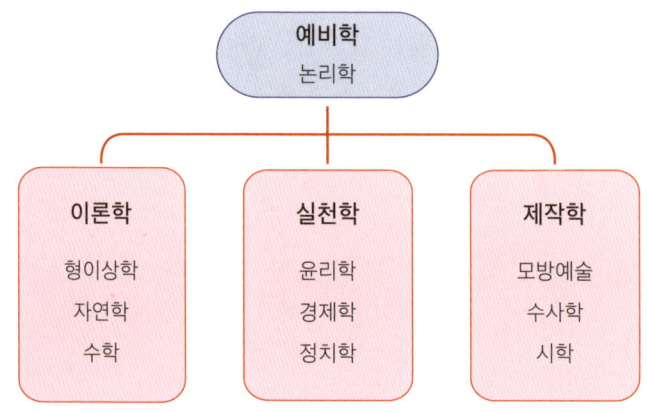

로마 판본에 따른 아리스토텔레스의 학문 분류 체계

로마 판본은 크게 4부분으로 되어 있어요. 그렇게 분류한 근거는 아리스토텔레스에게서 왔습니다. 『형이상학』 6권 1장에서 그는 인간의 활동을 안다·행한다·만든다로 나누고 인간의 지식도 이론적 앎·실천적 앎·제작적 앎으로 나눕니다. 이에 맞춰 로마 판본은 학문을 이론학·실천학·제작학으로 삼분합니다. 이론학은 지식 자체를 목적으로 하는 앎이고, 실천학은 실천적 지혜를 탐구하는 학문이며,

제작학은 기술적 지혜를 탐구한다고 합니다. 또 학문의 방법론으로서 논리학을 별도로 구분했습니다.

19세기에 문헌학자 임마누엘 베커가 추가로 발견된 아리스토텔레스 저작을 보충하여 새로운 전집을 발간했는데, 이것이 현재 우리가 표준으로 삼는 판본입니다. 간단히 베커판본이라고 줄여서 부르죠.

왼쪽 그림은 베커 판본의 184쪽입니다. 『소피스트 논박』이 끝나고 『자연학』이 시작하는 부분이에요.

**1831년 베커판 아리스토텔레스 전집 184페이지**
위는 『소피스트 논박』의 끝부분이고, 아래는 『자연학』의 첫 페이지다.

아리스토텔레스를 인용할 때 페이지 번호는 보통 184a9 또는 184b12, 이런 식으로 붙입니다. a는 왼쪽 문단, b는 오른쪽 문단을 뜻해요. 즉 '184a9'는 '184쪽 왼쪽 문단 9행'을 뜻하고, '184b12'는 '184쪽 오른쪽 문단 12행'을 말하는 거죠.

요즘 나오는 책들은 현대식 편집을 따르지만, 본문 옆에 베커 판본을 기준으로 페이지 번호를 표시합니다. 그래야 연구자들끼리 소통이 잘 되니까요. 우리도 그렇게 인용할 거예요. 이제 준비가 되었으니, 아리스토텔레스의 철학에 대해 본격적으로 살펴보죠.

## 오르가논

아리스토텔레스 철학으로 들어가는 출발점은 아무래도 논리학이 좋겠습니다. 논리학은 사유와 추론의 규칙을 다루는데 그래서 학문의 방법론이라고도 합니다. 전통적으로는 예비학문이라고 불렀어요. 이는 오늘날 대학의 기초 교양 과목과 비슷한 뜻입니다. 요즘도 대학에서 논리학을 가르치죠?

네, 저도 교양 수업으로 논리학을 배웠는데 어렵기도 하고 재미있기도 했던 생각이 나요.

사실 논리학이라는 이름은 아리스토텔레스가 붙인 것이 아닙니다. 로마 판본에서는 논리학 저서들을 묶어서 '오르가논$^{organon}$'이라고 이름을 붙였어요. 원래 도구나 수단을 일컫는 말로, 여기서는 학문의 도구나 수단, 즉 학문의 방법론이라는 뜻이에요.
그러다 기원후 2세기에 아프로디시아스 출신의 알렉산드로스라는 학자가 그 저작들을 '말 혹은 사유$^{logos}$의 규칙을 다루는 학문'이라는 뜻으로 '로기케$^{logike}$'라고 불렀어요. 이 단어가 전해져서 오늘날 '논리학$^{logic}$'이 된 거예요.
아리스토텔레스 논리학은 정말 아름다운 이론입니다. 이전에는 사유의 규칙을 다룬 사람이 없었어요. 그야말로 바닥에서부터 혼자 쌓아 올린 거죠. 그런데도 이렇게 정교하고 완벽한 체계를 세웠으니 정말 놀라운 일입니다. 18세기 철학자 칸트는 이렇게 적었어요.

> 논리학이 아주 오랜 옛날부터 이런 확실한 길을 걸어왔다는 사실은, 그것이 아리스토텔레스 이래로 한 발짝도 후퇴하지 않은 것을 보아도 알 수 있다.
>
> ─ 칸트, 『순수이성비판』 B viii

이 글에서도 나타나듯이 아리스토텔레스의 논리학은 절대적 진리로 여겨졌습니다. 칸트 이후 논리학이 발전하면서 오늘날은 훨씬 복잡해졌지만, 그 바탕은 여전히 아리스토텔레스의 이론입니다. 2500년 동안 권위를 유지한 셈인데, 정말 대단하죠?

### 범주

아리스토텔레스 논리학에서 가장 유명한 것은 아마 삼단논법일 겁니다.

오, 삼단논법! 저도 알아요. "모든 사람은 죽는다, 소크라테스는 사람이다, 따라서 소크라테스는 죽는다!" 이런 거죠?

잘 아시네요. 그 예문도 아리스토텔레스가 직접 만든 거랍니다. 그는 명제 형식을 분류하고, 타당한 삼단논법의 조건을 섬세하게 탐구했어요.
이것도 상당히 재미있는 주제지만, 우리는 그의 존재론에 관심을 가지고 있으니까요. 여기서는 삼단논법의 창시자라는 점만 말씀드리고 갈게요.
그의 논리학에서 존재론과 관련된 중요한 개념은 '범주'입니다.

범주요? 그 말도 자주 듣는 말인데, 아리스토텔레스가 다루었다는 건 몰랐네요. 그런데 범주가 정확히 무슨 뜻이에요?

그리스어로는 '카테고리아 kategoria'라고 하는데요. '법정에 누구를 고발하다'라는 뜻의 동사 '카테고레인 kategorein'에서 온 말입니다.
고발이 들어오면 먼저 죄목을 정해야 하죠. 형사죄인지 민사죄인지, 생명에 관한 것인지 재물에 관한 것인지 따위를 구분하고 분류해야 합니다. 이런 식으로 정해진, 성질이 같은 것들의 부류나 범위를 범주라고 해요.

그러면 수학 시간에 배운 집합하고 비슷한가요?

그렇게 볼 수도 있죠. 그러나 아리스토텔레스는 보다 전문적인 의미를 부여합니다. 그에 따르면 범주는 '최고의 술어'예요.

'최고의 술어'요? 그건 어떤 의미일까요?

예를 들어 이런 문답을 생각해 보죠.

[문답 1]  A : 이것은 꽃이다.
　　　　　B : 꽃은 무엇인가?
　　　　　A : 꽃은 일종의 식물이다.
　　　　　B : 식물은 무엇인가?
　　　　　A : 식물은 양분을 섭취하고 생장하는 실체다.

여기서 A의 주장을 보시면요, 술어 자리에 '꽃이다', '식물이다', '실체다' 이런 말이 나옵니다. 이제 마지막에 사용된 '실체'에 대해 또 묻는다면 이렇게 되겠죠.

　　　　　B : 실체는 무엇인가?
　　　　　A : 실체가 실체지 달리 어떻게 설명해?

아리스토텔레스에 따르면 "실체란 무엇인가?"라는 질문에는 답을 할 수 없다고 합니다. 실체를 설명할 수 있는 다른 술어가 없다는 말이지요. 따라서 실체는 'x는 무엇인가?'를 연속적으로 물어보는 질문의 계열에서 맨 마지막에 등장하는 술어라는 거예요.
이것을 아리스토텔레스는 '최고의 술어' 혹은 '최종적인 술어'라고 표현한 겁니다. 이 최고의 술어가 곧 범주예요. 지금 연속적인 질문을 통해서 '실체'라는 범주를 찾아낸 것이죠.

맨 마지막에 나오는 술어가 범주로군요.

그렇습니다. 범주에는 실체만 있는 건 아니예요. 이번에는 다른 문답을 한번 보시죠.

[문답 2] A : 이 꽃은 분홍빛이다.
B : 분홍빛은 무엇인가?
A : 분홍빛은 일종의 색이다.
B : 색은 무엇인가?
A : 색은 우리 시각에 대응하는 사물의 질質이다.

이 문답에서 마지막에 등장하는 술어는 '질'입니다. 따라서 '질'도 하나의 범주예요. 이런 식으로 하면 범주가 여럿 나오는데요. 아리스토텔레스는 총 10개의 범주가 있다고 합니다. 그 10개를 적어보면 이렇습니다.

**실체**(사람, 책상, 책), **양**(하나, 둘), **질**(흰), **관계**(보다 큰), **장소**(집에서), **시간**(어제), **상태**(앉아서), **소유**(~를 가진), **능동**(~하는), **수동**(~되는)

재미나네요. 그러면 어떤 말로 시작하든, 앞서 문답식으로 따라가면 이 10개 중의 하나로 끝나는 거죠?

네, 그래요. 범주는 겹치지도 않고, 서로 환원되거나 종속되는 일도 없어요. 다 따로따로인 거죠. 그러니 최종 술어는 이 10개 중의 어느 하나로 끝나게 됩니다.
그런데 이처럼 다양한 범주가 있지만, 엄밀하고 완전한 의미에서 존재한다고 할 수 있는 것은 단 하나예요. 바로 실체입니다.

## 실체

실체라는 말도 참 자주 쓰는 말이네요. 그러고 보니 아리스토텔레스의 용어를 우리가 참 많이 사용하나 봐요. 요즘엔 '실체'를 밝힌다, 뭐 그런 표현으로 쓰는데, 아리스토텔레스는 어떤 의미로 썼나요?

일단 그리스어로는 '우시아$^{ousia}$'입니다. 직역하면 '존재하는 것'이라는 뜻이고요. 그러나 이렇게 용어만 봐서는 뜻을 알기 어렵죠. 이럴 때는 정의를 살펴보는 게 도움이 돼요.
아리스토텔레스가 내린 실체의 정의는 이렇습니다.

> 실체 : 서술어로 쓰이지 않고 주어로만 쓰여서 다른 것이 그것에 관해 서술되는 것

오, 정의라서 그런지 까다로운데요?

그렇죠? 그래도 이 정의를 정확히 파악하는 게 도움이 돼요. 그래서 제가 예문을 좀 가져왔는데요.

- **소크라테스**는 **사람**이다.
- **사람**은 이성적 **동물**이다.
- **동물**은 생장하며 이동 가능한 **실체다**.

여기서 '사람'이나 '동물'이라는 단어를 보시면, 어때요, 주어로도 쓰이고 술어로도 쓰이죠? 술어로도 쓰이니 앞서 말씀드린 정의에는 맞지 않죠. 따라서 사람이나 동물은 실체가 아니에요.
그런데 보시면 주어로만 쓰인 단어도 있죠?

네, '소크라테스'요.

맞아요. '소크라테스'는 주어로만 쓰이고 있어요. 다른 술어를 가져와서 소크라테스에 대해 설명할 수는 있지만 소크라테스가 술어가 되는 법은 없죠. 앞 페이지의 정의에서 주어로만 쓰인다는 말이 이 뜻이에요.

그렇군요. 주어는 되지만 술어는 될 수 없다는 말이네요.

문제는 주어로만 쓰이는 게 뭔지 가려내는 거겠죠. 주어와 술어를 비교하면, 주어는 술어보다 범위가 작아야 해요.
"사람은 이성적 동물이다"에서 사람은 동물보다 범위가 작고 "소크라테스는 사람이다"에서 소크라테스는 사람보다 범위가 작죠. 그러니까 주어로만 쓰이려면 범위가 가장 작아야 해요. 이런 건 개별적인 사람이나 개별적인 사물이라야 하죠.
결국 아리스토텔레스가 말하는 실체는 눈에 보이는 하나하나의 사물들, 즉 개별자예요. 철알못님도 실체고요. 저도 실체예요. 이 책상, 저 꽃, 그 강아지, 남대문, 석가탑, 이런 것들이 실체입니다.

아, 그러니까 따로따로 실제로 존재하는 것이군요.

맞아요. 조금 더 부연하자면 실체는 두 가지 특징이 있어요.
첫째로 실체는 '이것', '저것' 이렇게 지시 가능해야 합니다. 그러려면 눈에 보이고 시공간 상에 존재해야 하겠죠. 즉 구체적인 개별 사물이라야 해요.
두 번째로는 실체끼리 분리가능하고 독립적으로 존재해야 합니다. 지금 책상 위에 꽃이 놓여 있는데 책상과 꽃은 서로 분리시킬 수 있고, 그렇게 분리해도 각자 존재하겠죠. 이처럼 다른 사물에 의존하지 않고 자립적으로 존재하는 것이 실체입니다.

## 실체와 속성

그런데 실체는 실제로 존재하는 것이라고 소개하고 보니 조금 부연할 필요가 있는 것 같아요.
가령 이 꽃을 보세요. 이 꽃은 실체죠. 그런데 이 꽃이 갖는 여러 특징이 있어요. 분홍색이고 향기롭고 송이가 크죠. 이런 특징들을 보게 되는데, 어떨까요? 이런 특징들도 '존재'하는 걸까요?

**어, 그게, 뭐라고 해야 할까요? 눈에 보이니 존재하는 것 아닌가요?**

제가 너무 갑자기 물어봐서 잠시 당황하셨죠? 맞아요. 당연히 존재합니다. 그런데 아리스토텔레스는 실체가 존재하는 방식과 이런 특징들이 존재하는 방식이 조금 다르다고 말해요.
실체는 다른 것에 의존하지 않고 독립적으로 존재하지만, 이런 특징들은 실체에 의존해서만 존재한다고 해요. 그러니까 실체에 속하는 특성으로만 존재한다는 거죠. 이런 의미에서 이 특징들을 '속성'이라고 부릅니다.
실체와 속성의 관계는 그릇에 비유할 수 있어요. 그릇에 이것저것 담듯이 실체에 속성들이 담기는 거죠. 그릇 역할을 하는 실체가 사라지면 그 안에 담긴 속성들도 사라지게 돼요. 하지만 담긴 내용물이 달라져도 그릇 자체는 영향받지 않고 그대로 존재하겠죠.

**그럼 존재한다는 말이 실체처럼 자체로 존재한다는 뜻일 수도 있고, 속성처럼 의존해서 존재한다는 뜻일 수도 있겠네요.**

그렇죠. 속성이 실체에 의존해서만 존재한다는 건 아리스토텔레스 특유의 생각입니다. 플라톤이라면 다르게 볼 거예요. 플라톤이 이 꽃을 본다면, 분홍색이 이 꽃에 의존해서 존재하는 게 아니라, '분홍의 이데아'에 참여함으로써 존재한다고 할 거예요. 분홍색을 떠받쳐

주는 게 이 꽃이 아니라 이데아라고 보는 거죠.
하지만 아리스토텔레스는 분홍색이 오직 '이 꽃의 분홍색'으로만 존재한다고 봅니다. 분홍 색깔은 이 꽃이라는 실체에 의존하며 실체 속에서만 존재한다는 거죠. 이 꽃이 사라지면 이 꽃의 분홍 색깔도 사라져요.

**속성이라는 개념이 나오니까 두 사람의 입장 차이가 확연히 드러나네요.**

맞아요. 속성을 얘기하다 보면 그런 차이가 자꾸 드러나죠. 다시 아리스토텔레스에게 돌아가면, 그는 한 걸음 더 나아가서 본질적 속성과 우연적 속성을 구분합니다.
사람을 예로 들면, 모든 사람이 공통으로 가지는 속성, 사람이 사람이기 위해서 반드시 가져야 하는 속성이 본질적 속성이에요. 아리스토텔레스는 "인간은 이성적인 동물"이라고 정의하는데요. 인간은 다른 동물과 달리 이성적이기 때문에 비로소 인간이라는 거죠. 여기서 '이성적임'이 바로 본질적 속성이에요.
이와 달리 우연적 속성은 말 그대로 우연히 가지게 된 특징을 말해요. 피부색이 흰지 검은지, 키가 큰지 작은지, 손가락이 가는지 굵은지, 이런 건 이럴 수도 있고 저럴 수도 있는 속성들이죠. 피부가 희면 인간이고 검으면 인간이 아니고, 그런 게 아니죠. 즉 본질과는 상관없는 속성이에요. 이런 걸 우연적 속성이라고 부릅니다.

꽃의 분홍색, 향기, 크기 이런 것도 다 우연적 속성이겠네요.

맞아요. 색이 다른 꽃도 있고 향기나 크기가 다른 종류도 많으니까요.
그런데 제가 방금 종류라는 말을 썼는데요. 이것도 아리스토텔레스의 용어예요. 이는 '종種, eidos'과 '유類, genos'가 합쳐진 말입니다.
'종'은 개별자들을 공통점에 따라 묶은 것으로, 가령 '사람', '개', '고양이' 같은 걸 말해요. '유'는 '종'들을 다시 묶어 분류한 것으로 '동물', '식물' 같은 거죠.
실체들은 본질적 속성에 따라 각기 특정한 '종'과 '유'에 속합니다. 가령 소크라테스는 '사람'이라는 종과 '동물'이라는 유에 속하죠.

'종'과 '유'는 본질적 속성과 관련되는 거니까 실체는 아니죠?

그렇습니다. 사람이라거나 동물이라는 건 소크라테스가 가지고 있는 속성 가운데 하나죠. 따라서 종과 유는 실체가 아니고 자체적으로 존재하지도 않습니다.
그런데 아리스토텔레스가 이 대목에서 헷갈리는 표현을 써요. 개별자를 '첫째 실체', 종과 유를 '둘째 실체'라고 부른 겁니다. 모두 다 실체라고 부르니 방금 실체가 아니라고 한 말과 모순이 됩니다. 그래서 이런 문제를 어떻게 받아들일지 연구자들도 곤혹스러워 해요.

그러게요. 앞에서는 아니라고 했다가 뒤에 와서는 왜 또 실체라고 불렀을까요?

한 가지 추측할 수 있는 단서는 앞서 우리가 나눈 문답에 있어요. 실체 범주를 찾아낼 때 사용한 문답, 기억하시죠? 거기 보면, 이것은 꽃이고, 꽃은 식물이고, 식물은 실체다, 그렇게 진행됩니다.
이게 실체 범주의 계열인데, 중간에 나오는 꽃이 종이고 식물이 유예요. 그러니까 이 꽃이 실체라는 걸 파악할 때, 종과 유가 연결 고리가 되는 거죠. 아마 아리스토텔레스는 이런 연결 고리의 역할을 강조하기 위해 '둘째 실체'라는 말을 쓴 것 같아요.

그럼 '둘째 실체'는 표현만 실체지, 실제로는 실체가 아니네요.

그렇긴 한데요. 앞서 아리스토텔레스가 중간에 생각이 바뀌기도 했다는 말씀을 드렸죠. 이 실체의 개념도 그런 것 중의 하나예요. 나중에는 개별자가 아니라 다른 것을 실체로 파악하기도 하거든요. 하지만 우리 이야기에서는 일단 실체를 첫째 실체인 개별적 사물을 부르는 용어로 생각하고 다음 이야기를 진행하려고 합니다. 그렇게 하는 것이 전체 줄거리를 파악하는데 용이하기 때문이죠.
이 주제에 관해 그가 던진 유명한 말이 있어요.

> 그리고 정말, 예나 지금이나 늘 묻지만, 늘 대답하기 어려운 물음은 이것이다. "있는 것은 무엇인가? 다시 말해 실체란 무엇인가?" (…) 그렇기 때문에 우리도 이 실체란 것이 무엇인지 특히 비중을 두어 집

중적으로 연구해야 한다.

― 아리스토텔레스, 『형이상학』 1028b3~8

아리스토텔레스의 존재론은 이 실체에 관한 연구입니다. 그가 실체를 설명하는 이론들은 여러 가지가 있는데요. 그 중에 중요한 것으로는 질료-형상설, 4원인설, 가능태-현실태 이론 등이 있어요. 이제 이것을 따라가며 실체에 대한 그의 생각을 알아보기로 하죠.

## 질료와 형상

우리 철알못님, 어릴 때 찰흙 놀이 해보셨죠?

그럼요. 찰흙 반죽으로 인형도 만들고 그릇도 만들고 많이 해봤죠.

찰흙 놀이는 찰흙을 재료로 해서 사물의 모양을 빚어내는 거잖아요? 그런데 아리스토텔레스는 모든 사물이 그런 식으로 만들어진다고 봤어요. 즉 어떤 재료에 특정한 모양을 부여해서 사물이 생겨났다고 본 거죠.
가령 조각품은 대리석이라는 재료에 사람의 모습을 부여한 것이고요. 빵은 밀가루라는 재료에 둥근 모양을 넣어서 만드는 거죠.
이때 쓰인 재료는 '질료$^{hyle}$'라고 부르고 모양은 '형상$^{eidos}$'이라고 부릅니다. 그래서 모든 실체는 질료와 형상이 결합된 복합체라는 주장을 펼쳤습니다. 이를 '질료-형상설'이라고 해요.

모양이 형상이에요? 형상은 플라톤에서 이데아랑 같은 말이었는데 아리스토텔레스에서는 그냥 모양인가요?

네, 그래요. 아리스토텔레스는 플라톤과 좀 다른 뜻으로 썼어요. 형상을 뜻하는 그리스어 '에이도스<sup>eidos</sup>'는 원래 '본다'라는 뜻의 동사 '에이데인<sup>eidein</sup>'에서 왔어요. 그래서 어원적으로는 '눈으로 바라본 모습' 내지는 '형태'라는 뜻입니다. 아리스토텔레스는 이런 어원적 의미에 촛점을 맞춰 사용했죠.
그렇다고 단순한 겉모습을 말하는 것이 아니라 사물의 여러 부분이 기능적으로 연결되는 구조에 관심을 두었어요. 그래서 '형상'을 '사물의 기능적 형태' 라는 뜻으로 받아들이면 좋을 것 같아요.

그런 뜻이라면 확실히 이데아와는 다르군요.

그렇습니다. 아리스토텔레스는 형상의 뜻을 부연하면서 "각자의 형상"이라는 말도 썼어요. 소크라테스는 소크라테스의 모습이 있고 플라톤은 플라톤의 모습이 있잖아요? 그것처럼 개별적인 실체가 가지고 있는, 그것만의 특별한 모습이 형상이에요.
반면에 이데아는 모든 사람에게 공통되는 보편적인 특성이잖아요? 그러니까 아리스토텔레스의 형상은 이데아와는 다르죠.
그런데 질료 형상설에는 재미난 포인트가 하나 있어요. 이게 항상 고정된 것이 아니라 사물을 어떤 수준에서 보느냐에 따라 질료와 형상이 달라진다는 거예요.

가령 신체의 기관器官을 실체로 보면, 그 질료는 물·불·흙·공기 같은 4원소이고 형상은 그것들이 결합하는 방식이죠. 그런데 몸 전체를 실체로 보면, 그때의 질료는 좀 전에 생겨난 기관들이고요. 형상은 기관들이 유기적으로 결합하는 방식이에요. 거기서 조금 더 나가서 이번에는 사람 자체를 실체로 보면 그 질료는 몸이고 형상은 영혼, 즉 몸을 움직이게 하는 원리인 영혼입니다.

이처럼 실체를 어떤 수준에서 보느냐에 따라 질료와 형상이 그때그때 다르게 정의되는 거예요.

이전 단계에서 질료와 형상의 결합체였던 것이 다음 단계에서는 질료가 되는 그런 방식이로군요.

네, 그렇게 맥락에 따라 유연하게 적용되다 보니 가끔 혼동이 생기기도 하고 어려워지기도 한답니다. 여하튼 아리스토텔레스의 요점은 모든 실체가 질료와 형상의 복합체라는 거죠.

## 4원인설

두 번째로 살펴볼 이론은 '4원인설'입니다. 이걸 이해하려면 우선 '원인'이라는 말에 좀 주목해야 하는데요. 우리 철알못님은 '원인'이라는 말을 들으면 어떤 생각이 나세요?

원인요? 그건 제가 좀 알죠. "모든 변화에는 원인이 있다", 인과율의 법칙. 그 이야기죠?

그렇게 말씀하실 것 같았어요. 그게 오늘날 현대인들이 보통 생각하는 '원인' 개념이거든요. 근대 과학의 영향으로 '원인'을 주로 물리적인 의미로 이해하곤 하죠.

그런데 아리스토텔레스가 생각한 '원인'은 개념이 조금 다릅니다. 그는 "왜?"라는 물음에 대해 대답으로 제시할 수 있는 걸 원인이라고 봐요.

가령, 소크라테스가 지금 아고라를 가로질러 걸어간다고 해봐요. 그리고 "소크라테스는 왜 걷고 있는가?"를 묻는다고 해보죠. 어떤 답을 할 수 있을까요?

물론 정답은 없습니다. 여러 가지 대답이 나올 수 있죠. "근육과 골격이 걷기에 적당하니까"라고 답할 수도 있고요. "가고 싶은 데가 있으니까"라는 답도 가능해요. 또 "건강을 위해 운동하는 중이니까"라는 것도 답이 됩니다. 이런 것들이 다 그가 말하는 '원인'입니다.

인과율의 원인보다 의미가 더 다양하네요.

그렇습니다. 왜 걷는지를 다양한 관점에서 따져볼 수 있는데, 그걸 설명하는 답변들이 모두 원인이라고 본 거죠.

**제자를 가르치고 있는 아리스토텔레스, 9세기, 런던 대영도서관**
아리스토텔레스의 동물에 관한 연구로는 『동물지』, 『동물부분론』, 『동물생성론』 등이 있다. 이 그림은 그의 동물학 저서의 아랍어 번역본에 실린 삽화로 아리스토텔레스가 검은 피부로 그려져 있다. 로마 시대 이후 서양에는 아리스토텔레스의 논리학 저서 정도가 겨우 알려져 있었다. 반면 이슬람 문화권에서는 그의 저서 전체를 수용하고 연구하여 그의 학문 체계 전반을 파악하고 있었다. 서양은 훨씬 나중인 12세기에 들어서야 이슬람의 선진 문명을 전수받으면서 아리스토텔레스와 재회하게 된다.

사실 '원인'이라는 번역이 좀 너무 강하지 않나 하는 논의가 있어요. 원인이 그리스어로 '아이티아$^{aitia}$'거든요. 이게 물리적인 원인과는 다른 차원의 단어니까, '원인' 대신 '까닭'이나 '설명' 같이 좀 포괄적인 말로 번역하자는 연구자들도 있어요. 우리 말에 딱 들어맞는 단어가 없어서 그런 논의를 하게 된 거죠.

우리는 관례에 따라 '원인'으로 번역할 건데요. 그렇더라도 그 의미가 "왜?"라는 질문에 대한 적합한 설명 정도의 뜻이라는 걸 기억해 주면 좋겠어요.

아리스토텔레스는 '원인'의 의미를 규정하기 위해 원인을 표현하는 형식을 제시했습니다. 이런 거예요.

S는 P이다. 왜냐면 S가 M이기 때문이다.

이런 식으로 설명할 때, M에 들어갈 내용이 '원인'입니다. M에는 여러 가지가 들어갈 수 있지만, 그걸 분류해보면 결국 4가지 유형으로 나뉜다고 합니다. 이 4가지가 바로 '4원인'이에요.

**어떤 것들이 있어요?**

전통적으로 부르는 이름으로는 질료인·형상인·작용인·목적인, 이렇게 넷입니다.

질료인은 사물을 구성하는 질료의 특징으로 인한 원인이고요. 형상인은 사물의 형태적 특성으로 인한 원인입니다. 작용인은 외부에서 그 사물에 끼친 영향이고요. 목적인은 말 그대로 지향하는 목적을 말해요.

예문을 좀 만들어 볼까요?

(1) 이 컵은 잘 깨진다.

　　왜냐면 유리로 만들었기 때문이다.　　…… **질료인**

(2) 이 현은 저 현보다 1옥타브 높은 소리가 난다.

　　왜냐면 두 현의 길이 비가 1 : 2이기 때문이다.　　…… **형상인**

(3) 돌멩이가 하늘로 솟구쳤다.

　　왜냐면 아킬레우스가 그것을 던졌기 때문이다.　　…… **작용인**

(4) 소크라테스는 체력단련을 한다.

　　왜냐면 그는 건강을 유지하려 하기 때문이다.　　…… **목적인**

각 예문에서 "왜냐면"에 이어서 나오는 부분이 앞 문장을 설명하는 원인이에요.

정말 약간씩 관점이 다른 설명이네요.

그렇죠? 이 가운데 작용인에 대해 조금 부연하고 싶은데요. 작용인이 앞서 말씀하신 물리적 원인과 유사한 측면이 좀 있습니다. 이 예문에서도 아킬레우스의 힘이 돌멩이에 전달되고 이로 인해 운동이 일어났다고 설명하니까요.

하지만 작용인이 반드시 그런 물리적 원인이라야 하는 건 아니에요.

물리적인 인과관계에서는 원인이 결과에 앞서야 해요.
그런데,

> 시소의 한쪽 끝이 올라갔다.
> 왜냐면 다른 쪽 끝을 내리눌렀기 때문이다.

이 경우에 다른 쪽 끝을 누른 작용과 맞은 편이 올라간 현상은 동시에 발생하죠. 물리적 인과 작용이 아니지만, 아리스토텔레스적 관점에서는 작용인에 해당합니다.
또,

> 이 건물은 아름답다.
> 왜냐면 페이디아스가 설계했기 때문이다.

페이디아스$^{Pheidias}$는 고대 그리스 최고의 조각가이자 건축가로 알려진 인물인데요. 여기서 그는 건물을 설계하고 지휘만 하지 직접 물리적인 힘을 제공하지는 않아요. 따라서 물리적 원인이 아니죠. 하지만 여전히 작용인입니다.
이처럼 작용인은 물리적 원인도 포함하지만, 그보다 더 넓은 뜻으로 쓰이는 개념이란 걸 알 수 있죠.

그렇군요. 질문이 있는데요. 어떤 현상이든 늘 4가지 원인을 다 갖는 건가요?

꼭 그렇지는 않습니다. 유리컵이 깨지는 현상의 목적인이 무엇인지 설명하려면 좀처럼 마땅한 대답이 떠오르지 않죠. 이처럼 4원인설이 모든 현상에 4가지 원인이 있다는 걸 말하는 건 아니에요. 그보다는 "왜?"라는 물음에 답하는 다양한 관점이 있다는 점, 그리고 그 가운데 학문적으로 유의미한 관점이 어떤 것인지를 확정한다는 점, 이런 점이 4원인설의 의의라고 볼 수 있어요.

실제로 아리스토텔레스 이후의 철학에서는 그가 4원인설을 통해 규정한 관점에 따라 논의가 이루어집니다. 가령 신 존재 증명을 할 때도 목적인에 따른 증명, 작용인에 따른 증명, 이런 식으로 나뉘게 되죠.

## 가능태와 현실태

실체를 설명하는 세 번째 개념은 가능태와 현실태입니다. 우리 경험에 따르면 실체들은 끊임없이 변화하죠. 생성하고 소멸하고 운동합니다. 변화는 고대 그리스 자연철학이 해명하려는 중요한 주제이기도 했죠.

그런데 파르메니데스에서 보셨듯이 그리스인들은 "있는 것은 항상 있고, 있지 않은 것은 항상 있지 않다"라는 식으로 생각하곤 했어요. 있는 것과 있지 않은 것은 서로 통하지 않은 채 대립한다고 여긴 거죠.

하지만 변화란 있는 것이 있지 않게 되거나 혹은 그 반대로 되는 거잖아요? 따라서 변화를 설명하려면 '있다'와 '있지 않다' 사이의 이분법적인 대립을 넘어서야 했어요. 이를 위해서 아리스토텔레스가 내놓은 해결책이 바로 가능태와 현실태라는 개념입니다.

그건 어떤 내용이에요?

이런 이야기입니다. 김연아 선수는 피겨 스케이팅의 살아 있는 전설이지요. 지금은 은퇴해서 다른 활동을 하지만 언제라도 링크에 나가면 우아하고 멋지게 스케이트를 탈 수 있겠죠? 간단히 말해 그녀에게는 운동 능력이 잠재되어 있어요. 실제로 몸을 움직이면 그 능력이 발휘되어 현실화되겠죠.
아리스토텔레스에 따르면 사물의 변화도 이와 같습니다. 변화를 가능하게 하는 능력과 그것을 현실화하는 작용이 결합하여 변화가 일어난다는 거죠.

변화할 능력과 현실화하는 작용요.

그렇습니다. 그리스어로 운동 능력을 '뒤나미스$^{dynamis}$', 실제로 운동하는 활동을 '에네르게이아$^{energeia}$'라고 해요. 아리스토텔레스는 이렇게 운동 분야에서 쓰던 말을 그대로 가져와서 철학적 개념으로 사용했어요. 원뜻은 '능력'과 '활동'이지만, 철학에서는 '가능태'와 '현실태'로 번역합니다.
'가능태'는 변화의 능력이 있는 상태, 다시 말해 아직 X가 아니지만,

장차 X가 될 수 있는 능력이 내재한 상태입니다. '현실태'는 그런 능력이 발휘되어 이제 현실화된 상태를 말해요.

가령 씨앗이 자라 꽃이 되잖아요? 씨앗은 아직 꽃이 아니지만, 장차 꽃이 될 능력이 그 안에 들어있어요. 달리 말해 씨앗은 꽃의 가능태입니다. 한편 꽃은 씨앗의 능력이 실현된 결과물이죠. 즉 꽃은 현실태입니다.

이처럼 모든 사물은 현재의 모습으로만 머무는 것이 아니라, 장차 다른 무엇이 될 가능성을 가지고 있습니다. 장차 그 가능성이 실현되면 사물이 변화를 겪게 되는데, 이렇게 변화하면서 존재한다는 점이 사물의 존재 방식이라는 거죠.

아, 그런 거군요. 그럼 예를 들어 달걀은 닭의 가능태고, 닭은 그 가능성이 실현된 현실태인가요?

네, 정확히 그런 이야기입니다.
그런데 그 말씀을 하셔서 묻는 건데요. 닭이 먼저일까요? 달걀이 먼저일까요?

글쎄요. 그건 온 세상 사람이 아무도 모르는 심오한 문제 아닌가요?

만약 아리스토텔레스에게 물어보면 그는 분명히 "닭이 먼저!"라고 말할 거예요. 아무도 모르는 알쏭달쏭한 문제인데, 어째서 그러하냐? 아리스토텔레스는 세 가지 이유를 들어요.

첫째, 설명의 측면에서 현실태가 우선해요. 가능태를 설명하려면 반드시 현실태가 먼저 주어져야 한다는 거죠. 달걀을 설명할 때 '닭의 알'이라고 해야 하니 닭이 먼저 주어져 있어야 하지만, 닭을 설명할 때 굳이 달걀을 알 필요는 없다는 거죠.

둘째, 시간의 관점에서 현실태가 우선이라고 합니다. 간단히 말하면 닭이 달걀을 낳는다는 말인데요. 이에 대해서는 달걀에서 닭이 나온다고 반론할 수도 있을 법 하죠. 그러나 아리스토텔레스는 '종'으로서 닭이 먼저 정립되어야 닭-달걀의 변화가 시작할 수 있다고 보고 있어요.

셋째, 존재의 관점에서 현실태가 가능태에 우선합니다. 가능태는 단순한 질료로서 장차 무엇인가가 되어야 하고 그런 점에서 그 존재가 아직 실현되지 않은 미완의 상태예요. 반면 현실태는 질료에 형상까지 갖추어진 실체로서 더 완전하다는 거죠. 그런 의미에서 현실태가 가능태보다 우선이라고 봤던 거예요.

이런 것도 설명이 된다니 신기하네요. 첫째, 둘째, 셋째, 이렇게 딱 부러지게 설명을 하니 뭔가 그럴듯해요.

그게 아리스토텔레스가 학문하는 방식이죠. 개념에 따라 주제를 분류해가면서 탐구하고 설명합니다. 물론 닭이 먼저냐 달걀이 먼저냐를 따지진 않았지만요.

그보다 가능태와 현실태 이론은 아주 중요한 주제와 연결됩니다. 바로 목적이라는 개념입니다.

## 목적의 세계

여기서 질문을 하나 해보죠. 변화는 왜 일어나는 걸까요? 그러니까 가능태가 변화의 능력이긴 한데, 능력이 있다고 무조건 발휘되는 건 아니잖아요? 그렇다면 변화를 촉발하는 것, 변화의 능력을 실현하도록 이끄는 것, 그건 뭘까요?

그러게요. 그건 또 다른 문제네요.

아리스토텔레스는 그게 현실태라고 답했어요. 꽃이라는 현실태는 씨앗이라는 가능태가 변화를 통해 도달하고자 하는 최종 목적인데요. 바로 이 목적으로서의 현실태가 변화를 일으킨다는 거예요.

무슨 뜻이죠? 꽃이 씨앗에 물 주고 기르고 그런다는 이야기인가요? 뭔가 좀 이상해요.

그런 건 아니고요. 현실태인 꽃이 직접 작용하는 건 아니에요. 꽃은 목적으로서 그냥 가만히 있죠. 그런데 가능태인 씨앗이 꽃이 되고 싶어서 스스로 변화를 일으킨다는 겁니다.
아리스토텔레스가 자주 든 예는 '건강'입니다. 사람들은 건강을 위해 식사 조절도 하고 적절한 운동도 합니다. 건강 자체가 우리에게 그렇게 하도록 하는 게 아니라, 건강이라는 목적을 이루기 위해 우리 자신이 스스로 움직인다는 거죠.

그래서 정확히 말하자면, 변화를 촉발하는 건 목적에 대한 욕구예요. 씨앗도 꽃이 되고자 하는 욕구 때문에 싹을 틔우고 변화하기 시작한다는 거죠.

생각해 보니 저도 무언가를 할 때는 목적이 있어서 그렇게 하는 것 같아요.

아리스토텔레스는 이 세계의 모든 것이 목적을 향해 움직인다고 생각했어요. 게다가 목적을 향한 이 변화가 단 한 번으로 끝나는 것도 아니에요.
가능태인 씨앗이 발아해서 현실태인 나무가 됩니다. 그런데 이 나무를 자르고 다듬어 집을 지을 수 있어요. 여기서는 나무가 가능태이고 집이 현실태죠. 즉 나무는 씨앗의 현실태이면서 동시에 집의 가능태가 됩니다. 이처럼 가능태와 현실태는 연쇄적으로 이어져요. 달리 말하면 씨앗의 목적은 나무고, 나무의 목적은 집이고, 집의 목적은 사람이 사는 것입니다. 이처럼 세상의 모든 것은 단계적으로 고양되며 목적을 향하는 일련의 연쇄를 만들어요. 모든 사물은 그러한 목적의 연결 고리 가운데 어딘가에 위치하는 겁니다. 아리스토텔레스의 세계는 이렇게 목적으로 연결되어 있어요.

이 세상의 모든 것에는 나름의 목적이 있다는 말이군요.

바로 그 목적이 사물에 존재 의미를 부여합니다. 우리도 살아가면서 삶의 의미를 자주 묻곤 하는데, 이는 이런 목적론적 세계관을 받아들이기 때문이에요.

그리고 이렇게 목적에서 새로운 목적으로 이어지는 연쇄 작용은 결국 그 계열의 궁극적인 종착점을 떠올리게 하죠. 아닌 게 아니라 아리스토텔레스는 세상에 있는 모든 운동이 지향하는 단 하나의 궁극적인 목적이 있다고 봅니다. 그게 바로 "신"이에요.

### 부동의 원동자, 신

오호, 신요! 신이 나오니 뭔가 고차원적인 느낌인데요. 그리스 신화나 그리스도교의 신과는 다르겠죠? 그의 신은 어떤 존재인가요?

기본적으로는 방금 말씀드렸듯이 이 세상의 모든 목적 계열의 종착점에 위치하는 궁극적인 목적입니다. 그런데 앞에서 '목적인'이라는 말이 나왔었죠? 목적도 하나의 원인이에요. 그러니까 목적 계열은 동시에 원인 계열이기도 한 거죠. 신에 대해서 말한다면, 신은 세상 모든 변화의 궁극 목적이면서 동시에 최초의 원인인 거예요.

목적으로서는 궁극적이고 최종적이지만, 원인으로서는 최초인 셈이군요.

그렇습니다. 아리스토텔레스는 신을 그렇게 정의하고 이에 따라 몇 가지 특징을 끌어내요.

첫째는 신이 세상 모든 변화의 원인이지만, 자기 자신은 변화하지 않아요. 신은 최초의 원인이라서 자신을 변화하게끔 하는 다른 원인이 없거든요. 그래서 신 자신은 움직이지 않으면서 다른 것들을 움직이게 합니다.

이런 의미에서 아리스토텔레스는 신을 '부동不動의 원동자原動者'라고 불렀습니다. 그리고 세상의 모든 변화와 운동이 이 '부동의 원동자'에서 비롯한다고 봤어요.

아, 최초의 원인이니 정말 신 자신은 움직일 수 없겠네요.

이어서 신은 순수한 현실태로만 존재한다고 덧붙였어요. 변하지 않으니까 가능태를 함축하지 않죠. 그래서 신은 질료가 없고 물질적인 존재가 아니에요. 신은 신체가 없어요.

그런데 앞에서 현실태를 뜻하는 그리스어 '에네르게이아'의 원뜻이 운동선수의 '활동'이라고 했던 것, 기억하시죠? 신이 순수 현실태라는 말은 신이 어떤 종류의 활동을 한다는 말이에요. 하지만 신체적인 활동은 아니겠죠? 그럼 뭘까요?

그리스인들이 신의 본성에 가장 적합하다고 생각한 활동은 '사유'입니다. 사유는 비신체적이고 가장 지성적인 활동이기 때문이죠. 아리스토텔레스도 이에 동의합니다. 그래서 그는 신의 활동은 오직 '순수한 사유'라고 말합니다.

**신체가 없으니 사유 말고 다른 활동을 할 수 없겠네요.**

그렇죠. 그런데 신의 사유에는 특이한 점이 하나 있어요. 사유는 항상 무엇인가에 대한 사유거든요. 대상이 있는 거죠. 신적 사유도 마찬가지예요.

하지만 그 대상이 다른 사물일 수는 없어요. 만약 그렇다면 신이 다른 대상의 존재에 의존하게 되니까요. 따라서 신의 사유 활동이 대상으로 삼을 수 있는 것은 오직 하나, 신 자기 자신뿐이에요.

그런데 신은 사유하는 활동 자체거든요. 따라서 신이 자기 자신을 대상으로 사유한다는 말은 '자신의 사유 활동에 관한 사유'를 한다는 뜻이 되죠. 자신의 사유를 관조하면서 영원히 그 상태를 유지하는 것이 신의 본성입니다.

**오, 심오하네요. 자기 자신의 사유를 사유하는 존재라니요. 그러나 뭔가 확하고 감이 오지는 않아요.**

네, 저도 그래요. 그리스도교의 신처럼 역사적인 활동의 예가 없으니 더 그런 것 같아요.

그래도 자기 자신의 사유를 관조하는 신이라는 개념은 상당히 매력적이죠. 후대의 여러 철학 사조에서 이 개념을 수용합니다. 특히 신비주의 계열의 사상가들에게 깊은 영감을 불어 넣어 주었죠. 특히 그리그도교 철학이 성립하면서 관조하는 신이라는 생각이 주목을 끌게 됩니다. 이건 중세 철학을 소개할 때 또 말씀드리도록 할게요.

## 우주라는 팽이

그보다 더 시급히 따져볼 문제가 있어요. 신이 자기 자신만을 고요히 사유한다고 하면, 신은 대체 어떻게 사물들을 운동시키는 걸까요?

그러게요. 말씀을 듣고 보니 궁금하네요.

아리스토텔레스 체계가 성공하려면 이 문제를 잘 풀어야 하는데요. 그 해답은 우주론과 관련이 있습니다. 그래서 여기서 잠시 그의 우주 모델을 살펴보는 게 좋겠어요.
기원전 4세기는 아테네 천문학의 중흥기였어요. 플라톤 아카데미아는 천문학 연구의 요람이었죠. 당시 가장 탁월한 우주론 모델은 에우독소스가 내놓은 수정水晶 천구 모델인데요. 아리스토텔레스는 이 모델을 바탕으로 자신의 우주론을 펼쳤습니다.

투명한 하늘이 수정으로 된 천구라니, 너무 예뻐요.

네, 정말 멋진 이론이죠. 다음 페이지에 나오는 천체 모형 그림도 정말 예쁜 것 같아요. 이걸 보면서 말씀드릴게요.
아리스토텔레스에 따르면 우주는 하늘과 땅으로 이루어집니다. 땅은 우리가 사는 지구고요. 우주의 중심에 놓여 있어요.
하늘에는 9개의 수정 천구가 자리합니다. 그 천구에는 천체들이 놓

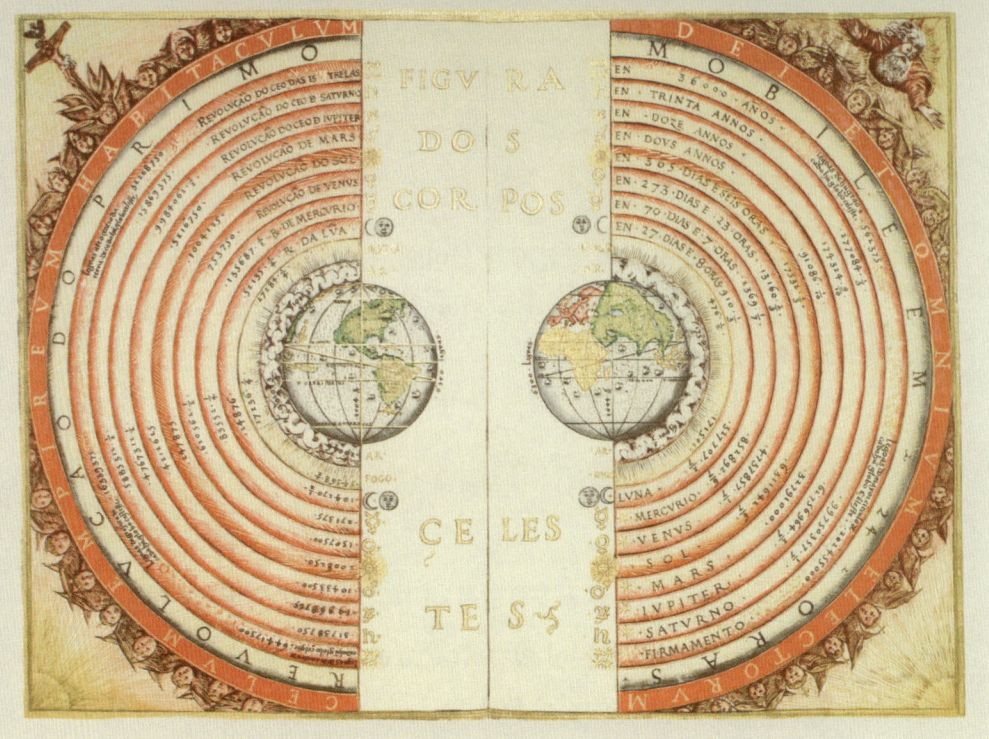

**아리스토텔레스의 천체 모형도, 바르톨로메우 벨로, 『코스모그라피아』에 수록된 일러스트, 1568년, 프랑스 국립 도서관** 우주의 한 가운데는 지구가 있고, 지표면의 흙과 물 주변으로 공기와 불이 에워싸고 있다. 그 바깥은 에테르로 충만한 공간인데, 그 속에서 천체들이 천구에 붙어 회전한다. 가장 바깥쪽에 위치한 '제1의 동자'(primo mobile)는 우주의 모든 운동의 시발점이다. 아리스토텔레스는 우주의 외부에 부동의 동자인 신이 존재한다고 했는데, 벨로는 그리스도교적 표상을 덧씌워 천사들과 성자와 성부를 그려 넣었다.

여 있는데요. 안쪽부터 달·수성·금성·태양·화성·목성·토성이 위치하고, 그 바깥에는 항성들이 붙어 있는 항성 천구가, 맨 바깥에는 종<sup>宗</sup>천구가 있습니다. 종천구는 우주를 감싸는 맨 바깥 천구로서 우주의 공간적 경계를 이룹니다. 여기까지는 에우독소스의 모델과 완전히 같은 설명이에요.

그렇군요. 그 모델에다가 자기 의견을 보탠 거군요.

그렇죠. 이제부터 그의 독창적인 아이디어가 나오는데요. 달 아래 세계, 그러니까 지구와 첫 번째 천구 사이의 공간은 물·불·흙·공기 4원소가 채우고 있어요. 이들은 불완전한 원소라서 달 아래 세계는 항상 변화와 운동이 일어나요. 이 운동은 생성에서 소멸을 향해 이어지는 직선 운동이라고 합니다.

이와 달리 달 위의 세계, 즉 천상 세계는 제5의 원소인 에테르가 채우고 있습니다. 에테르는 완전하고 신성한 원소이기에 천체는 생성 소멸하지 않고 부패하지 않으며 영원한 실체로 존재해요. 천구들은 완전한 도형인 원을 모방해서 회전 운동을 하며, 이것이 지상에서 볼 때 별들이 원을 그리며 도는 까닭이에요.

천구의 신성함과 완전함은 바깥쪽으로 갈수록 더 커져요. 가장 안쪽의 달은 그만큼 완전성이 떨어지는데, 달 표면이 얼룩진 것이 그 증거예요.

**흥미로운데요. 특히 우주의 가장자리가 있다니, 인상적이에요.**

오늘날 우주론과는 다르죠? 현대 물리학에서는 우주의 나이가 138억 년이라고 봅니다. 반면에 우주는 팽창하고 있어서 우리가 관측할 수 있는 우주 공간은 무한하다고 하죠. 우주는 시간적으로 유한하지만, 공간적으로는 무한해요.

하지만 아리스토텔레스는 정확히 반대로 생각합니다. 시간상으로 우주는 시작과 끝이 없이 영원하지만, 공간적으로는 경계가 명확하게 존재한다고 봤죠.

### 그러면 신은 어디에 있어요?

신은 우주의 외부에 있습니다. 왜냐면 종천구의 안쪽은 모두 운동의 세계인데 신만은 운동하지 않기 때문이죠.

### 그럼 우주 바깥에 있는 신이 우주 전체를 운동시켰다는 말이네요.

그렇습니다. 이제 그 문제를 살펴볼까요? 앞서 건강이 식이요법과 운동의 원인이 된다고 했었죠? 건강이라는 목적을 욕구해서 우리 자신이 움직인다는 설명이었는데요. 신이 세상을 움직이는 방식도 이와 같아요.

우주 만물 가운데 신에게 가장 근접한 것은 첫째 하늘, 즉 가장 바깥쪽 천구인 종천구입니다. 이것이 신의 완전함을 닮고자 욕구하면서 원형의 회전 운동을 시작해요. 원형 운동은 생각할 수 있는 움직임 가운데 가장 완전하다는 것이 당시 생각이었죠. 즉 신의 완전성을 흉내 낸 운동인 겁니다.

첫 번째 천구가 회전하면 나머지 안쪽의 천구들이 같이 회전합니다. 마치 팽이의 바깥쪽을 때리면 안쪽도 같이 도는 것과 같아요. 천구들의 움직임이 중심으로 전해지면 지상에 사계절이 생기고 대기가 순환하고 그 밖의 모든 변화가 연달아 일어나게 됩니다.

결국 신은 종천구의 목적인으로서 최초의 운동을 일으키는 거예요. 신 자신이 움직이지는 않지만, 우주 전체가 신을 욕구하여 움직인다는 점에서 신은 모든 운동의 원인인 거죠.

### 형이상학의 탄생

이렇게 해서 아리스토텔레스는 신을 정점으로 하는 우주 만물의 질서 정연한 체계를 선보였습니다.

말씀을 듣고 보니 모든 사물이 목적을 향해서 잘 정돈된 느낌이 들어요.

그렇죠? 존재하는 것을 실체로 정의하고 존재의 본성을 성찰하여 그 체계를 구상한 것인데요. 우리가 함께 나눈 이야기는 아주 간략하게 개요를 스케치한 정도고요. 더 깊고 풍부한 논의는 그의 저서인 『형이상학Metaphysika』에서 읽을 수 있어요.

'형이상학'이라는 말은 정말 많이 들었는데요.

원래는 아리스토텔레스의 저서의 제목이었어요. 그리스어로는 '메타퓌지카metaphysika'라고 합니다.
이 이름이 탄생한 배경이 재밌어요. 앞에서 로마 판본을 편찬한 안드로니코스가 나왔었는데요. 그가 아리스토텔레스의 원고를 주제별로 편집하면서, 자연의 운동과 본성을 다루는 내용을 한 권의 책으로 묶고 『자연학Physika』이라는 이름을 붙였어요.
그리고 존재의 의미와 존재자存在者의 본성에 관한 일련의 원고를 따로 묶어서 자연학 다음에 배치했습니다. 그리고는 제목을 '타 메타타 퓌지카$^{\text{ta meta ta physika}}$'라고 붙였습니다. '자연학 뒤에$^{\text{meta}}$ 오는 것들'이라는 뜻이에요. 그러니까 단순히 편집 순서를 나타내는 말이었죠. 바로 이 말에서 '메타퓌지카$^{\text{metaphysika}}$'라는 명칭이 나왔어요.

그러면 그냥 편집 용어였네요?

그렇죠. 그런데 '메타'라는 말은 '뒤에'라는 의미도 있지만, '~를 넘어서'라는 뜻도 있어요. 사실 이 원고들은 존재자의 근본적인 본성을 다룬다는 점에서 자연학의 차원을 넘어서고 있었죠. 그러다 보니 편집을 위해 붙인 이름인데 어떤 의미에서 그 주제와 내용을 너무나 잘 반영하게 된 거예요.

결과적으로는 성공적인 제목이었네요.

네, 의도치 않게 그렇게 되었습니다. 아리스토텔레스 자신은 '메타퓌지카'라는 용어를 쓰지 않았죠. 대신 그는 '제일철학'이라는 용어를 썼어요. 그러면서 제일철학이야말로 "지혜라는 이름에 걸맞은 최고의 앎"이라고 정의했죠.

형이상학은 존재자의 본성을 다루는데요. 존재자를 그것이 존재한다는 그 측면에서만 탐구하기 때문에 흔히 '존재자로서의 존재자'에 관한 학문이라고 불러요. 우리가 살펴보았듯이 참된 의미에서 존재하는 것인 실체의 본성을 오직 그것의 존재 방식의 차원에서 다루는 거죠.

아리스토텔레스 형이상학의 가장 소중한 성과는 존재자의 본성이 결국에는 신과 연결된다는 점을 통찰한 것이에요. 지상의 개별적인 존재자와 우주의 정점에 있는 신은 목적의 관점에서 연결됩니다. 이로 인해 형이상학은 출발부터 '존재자로서의 존재자'와 '신'을 포괄하는 체계로 등장했어요.

그렇네요. 실체에서 출발한 이야기가 신에게까지 연결되었죠.

그 결과 이후의 형이상학적 사유들은 '존재자로서의 존재자'를 다루면서 동시에 '신'도 같이 다루게 됩니다. 즉 형이상학은 '존재자로서의 존재자'를 다루는 존재론이면서, '신'을 다루는 신학이기도 했던 거예요. 아리스토텔레스 이래로 2500년 동안 서구 형이상학은 이런 이중적 틀 속에서 전개되었어요.

『형이상학』의 유산을 하나 더 지적한다면 목적론적 세계관을 들 수 있어요. 존재자들은 신을 목적으로 해서 서로 연결되고 그 목적을 통해 존재 의미를 부여받았죠. 이런 사고는 오늘날에도 이어져서 우리가 삶의 의미를 모색할 때에도 자연스레 목적을 떠올리게 하죠. 그러고 보면 아리스토텔레스의 형이상학은 지금도 여전히 살아 숨쉬는 생명력을 보여준다 하겠습니다.

여기까지 그의 존재론적인 논의를 정리해 봤습니다. 이제 다음 주제로 넘어가서 삶의 문제, 즉 윤리학의 세계를 살펴보기로 해요.

## 윤리학과 행복

아리스토텔레스의 윤리학 저서는 『에우데모스 윤리학』과 『니코마코스 윤리학』, 두 권이 전해집니다. 『니코마코스 윤리학』이 더 나중에 씌여진 작품인데, 내용이 풍부하고 원숙할 뿐 아니라 더 많이 알려져 있죠.

'니코마코스'는 아리스토텔레스의 아버지의 이름이자 아들의 이름이기도 해요. 이 책의 니코마코스는 아들 니코마코스예요. 그러니까 아들에게 삶의 지혜를 전해 주려고 썼을 겁니다.

요즘 같았으면 『철학자 아버지가 아들에게 들려주는 삶의 지혜』, 이런 제목이 붙었을 거 같네요.

네, 지금이라면 읽기 편한 자기계발서 형식으로 썼을 텐데, 고대의 아리스토텔레스는 좀 딱딱하고 체계적인 논문처럼 썼어요.
이 책은 인생의 목표가 무엇인지 물으면서 시작합니다. 그리고 곧바로 그것이 행복이라고 대답하죠.

> 이 문제에 대해서는 대중들과 교양있는 사람들의 의견이 일치한다. 즉 최고의 좋음은 행복이며, 또 잘 살고 잘 처신하는 것이라고 여긴다.
> ─ 아리스토텔레스, 『니코마코스 윤리학』 1095a

역시 삶의 목표는 행복이라고 보네요. 하기는 모든 사람이 행복을 추구하니까요.

그렇죠. 문제는 행복이 뭐냐는 건데요. 오늘날 현대인들은 행복을 내면의 상태로 여깁니다. 주관적인 만족감, 내적 충만함, 긍정적인 느낌 같은 것이 행복의 요소라고 보죠.
그러나 그리스인들은 좀 달랐어요. 그들은 행복을 내면의 감정이 아니라 어떤 객관적 상태라고 보았습니다.
그리스어로 '행복'은 '에우다이모니아$^{eudaimonia}$'입니다. 여기서 '에우$^{eu}$'는 '좋은 상태' 또는 '잘하는 상태'를 뜻하고, '다이몬$^{daimon}$'은 '신'을 말해요. 정리하면, 에우다이모니아는 인간이 신과 같은 삶을 사는 상태, 신처럼 이상적이고 좋은 삶을 꾸려가는 상태, 이런 걸 의미하는 말이죠.
그러니까 그리스인들이 생각한 행복은, 누가 보더라도 "저 사람은 삶을 잘 살아가는구나" 하고 알아볼 수 있는 상태인 거예요.

행복이 객관적인 상태라니 특이하네요. 행복을 느낀다고 해서 행복한 게 아니네요.

그렇죠. 게으르고 엉망인 삶을 살면서 스스로 만족감을 느낀다고 해서 행복한 삶은 아니라는 거죠. 행복에는 어떤 객관적인 기준이 있습니다.
아리스토텔레스는 그 기준을 인간의 기능에서 찾았어요. 인간 고유

**『니코마코스 윤리학』의 필사본 첫 페이지, 1450년경, 피렌체** 르네상스 시대 인문학자들은 고대 그리스의 여러 작품을 라틴어로 번역했다. 그 중 한 사람인 레오나르도 부르니(Leonardo Bruni, 1370-1444)는 『니코마코스 윤리학』을 번역했는데, 사진은 이의 필사본이다. 본문의 첫 글자에는 저술 중인 아리스토텔레스를, 아래 쪽 문양의 중앙 원에는 피렌체를 지배했던 메디치 가문의 문장을 그려 넣었다.

의 기능을 잘 수행할 때 가장 인간답고 가장 이상적인 삶을 살게 된다고 본 거예요. 마치 우리 눈이 사물을 또렷하게 잘 볼 때 최상의 눈이 되고, 우리 코가 냄새를 잘 맡을 때 최상의 코가 되듯이 말이죠.

인간 고유의 기능요? 그건 무엇일까요?

인간의 기능은 많죠. 인간도 생명체니까 영양을 섭취하고 생장하고 번식합니다. 이것은 모든 생명체의 공통점이죠. 그런 점에서 인간만의 고유 기능은 아니에요.

다른 생명체와 달리 인간만이 가지고 있는 고유한 기능은 '이성'입니다. 아리스토텔레스에 따르면, '인간은 이성적 동물'이에요. 이성을 통해 생각하고 판단하고 추론하는 것, 그리고 이성을 발휘하여 말$^{logos}$을 하고 행위를 점검하는 것, 이런 게 인간의 고유한 기능입니다.

인간다운 삶과 행복은 이성에 달려있다는 말이네요.

그렇습니다. 그런데 이성을 발휘한다고 해서 그게 다 행복인 것은 아니에요. 행복은 도달할 수 있는 최상의 존재 상태거든요. 그러니까 이성을 발휘하더라도 탁월하게 잘 발휘해야 행복해질 수 있어요. 마치 김연아 신수처럼 탁월한 실력자가 완벽한 기량을 펼쳐야 최상의 퍼포먼스가 되듯이 말이죠.

그리스 사람들은 탁월한 걸 참 좋아해요.

정말 그렇죠? 그리스식 사고에 따르면 어떤 일을 잘 하려면, 그렇게 할 수 있는 능력을 미리 갖추고 있어야 해요. 이게 앞에서도 나왔던 아레테입니다. 훌륭한 말$^{馬}$은 잘 달릴 수 있는 아레테를 가지고 있어서 실제로도 잘 달릴 수 있고, 좋은 눈은 잘 볼 수 있는 아레테가 있어서 실제로도 잘 볼 수 있다는 식이죠.

이성도 마찬가지예요. 이성을 잘 발휘할 수 있으려면 그렇게 할 수 있는 능력을 미리 갖추어야 한다고 봤어요.

플라톤에서는 아레테를 '탁월함'으로 옮겼는데, 아리스토텔레스의 윤리학에서는 대개 '덕' 혹은 '미덕'으로 많이 번역합니다. 윤리학의 주제가 인간의 품성과 행위의 문제이다 보니 그렇게 번역하죠.

정리하자면, 이성의 덕이 잘 발휘되어서 이성을 최고 수준에서 사용해야 이상적인 삶을 누리며 행복에 이르게 된다고 봤던 거죠. 그래서 아리스토텔레스는 행복을 이렇게 정의합니다.

> 행복은 덕에 따라 행해지는 영혼의 이성적 활동이다. 그리고 덕이 여러 가지라면 그중에서 가장 좋고 가장 완전한 것에 따라 행해지는 영혼의 이성적 활동이 바로 행복이다.
>
> — 아리스토텔레스, 『니코마코스 윤리학』 1098a

### 덕의 종류

여기서 덕은 이성적 활동을 잘 하는 것이라고 정의되는데요. 그러면 흔히 말하는 '머리가 좋다'는 그런 뜻인가요?

그것과는 좀 다른 의미예요. '행복이 이성적 활동'이라고 말할 때의 '이성'은 넓은 의미의 이성으로, 인간의 정신적 활동 전체를 나타냅니다. 감정·욕구·성격·판단·추론·학문적 인식·지혜로움, 이런 걸 모두 포괄하는 말이죠.

물론 좁은 의미의 이성을 생각할 수도 있어요. 판단·추론·학문적 인식·지혜로움 등이 여기에 속합니다. 이와 달리 감정과 욕구는 넓은 의미의 이성에는 들어가지만, 좁은 의미의 이성에는 들어가지 않겠죠.

행복에 필요한 것은 넓은 의미의 이성적 덕이겠군요?

그렇습니다. 정신적 활동의 모든 영역에서 덕이 필요합니다. 아리스토텔레스는 그것을 두 종류로 구분했습니다. 하나는 '성품 ethike의 덕'이고요. 또 하나는 '사유 dianoethike의 덕'이에요.
성품의 덕은, 좁은 의미의 이성을 기준으로 볼 때 영혼의 비이성적인 부분, 즉 감정이나 욕구와 관련된 덕입니다. 반면에 사유의 덕은 영혼의 이성적인 부분, 즉 판단·추론·지혜 등과 관련된 덕을 말해요. 아리스토텔레스는 이 두 종류의 덕이 서로 어울려 조화를 이룰 때, 이성적 활동이 가장 잘 수행된다고 봅니다. 따라서 행복에 이르려면 성품의 덕과 사유의 덕을 함께 함양해야 해요.

## 성품의 덕, 중용과 습관

그렇군요. '성품의 덕'은 어떻게 이해하면 좋을까요?

성품의 덕은 내면화된 성격 내지는 인격을 말해요. 아리스토텔레스의 예시를 보면 도움이 될 텐데요. 용기·절제·통 큼·자부심·자유인다움·명예·온화·정직함·재치·수치를 앎·정의로움 같은 것이 그 예입니다.

이건 아마 당대 사람들이 바람직하고 훌륭하다고 생각한 품성들일 겁니다. 아리스토텔레스는 이것들의 공통점이 있다고 합니다. 이들을 덕이게끔 해주는 특징이 있다는 말이죠. 그게 바로 그 유명한 '중용mesotes'입니다.

중용요? 저는 처음 들어요. 이게 무슨 뜻이에요?

그리스어 '메소테스'는 원래 '중간'을 뜻하는 일상 용어에요. 그런데 이 중간이라는 말이 좀 모호하죠.

때로는 두 대상 사이의 정중앙을 말할 수도 있어요. 가령 2와 6의 정중앙은 4죠. 아리스토텔레스는 이런 의미의 중간을 '대상의 중간'이라고 불렀어요.

두 숫자의 평균이나 두 점 사이의 중점 같은 거네요.

그렇죠. 그런데 중간은 꼭 정중앙만 의미하는 건 아니에요. 정중앙이 아니더라도, 둘 사이의 어느 지점을 의미하기도 합니다.

가령 한 끼 식사량을 정한다고 해봐요. 어느 정도 양이 적당할까요? 200그램은 좀 적고 600그램은 좀 많겠죠? 그럼 둘의 중간 어디쯤 잡아야 할 텐데요. 정중앙인 400그램은 어떨까요? 어떤 사람한테는 적당하겠지만, 좀 모자라는 사람도 있을 테고 많다고 느끼는 사람도 있을 거예요.

이런 경우는 사람에 따라 적절한 양이 다르겠죠. 이런 의미의 중간을 '우리와의 관계에서의 중간'이라고 부릅니다.

그럼 중용은 어떤 중간인가요?

아리스토텔레스는 '우리와의 관계에서의 중간'을 '중용'이라고 불렀어요.

앞서 말씀드린 성품들은 자칫하면 양극단으로 나타날 수 있는 것들이에요. 예를 들어 용기가 지나치면 무모함이 되고, 너무 모자라면 비겁함이 됩니다. 참된 용기는 무모함과 비겁함의 중간 어디쯤에서 성립하겠죠.

이때 중간은 우리와의 관계에서 상황과 목적에 맞게 찾아져야 해요. 이런 내용을 아리스토텔레스는 '용기는 무모함과 비겁함의 중용이다'라고 표현했죠.

그러니까 양적으로 딱 얼마다, 그런 게 아니고 상황에 맞게 적절하게 선택하는 것이 중용이군요.

그렇습니다. 아리스토텔레스는 이렇게 썼어요.

> 마땅히 그래야 할 때, 마땅히 그래야 할 일에 대해서, 마땅히 그래야

하는 사람들에 대해서, 마땅히 그래야 할 목적을 위해서, 마땅히 그래야 하는 방식으로 느끼는 것이 중용이며 최선의 길이요 이것이 덕의 특색이다.

― 아리스토텔레스, 『니코마코스 윤리학』 1106b

상황과 사람과 목적과 방법에 따라 적절한 중용을 취함으로써 지나치거나 모자라는 양극단의 악덕을 피하고 덕을 실현할 수 있다는 말입니다.

상황을 잘 헤아려야 할 거 같아요. 그런데 매번 판단하려면 그것도 고역일 것 같은데요.

아리스토텔레스는 그렇게 보지 않아요. 행동할 때마다 판단하는 게 아니거든요. 덕은 행위 자체의 성질이 아니라, 행위 하는 사람의 내면적인 인격 상태입니다.
철알못님처럼 성격이 부드러운 사람은 말도 예쁘게 하고 부드럽고 온화하게 행동하잖아요? 그처럼 덕이 인격으로 형성되면 언제나 중용에 따른 적절한 행동을 한다고 봤어요.

하하, 칭찬 감사합니다. 제가 정말 그런지는 잘 모르겠지만요. 덕은 내면화된 품성이군요.

그렇습니다. 성품 자체를 덕스럽게 형성해야 해요. 아리스토텔레스도 이 점을 강조합니다. 그러면서 그는 덕스러운 성품을 형성하는 방법으로 '습관'을 언급합니다.

처음부터 용감한 사람은 없어요. 오랜 세월 동안 용감한 행동을 반복하면 그런 경험을 통해서 용감한 성품이 만들어져요.

> 정의로운 일을 함으로써 정의로운 사람이 되고, 절제하는 일을 함으로써 절제하는 사람이 되며 용감한 일을 함으로써 용감한 사람이 된다.
>
> ─ 아리스토텔레스, 『니코마코스 윤리학』 1103b

마치 집을 지어봐야 건축가가 되고, 악기를 다뤄봐야 훌륭한 연주자가 되는 것처럼, 덕도 그렇게 연습 과정이 필요해요. 연습을 반복하여 성품이 되어가는 이 과정이 바로 습관입니다.

같은 유형의 행위를 습관적으로 반복하면 그 행위를 하는 성품이 형성되고, 성품이 형성되면 필요한 상황에서 일관되게 덕에 따른 행위를 하게 된다는 이야기입니다.

### 사유의 덕, 실천적 지혜

덕의 두 번째 부분은 영혼의 이성적 부분에 속하는 덕, 곧 사유의 덕입니다. 좁은 의미의 이성적 부분에 해당하기 때문에, 생각이나 추론, 판단 같은 걸 잘하는 능력을 말해요.

여기에는 다섯 가지가 속합니다. 이론적 지식 episteme · 실천적 지혜 phronesis · 기예技藝, techne · 철학적 지혜 sophia · 지적 직관 nous, 이렇게 다섯이에요. 이성을 다양하게 사용하니까 덕도 다양하게 나뉘는 거죠. 공부할 때는 이론적 능력이 필요하고, 창작 활동을 할 때는 기예 능력이 필요할 겁니다.

행복한 삶과 관련되는 건 아무래도 실천적 지혜겠죠.

윤리학은 행위와 실천의 문제를 다루니까요. 그런데 실천적 지혜가 정확히 무엇인가요?

우선 아리스토텔레스의 정의를 보면요. 실천적 지혜는 "자신에게 좋은 것과 유익한 것들에 관해서 잘 숙고할 수 있는 능력"이라고 되어 있습니다. 그런데 이 표현은 좀 막연하죠?
간단히 정리하자면, 실천적 지혜는 상황에 맞도록 행동방식을 정하는 지혜예요. 살다 보면 어떤 일을 하긴 해야 하는데, 어떻게 하는 게 좋을지 고민스러울 때가 많죠.
예를 들어 형편이 어려운 친구를 돕고 싶어요. 너무 드러내고 하면 자존심에 상처를 줄 수도 있고, 또 너무 과하면 부담을 줄 수도 있어요. 적당한 방법으로 적절한 수준에서 실질적인 도움이 되게 하려면 이것저것 헤아릴 게 많아요. 이런 걸 두루 잘 살펴서 가장 적절한 방법을 찾는 것, 그게 실천적 지혜입니다.

아, 그렇군요. 그런 게 저는 참 어렵더라고요. 그래서 부모님께 여

쭈어 보기도 해요.

네, 아무래도 부모님은 적절한 방법을 잘 아시죠? 그건 경험이 많아서 그렇습니다. 실천적 지혜의 특징이 바로 그거예요. 경험을 통해 축적된다는 거죠.

행위의 적절성은 상황에 따라 달라지는데요. 학식이 많다고 판단을 잘하는 건 아니에요. 오히려 경험이 많은 사람이 상황에 맞는 적절한 방식을 더 잘 알죠. 그래서 실천적 지혜를 쌓으려면 연륜이 필요한 겁니다.

그런데 전문가들은 연륜이 없어도 자기 분야에서는 적절한 방법을 잘 알지 않을까요?

물론 자기 분야에서 그렇죠. 의사는 환자를 치료하는 방식을 잘 알고, 교사는 학생을 지도하는 방식을 잘 알죠. 그런데 이것은 해당 분야에만 적용되는 전문 지식이에요. 환자 치료나 학생 지도 같은 특정 영역에서만 효력이 있죠. 이건 실천적 지혜와는 좀 다릅니다.

실천적 지혜는 삶의 부분에 관계하는 것이 아니라, 삶 전체에 관계하거든요. 삶 전체를 염두에 두고, 어떻게 행동해야 삶 전체가 훌륭해지는지를 판단하는 능력이에요.

그래서 실천적 지혜를 가지려면 삶의 여러 국면을 다양하게 경험하고 그 전체를 이해하는 연륜이 필요한 거예요. 그런 점에서 전문 지식과는 다른 영역이죠.

그렇군요. 역시 나이 드신 분들이 지혜롭다고 하는데, 그게 맞는 말이네요.

한 가지 재미난 점은요, 실천적 지혜는 가르칠 수도 있다는 거예요. 경험 많고 연륜이 깊은 지혜로운 분들의 조언을 통해 배울 수 있다는 말이죠.
물론 충분한 경험이 필요하니까 듣기만 해서 제대로 갖출 수는 없겠지요. 하지만 가르침을 받으면 지혜를 쌓는 과정이 단축될 수 있고 시행착오를 줄일 수도 있다고 합니다. 아무래도 영혼의 이성적 부분과 관련이 있기에 배움이 가능하다고 봤던 것이겠죠.

### 성품의 덕과 실천적 지혜의 관계

성품의 덕과 실천적 지혜 각각을 알아봤는데요. 이 두 종류의 덕은 우리가 행동을 할 때마다 동시에 작용합니다. 물론 그 역할은 다르지만요.

어떻게 다른가요?

예를 들어 상황이 어려운 친구를 봤어요. 이때 도와주고 싶다는 마음을 내는 것이 성품의 덕입니다. 이런 마음은 내면에서 저절로 우러나오죠. 이미 성품으로 그런 덕이 형성되어서 그런 겁니다. 한편

**호메로스의 흉상을 바라보는 아리스토텔레스, 렘브란트, 1653년, 캔버스에 유화, 뉴욕 메트로폴리탄 미술관**
렘브란트는 아리스토텔레스를 자기 시대로 소환해서 17세기의 복장과 북유럽 풍의 수염으로 형상화했다. 고대 그리스에서 정신적 삶의 태동을 알린 시인과 사상의 정점을 구축한 철학자를 한 화폭에 담아, 그리스 정신의 연속성과 완결성을 시사하고 있다.

실제로 도움을 주려면 어떤 도움을 어떤 수준에서 제공할지 방법을 정해야겠죠. 이때 상황에 맞도록 가장 적절한 방법을 찾는 것이 실천적 지혜예요.

행동하려면 마음도 일어나야 하고 방법도 정해야 하니까 이 둘은 항상 동시에 작용합니다. 아리스토텔레스는 이렇게 구분했어요.

> 우리는 실천적 지혜와 성품의 덕을 따라 우리의 고유한 기능을 성취한다. 성품의 덕은 행위가 지향하는 목표를 올바르게 만들어 주고, 실천적 지혜는 이것을 위한 수단을 만들기 때문이다.
> — 아리스토텔레스, 『니코마코스 윤리학』 1144a

여기서는 목표와 수단으로 나오네요. 친구를 도우려는 목표를 세우는 게 성품의 덕, 적절한 수단과 방법을 찾는 게 실천적 지혜라는 말이죠?

네, 바로 그 이야기입니다. 그런데 이 둘은 함께 작용해서 행위를 이룰 뿐 아니라, 한 걸음 더 들어가서 그 과정을 통해 서로의 성장을 돕기도 해요.

가령 성품의 덕이 자라나려면, 실천적 지혜가 필요합니다. 성품의 덕은 습관을 통해 형성되는데요. 애초에 덕스러운 행동을 할 수 있는 것은 '자연적 소질'이 있기 때문이에요. 자연적 소질은 아직 덕으로 완성되지는 않았지만, 어느 정도 윤리적으로 행동할 수 있는 자질을 말합니다.

동물들도 자연적 소질을 타고나요. 동물도 무리의 동료를 돌보고 적들에게는 용감하게 맞서는데 이런 기질이 바로 자연적 소질입니다. 그러니까 본능에 내재한 소질이죠.

하지만 이것은 아직 완전한 의미에서 덕은 아니에요. 처음에는 자연적 소질에 바탕을 두고 행동하는데, 이런 행동이 반복되고 실천적 지혜의 도움으로 적절하게 실행되면 점차 덕으로 완성된다고 봤어요. 그런 의미에서 실천적 지혜는 덕을 형성하는 필요조건입니다.

실천적 지혜가 없으면 덕이 생길 수 없군요. 처음부터 둘은 연결된 것이네요.

그렇지요. 이번에는 역으로 실천적 지혜가 형성될 때 성품의 덕이 필요하다고 해요. 실천적 지혜는 행위의 적절한 방식을 판단하는 능력인데요. 이때 행위의 목표가 올바르고 좋은 것, 즉 성품의 덕에 알맞은 것이라야 합니다.

만약 행위의 목표가 사악한데 그에 적절한 수단을 모색한다면 이는 윤리적 지혜가 아니라 왜곡된 견해가 되고 말겠죠. 윤리적 의미의 실천적 지혜는 행위의 목표가 좋고 훌륭할 때라야 자라날 수 있습니다. 따라서 성품의 덕이 전제되어야만 실천적 지혜도 생겨날 수 있어요.

오묘하군요. 덕은 실천적 지혜가 필요하고, 실천적 지혜는 덕이 필요하다는 말씀인데요. 어느 게 더 우선하는 거예요?

하나가 하나에 우선하기보다 서로를 강화하며 함께 성장하고 형성되어 가는 관계죠.

성품의 덕은 실천적 지혜를 통해 중용을 찾아서 적절하게 수행되고 완성됩니다. 더 나은 성품이 갖춰지면 이제 더 좋고 더 훌륭한 목표를 세우게 되고 그 과정에서 실천적 지혜 역시 더 자라며 완성되는 거죠. 주거니 받거니 하면서 함께 작용하고 함께 성장하며 완성을 향해 나아가는 관계라고 할 수 있어요.

### 최고의 행복

방금 제가 완성이라는 단어를 썼는데요. 덕에도 완성된 경지가 따로 있어요.

인품이 훌륭한 사람도 그 훌륭한 정도가 사람에 따라 조금씩 다르지 않겠어요? 그처럼 덕과 행복도 수준의 차이가 있는 거예요. 이런 관점에서 아리스토텔레스는 덕 중에서도 가장 완전한 덕이 있고, 행복에서도 최고의 행복이 있다고 말했습니다.

행복 중에서도 가장 행복한 게 있다니, 그게 뭔가요?

아리스토텔레스에 따르면, 인간이 할 수 있는 최고의 활동은 '관조theoria'예요. 관조는 영원하고 불변하는 진리를 추구하고 그것에 대해 사유하는 것이라고 정의했습니다. 간단히 말해 진리에 관한 탐구죠.

관조로 번역한 그리스어 '테오리아'는 영어 theory의 어원이기도 한데요. 쉽게 이해하면 '이론', '학문' 등을 뜻합니다. 진리를 탐구하는 게 바로 이론이고 학문이죠. 아닌 게 아니라 아리스토텔레스가 말하는 관조 역시 진리를 탐구하는 학문적 활동을 의미해요.

놀랍네요. 그럼 결국에는 학문이 가장 훌륭한 활동이고 최고의 행복이라는 말이네요. 공부가 그렇게 좋을까요? 아리스토텔레스처럼 특별한 사람만 그건 거 아닐까요?

철알못님만 그런 생각을 한 게 아니에요. 지금도 그렇지만 당시에도 비슷하게 생각을 하는 사람이 많았나 봐요. 그래서인지 아리스토텔레스도 '관조'가 최고의 활동인 이유를 장황하게 늘어놓으며 설득하고 있어요.

이에 따르면, 관조는 끊임없이 계속할 수 있는 활동입니다. 하려고만 한다면 관조의 행복을 막는 건 없어요. 또 지혜를 추구하는 활동만큼 즐거움을 주는 것도 없다고 말했습니다.

그리고 관조는 자족적 활동이기도 해요. 다른 실천은 상대가 필요하지만, 관조는 혼자서도 충분히 할 수 있습니다. 더구나 지혜로우면 지혜로울수록 관조의 행복은 더 충만해진다고 합니다.

혼자서 사색하고 공부하는 게 정말 좋은가 봐요. 일단 저는 그렇지가 않은데 말이죠. 선생님은 어떠세요?

저도 혼자서 책 보고 생각하는 것을 좋아해요. 아리스토텔레스 말에 공감도 가고요. 그런데 아리스토텔레스는 제가 갖지 못한 것도 하나 이야기했어요. 관조하기 위해서는 '여가'가 있어야 한다는 거죠.

'여가'라는 건 한가하고 급한 일이 없는, 그런 상황을 말하나요?

그와는 좀 달라요. 여기서 '여가'는 경제적으로 풍족해서 생업에 얽매이지 않고, 정신적으로 여유로운 상태를 말합니다. 아리스토텔레스는 여가가 바쁘게 살아가는 모든 실천적 활동의 목표라고 말하기도 했어요. 모두가 선호한다는 거죠. 관조는 그런 여가를 누리는 활동이기에 인간이 누릴 수 있는 가장 완전한 행복이라고 봤어요.

관조의 조건이 여가이다 보니 전통적으로 여가를 학문 활동과 연결 지어 생각해 왔어요. 그 결과 여가를 의미하는 '스콜레$^{schole}$'는 학문과 관련된 여러 단어들의 어원이 됩니다. 가령 scholar(학자)나 school(학교) 또는 연관된 단어들이 바로 여기서 나왔죠. 그러니까 공부를 하려면 경제적으로나 정신적으로 여유가 있어야 한다는 말이죠.

흠, 정말 선택받은 사람들만 누릴 수 있는 그런 상황이네요. 당시에 그런 여가를 누린 사람이 있었을까요?

그럼요. 실제로 그렇게 사는 사람들이 있었죠. 바로 귀족들입니다. 그들은 가문의 후광 속에서 부와 지위를 누리며 교양을 쌓는 일에 몰두할 수 있었죠. "관조에는 스콜레가 필요하다"라는 아리스토텔레스의 말에는 고대 신분 사회에서 추구하던 귀족적이고 이상적인 삶에 대한 자부심과 긍정이 깃들어 있어요.

그런 이상주의는 관조를 설명하는 표현에서도 나타납니다. 아리스토텔레스는 관조가 신적 활동이고, 관조하는 삶이 신과 같은 삶이라고 말해요. '신과 같은' 경지의 삶이니 얼마나 이상적인 삶이겠어요.

멋지긴 한데, 현실이 받쳐주지 않는 사람들이 더 많을 거 같아요.

물론 인간이 신이 아닌데 어떻게 신적인 활동을 할 수 있느냐고 물을 수 있어요. 하지만 아리스토텔레스는 그런 회의적인 생각을 버리라고 권합니다. 오히려 우리가 할 수 있는 데까지 우리 자신이 신처럼 될 수 있도록, 또 우리 안에 있는 것 중 최고의 것에 따라 살도록 노력하라고 조언했어요.

> 따라서 무엇보다도 지성이 인간 본성인 한, 지성을 따르는 삶이 인간에게는 가장 좋고 즐거운 것이다. 그러므로 이런 삶이 가장 행복한 삶이기도 하다.
>
> ─ 아리스토텔레스, 『니코마코스 윤리학』 1178a

행복에 관한 아리스토텔레스의 결론이 이겁니다. 덕에 따라 이성적 활동을 하는 것이 행복이고, 그중에서도 특히 지성에 따라 관조하는 삶이 최고의 행복이라는 거죠.

### 덕과 앎의 관계

그렇군요. 갑자기 궁금한 게 생겼는데요. 덕을 쌓고 지성적으로 관조하는 삶을 살면, 생각하는대로 행동할 수 있게 되나요? 생각과 행동이 일치하지 않게 되는 '아크라시아 문제'는 어떻게 되나요?

참 좋은 질문입니다. 소크라테스와 플라톤은 앎과 덕이 일치한다고 봤고 그래서 '아크라시아', 곧 자제력 없음이라는 현상이 불가능하다고 봤죠. 아크라시아는 오직 제대로 알지 못하는 무지 때문에 생긴다고 합니다.
아리스토텔레스도 이 문제를 다루었어요. 그는 스승과 달리 좀더 복잡한 논의를 끌고 와요. 그러니까 아크라시아가 무지로 인해 생긴다는 점은 동의하면서도 그렇다고 앎과 덕이 전적으로 같다고는 생각하지 않았죠.

오, 둘의 차이를 인정했네요.

그렇습니다. 아리스토텔레스가 성품의 덕과 실천적 지혜를 나눠서 보잖아요? 실천적 지혜를 앎이라고 분류한다면, 덕과 앎을 구분한 셈이죠. 물론 실제 행위에서는 그 둘이 함께 작용하긴 하지만요. 그렇게 보면 아리스토텔레스의 견해는, "앎과 덕이 밀접히 연관되지만, 같은 건 아니다"라고 정리할 수 있어요.

그럼 제가 다이어트를 할 때 아이스크림의 유혹에 넘어가는 게 앎이 모자라서 그런 건 아니네요?

네, 플라톤이라면 참된 앎을 가지지 못해서 그렇다고 구박하겠지만, 아리스토텔레스는 앎의 불완전함 보다는 자제력을 잃게 하는 다른 요인들이 있다고 하면서 위로해 줄 거예요. 물론 그도 이런 요인을 일종의 무지라고 부르긴 하는데요. 앎의 불완전함보다 다른 측면 때문에 그렇게 봤어요.

아리스토텔레스가 갑자기 맘에 들려고 해요. 그가 말하는 무지는 어떤 거예요?

아리스토텔레스에 따르면 아크라시아를 일으키는 무지에는 3가지 유형이 있어요.
첫째는 앎을 소유하지만 활용하지 못하는 경우입니다. 이것은 우리가 보통 생각하는 앎과 의지의 불일치에 해당해요. 앎을 가지고 있다 하더라도 반드시 실천으로 연결되지 않을 수도 있다는 말이니까요. 아리스토텔레스는 '소유한 앎을 활용하지 못하는 무지'라고 표현하는데, 따지고 보면 의지의 결핍이라는 뜻이죠. 이것이 자제력 없음을 일으키는 첫 번째 요소입니다.
둘째는 가능태로서의 앎과 현실태로서의 무지의 대립입니다. 가령 잠을 자거나 술에 취한 사람에게 집 주소를 물어보면 거의 대답을 못 합니다. 하지만 평소에는 알고 있기에 정신이 돌아오면 대답할 가능성이 높죠. 수면이나 술기운 때문에 잠시 장애가 생긴 겁니다. 비슷한 장애 요인으로 걱정이나 성욕, 명예욕, 돈 욕심 같은 것도 있어요. 이런 심리 상태가 신체 변화를 일으키고 심지어 사람을 미치게 만들어서 평소 알던 걸 잠시 잊게 만든다고 합니다.

말씀대로 앎 자체가 불완전한 것이 아니라, 앎의 발휘를 막는 요인이 있다고 본 거네요.

네. 그 점이 아리스토텔레스의 독자적인 측면이죠. 앎이 아닌 다른 요소를 가지고 이 문제를 설명한 거니까요.
세 번째는 보편적 전제로서의 앎과 개별적 전제로서의 무지를 듭니다. 가령, 당분이 많은 음식은 다이어트를 망친다는 보편적 앎을 가진 사람이라도, 눈앞에 보이는 이 과일이 당분이 많다는 사실을 제대로 몰라서 먹게 된다는 설명이죠.
정보의 불균형을 자제력 없음의 원인으로 본 것인데요. 이처럼 아리스토텔레스는 앎과 실천의 연결을 방해하는 다양한 요소를 지적했습니다. 이런 점에서 그는 소크라테스와 플라톤의 전통에서 한 걸음 더 나가서, 앎과 실천의 문제를 다양한 시각에서 바라보게 해 주었죠.

이제 이 위대한 사상가에 관한 저의 이야기를 마무리할게요. 간추려 말씀드렸는데도 이야기가 길어졌네요. 그만큼 아리스토텔레스 사상이 풍성하고 다채롭다고 할 수 있겠습니다.

그가 자신의 강의록과 학교를 남겨두고 황급히 아테네를 떠난 이후 고전 시대의 위대한 사유는 끝이 났습니다. 그를 철학의 도시에서 몰아낸 시대의 격랑은 철학에도 큰 변화를 몰고 오게 됩니다. 이른 바 헬레니즘 시대가 열린 거예요. 비록 시대의 풍경은 달라져도 삶은 계속되었고 삶의 문제들은 여전히 절박했습니다. 그에 따라 그 시대가 요구하는 새로운 철학이 등장하게 됩니다.

이제 새로운 사유로 또 한 시대를 살아갔던 헬레니즘 시기의 철학자들을 만나러 가보겠습니다.

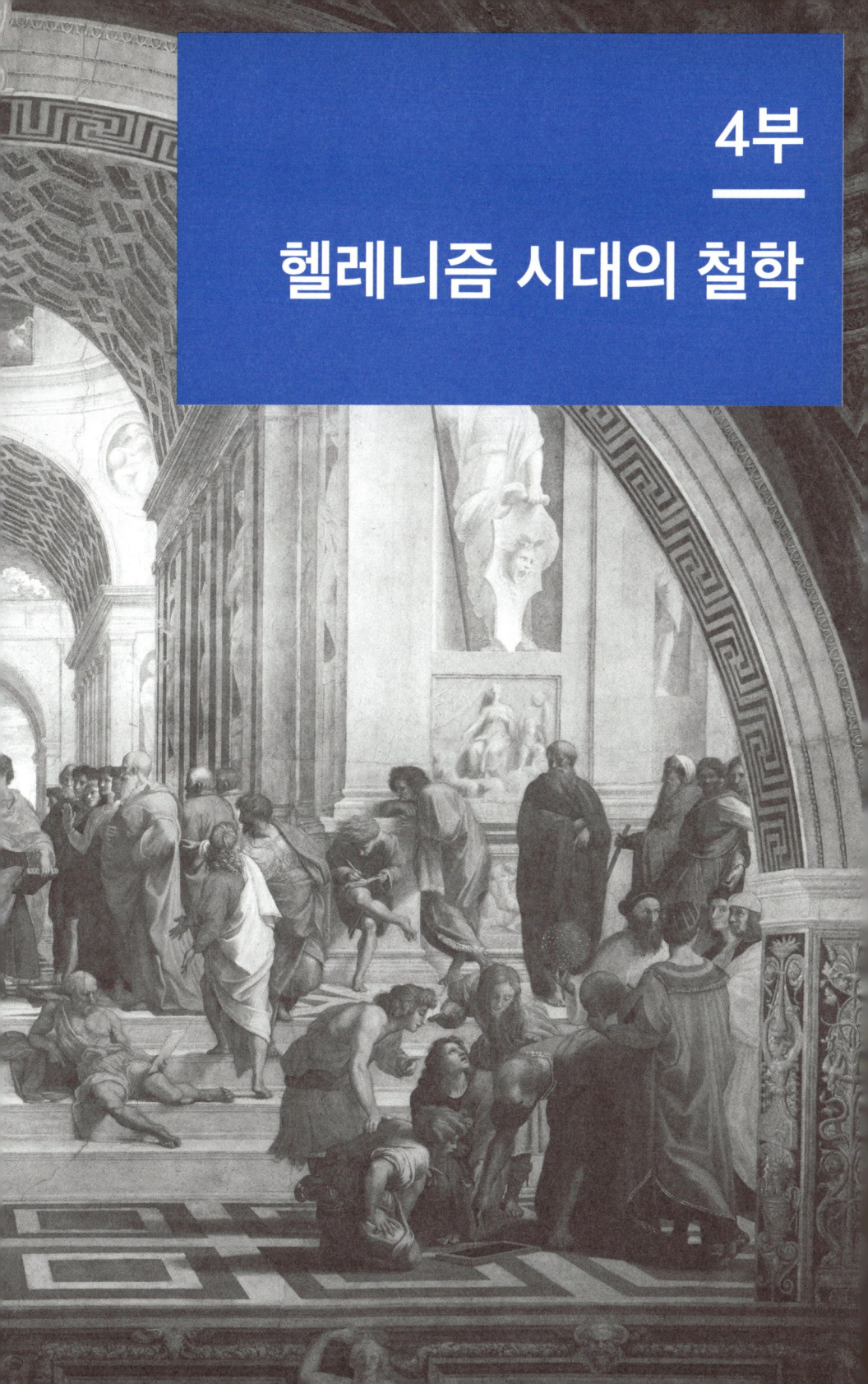

# 4부

## 헬레니즘 시대의 철학

도를 구하는 일은 어려울 게 하나 없네,
우리가 분별심을 삼갈 수 있다면.
좋아하는 것과 싫어하는 것에서 자유로울 수 있다면
환한 대낮 속에 있는 것처럼 맑게 보리라.

― 3조 승찬(三祖 僧璨)

*01*

**스토아의 현자**

저는 가끔 엉뚱한 상상을 하는데요. 고대 그리스 철학사를 드라마로 만든다면 주인공은 누가 할까, 조연으로는 누가 좋을까, 이런 생각을 해 보곤 합니다.

등장인물이 너무 많을 것 같은데요.

맞아요. 대하 드라마겠죠. 주인공도 많고 조연도 많겠죠. 그래도 확실한 조연 한 명은 꼽을 수 있을 것 같아요. 바로 마케도니아의 젊은 왕 알렉산드로스입니다.
그는 아리스토텔레스의 제자로 처음 등장할 겁니다. 공부에는 큰 관심이 없지만 말 타고 창던지기를 좋아하는 소년으로 나오겠죠. 스무 살에 아버지의 왕위를 계승합니다. 선왕이 추진하던 그리스 정복을

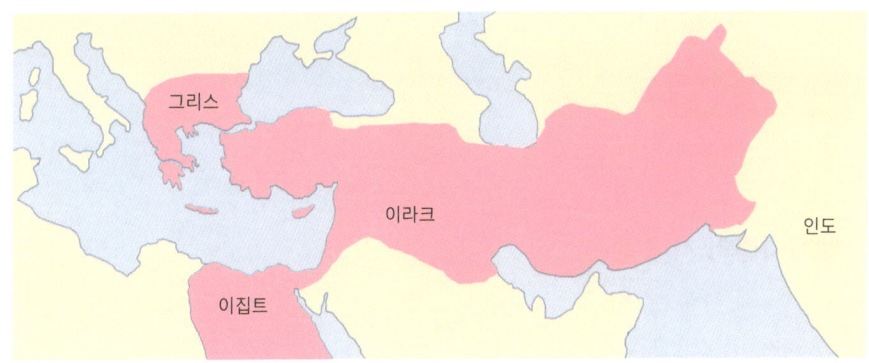

**알렉산드로스 제국 영토** 기원전 323년경

마무리하고 기원전 334년 마침내 헬레스폰토스 해협을 건너 동방원정에 오릅니다. 이후 10년 동안의 원정으로 그리스에서 인도에 이르는 대제국을 건설하게 되죠.

지도에서 보시는 것이 제국의 영토입니다. 남한 땅의 50배가 넘습니다. 제국에 속한 신민의 수가 5천만 명이었는데, 이는 당시 세계 인구 1억 6천만 명의 30%에 달하는 숫자죠.

엄청나네요. 알렉산드로스 혼자서도 대하 드라마급인데요.

알렉산드로스가 아리스토텔레스를 후원한 건 이미 말씀드렸죠. 그가 철학에 끼친 영향은 이것만이 아니에요. 역사상 유례가 없는 거대 제국이 건설되자 삶의 조건도 바뀌게 됩니다. 정치, 경제, 문화 모든 분야가 급변했죠. 덩달아 철학에도 큰 변화가 일어납니다. 새로운 환경이 도래함에 따라 삶의 스타일과 의미도 달라졌기 때문이에요. 이 시대의 정신적 풍조를 가리켜 흔히 헬레니즘이라고 부릅니다. 들어보셨죠?

## 헬레니즘의 시대 정신

그럼요. 많이 들어봤죠. 그리스 철학의 시기 구분에서도 말씀해 주셨는데요. 다시 한번 들려주시면 좋을 것 같아요.

헬레니즘은 '그리스풍의 문화'라는 뜻입니다. 특히 알렉산드로스가 사망한 이후 로마 제정이 시작될 때까지 대략 300년에 걸친 시기에 나타났던 문화 양식을 말해요.

대제국을 통치하려면 신경 쓸 것이 많습니다. 법률도 다듬고 통치 시스템도 갖추고 공용어도 정해야 하고 도량형이나 화폐도 통일해야 해요.

알렉산드로스는 이런 문제를 다 그리스식으로 처리했어요. 제국의 공용어를 그리스어로 정하고, 도량형도 그리스 방식에 따르게 하고, 표준 화폐로 아테네 화폐를 도입했습니다.

특히 정복한 지역마다 그리스식 도시를 세우고 그리스 사람들을 이주시켜서 그 지역의 중심으로 삼았어요. 알렉산드로스가 세운 도시라는 뜻으로 '알렉산드로폴리스'라고 이름을 붙였는데, '알렉산드리아'라고 부르기도 하죠.

#### 아, 이집트에 있는 그 알렉산드리아요?

네. 이집트의 알렉산드리아가 유명하죠. 그런데 이집트에만 이런 도시를 세운 게 아니라 제국 곳곳에 알렉산드리아를 세웠어요. 많게는 40여 개, 적게는 20여 개가 있었다고 추정합니다.

이런 도시는 그리스의 세련된 문화를 전파하는 전초기지로 기능했습니다. 그 결과 그리스 문화와 정복지의 전통문화가 융합된 독특한 문화 양식이 출현하게 되었는데, 이걸 '헬레니즘'이라고 부르는 거예요.

#### 나라도 바뀌고 정치 환경도 바뀌고 문화 양식마저 달라졌으니 정말 격변의 시대였을 것 같아요.

정말 그래요. 그리스인들이 겪은 가장 큰 변화는 전통적인 폴리스가 사라진 거예요. 폴리스는 수백 년 동안 그리스인들의 삶의 뿌리였고 삶의 방식을 제공해 주었거든요. 그랬던 폴리스가 사라지고 이제 사람들은 거대한 제국의 시민으로 편입되고 맙니다.

그러니 삶의 방식도 달라지고 그에 따라 의식도 변했죠. 이런 의식 변화를 보여주는 유명한 일화가 있어요.

디오게네스Diogenes라는 철학자가 있습니다. 알렉산드로스 대왕이 찾아와 소원을 들어주겠다고 하니 햇빛 가리지 말고 좀 비켜달라고 했다는 그 사람이에요. 한 번은 어떤 사람이 그에게 "당신은 대체 어느 나라 사람이요?"하고 물었습니다. 그러자 그는 이렇게 대답해요.

"나는 세계 시민이오!"

세계 시민이라면 거대한 제국의 시민이라는 뜻이겠죠?

맞아요. 이 말에는 이중적인 의미가 있어요. 하나는 보편성이죠. 광활한 지역에 걸쳐 다양한 민족을 통합한 제국의 시민이라는 점에서 나는 다른 모든 사람과 구별되지 않아요. 나의 정체성은 이제 보편적 인간이라는 관점에서 정해지게 되었죠.
하지만 이 말을 뒤집으면 내 삶을 지탱해주는 게 없다는 뜻이기도 해요. 전통적으로 그리스인들은 자신의 폴리스에 헌신하고 폴리스와 자신의 운명이 하나라고 생각하며 살았죠. 개인과 공동체의 일치를 통해 이상적인 삶을 살 수 있다고 믿었어요. 폴리스는 삶의 기반이었습니다. 그랬던 폴리스가 이제 사라지고 말았죠.
세계 시민이라는 말 속에는 잃어버린 폴리스에 대한 상실감과 회한도 함께 들어 있었어요.

제국이 그리스인들에게 결코 좋은 것만은 아니었군요.

좋기보다는 위기에 더 가까웠죠. 어쨌든 피정복민이 되었고 자유를 잃었으니까요. 제국은 너무 거대해서 개인의 삶을 돌봐주지 않았어요. 개인과 폴리스의 그리스적 통합이라는 이상도 이제는 허망한 것이 되고 말았죠. 현실이 아무리 부조리해도 자신의 힘으로 바꿀 수 있는 건 아무것도 없었어요.

**말씀을 듣고 보니 우울한 느낌이 드는데요.**

네, 그런 상실감과 공허함이 이 시대의 정신적인 기조를 이룹니다. 개인들은 대체로 무기력해졌어요. 바깥 상황을 통제할 수 없으니 차라리 내면의 세계로 들어가 자신의 마음이라도 잘 다스리자는 생각이 퍼져갔어요.

그렇게 해서 "어떻게 하면 내면의 행복을 얻을 수 있는가?"라는 물음이 이 시대 철학의 중심 주제로 등장하게 됩니다. 플라톤과 아리스토텔레스가 추구했던 공동체와 개인의 조화, 우주와 사물의 본성과 같은 거대한 주제는 사라지고 대신 내면의 행복이라는 개인적인 문제가 떠오르게 되었죠.

**왠지 철학이 좀 쇠퇴했을 것 같은데요.**

실은 그 반대예요. 주제는 한정되었지만, 철학적 활동 자체는 활발했어요. 이 시기에도 철학의 주 무대는 아테네였는데요. 아테네는 어떤 의미에서 철학의 전성기였어요. 한 도시에 그렇게 많은 철학자가 모여 그렇게 활발하게 활동한 경우는 달리 찾아보기가 어렵죠. 철학자가 모여들고 활동이 왕성하다 보니 생각이 비슷한 사람끼리 뭉쳐 학파를 이루기도 했어요. 스토아학파, 에피쿠로스학파, 견유학파, 키레네학파, 아카데미아학파, 소요학파 등이 이 시대를 달구었던 주인공들입니다.

뜻밖에 학파들이 많네요. 정말 철학 활동이 활발했던 것 같아요. 요즘보다도 철학이 더 성행한 느낌마저 드네요.

그렇죠. 학파들은 서로 경쟁 관계였어요. 그러다 보니 학파들 사이에서 논쟁 또한 치열했습니다. 필력이 탁월한 인물들이 많이 배출되어서 세대를 이어가며 학파의 명예를 걸고 뜨거운 설전을 벌였어요. 시대는 암울했지만, 그 시대를 살아내려는 철학자들의 열정은 강렬했다고 할 수 있어요.

우리는 앞서 말씀드린 학파 가운데 상대적으로 중요하다고 여겨지는 스토아학파·에피쿠로스학파·아카데미아학파를 통해 이 시대의 철학적 풍경을 살펴보려 합니다.

## 스토아학파의 작은 역사

헬레니즘 시대 철학 학파들 가운데 철학사적 영향력과 대중적 영향력이 가장 컸던 것은 스토아학파입니다. 창시자는 제논Zenon, 기원전 336~264입니다.

그는 퀴프로스Kypros섬의 작은 마을 키티움Citium에서 부유한 상인의 아들로 태어났습니다. 장성해서 아버지의 사업을 거들었는데, 한번은 항해하던 중에 폭풍우를 만나 배가 난파되고 맙니다. 바다에서 표류하다가 다행히 구조되어 아테네에 오게 되었어요.

아테네에 머물던 어느 날, 한 서점에서 우연히 소크라테스에 관한 책을 접했어요. 그리고 그 길로 곧바로 철학에 입문했다고 해요. 플라톤 아카데미아에 들어가 수학하다가 기원전 300년경 독립하여 자신의 학파를 설립했습니다.

이 사람이 철학을 하게 된 과정은 어쩐지 운명 같네요.

좀 그렇죠? '스토아학파'라는 이름에서 '스토아stoa'는 주랑柱廊이 있는 건축물을 말합니다. 당시 아테네에는 4개의 스토아가 있었어요. 그중에 화가 폴뤼그노토스Polygnotos가 마라톤 전투 기념 벽화를 그렸던 건물이 '스토아 포이킬레stoa poikile, 채색된 주랑'인데, 제논은 주로 여기서 제자들을 가르쳤어요. 그래서 스토아학파로 불리게 되었죠.

'스토아에 모여서 공부한 사람들'이라는 뜻이군요.

그렇습니다. 제자들이 많았어요. 당시의 철학 유파들은 창시자의 사상을 별다른 수정 없이 계승하는 경향이 있었는데, 스토아학파도 마찬가지였습니다. 제자들은 제논을 극진히 존경했고 신처럼 떠받들었어요. 그의 사후에 창시자의 가르침을 해석하면서 거의 그대로 이어가게 되죠.

2대 학장인 클레안테스Cleanthes, 기원전 331~232는 스승의 사상을 헤라클레이토스와 연결지었습니다. '로고스'와 '불'이라는 개념을 도입해서 스토아학파의 자연철학을 가다듬었어요.

이때 잠시 내부적으로 분열이 있었습니다. 그러다가 크뤼시포스

Chrysippos, 기원전 280~206가 3대 학장으로 취임해서 제논의 이론을 체계화하고 학파를 다시 통합시켰습니다. 그래서 그를 스토아학파의 두 번째 창시자라고 부릅니다. "크뤼시포스가 없었다면, 스토아철학도 없었을 것"이라는 말이 널리 퍼지기도 했죠.

기원전 2세기에 로마가 번성하면서 스토아철학은 큰 변화를 맞습니다. 전통과 실용성을 중시하는 로마인들의 정서에 스토아학파의 사상이 잘 맞았어요. 이 무렵에 지식인 중심에서 벗어나 보다 대중적인 체계로 거듭나게 됩니다.

그 후로, 재상이자 정치가였던 세네카Seneca, 기원전 4~65, 노예 출신의 에픽테토스Epictetos, 50~138, 제국의 황제인 마르쿠스 아우렐리우스Marcus Aurelius, 121~180 같은 유명한 스토아 사상가들이 활동하면서 로마를 대표하는 철학으로 성장했어요.

스토아 철학이라는 말을 자주 들었는데, 로마 시대를 대표할 정도로 인기가 있었던 탓이군요. 황제까지 철학자라니 놀라워요.

그래도 사상의 기본 틀은 창시자 제논 이래로 그대로 이어졌다고 볼 수 있어요. 그들은 특히 논리학·자연학·윤리학을 중요하게 여겼습니다. 이 학문들은 스토아 체계에서 나름의 역할이 있었어요. 이를 잘 보여주는 비유가 있습니다.

이에 따르면 철학은 과수원과 같아요. 그 과수원을 보호하고 지켜주는 울타리가 있는데 이 역할을 하는 것은 논리학입니다. 논리학이라는 울타리 안에 흙과 나무는 자연학이고, 최종 결과물인 열매는 윤리학입니다.

논리학이 울타리라는 건 쉽게 수긍되죠. 그 울타리를 벗어나면 비논리적인 사유가 되고 그렇게 되면 학문으로서 성립하기 어려울 테니까요.

그런데 자연학을 토양으로 해서 윤리학이 열매처럼 맺힌다는 건 흥미로운 견해예요. 자연과학을 잘 알아야 윤리학을 할 수 있다는 말인데요. 오늘날의 상식에 비추어 보면 좀 이상해 보이기도 하죠.

하지만 스토아 철학자들은 행복의 비결이 우주와 인간의 일치라고 믿었어요. 인간은 거대한 우주의 일부로서 우주적 질서에 순응할 때 비로소 행복해질 수 있다고 봤죠. 그래서 우주의 원리와 본성을 파악하는 자연학이 앞서고, 윤리학은 그 결과에 바탕을 두어야 한다고 생각했던 거예요.

스토아학파의 이론을 모두 살펴보기는 어렵고요. 우리는 고대 그리스 철학에 관해 이야기하는 중이니, 주로 초기 사상에 초점을 맞춰 진행해 보겠습니다.

### 되살아난 우주론

스토아학파는 고대 자연철학의 우주론적 전통으로 복귀합니다. 자연철학의 우주론은 우주 생성론과 우주 순환론을 두 축으로 하는데, 스토아학파도 이 전통을 그대로 따라가요. 자연학에서 윤리학으로 나아가려는 스토아학파의 기획 덕분에 우주론이 다시 나타난 거죠.

오랜만에 다시 나오네요. 자연철학의 끝 무렵에 데모크리토스의 노을 지는 바닷가 장면이 생각나는데, 지던 해가 다시 떠오른 느낌이에요.

저도 그런 생각이 들어요. 더구나 스토아학파는, 고도로 체계화된 아리스토텔레스의 자연학이 있었는데도, 훨씬 과거로 회귀해서 헤라클레이토스의 사상을 도입합니다. 특히 '로고스'와 '불'의 개념을 가져와요.
그들은 '로고스' 개념에 주목했습니다. 로고스는 사물의 본성이자 그것을 파악하는 합리적이고 이성적인 정신이기도 합니다. 우주의 질서와 그것을 파악하는 정신, 이 둘의 뿌리가 같다는 걸 보여주는 개념이니 상당히 매력적이죠.
스토아학파는 로고스를 우주의 능동적 원리라고 불렀습니다. 로고스는 신적인 것으로서 이 세계에 합리적이고 인과적인 질서를 부여한다고 믿었어요.
한편 우주에는 수동적인 원리도 있는데, 바로 '질료'입니다. 스토아학파가 생각한 질료는 어떤 특징도 없는 근원적인 물질이었던 것 같아요. 여기에 로고스가 속성을 부여합니다. 더움·차가움·축축함·마름 등의 속성을 부여하자 근원적인 질료로부터 불·공기·물·흙 등이 생성돼요. 그리고 이들이 결합하여 우주 만물이 생겨납니다.

소크라테스 이전 자연철학에서 보았던 우주 생성론과 구조가 같네요.

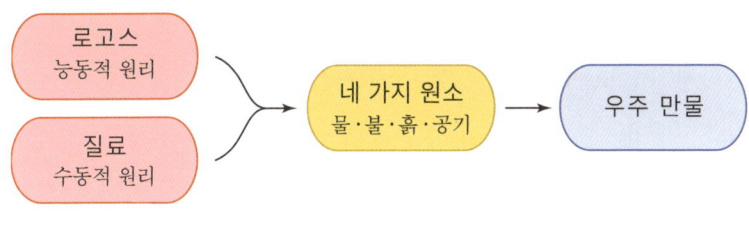

**스토아 학파의 우주 생성론**

네, 과거의 프레임과 같아요. 하지만 스토아학파 특유의 주장도 있는데요. 한 예로 "우주의 모든 것이 살아 있는 유기체"라는 견해를 들 수 있어요.

모든 것이 살아 있다고요? 물활론物活論이 다시 등장하나요?

과거의 물활론보다는 좀 더 깊이 있는 이론이에요. 스토아학파의 주장을 이해하려면 '프네우마pneuma'라는 개념을 먼저 소개해야 할 것 같아요. 프네우마는 원래 호흡·숨·숨결 정도의 뜻입니다. 헬레니즘 시대 의학 이론에서는 생명이라는 의미로도 사용했는데, 살아 있는 것은 숨을 쉬니까 그렇게 봤을 거예요. 스토아학파는 이 개념을 가져와서 독특한 의미로 사용합니다.

결론부터 말씀드리면, 프네우마는 우주의 어떤 근원적인 힘입니다. 우주 만물에는 프네우마가 들어 있고, 프네우마의 작용에 따라서 사물의 종류가 달라집니다.

예를 들어 돌이나 술잔 같은 일반적인 사물 속에도 프네우마가 들어 있어요. 여기서 프네우마는 사물을 이루는 물질들이 흩어지지 않도록 붙들고 있는 응집력으로 작용합니다. 프네우마 덕분에 사물이 바스러지지 않고 개별적으로 분리된 상태로 존재할 수 있다고 해요.

개별적인 물건들의 응집력. 꼭 생명체가 아니더라도 모든 사물에 그렇게 작용하는 힘이 프네우마로군요.

그렇습니다. 식물에도 프네우마가 들어 있어요. 식물에서 프네우마는 응집력에 덧붙여 영양을 섭취하고 생장하고 번식하는 식물적 생명력으로 작용해요.
동물에게도 프네우마가 있는데, 응집력과 식물적 생명력에 덧붙여 감각 행위·상상·욕구 충족 같은 활동력으로 작용하게 됩니다.

사물의 종류에 따라 프네우마의 작용이 점점 더 커지네요.

그렇습니다. 동물 중에서 최상위의 존재는 인간이에요. 인간 속에서 프네우마는 앞에서 나온 작용에 덧붙여 이성적 사유의 작용을 담당합니다. 그래서 이성이 곧 인간의 본질이라고 하죠.
스토아학파는 프네우마가 하는 작용이 커질수록 상위의 존재자라고 봐요. 그래서 물건과 같은 사물들, 그 위에는 식물, 그 위에는 동물, 그리고 가장 위에는 인간, 이런 위계적 구조를 설정했죠.

우주 만물이 살아 있다는 건 결국 모두가 프네우마를 갖고 있다는 말이네요.

그렇습니다. 모든 물질에 생명이 있다 혹은 없다 하는 그런 차원이 아니라 우주의 모든 것이 동일한 힘의 지배를 받고 있고, 사물의 종류에 따라 그 힘이 다른 양상으로 나타난다는 걸 의미하는 말이죠. 마침 그 힘이 생명력이라는 의미의 프네우마이다보니, 살아 있다는 표현을 하게 된 거죠.

우주 만물에 동일한 힘이 작용하고 존재자의 종류에 따라 다른 양상으로 나타난다는 이런 사고방식은 아주 강력하고 매력적이어서 철학사에서는 이 아이디어가 반복해서 나옵니다. 신플라톤주의, 그리스도교 철학, 스피노자를 거쳐 현대에도 이어지고 있죠. 그 출발점이 바로 스토아 사상이에요.

### 불타는 우주

우주 생성론에 이어 이번에는 우주 순환론도 제시했습니다. 우주 순환의 원인은 '불'입니다. 이것 역시 헤라클레이토스의 영향을 받은 거죠. 때가 차면 우주는 불에 타서 소멸하고 또 그 불 속에서 다시 태어난다고 해요. 우주를 생성 소멸시키는 이 불을 '대大화재ekpyrosis'라고 불렀습니다.

불이 순환의 원인인 것이 독특하네요.

아마 쇳덩이를 녹여서 물건을 만드는 걸 보고 그렇게 생각했을 겁니다. 스토아학파에서는 불을 '기술적으로 주조하는 불'이라고 표현하는데, 여기서 '주조'가 바로 불을 이용해 쇳물을 부어 물건을 만든다는 뜻이거든요.

그런데 스토아학파의 우주 순환론에는 인상적인 주장이 하나 있어요. 모든 우주가 똑같은 과정을 반복한다는 거예요. 새로운 우주에서도 다시 소크라테스가 태어나고, 아테네 법정에서 재판을 받게 되고, 또다시 사형 선고가 내려진다고 합니다. 앞으로 생길 모든 우주가 지금 우리의 우주와 똑같은 과정을 밟는다는 말이죠.

놀랍네요. 어떻게 그럴 수가 있죠?

스토아학파에 따르면 지금 이 세상이 생각할 수 있는 최선의 세계이기 때문에 그래요. 최선의 세계는 그보다 못한 세계로 쇠락할 수 없거든요. 만약 쇠락한다면, 쇠락하지 않는 세계보다는 못하니까 최선의 세계가 아니죠.

앞에서 현실이 암울하다고 했었는데, 그래도 이 세상이 최선이라고 여겼네요?

스토아학파가 그렇게 본 것은 로고스 개념 때문이에요. 로고스는 우주의 능동적 원인이죠. 그런데 이 로고스는 원래 신적인 것이라고 여겼거든요. 그래서 로고스가 개입해서 만든 현재의 우주는 신적인 질서로 짜여져 있다고 봤어요.

이 말은 우주가 신의 섭리에 따라 조직되었고, 그 섭리는 최상의 선을 이루려는 신의 목적에 부합한다는 뜻이지요. 그래서 이 우주는 최상의 선에 부합하는 세계, 곧 최선의 세계인 겁니다.

우주 이론에서 그런 평가가 나온다니 신기해요.

우주적 원리와 삶의 원리를 일치시키는 것이 그들의 철학적 이상이다 보니 그런 면모가 나타난 것 같아요.
우주론에 따르면 이 세계는 신적인 섭리가 지배하는 최선의 세계예요. 인간은 그 세계와 일치를 이루어야 하죠. 어떤 자세로 살아야 그런 일치에 도달할 수 있는지, 이것이 스토아학파의 문제였어요. 이리하여 자연학은 윤리학으로 이어지게 됩니다.


### 아파테이아

헬레니즘 시기 모든 학파의 철학적 지향점은 행복이었죠. 이들이 생각한 행복은 고전 시대와 달라요. 고전 시대에는 공동체와의 일치 속에서 자아를 완성하는 게 행복이었지만, 이들이 추구한 건 개인의 내면의 평화였어요.
'내적인 평온함'을 그리스어로는 '아타락시아$^{ataraxia}$'라고 합니다. 아타락시아의 상태가 곧 행복이었어요. 물론 학파에 따라 아타락시아를 이해하는 방식은 달랐어요. 우리가 지금 이야기하는 스토아학파가 생각하는 아타락시아는 '아파테이아apatheia'였어요.

'아파테이아'가 무슨 뜻인가요?

아파테이아는 부정의 뜻을 갖는 접두사 'a'와 '파테pathe'가 결합한 말로, '파테가 없는 상태'라는 뜻입니다. '파테'는 '감정'인데요. 감정 중에서도 특히 아주 격렬하고 충동적인 감정을 말해요. 짜릿한 쾌감이나 격한 분노, 과도한 불안 같은 것들이죠.
우리말로는 보통 '정념情念'으로 번역합니다. 이 말도 좀 낯설죠? '정념'은 '감정情으로 인해 일어나는, 억누르기 힘든 생각念'이라는 말인데요. 그리스어 파테와 거의 같은 뜻이죠.

그럼 아파테이아는 정념의 반대말인가요?

맞아요. 정념이 없는 상태라는 뜻이라서 보통 '무정념'으로 번역합니다. 그러니까 스토아학파는 격한 감정을 다스려서 무정념 상태를 유지하면 행복에 이를 수 있다고 본 거죠.
문제는 정념을 끊어내는 방법입니다. 어떻게 끊어낼까요? 격한 감정이 끓어 오를 때 그것을 없애기는 무척 어렵잖아요?

그러게요, 제 말이. 거의 스님들이 수행하는 수준 같은데요.

이 문제를 집중해서 다룬 인물은 스토아학파의 두 번째 창시자로 불리는 크뤼시포스입니다. 『영혼에 관하여』라는 책에서 그는 아파테이아에 이르는 스토아학파의 비법을 알려줍니다. 상당히 참신한 설명을 보여주는데요. 그 내용을 한번 따라가 보죠.

## 아가멤논의 두려움

만약 누군가 '감정은 저절로 일어나는가 아니면 네가 일으킨 것인가?'라고 물으면 뭐라고 답하시겠어요?

글쎄요. 잘은 모르겠지만 그냥 마음속에 생기는 게 감정이니까, 저절로 생긴 게 아닐까요?

보통은 그렇게 생각하죠. 멋진 사람을 보면 호감을 느낍니다. 호감은 저절로 일어난 것 같죠. 하지만 좀 더 생각해 보면 평소에 나만의 이상형이 있다 보니까 호감이 생겼을지도 몰라요. 다른 사람들은 그 사람이 멋지다고 느끼지 않을 수도 있죠.
감정이 어떻게 일어나는지는 따지고 보면 복잡한 문제입니다. 크뤼시포스는 자신의 책에서 바로 이 문제를 다룹니다. 특히 정념에 대해서 정념이 저절로 일어나는지 아니면 우리가 일으키는 것인지를 검토합니다.

생각해 보지 않은 문제인데, 결론이 궁금하긴 하네요.

크뤼시포스는 『일리아스』에 나오는 그리스 연합군의 총사령관 아가멤논의 두려움을 예로 들었어요. 트로이아와의 전쟁에서 그리스군은 수세에 몰립니다. 트로이아의 전사들이 그리스 군영 코앞까지 다가와 진을 치고 그리스의 배를 불사르려고 해요. 패배가 임박한 상황에서 배마저 불살라져 고향으로 돌아갈 수도 없게 될까 봐 아가멤논은 두려움에 떱니다.

> 아가멤논은 가슴속 심장 밑바닥부터
> 깊은 한숨을 쉬었고 그의 마음은 안에서 떨고 있었다.
> … (중략) …
> 그는 저 위에 있는 제우스를 우러러 빌면서
> 머리를 마구 쥐어뜯었고 그의 영광스러운 마음은 크게 신음했다.
> ― 호메로스, 『일리아스』 10, 9~16

두려움이 밀려오자 아가멤논은 불안과 고통으로 인해 잠을 이루지 못합니다.

전세가 불리해졌으니 걱정되고 괴로울 만하네요.

크뤼시포스는 이 두려움이 어떻게 일어나는지를 분석합니다. 그에 따르면 두려움은 세 가지 단계를 거칩니다. 인상·동의·욕구가 그 셋이에요.
인상은 실제 일어난 일을 보고 알아차리는 작용입니다. "트로이아

군대가 코앞까지 와 있구나", "이제 패배가 임박했구나", 이런 걸 아는 인지 작용이에요. 동의는 그 인상에 대해서 이게 좋은 상황인지 나쁜 상황인지 판단하는 작용입니다. 지금 아가멤논의 경우라면 패배가 임박했다는 인상을 받고서 패배가 나쁘다고 판단하겠죠. 욕구는 좋은 상황을 바라고 나쁜 상황을 피하고자 하는 마음의 상태에요.

아가멤논의 두려움이 일어나는 과정을 세 가지 단계로 나누어 정리하면 이렇게 되겠죠.

**인상** : 트로이아 군대가 코앞에 다가왔고 패배가 임박했다.
**동의** : 패배는 나쁜 것이다.
**욕구** : 나, 아가멤논은 이 상황에서 벗어나고 싶다.

**마치 심리 분석 같은데요. 이게 처음 문제와 어떻게 연결되나요?**

우선 인상은 외부 대상의 문제입니다. 외부 대상을 수동적으로 받아들일 뿐이니 우리가 어찌할 수 있는 게 아닙니다. 그런데 다행히 인상은 정념의 원인이 아니에요.

두려움이라는 정념은 욕구에서 생깁니다. 이 상황에서 벗어나고 싶은데 벗어나지 못할까 봐 두려운 거죠. 벗어나려는 욕구가 없다면 두려움도 생기지 않겠죠.

그런데 욕구는 동의에서 비롯합니다. 패배가 나쁘다고 판단했기 때문에 피하고 싶은 욕구가 일어나요. 그렇게 판단하지 않았으면 욕

**아가멤논에게 딸 크뤼세이스를 놓아달라고 청하는 크뤼세스** 기원전 360-350년경, 항아리 그림 일부

구가 달라졌을 테고 정념도 생기지 않았겠죠. 정념은 바로 이 판단 때문에 생깁니다.
따라서 정념은 마음에서 저절로 일어나는 것이 아니라 우리 자신이 판단을 통해 일으키는 것이에요.

오, 뜻밖이네요. 정념이 저절로 일어난 게 아니라 우리가 일으켰다니요. 두려움만 그런 게 아니고 다른 정념들도 그런가요?

그렇죠. 모든 정념이 다 이런 단계를 거칩니다. 스토아학파는 특히 네 가지 정념이 위험하다고 했는데요. 쾌락·고통·욕망·두려움입니다. 이들에 대한 스토아학파의 정의를 보면 이래요.

**쾌락** : 현재의 좋은 것을 누리려는 충동
**고통** : 현재의 나쁜 것을 피하려는 웅크림
**욕망** : 가까운 미래의 좋은 것을 향해 나아감
**두려움** : 가까운 미래의 나쁜 것 앞에서 물러남

현재냐 가까운 미래냐, 또 바라느냐 회피하느냐라는 기준도 있지만 가장 중요한 것은 좋은지 나쁜지에 대한 판단이 반드시 포함된다는 점입니다. 정념에 앞서 판단이 이루어지며 그 판단이 감정을 정념으로 만든다는 게 크뤼시포스의 생각이죠.

## 아무 차이 없는 것들

그런데 아까부터 궁금했는데요, 패배는 나쁜 것 아닌가요? 나쁜 걸 나쁘다고 판단하는 건 너무 당연한데 그게 왜 문제가 되나요?

보통은 패배가 나쁜 일이라고 생각하죠. 그런데 스토아학파의 생각은 달라요. 그들은 좋다거나 나쁘다는 걸 아주 특별한 뜻으로 씁니다.
이걸 이해하려면, 그들이 말한 행복을 다시 한번 떠올리는 게 좋겠어요. 스토아 사상에서 행복은 단순히 마음이 기쁘고 만족스러운 상

태가 아니었죠? 그게 아니라 행복은 정념이 없는 상태, 마음이 평온함을 유지하는 상태였어요.

네, 맞아요. 아파테이아가 행복이라고 그러셨죠.

이 행복이 좋은 것과 나쁜 것을 나누는 기준입니다. 그들은 행복에 이르는 데 도움이 되는 것만이 좋은 것이라고 주장해요. 나중에 보시겠지만 지혜로움은 마음의 평온함을 가져오거든요. 따라서 지혜는 좋고 선해요.
반대로 행복을 방해하는 것이 나쁘고 악합니다. 무지는 마음의 평온함을 해치기 때문에 나쁘다는 거죠. 그들의 주장으로는 "오직 덕만이 좋은 것이고 오직 악덕만이 나쁜 것"이라고 합니다. 이건 좀 있다가 다시 살펴보기로 하고요.
그러면 덕이나 악덕이 아닌 다른 것들은 뭐냐? 이건 좋지도 않고 나쁘지도 않은 것이라고 합니다. 행복과 관련해서 볼 때 '아무런 차이가 없는 것들'이라는 말이죠. 이를 그리스말로 '아디아포라adiaphora'라고 불러요.

그럼 패배도 아디아포라에 속하나요?

그렇습니다. 아디아포라에는 여러 가지가 들어가는데요. 사람들이 선호하는 건강·쾌락·아름다움·부·명예 같은 것도 아디아포라고요. 사람들이 꺼리는 죽음·질병·고통·추함·가난·불명예 같은 것도 아디아포라예요.

이것들은 모두 행복과는 무관하다는 이야기입니다. 건강하면 더 행복한가? 그렇지 않다는 말이죠. 스토아학파가 추구하는 행복은 정념이 없는 상태잖아요? 건강하다고 무정념에 이르는 게 아니라는 말이죠. 건강한 사람도 얼마든지 화를 내고 쾌락에 중독되고 두려움에 빠지기도 하니까요.

그렇게 아무 차이가 없는데 왜 어떤 건 선호하고 어떤 건 꺼리고 그러는 거죠?

자연의 질서 때문이에요. 어느 정도 나이가 들기까지는 건강한 상태가 자연스럽죠. 그런 의미에서 건강을 추구하는 것뿐이에요.
그러나 예외적인 상황에서는 자연의 질서를 거스를 수도 있습니다. 소크라테스의 죽음이 그런 경우예요. 그는 죽음을 선택함으로써 자신이 평생 추구하고 가르쳤던, 이성적이고 성찰하는 삶을 완성하지 않았습니까? 죽음이 오히려 그의 삶을 불멸의 것으로 만들었지요. 이처럼 아디아포라에 대한 판단은 상황에 따라 얼마든지 달라질 수 있어요. 선호하는 것에 집착할 이유도 없고, 선호하지 않는 것을 피하려 애쓸 필요도 없죠.

아디아포라가 뭔지 알 것 같아요. 그러면 패배는 아디아포라인데 그걸 나쁘다고 판단했으니 아가멤논이 잘못했네요.

그렇습니다. 정념을 일으키는 판단은 아디아포라를 좋다거나 나쁘다고 판단한다는 점에서 모두 오판이에요. 그럴 필요가 없었는데 오판 때문에 충동에 빠지고 두려움 같은 정념에 사로잡히고 만 거죠. 크뤼시포스는 아디아포라를 파악하고 그에 대한 불필요한 집착을 버리라고 권합니다. 그릇된 판단을 하지 않으면 잘못된 욕구가 생기지 않고 무정념 상태를 유지할 수 있어요. 아디아포라를 놓아 버리는 것이 스토아학파가 가르쳐 준 행복의 비결이었어요.

### 정념을 초월한 현자

그런데요, 그렇게 하는 사람이 정말 있을까요?

스토아학파 사람들은 당연히 있다고 그러죠. 특히 시조로 받들어 모시던 소크라테스가 그런 경지에 도달한 인물이라고 생각했습니다. 누구든지 우주의 질서와 섭리를 이해하고 그에 일치하는 삶을 살면 행복을 누린다고 믿었어요. 이런 이상적 인간이 바로 스토아적 '현자sophos'예요.

대단한 경지네요. 성인군자나 깨달음을 얻은 수도승 같은 사람을 말하나 봐요.

현자의 가장 중요한 조건은 덕을 갖추는 것입니다. 덕에 관한 스토아학파의 견해는 두 가지로 집약돼요.

    (1) 오직 덕만이 좋은 것(선)이고, 악덕만이 나쁜 것(악)이다.
    (2) 덕은 행복을 위해 충분하다.

스토아학파는 "행복에 이르게 하는 것이 좋은 것"이라고 보는데요. 지금 덕이 행복의 충분조건이니, 덕이 있으면 행복해지거든요. 따라서 덕만이 좋은 것이겠죠. 그렇게 보면 이 두 주장은 결국 같은 말인 셈이에요.

하지만, 내용을 생각해 보면 이게 참 이상한 말입니다. 덕이 있으면 반드시 행복해질까요? 우연히 나쁜 상황에 놓이는 바람에 불행해질 수도 있지 않을까요? 그런데 스토아학파는 그런 일이 절대 일어나지 않는다고 말하고 있어요.

키케로는 이 주장을 스토아학파의 '말장난'이라고 불렀어요. 그만큼 상식에 어긋난다는 거죠. 아닌 게 아니라 상식의 눈으로 보면 이상하게 들리는 게 사실입니다.

그러게요. 과연 덕을 쌓는다고 해서 행복해질 수 있을까요?

스토아학파가 목표로 삼았던 행복은 무정념 상태이면서 동시에 우주적 질서와 삶이 일치하는 경지를 의미합니다. 이런 일치를 이루려면 우주적 질서를 먼저 알아야 하겠죠. 그래서 그들은 자연학이 윤리학의 전제라고 봤던 거예요.

우주는 신적 섭리에 따라 가장 좋은 세계로 질서 지워져 있어요. 이제 이 사실을 알았으니 삶을 이 세상의 좋음과 일치시키려는 노력을 기울여야 합니다. 자연학적 앎을 내면의 품성으로 형성해 가야 해요. 이렇게 형성된 품성이 바로 덕입니다. "자연은 우리를 덕으로 인도한다"라는 제논의 명제가 이걸 말하죠.

덕이 쌓이면 좋은 것과 나쁜 것을 구분할 수 있게 되고, 자연의 질서와 조화되는 행동을 하게 됩니다. 이런 조화를 통해 삶은 흐르는 강물처럼 유연해지는데, 이런 상태가 곧 행복입니다. 그래서 덕이 행복의 충분한 조건이라고 말하게 되었죠.

제가 느끼기에는 상당히 낙관적인 관점 같아요. 앎과 덕을 동일시한 소크라테스의 견해와 비슷해 보여요.

맞아요. 소크라테스의 정통 계승자를 자처했으니 당연한 일입니다. 실제로 소크라테스의 견해를 받아들여 일단 앎을 가지면, 그와 모순되는 행위를 하지 않을 거라고 믿었어요.

이런 점에서 스토아학파의 윤리학은 결과보다 동기를 더 중시했다고 할 수 있습니다. 자연의 질서에 부합하는 행위를 한다면, 설사 결과가 안 좋더라도 그 자체로 좋은 일입니다. 그래서 현자는 결과에 연연하지 않고 오직 자연의 질서에 맞추려는 마음으로 행동해요. 그 덕분에 언제나 아파테이아를 유지하고 행복을 누린다고 봤어요. 이런 삶을 누리는 것, 이것이 스토아학파의 이상이고 목표였죠.

아무리 힘든 시기라도 삶에는 희망이 있어야 하거든요. 스토아철학은 격변기를 맞은 사람들에게 최상의 삶과 그에 이르는 길을 보여줌으로써 희망과 위안을 선물할 수 있었습니다.

그런 점에서 스토아 철학은 종교적 영성과 유사하다고 볼 수도 있어요. 스토아 철학을 받아들이고 정진함으로써 많은 사람이 내면의 평화를 누릴 수 있었습니다. 이게 대중적 성공의 이유이기도 하죠. 끝으로 에픽테토스의 문장을 하나 보겠습니다. 여기에는 스토아 철학의 핵심이 잘 담겨 있습니다. 그 옛날 스토아의 현자가 오늘을 사는 우리에게 건네는, 애정 가득한 권유같이 들리기도 해요. 그의 말을 들어보시죠.

> 관조를 통해 자연의 본성과 일치되는 조화로운 삶을 사는 것이 인간의 최고의 존재 방식이다. 당신들은 이 사실을 깨닫지 못하고서 죽는 일이 없도록 하라.
>
> ─ 에픽테토스, 『담화록』 I. 6

안으로 마음을 본성과 일치시키고, 밖으로는 다른 이를 존중하라.
이는 곧 자기로 돌아가 의지하는 것이니라.

— 6조 혜능(六祖 慧能)

## 02

## 정원에 핀 우정

스토아학파와 쌍벽을 이룬 그룹으로 에피쿠로스학파가 있습니다. 우리가 두 번째로 살펴볼 헬레니즘 철학 유파예요. 학파의 이름에서 보시듯이 창시자는 에피쿠로스Epikouros, 기원전 341~270입니다.
우리 철알못님 영어를 잘 하시니까, 혹시 '에피큐어epicure'이라는 단어를 아세요?

'식도락가'라는 뜻으로 아는데요.

맞아요. 맛나고 고급스러운 음식을 즐기는 사람 혹은 그런 생활 습관을 말하죠. 비슷한 말로 '에피큐리언epicurean'이 있는데, 감각적인 쾌락을 추구하는 태도를 지칭합니다. 모두 에피쿠로스의 이름에서 유래한 단어죠.

아, 에피쿠로스가 식도락가이고 쾌락주의자였나요?

전혀 그렇지 않아요. 그가 '쾌락주의'를 말한 건 맞지만, 그 의미는 사뭇 다릅니다. 에피쿠로스는 철학사에서 보기 드물게 악의적인 누명과 핍박을 받은 사람이에요. 중세 그리스도교 시대에 에피쿠로스의 제자라는 말은 무신론자와 같은 의미로 여겨졌어요. 하지만 그의 진정한 가르침은 그런 평가와는 거리가 멀었습니다.

이제 그의 철학을 살펴볼 텐데요. 가엾은 에피쿠로스의 누명을 벗기고 명예를 찾아줄 수 있으면 좋겠어요.

### 새로운 삶의 방식

에피쿠로스는 사모스섬에서 태어났어요. 태어난 곳은 소아시아지만, 부모님이 아테네 시민이었기 때문에 그도 신분상으로는 아테네 시민이었습니다.

어릴 때부터 영재였어요. 14살에 플라톤학파의 팜필로스라는 사람의 제자로 입문했다가 도중에 데모크리토스의 제자 나우시파네스 문하로 옮깁니다. 여기서 원자론을 접하고 나중에 자기 이론의 기본 뼈대로 삼게 됩니다.

18세 되던 해에 병역 의무 때문에 모국 아테네로 옵니다. 군 복무를 하며 틈틈이 플라톤 아카데미아에 가서 수업을 듣기도 했습니다. 복무를 마치고 고향 인근의 미튈레네와 람사코스에 학교를 설립했지만 실패하고 말았어요. 결국 다시 아테네로 돌아와, '정원kepos'이라는 철학 공동체를 세웁니다.

철학 공동체라면 학교 같은 것인가요?

정원은 아카데미아나 뤼케이온과는 성격이 좀 달랐어요. 학교나 연구소라기보다 특정한 삶의 방식을 따르는, 그러니까 오늘날의 대안 공동체와 유사해요. 설립자의 성품처럼 상냥하고 친근하며 교양이 넘치는 모임이었다고 합니다. 고대 세계에서는 보기 드물게 여자와 아이와 노예도 받아주었죠. 구성원들은 스승의 책 『주요한 견해들kyriai doxai』을 암송하고 그 가르침에 따라 살려고 노력했습니다. 에피쿠로스 공동체에 관해 로마 시대의 사상가 세네카가 이렇게 적었습니다.

**에피쿠로스 흉상** 그리스 시대 작품의 로마 시대 복제품, 3세기, 대영박물관

> 메트로도로스나 헤르마르코스 그리고 폴뤼아이노스가 위대한 인물이 된 것은 에피쿠로스의 이론 때문이 아니라 한 지붕 아래서 가족처럼 함께 지낸 덕분이다.
> — 세네카, 『도덕적 서한』 1. 6. 6

이 말에 따르면 공동체 생활은 가족처럼 친근하고 형제적인 동료애가 넘쳤던 모양입니다.

**따뜻하고 평화로운 공동체였군요.**

그런 분위기를 보여주는 에피쿠로스 자신의 글도 있어요. 짐작건대 그는 담석증을 앓았던 것 같아요. 이 병은 고통이 아주 심하다고 합니다. 임종을 앞두고 쓴 어느 편지에는 "동료들과의 우애로 가득했던 대화를 떠올리며 말할 수 없는 그 큰 고통을 이겨낼 수 있었다네"라고 적었어요. 극한의 고통을 극복할 정도였으니 정원공동체의 형제애가 참 각별했던 모양입니다.

공동체 생활과는 별도로 에피쿠로스 자신은 치열하게 연구 활동을 했죠. 저서도 상당히 많습니다. 41권의 책을 썼다고 하는데 이게 두루마리 300여 개 분량이라고 해요. 거의 플라톤과 비슷한 수준이죠. 그러나 애석하게도 모두 소실되고 말았어요. 앞서 말씀드렸듯이 그의 사상은 악마의 이론처럼 여겨졌었거든요.

**그랬군요. 자료가 별로 없겠네요. 안타까워요.**

그렇습니다. 후대 작가들이 인용한 것이 좀 전해지는데, 대부분은 에피쿠로스의 반대자들이 남긴 기록이에요. 그러다 보니 자의적으로 편집하거나 왜곡한 정보가 많아요. 만약 이런 것만 남았다면 우리가 그의 음성을 제대로 들을 수 없었을 거예요.

그러나 다행히 에피쿠로스를 따르는 제자가 쓴 책이 전해집니다. 기원전 1세기에 살았던 루크레티우스Titus Lucretius Carus, 기원전 99~55가 쓴 『사물의 본성에 관하여De Rerum Natura』라는 책이죠. 그는 에피쿠로스를 충실하게 따랐고, 스승의 이론을 로마 시민들에게 알리려고 쉽게 풀어서 책을 썼어요. 인기가 많아서 에피쿠로스 사상을 보급하는 데 큰 역할을 담당했습니다.

그러나 서로마가 멸망하고 나서 이 책도 자취를 감추었습니다. 그런 책이 있었다는 이야기만 전설처럼 전해졌죠. 그러다가 15세기에 독일 어느 수도원의 쿰쿰한 도서관 책더미에서 기적처럼 발굴되었어요. 생각해 보면 아득한 일입니다. 오늘날 우리가 알고 있는 에피쿠로스 자연철학의 많은 부분이 이 책을 통해 전해졌거든요. 이 책마저 사라졌다면 에피쿠로스는 누명을 쓴 채 역사 속에 묻히고 말았을 테니까요.

그런 자료가 남아 있어서 정말 다행이네요. 안 그랬으면 꼼짝없이 악마의 이론이 될 뻔했잖아요?

정말 그렇죠. 자료들을 살펴보면, 에피쿠로스의 사상은 대체로 그 시대의 일반적인 철학과 결이 비슷해요.
당시의 철학은 이론적 탐구 이전에 삶을 살아가는 방식이었죠. 삶의 목표는 역시 행복이었어요. '어떻게 하면 행복한 삶을 살 수 있는가'가 늘 철학의 중심 문제였고, 문제를 해결하는 실마리는 소크라테스를 잇는 전통에서 발견됩니다. 즉 앎이 행복의 조건이며 무지는 행복의 적이라는 거죠.
그래서 에피쿠로스의 문제들도 스토아학파와 비슷했어요.

(1) 자연의 본성은 무엇인가?

(2) 우리는 어떻게 진리를 인식할 수 있는가?

(3) 우리는 어떻게 살아야 하는가?

이렇게 분류할 수 있는데요. 이제 이 순서에 따라 이야기해볼게요.

### 우주의 본성, 원자론

자연의 본성과 관련해서 에피쿠로스가 원자론을 배웠다고 앞서 말씀하셨어요.

네, 맞아요. 에피쿠로스는 데모크리토스의 원자론을 배운 후에 그것을 자기 이론의 출발로 삼았습니다. 에피쿠로스의 생각을 몇 개의 명제로 요약하면 이렇게 정리할 수 있습니다.

① 원자$^{atom}$가 존재한다. 원자는 분할할 수 없고 불변하는 미세한 입자다.

② 그 자체로 존재하는 것은 원자와 허공뿐이다.

③ 모든 물체는 원자들로 구성된 결합체다.

④ 원자들은 모양과 크기가 헤아릴 수 없이 다양하며, 무게를 갖는다.

⑤ 원자들은 허공 속에서 그 무게로 인해 영원히 아래로 떨어진다.

기본 관점은 데모크리토스와 같습니다. 거기에 몇 가지 생각을 보태서 자기 이론을 형성했어요.

정말 데모크리토스의 원자론하고 비슷해서 구별이 잘 안 되는데요. 어떤 차이가 있을까요?

우선 ①은 데모크리토스 사후에 원자론에 가해진 비판에 대응해서 원자 개념을 새롭게 제시한 내용이에요.
원자를 뜻하는 그리스어 아톰atom은 어원적으로 더는 나눌 수 없다는 뜻입니다. 데모크리토스는 원자가 내부에 빈 틈이 없이 '꽉 찬 것'이라서 분할할 수 없다고 봤습니다.
그런데 아리스토텔레스가 이 사실을 반박하고 나왔어요. 그에 따르면 "움직이는 것은 크기가 있고, 크기가 있는 것은 부분이 있으며, 부분이 있는 것은 아무리 미세하더라도 수학적으로 분할 가능하다"라는 거예요.

오, 말이 되네요. 아무리 작은 것이라도 부분이 있으면 나눌 수 있으니까요.

그렇죠. 아리스토텔레스의 논리를 따라가면 입자는 무한히 분할 가능하고, 그래서 더는 나눌 수 없는 최소 입자가 존재할 수 없습니다. 원자 개념 자체가 부정되는 거죠.
에피쿠로스는 이 논리를 재반박합니다. 그는 원자에 부분이 있다는 점을 인정했어요. 크기가 있으니 부분이 있을 수밖에 없죠. 하지만 그 부분이 원자 자체와 분리될 수는 없다고 주장했어요. 원자의 부분은 독자적으로 운동하거나 결합할 수 없다는 거죠. 원자를 나누면 원자의 특성을 잃어버려서 결국 아무것도 아니게 될 뿐만 아니라, 실제로 물리적으로 나눌 수도 없다고 봤습니다.

요컨대 그는 "원자가 수학적으로는 부분을 갖지만, 물리적으로는 나누어지지 않는다"라고 봤죠. 이게 ①의 내용입니다.

아, 원자를 물리적으로는 나눌 수 없다고 함으로써 데모크리토스의 생각을 지켜냈군요.

그렇습니다. 논리가 아주 섬세하죠? 에피쿠로스가 덧붙인 두 번째 사항은 원자 운동의 동인입니다. 원자들이 끊임없이 운동하는데, 이 운동이 애초에 어떻게 일어나게 되는지를 설명했어요.

데모크리토스는 우주가 소용돌이에서 탄생했으며 이 소용돌이의 힘이 관성적으로 이어져서 원자가 운동한다고 봤습니다. 그런데 에피쿠로스는 이 설명이 만족스럽지 않았어요.

그는 원자들이 영원히 운동한다고 생각했거든요. 우주 생성에서 전해진 힘이 아무리 크더라도 그게 영원히 이어진다는 건 별로 설득력이 없다고 봤죠. 힘은 시간이 지나면 약해지기 마련이니까요. 그가 보기에는 원자가 영원히 운동한다면, 그 동인은 외부가 아니라 원자 자체에 있어야만 했어요.

그게 더 말이 되네요. 동인이 원자 자체에 있다면, 원자가 있는 한 계속 운동할 테니까요.

에피쿠로스 모델에서 원자는 크기와 모양과 무게를 갖습니다. 원자의 크기와 모양은 헤아릴 수 없이 다양하고 그 무게는 크기에 비례합니다. 동인이 원자 자체에 있다면, 크기·모양·무게, 이 셋 중의 어느 것이겠죠.
에피쿠로스는 그 동인이 무게라고 봤습니다. 간단한 이유인데, 무게가 있는 것은 아래로 떨어지니까 무게가 운동을 일으킨다고 본 거예요. 에피쿠로스는 원자도 무게가 있으니 당연히 아래로 떨어질 거라고 추론했어요. 즉 최초의 운동은 원자의 자유낙하 운동이라는 말이죠.

마치 비가 오듯이 원자들이 줄지어 떨어지는 장면이 상상돼요.

에피쿠로스도 그런 이미지를 떠올렸을 겁니다. 하지만 그의 견해에는 치명적인 결함이 있어요.
우선, 아래쪽이 어느 쪽인지 정할 수가 없어요. 그는 우주가 무한히 크다고 했는데, 그의 말대로 공간의 크기가 무한하다면 중심을 설정할 수 없습니다. 중심이 없으면 위·아래·좌·우 같은 방향도 생각할 수 없죠. 자유낙하는 지상에서나 볼 수 있는 현상이지 우주적 차원에서는 무의미한 말이에요.
게다가 다른 문제도 있어요. 에피쿠로스는 원자가 떨어지는 속도가 무게와 상관없이 똑같다고 그랬거든요. 그게 사실이라면 원자들이 줄지어 같은 속도로 떨어지니 서로 부딪칠 일이 없잖아요. 부딪치지 않으면 원자들이 결합할 수 없을 거고 그러면 사물도 생겨나지 못했을 겁니다.

그렇네요. 무게로 인한 자유낙하 운동만으로는 사물의 생성이 설명이 안 되네요.

이런 치명적인 결함에도 불구하고 에피쿠로스는 이 문제에 관해 아무 설명도 하지 않았어요. 아마 문제점을 보지 못했던 것 같아요. 이 문제는 훨씬 나중에 로마의 시인 루크레티우스가 등장해서 해결하게 됩니다.

### 원자의 빗나감과 자유

에피쿠로스 사상을 쉽게 설명해주는 책을 썼다는 그 사람요? 그 사람이 시인이었어요?

네, 그가 쓴 책 『사물의 본성에 관하여』는 운문으로 쓰여 있어요. 이 책은 로마에서 정말 인기가 많아서 교양인들의 필독서였지요. 그는 이렇게 적었습니다.

> 이것을 그대가 알기를 원하노라
> 물체(원자)들이 무게로 인하여 허공에서 아래로 움직일 때
> (…) 자기 자리로부터 조금,
> 단지 움직임이 조금 바뀌었다고 말할 수만 있을 정도로 비껴났다는 것을.
> ― 루크레티우스, 『사물의 본성에 관하여』 II, 216~220

여기서 중요한 말은 '비껴났다는 것', 곧 '빗나감'입니다. 원자들은 무게로 인해 아래로 줄지어 일직선으로 떨어집니다. 그 와중에 몇몇 원자들이 갑자기 방향을 조금 틀어서 약간 비스듬히 떨어졌다는 말이죠. 이게 빗나감입니다.

비스듬히 움직이면 방향이 다르니 수직으로 내려오는 다른 원자들과 충돌하게 됩니다. 일단 충돌이 시작되면, 충돌한 원자들의 방향이 불규칙하게 바뀌면서 연쇄적인 충돌로 이어지게 되겠죠. 이로써 무수히 많은 원자가 충돌에 개입하고 그 과정에서 원자들이 복잡하게 얽히고 결합하면서 사물이 생겨났다는 게 이 설명의 요점입니다. 루크레티우스는 "빗나감이 없다면 자연은 어떤 것도 창조하지 않았을 것이다"라고 말했습니다. 빗나감을 도입해서 에피쿠로스의 이론을 보완한 거죠.

빗나감이라는 아이디어가 기발한데요. 그렇게 설명하면 앞서 말씀하신 에피쿠로스의 문제점이 모두 해소될 것 같은데요.

**루크레티우스 『사물의 본성에 관하여』**
1483년, 르네상스기 재발견 후에 만들어진 필사본의 첫 페이지

그런 면도 있지만, 루크레티우스가 빗나감을 도입한 또 다른 배경도 있어요. 원자론 체계 안에서 자유의지의 가능성을 확보하려는 것이었죠.

### 빗나감이 자유의지와 연결되나요?

그럼요. 원자들의 운동과 자유의지는 얼핏 보기에 관련이 없어 보이죠. 그러나 자연의 원리를 어떻게 이해하느냐 하는 문제는 자유의지의 가능성과 긴밀히 연결돼요.

원자론의 시조인 데모크리토스의 세계에서는 자유의지가 불가능해요. 그는 최초의 소용돌이가 원자들의 결합과 분리를 일으키고 나면 그 이후로는 원자들이 관성에 따라 기계적으로 운동한다고 봤습니다. 기계적 운동이라는 말은 원자들이 공식에 따라 일정한 과정을 밟아간다는 말이거든요. 그런 의미에서 데모크리토스는 원자들의 운동이 필연성에 따라 일어난다고 말했죠.

그렇게 되면 세상 모든 일은 처음부터 이미 다 정해지게 됩니다. 소크라테스의 사형과 스파르타의 몰락, 에피쿠로스 공동체의 탄생이 우주 탄생 시점에 이미 정해지는 거죠.

이런 생각을 결정론이라고 불러요. 데모크리토스의 원자론은 기계적 결정론이었어요. 이런 세계에서는 인간의 자유로운 선택이 불가능하죠. 이미 모든 것이 자연의 질서에 따라 정해져 있으니까요. 정

해진 일만 일어날 뿐이고, 선과 악, 행복과 불행을 구분하는 것도 무의미합니다.

그렇겠네요. 이 세상이 정말로 기계적으로만 작동한다면 우리 의지도 그런 규칙의 적용을 받을 테니까요.

그러나 에피쿠로스는 행복한 삶을 찾아 나섰고, 그에 이르는 특별한 수행법이 있다고 믿었어요. 그러니 그의 공동체는 결정론을 받아들일 수 없었어요. 어떻게 해서든 행위 선택의 자유가 있다는 점을 입증해야 했습니다.

이게 빗나감을 도입한 이유예요. 빗나감은 어느 순간 예상을 뛰어넘어 일어나는 돌발적인 사건입니다. 빗나감 같은 현상이 존재한다면 자연이 필연성에만 종속되는 건 아니겠죠. 자연에는 자발성도 있고 우연성도 있습니다. 따라서 자유가 가능해지고 도덕적 책임과 행복한 삶에 관한 이야기도 의미를 얻게 됩니다.

물론 에피쿠로스도 자연의 많은 운동이 필연성을 따른다고 봅니다. 하지만 데모크리토스와 달리, 그 필연성이 모든 행동과 운동을 통제한다고는 보지 않았어요. 자연에 필연성과 우연성이 공존한다고 설명하면서 자유의 여지와 행복의 가능성을 확보했던 것이지요.

자연의 본성에 관한 이야기는 여기서 마무리하고요, 이제 다음 주제로 넘어가 볼까요.

### 진리의 규준

두 번째 질문은 진리를 인식하는 방법입니다. 사물을 측정하려면 측정 수단이 정확해야 하듯이 진리를 인식하려면 인식의 수단과 방법이 확실해야겠죠.

에피쿠로스는 진리에 도달하는 방법을 '진리의 규준'이라고 불렀습니다. '규준'은 그리스어로 '카논kanon'인데, 원래는 반듯한 막대기를 뜻합니다. 목수들이 이걸 사용해서 건축물의 수평을 확인했다고 해요. 그러니까 카논은 검증의 수단인데 에피쿠로스는 그런 의미에서 참된 인식의 올바른 수단을 카논이라고 불렀어요.

그는 진리의 규준으로 감각, 선先개념, 감정, 이렇게 세 가지를 꼽았습니다.

오, 특이하네요. 보통 철학자들은 감각이나 감정은 진리와 거리가 멀다고 보지 않나요?

네 맞아요. 감각이나 감정은 주관적이고 결점이 많아서 착각과 혼란을 가져온다고 평가하죠. 그런데 에피쿠로스는 이것을 진리의 규준에 포함했어요. 아주 독특한 주장이죠.

감각이 어떤 의미에서 진리의 규준인지에 대해 후대의 한 철학사가는 이렇게 말합니다.

> 에피쿠로스는 모든 감각은 참이며 감각된 것은 존재한다고 말한다.

감각이 참이라는 말과 대상이 존재한다는 말은 같은 말이므로 구분되지 않는다.

— 섹스투스 엠피리쿠스, 『수학자에 대해서』 VIII. 9

모든 감각은 진짜로 존재하는 실재 대상을 인식하므로 참이라는 말이죠.

### 감각이 어째서 진리를 인식한다고 봤을까요?

감각이 수동적이기 때문이죠. 눈·코·입·귀·피부를 통해 사물과 접촉할 때는 이성적 추론이나 기억 같은 주관의 작용이 일절 개입하지 않아요.
그러니까 감각은 판단 이전에 외부의 데이터를 그대로 수용하는, 완전히 수동적인 과정입니다. 외부의 실재하는 대상을 있는 그대로 알려준다는 점에서 진리의 규준이에요.

### 눈은 사물과 떨어져서 바라보는데 그래도 접촉이라고 할 수 있을까요?

감각을 접촉으로 정의하는 건 전통적인 방출설에서 유래한 아이디어예요. 엠페도클레스 이래 방출설은 그리스 자연철학에서 감각을 다루는 기본적 이론이었는데, 에피쿠로스도 이를 받아들여 감각이 참임을 설명합니다.

그에 따르면, 외부 대상의 표면에서 필름처럼 얇은 겉껍질이 끊임없이 방출됩니다. 이것을 '에이돌론$^{eidolon}$'이라고 하는데, 대상을 있는 그대로 모사한 복사본 내지는 모형이라는 뜻이에요. 에이돌론의 크기는 원본 대상보다 작지만, 대상의 원자 구조를 그대로 본뜬, 말하자면 축소된 대상입니다.

이제 이것이 허공을 지나 우리 눈에 와서 닿으면 시각적 지각이 일어나게 됩니다. 에이돌론을 매개로 하지만, 그래도 접촉이라고 볼 수 있지요. 그래서 망막에 맺힌 상은 마치 도장을 찍듯 대상을 있는 그대로 나타낸다는 거예요.

*방출설은 볼 때마다 참 인상적인데, 감각이 참이라는 걸 논증하는 데는 아주 효과적이네요.*

그래서 경험을 중시하는 자연철학자들이 꾸준히 방출설을 지지했을 겁니다. 에피쿠로스도 방출설에 바탕을 두고 감각을 진리 규준 중에서도 첫째로 꼽았던 거죠.

### 진리의 또 다른 기준, 선개념

두 번째 규준은 선개념$^{prolepsis}$입니다. 용어가 생소하시죠? 에피쿠로스가 만든 용어인데요. 어원적으로 보면, '이전의 경험에서 미리 파악하여 얻은 것'이라는 뜻이에요. 우리말에는 마땅한 번역어가 없어서 '선先개념'이라는 좀 이상한 말로 옮깁니다.

선개념의 예를 든다면 어떤 게 있을까요?

글쎄요. 우리 철알못님이 예를 보여주실 것 같은데요. 혹시 황소를 보신 적이 있나요?

그럼요. 어릴 때 목장 견학 가서 본 적 있죠. 풀을 먹는 것도 너무 이뻤고요, 되새김질하는 모습도 귀여웠어요. 눈망울도 크고 이쁜데, '음매'하고 울 때는 좀 무섭기도 했고요.

잘하셨어요. 지금 말씀하신 그게 바로 선개념이에요. 직접 보고 들으면서 감각적으로 경험한 내용을 개념적으로 파악하고 계신 것 말이죠. 소는 풀을 뜯는 초식동물이고 되새김질하는 반추동물이고 등등. 이런 게 철알못님이 획득하여 가지고 있는, 소에 관한 선개념이에요.
이 개념을 굳이 '선先, pro-'이라고 부르는 이유는 이후의 다른 인식 과정에서 기준이 되기 때문이에요.
가령 소에 관한 어떤 정보를 듣게 되면, 철알못님은 이전 경험, 즉 소는 되새김질하며, '음매'하고 울고, 눈이 크고 이쁘다는 사실을 전제합니다. 그래서 이 전제에 어긋나는 정보는 거짓 정보로 판단하여 배제하게 됩니다.
다시 말해 이전 경험에서 얻은 선개념이 다음 단계의 탐구에서 진리의 규준이 된다는 말이죠.

**그런 의미이군요. 그런데 경험은 잘못될 수도 있잖아요. 선개념이 오히려 편견이나 선입견같이 잘못될 가능성은 없나요?**

에피쿠로스는 선개념이 항상 올바르다고 봤어요. 그 이유는 무엇보다도 선개념이 감각 경험에서 생기기 때문이에요. 감각이 진리의 첫 번째 규준이잖아요. 감각에 바탕을 두고 얻은 개념은 참되다는 거죠.
또 다른 이유로는 선개념이 객관적이고 보편적이라서 그래요. 에피쿠로스는 누구나 같은 대상을 경험하면 똑같은 선개념을 얻게 된다고 합니다. 대상 자체의 특징이 우리 마음속에 그런 관념을 심는다고 봤기 때문이에요.

**그렇게 보면 경험을 아주 중시했다는 느낌이 드네요.**

그렇지요. 에피쿠로스에게서 감각은 인식의 원천이고, 감각을 통해 생겨나는 선개념은 탐구의 도구인데, 따지고 보면 이 두 가지 모두 결국에는 경험에서 유래한 겁니다. 이처럼 진리의 기준을 경험에 두고, 실증적인 인식을 강조했다는 점에서 경험주의 인식이론의 시초라고 평가할 수 있죠.
진리의 규준의 세 번째 항목은 감정인데요. 이것은 앞의 두 가지와 달리 인식 차원의 규준이 아니라 행위 선택에서 옳고 그름을 가르는 규준이에요. 그래서 이제 행위의 문제를 다루면서 같이 살펴보기로 하겠습니다.

## 가장 좋은 것은 쾌락이다

행위의 문제라면 '우리는 어떻게 살아야 하는가?'라는 질문과 연결되겠네요.

네, 어느덧 마지막 주제에 왔네요. 삶의 문제죠. 삶의 목표는 무엇이고, 그 방법은 무엇인가? 어떤 삶이 가장 좋은 삶인가? 그런 질문에 대한 에피쿠로스의 생각을 살펴볼 텐데요. 세네카에 따르면, 그의 정원 출입문에는 이런 글귀가 적혀 있었다고 합니다.

> 나그네여, 여기서 그대는 잘 지낼 것이네, 이곳의 최고선은 쾌락이라네.
>
> ─ 세네카, 『도덕적 서한』 79.15

공동체 출입문 현관에 걸린 구절이니, 에피쿠로스 사상의 정수를 간추려 적어두었겠지요. 그게 바로 '쾌락hedone이 최고의 선'이라는 주장입니다. 같은 취지의 말이 책에도 나옵니다. "쾌락은 행복한 삶을 형성하는 출발점이자 종착점이다." 그러니까 한마디로 말해서, 인생에서 가장 좋은 것은 쾌락이라는 말이지요.

**그런데 쾌락이라는 말에는 부정적인 뉘앙스가 있지 않아요?**

맞아요. 우리 말 '쾌락'은 어쩐지 좀 부정적이죠. 쾌락에 빠져서는 안 될 것 같고, 뭔가 부도덕하고 무절제한 욕망과 결부되는 것 같은 느낌입니다.
하지만 에피쿠로스가 사용한 그리스어 '헤도네'는 좀 다릅니다. '쾌락'보다는 '즐거움'에 가까워요. 철알못님을 만나니 반갑고 즐거운 느낌, 지식을 쌓으며 느끼는 즐거움, 아름다운 노을을 보고 청명한 공기를 마시면서 산책하는 즐거움 등 내면의 충만한 기쁨에서 우러나는 즐거움을 말합니다.

**아, 그런 것이군요! 제 경우는 친구들하고 맛있는 거 먹으며 수다 떨고 영화 보고 차 마시는 게 저의 쾌락인 거 같아요.**

네, 그것도 즐거움이죠. 그러나 에피쿠로스는 쾌락을 좀 더 세밀하게 정의합니다.
그에 따르면 고통이 없는 상태가 곧 쾌락이에요. 고통이 없으면 쾌락이고, 쾌락이 없으면 고통이에요. 고통과 쾌락 사이에 중간 상태나 감정은 없다고 말합니다. 우리의 감정은 고통 아니면 쾌락, 둘 중 하나라는 거예요.

**독특하네요. 고통과 쾌락이 반반 섞인 그런 상태도 있지 않나요? 어떤 건 좋으면서 동시에 안 좋기도 한 경우도 있는데요.**

진짜 그렇죠. 저도 그럴 때가 있거든요. 그런데 에피쿠로스는 그런 중간 상태를 인정하지 않습니다.

아까 앞에서 진리의 규준을 말씀드릴 때, 마지막 세 번째가 감정이라고 했는데, 그 감정이 구체적으로는 고통과 쾌락의 감정입니다. 이것이 진리의 규준인 까닭은 명료하기 때문이에요. 고통을 느낀다면 그는 고통스러운 상태이고 쾌락을 느낀다면 그는 쾌락의 상태라는 거죠. 고통 상태인데 쾌락을 느끼거나 고통과 쾌락을 동시에 느낄 수는 없다는 말이죠.

우리가 자주 느끼는 중간적 느낌이나 복합적 느낌은 실은 감정 자체가 아니라 여러 잡다한 생각들이 함께 작용한 결과입니다. 감정은 항상 명확하고 둘 중 하나만 일어난다고 합니다. 이런 이유로 둘 사이의 중간 단계는 없다고 봤어요.

요컨대 감정에 대한 에피쿠로스의 생각은 '고통 아니면 쾌락 그 두 가지 상태만 있으며 쾌락은 고통의 부재고 고통은 쾌락의 부재다'라고 정리할 수 있겠어요.

### 어떤 쾌락?

정말 딱 이분법적 구분이네요. 공감되는 면도 있어요. 괴로운 것보다는 즐거운 것이 좋죠. 그런 점에서 고통의 부재가 쾌락이라는 말에는 저도 공감이 되는데, 그렇게만 정의하니까 구체적으로 어떤 상태가 쾌락인지 좀 모호한데요?

그러게요. 고통과 대비시켰다고 해서 쾌락의 개념이 밝혀진 것은 아니죠. 그래서 에피쿠로스는 쾌락의 종류를 언급하며 좀 더 자세히 설명합니다. 그에 따르면 쾌락에는 동적인 쾌락과 정적인 쾌락, 이렇게 두 가지가 있습니다.

이런, 철학자들은 정말 그냥 쉽게 넘어가는 법이 없군요. 결국 또 구별이 나오네요. 동적 쾌락은 뭐예요?

동적인 쾌락은 욕망을 충족하여 얻는 쾌락입니다. 배고플 때 먹고 마심으로써 얻는 즐거움, 졸릴 때 잠을 잠으로써 얻는 즐거움, 보고 싶을 때 만나고, 아플 때 치료받고 쉬면서 얻는 즐거움처럼 욕구 충족의 과정에서 얻는 쾌락입니다. 이게 우리가 살며 누리는 대부분의 즐거움이기도 합니다. 아까 철알못님이 쾌락이라고 한 그 일들도 모두 동적인 쾌락이지요.

에피쿠로스는 이를 몸과 관련짓습니다. 우리 몸은 자연의 질서에 부합하는 적절한 상태가 있는데, 그게 무너지면 고통을 느끼게 된다고 합니다. 그랬다가 몸이 자연스러운 상태를 회복하게 되면 그 과정에서 고통이 제거되고 쾌락을 느끼게 돼요. 이처럼 동적 쾌락은 몸이 자연적 상태로 회복하는 과정에서 느끼는 쾌락이라고 정의합니다.

배고프고, 갈증 나고, 졸리고, 그런 경우들이 몸의 자연적 질서가 무너진 상태군요.

그렇죠. 자연적 질서가 무너지면 결핍을 느끼게 되죠. 그게 동적 쾌락을 정의하는 바탕이었는데요. 정적 쾌락 역시 몸의 상태와 관련이 있어요.

정적인 쾌락은 이미 몸이 자연적 질서를 회복하고 잘 유지하는 상태를 가정합니다. 몸이 완전히 안정되면 육체적으로 고통이나 불편함이 없어지고, 마음도 일체 동요가 없는 평온함에 이릅니다. 정적 쾌락은 바로 이 두 가지, 육체의 고통 없음과 마음의 평온함이 함께하는 상태를 말해요.

정적 쾌락이 더 좋은 상태네요.

그렇습니다. 동적 쾌락은 고통이 제거되는 과정에서 느끼는 쾌락이기 때문에 아직도 고통이 남아 있고 그런 점에서 참된 쾌락이 아니에요. 그가 쓴 편지에 이런 구절이 있어요.

> 내가 말하는 쾌락이란 몸의 고통이나 마음의 혼란으로부터 자유로운 상태라네. 삶을 즐겁게 만드는 것은 계속 술을 마시고 흥청거리는 일도 아니고, 욕구를 만족시키는 일도 아니며, 물고기를 마음껏 먹거나 풍성한 식탁을 마주하는 것도 아니라네. 중요한 건 말일세, 무엇을 선택할지 무엇을 피할지를 맑은 정신으로 잘 헤아리면서, 우리를 가장 큰 고통으로 끌고 가는 저 공허한 생각들을 모두 제거하는 일이라네.
>
> ― 에피쿠로스 『쾌락』, 「메노이케우스에게 보내는 편지」

몸의 고통과 마음의 혼란에서 자유로운 상태가 바로 정적 쾌락입니다. 이것을 얻기 위해서 선택할 것이 무엇인지와 피할 것이 무엇인지를 잘 헤아리라고 조언하고 있어요.

### 고통의 부재에 이르는 방법

흠, 그러면 선택의 기준을 잘 세워야겠어요.

네, 그게 중요한 문제죠. 에피쿠로스는 선택의 기준과 방법을 자세히 알려주었어요.
먼저 고통을 제거하려면 고통을 낳는 원인을 알아야 할 텐데요. 에피쿠로스에 따르면, 고통의 원인은 욕구입니다. 욕구는 결핍으로 인해 일어나는데, 그렇다고 무작정 결핍을 견디기로 한다면 이 또한 고통스러운 일이라고 봤어요.

그렇다면 욕구를 충족해야 하는데, 욕구를 충족하는 것은 진정한 쾌락이 아니라고 하지 않았나요?

그 욕구가 어떤 욕구인지에 따라 달라져요. 에피쿠로스는 욕구를 3가지로 나눕니다.

① 자연적이고 필수적인 욕구

② 자연적이지만 필수적이지 않은 욕구
③ 자연적이지도 않고 필수적이지도 않은 욕구

①은 생존을 위해서 꼭 필요한 욕구입니다. 배고플 때 음식에 대한 욕구나 졸릴 때 잠에 대한 욕구 같은 것이지요. 이것은 충족되지 않으면 고통을 불러와요. 그러므로 필수적인 욕구는 충족하도록 노력해야 합니다.
이와 달리 ②와 ③처럼 필수적이지 않은 욕구들은 설령 충족되지 않더라도 고통을 가져오지 않는다고 해요. 그리고 그것들을 충족한다고 해서 고통이 제거되지도 않고요. 그중에 ②는 예컨대 성욕이나 맛있는 것을 찾는 취향같이 그저 다양한 쾌락을 맛보려는 욕구이고, ③은 부와 명예, 권력, 지위 등을 추구하는 욕구인데 이는 헛된 욕망이라고 단정짓습니다.
사람의 욕심은 끝이 없다고 하는데, 이 두 가지 욕구가 그렇습니다. 이 둘은 한없이 커지기 때문에 궁극적으로 충족시키는 것이 불가능해요. 따라서 이런 욕망은 포기하거나 제거하는 것이 가장 바람직하다고 말합니다.

제가 주로 추구하는 건 ②번, 자연적이지만 필수적이지 않은 욕구였네요. 흠, 필수적인 욕구가 아니니까 버려야 하는 거네요. 버리자니 삶의 낙이 없을 것 같은데요?

그런 생각이 들죠. 저도 그래요. 하지만 에피쿠로스는 욕구를 최소

한으로 충족하는 걸 중요하게 여겼어요. 배고픈 사람은 빵 한 덩어리와 물 한 모금이면 허기를 달래고 고통을 제거할 수 있습니다. 더 맛있는 음식을 먹거나 더 많이 먹는다고 해서 배고픔의 고통이 더 많이 제거되지는 않습니다. 쾌락이 증가하는 것도 아니고요. 다만 쾌락이 다양화될 뿐인데, 이건 부질없는 짓이라고 해요.

말씀을 듣고 보니 말로만 쾌락을 추구하지 실제로는 금욕적인 생활을 하자는 것 같은데요?

실제로 그렇죠. 말이 나와서 드리는 말씀인데요, 에피쿠로스의 철학을 보통 '쾌락주의'라고 부릅니다. 그런데 이 말의 어감 때문에 게걸스러운 욕구 충족을 우선시하는 이론처럼 알려졌어요. 특히 금욕주의를 주장했던 스토아학파가 에피쿠로스의 최대의 적수였기에, 금욕과는 거리가 멀고 무절제하게 욕망만을 추구한다는 이미지가 강화되기도 했죠.

하지만 이런 이야기는 모두 에피쿠로스에 대한 오해입니다. 방금 말씀드렸듯이 에피쿠로스는 고통을 제거하기 위해 꼭 필요한 욕구를 최소한으로만 충족하라고 가르쳤어요. 그 이상으로 욕망을 좇는 것은 도리어 결핍만 확인시키고 결국에는 마음의 평정심마저 해친다고 보았어요.

**에피쿠로스** 「아테네학당」 부분, 에피쿠로스를 통속적 쾌락주의로 이해하여 월계수관을 씌우고 통통하고 의욕적인 젊은이로 그렸다.

그런 점에서 에피쿠로스의 '쾌락주의'는 사실은 강력한 '금욕주의'라고 볼 수 있죠.

## 마음의 평온을 얻는 방법

에피쿠로스의 쾌락은 마음의 평온함에서 완성됩니다. 마음의 평온함을 누리려면 몸이 자연의 질서에 맞게 안정되어야 하고 헛된 욕망과 헛된 쾌락을 버려야 해요. 하지만 그것만으로는 아직도 부족하다고 합니다.

사람들을 끊임없이 고통에 빠트려 마음의 평온을 해치는 것이 있어요. 그건 바로 두려움입니다. 에피쿠로스는 특히 두 가지가 문제라고 봤는데요. 신 앞에서의 두려움과 죽음 앞에서의 두려움이 그 둘이에요. 마음의 평안을 얻으려면 궁극적으로 이 이중적인 두려움에서 벗어나야 한다고 합니다.

신 앞에서 어떤 두려움이 생길까요?

당시는 다신교 사회였어요. 수많은 신이 있을뿐더러 그 신들이 인간사에 끊임없이 개입한다고 믿었죠. 신들이 이뻐하면 이득을 주겠지만, 미워하면 거스를 수 없는 고통을 준다고 생각했습니다. 신들에게 두루 잘 보여 이쁨을 받아야 하는데, 문제는 신들이 너무 많은 거예요. 그 모든 신의 비위를 맞출 수 있을지도 불확실하고, 혹시라도 어느 신이 이유 없이 내 운명을 틀어버릴지도 모를 일이었죠. 신들로 인해 파멸할까 봐 사람들은 늘 두려움에 떨었습니다.

에피쿠로스는 두려움에 사로잡힌 사람들에게 그게 그렇지 않다고 말합니다. 그에 따르면, 신들은 행복한 삶을 삽니다. 행복한 삶은 신의 선개념이에요. 이게 탐구의 출발이죠.

행복한 삶을 사는 자는 타인으로 인해 영향받지 않습니다. 신 역시 인간으로 인해 기쁨을 누리지도, 고통을 받지도 않아요. 그러니 신들이 인간사에 개입할 아무런 이유가 없어요. 신들이 분노하거나 호의를 갖거나 한다는 것은, 행복한 존재라는 신의 선개념에 도무지 어울리지 않죠. 그러므로 신은 인간 행위에 무관심하고 자연의 질서에 개입하지 않는다는 이야기입니다.

오호, 신의 선개념을 추론의 출발점으로 삼았네요. 앞서 나온 규준이 적용된 걸 보니 반갑고 신기해요. 어하튼 그래서 신을 두려워할 필요가 없다는 말이네요.

그렇습니다. 신에 관해 설명한 후에 이번에는 죽음도 마찬가지라고 말해요. 죽음에 관한 두려움은 사후 세계의 불확실성에서 유래합니다. 죽음 이후에 영혼이 남아 영원한 벌을 받게 되지나 않을까 하는 공포심이죠.

에피쿠로스는 죽음 이후에 살아남는 영혼 따위는 없다고 말합니다. 영혼은 육체의 한 부분이고 그 역시 원자들로 구성되어 있다고 설명하죠. 죽어서 몸을 이루는 원자들이 흩어지면 영혼을 이루는 원자들도 같이 흩어집니다. 분해된 것은 감각이 없으며 감각이 없는 것은 아무것도 아닙니다. 따라서 죽은 자들이 저승에 가서 고통을 받는다는 이야기는 헛된 거짓 믿음이므로 두려워할 것이 없다고 가르쳤습니다.

영혼도 원자로 구성되었다니 진짜 원자론자답네요. 원자론에서는 영혼 불멸도 사후 세계도 인정하지 않네요.

네, 그렇습니다. 고대 사회에서는 보기 드문 발상이지요. 고대 원자론자들이 나중에 유물론 철학의 시초가 된 것도 그런 연유가 큽니다. 요컨대 신과 죽음에 관한 두려움은 근거가 없다는 걸 이성적으로 통찰하고 마음의 평온을 누리라는 게 에피쿠로스의 권고였어요.

에피쿠로스 사상은 스토아 사상과 더불어 지중해 전역에서 추종자를 거느리며 퍼져갔습니다. 쉽고 단순한 이론 체계 탓에 특히 일반 백성들, 배우지 못한 사람들의 지지를 많이 받았습니다.
나중에 초대 교회 교부들은 에피쿠로스의 유물론과 경험론이 신의 섭리를 부정하는 무신론 철학이라고 공격했어요. 앞서 말씀드렸듯이 에피쿠로스의 사상이 비난과 왜곡과 핍박에 휩싸인 역사가 그렇게 시작되었지요.

특별히 나쁘거나 사악한 철학이 아닌데도, 신이나 내세에 관한 생각이 그리스도교의 입장과 달라서 그랬나 봐요.

네, 그로 인해 오해가 생겼던 거죠. 하지만 중세를 지나 근대로 오면서 평가가 달라집니다. 에피쿠로스의 사상은 근대 자연과학의 경험론적 방법론에 영감을 주며 다시 각광받게 되었죠. 아시다시피 근대 과학에서 물질의 기본 단위가 원자라는 게 판명되었잖아요? 과학적 원자론이 형성되는 과정에서 에피쿠로스의 사상이 큰 영향을 끼쳤습니다. 또한 감각을 중시하고 내적 감정의 명증성을 주장한 것도 근대 철학에서 높이 평가받게 되었죠.

무엇보다도 거대 조직 사회에서 파편화된 개인으로 살아가는 현대인들에게 내면을 다스리고 마음을 치유하는 지혜로운 가르침으로 다시 주목받고 있습니다. 이 이야기를 통해서 에피쿠로스의 품위있는 통찰과 지혜가 독자님들에게도 전해진다면 좋겠습니다.

이제 우리 이야기의 마지막을 장식할 주인공들, 헬레니즘 시대의 회의주의학파를 만나보도록 할게요.

나 이렇게 노래하고 있지만
아! 누가 보장할까,
그녀가 나를 따라오고 있다는 것을?

― 몬테베르디, 오페라 「오르페오」

# 03

## 탐구자의 계보

헬레니즘 시대의 철학 중에서 마지막으로 살펴볼 것은 회의주의 학파입니다.

회의주의라면 고르기아스가 생각나요.

맞아요. 고르기아스의 회의주의 선언, 유명하죠. "아무것도 없다, 있다고 해도 알 수 없다, 안다고 해도 전할 수 없다"라는 명제를 통해 고대 회의주의의 신호탄을 쏘아 올렸죠. 고르기아스는 진리도 없고 진리를 알 수도 없다고 주장합니다. 진리의 존재와 인식 가능성을 모두 부인한다는 점에서 이를 부정적 회의주의라고 부릅니다.
하지만 헬레니즘 시기의 회의주의는 이것과는 좀 달라요. 여기서는 진리의 인식 가능성을 인정합니다. 다만 실제로 진리에 다다르기가 어렵다고 볼뿐이죠.

**회의주의인데 진리의 인식 가능성을 인정한다고요?**

네, 원칙적으로는 인정합니다. '회의주의'의 어원은 그리스어 '스켑시스skepsis'예요. 어원적으로는 '무엇을 면밀히 조사해 본다'라는 뜻인데, 나중에는 '대상에 관한 방법론적 탐구'라는 의미로 쓰입니다. 헬레니즘 시대의 회의주의자들은 자신들이 어원적 의미에서 스켑시스를 한다고 생각했어요. 즉 진리를 인식할 수 없다는 말이 아니라 오히려 체계적으로 진리를 탐구한다는 말이죠. 그러니까 그들은 자신들이야말로 진정한 의미의 '탐구자'라는 자부심으로 스켑시스라는 말을 선택했던 거예요.

하지만 늘 탐구를 이어간다는 건 여전히 진리에 도달하지 못했다는 뜻이거든요. 아닌 게 아니라 그들은 어떤 주장이나 믿음이 참이라는 사실에 대해 섣부르게 동의하지 않았어요. 그러다 보니 그들 스스로는 진리를 탐구한다고 하지만, 결국에는 진리 인식을 부정하는 결과를 낳게 되었죠. 그 바람에 회의주의로 불리게 된 거예요.

**스켑시스라는 용어에는 탐구자로서의 긍지가 들어 있었군요. 그렇지만 다른 학파들도 나름대로 진리를 탐구한 거 아닌가요?**

회의주의자들에 따르면 스토아학파나 에피쿠로스학파 등은 진정한 탐구자가 아니에요. 그들은 참된 진리에 다다르지 못했는데도 성급하게 탐구를 중단하고, 덕이 이렇다는 둥 쾌락이 저렇다는 둥 헛된 생각에 안주한다고 비판했어요. 그들을 싸잡아 '독단주의자'라고 쏘아붙였죠.

그럼 상대도 그냥 가만히 있지만은 않았을 텐데요.

그럼요. 당연히 반발이 거셌죠. 회의주의학파의 역사는 이웃 학파와 벌인 논쟁의 역사이기도 합니다. 스승이 시작한 싸움을 제자들이 이어받아 치열하게 논쟁을 주고받았어요. 어떤 논쟁은 200년 동안 계속되기도 했습니다. 학파의 명예를 건, 물러날 수 없는 진검승부였죠.
이 모든 일을 시작한 인물은 회의주의의 창시자로 알려진 현자, 퓌론입니다.

### 회의주의의 탄생

퓌론Pyrrhon, 기원전 360 ~ 270은 펠로폰네소스 반도 북서쪽에 있는 도시 엘리스 출신입니다. 플라톤이 죽었을 때 그는 아직 어린 13살 소년이었습니다. 철학의 본거지 아테네에서 공부한 적은 없었고 데모크리토스학파에 속했던 아낙사르코스에게서 철학을 배웠습니다. 고전 시대의 주류 철학의 흐름에서 보자면 변방의 철학자라고 할 수 있지요.

젊은 시절 여행을 많이 다녔습니다. 특히 알렉산드로스 대왕의 동방 원정 때 스승과 함께 원정 대열에 참여합니다. 10여 년 동안 동방의 여러 곳을 두루 다니며 기회가 닿는 대로 견문을 쌓았습니다. 인도의 나체수도승과 불교 승려, 심지어 중국의 노장 사상가까지 만나서 사물의 이치와 무위無爲의 실천, 영혼의 평온함을 얻는 방법 등을 배우기도 했습니다. 나중에 고향에 돌아와서는 고독하고 평온한 삶을 보내며 제자들에게 철학을 가르쳤습니다.

이제까지 나온 철학자들과는 성장 배경이 사뭇 다르네요.

맞아요. 그래서이겠지만, 그의 사상도 기존의 철학 전통과 상당히 달랐어요.
제자가 많았는데, 그중에 플리우스의 티몬Timon이 유명합니다. 퓌론은 글을 쓰지 않았어요. 대신 티몬이 스승의 가르침을 기록하여 책을 몇 권 썼다고 해요. 책 자체는 소실되었지만, 일부가 후대 문헌에 인용되어 지금까지 전해집니다.
그중에는 퓌론 사상을 잘 요약해서 보여주는 글이 있습니다. 교회사가인 에우세비오스의 책에 나오는 구절인데요. 같이 한 번 읽어 보겠습니다.

> 행복하여지고자 하는 사람이라면 세 가지 문제를 고려해야 한다고 퓌론의 제자 티몬은 말한다.

1. 사물은 본성상 무엇인가?
2. 우리는 사물에 대해 어떤 태도를 보여야 하는가?
3. 그러한 태도는 어떤 유익을 가져오는가?

티몬에 따르면, 사물은 하나같이 구별할 수도, 측정할 수도, 규정할 수도 없는 것이라고 퓌론이 분명하게 밝혔다. 이러한 이유로 해서 우리의 지각 행위나 믿음$^{doxa}$은 참도 거짓도 아니다. 그래서 우리는 지각에 의존하지 말아야 하며, 믿음을 갖지 말아야 하며, 한쪽으로 쏠리지 말아야 하며, 동요하지도 말아야 한다. (…) 티몬은 말하기를 이러한 태도를 보이는 사람이 얻는 유익은 우선 주장을 하지 않는 것$^{aphasia}$이고, 둘째로 근심에서 벗어나는 것$^{ataraxia}$이라고 말했다.

— 에우세비오스, 『복음을 위한 준비』 14. 18

## 감각의 문제

질문이 세 가지나 되네요.

그렇습니다. 질문의 순서가 흥미롭죠. 먼저 사물과 자연의 본성을 탐구하고 여기서 얻은 결과를 삶에 적용합니다. 스토아학파나 에피쿠로스학파도 이런 식으로 논의를 구성했죠. 회의주의학파도 같은 길을 갑니다.
출발점은 역시 사물의 본성을 인식하는 문제였어요. 사물은 일차적으로 감각을 통해 알려집니다. 감각이 정확해야 사물의 본성도 올바르게 알게 되겠죠. 퓌론은 바로 이 지점에 주목했어요. 감각이 과연 정확한 인식 방법인지 따져 물었습니다.

예를 들어 어떤 사물을 봤더니, 색이 노랗고 맛이 달콤하고 촉감은 끈적였다고 해보죠. '노랗다', '달콤하다', '끈적인다' 같은 감각 성질이 얻어졌어요. 보통은 이를 종합하여 이 사물이 무엇인지 판단합니다. 가령 "이것은 꿀이다"라고 판단하게 되죠.

그런데 퓌론은 이런 식의 접근이 사물에 대해 타당하냐고 물었습니다. 감각 성질들은 내게 나타난 것일 뿐이지 실제 사물의 모습을 있는 그대로 전해주는지 아닌지 알 수 없는 게 아니냐는 거죠.

꿀이 정말 그러니까 그래 보이는 거잖아요? 아닌가요?

그게 그리 만만치가 않습니다. 생각해 보면 지각은 불확실할 때가 많아요. 예를 들어 코감기가 걸렸을 때 음식 맛이 이상하게 느껴지는 경험을 해 보셨을 거예요. 또 시력이 나쁘면 사물의 모습을 정확히 볼 수 없죠. 푸른색 옷을 햇빛 아래에서 볼 때와 횃불 아래에서 볼 때 색이 달라 보이기도 합니다. 이처럼 사람이나 상황에 따라, 같은 것에 대해서도 얻어지는 감각 성질은 달라요. 그러니 지각은 사물을 있는 그대로 드러낸다고 보기 어렵죠.

그럼 지각을 통해 얻은 감각 성질은 사물을 있는 그대로 반영하는 게 아닐 수도 있겠네요?

그렇습니다. 퓌론에 따르면, '지각된 것으로서의 대상', 즉 내게 나타난 대상과 '실재하는 사물 자체'의 일치 여부를 알 수 없습니다. 앞서 인용한 글에 이렇게 나와 있어요.

> 사물은 하나같이 구별할 수도, 측정할 수도, 규정할 수도 없는 것이라고 퓌론이 분명하게 밝혔다. 이러한 이유 때문에 우리의 지각 행위나 믿음은 참도 거짓도 아니다.

감각적 지각의 한계 때문에 우리가 사물에 대해 내리는 판단은 참이라고 할 수도 없고 거짓이라고 할 수도 없다는 이야기입니다. 우리는 꿀이라고 판단하지만 그게 실제로 꿀인지, 물엿인지, 혹은 아예 다른 무엇인지 알 길이 없다는 말이지요.

### 판단유보와 마음의 평안

사물을 눈으로 보고 직접 접촉해도 외부의 실제 대상을 인식할 수는 없는 거네요. 그러면 사물의 본성은 알 수 없다는 이야기인가요?

그렇죠. 그래서 퓌론은 사물 자체에 관한 판단을 하지 말라고 권합니다. 내게 나타난 모습에 대해서 "이것은 꿀처럼 보인다"라고 말할 수는 있지만, 사물 자체에 관해서 "이것은 꿀이다"라고 판단해서는 안 된다는 거죠.

앞의 인용문에 이런 구절이 나옵니다.

> 그래서 우리는 지각에 의존하지 말아야 하며, 믿음을 갖지 말아야 하며, 한쪽으로 쏠리지 말아야 하며, 동요하지도 말아야 한다.

믿음을 갖지 말라는 건 판단을 내리지 말라는 말이에요. 판단은 생각을 한쪽으로 쏠리게 하고, 그 바람에 우리 삶이 동요하게 될 수 있으니까요.

아무 판단도 하지 말라고요? 그러면 아무 생각도 하지 말아야 하나요?

생각을 안 한다기보다 섣부른 판단을 하지 않도록 유의하라는 뜻입니다. 이런 자세를 앞의 인용문에서는 '주장하지 않는 것$^{aphasia}$'이라고 부르는데, 보통은 '에포케$^{epoche}$'라는 말을 더 자주 씁니다. '판단유보' 혹은 '판단중지'로 번역해요. 사물 자체의 본성을 알 수 없으니, 섣불리 판단하지 말고 항상 판단을 유보한 상태에서 탐구를 이어가라는 요구입니다.

판단유보, 멋진 표현이네요. 그런데 회의주의자들은 실제로 판단을 유보하며 지냈나요?

그렇습니다. 퓌론에 관해 전해지는 일화가 제법 많은데요, 이것들은

**폭풍속의 퓌론, 16세기** 폭풍 속에서도 먹이에 집중하는 돼지와 그 모습을 가리키며 내적 평안의 원리를 직관하는 철학자의 모습이다.

모두 판단유보와 관련이 있습니다. 그는 선악이나 진위, 감각에 관한 일체의 판단을 유보했기에 달려오는 마차나 사나운 개, 절벽 따위를 피하지 않았다고 해요. 피해야 한다는 판단을 아예 내리지 않은 것이죠. 그래서 제자들이 늘 수행하며 스승을 지켜야 했다고 전해집니다.

판단유보에 관한 또 하나의 유명한 일화가 있는데요. 한번은 제자들과 배를 타고 가다가 폭풍우를 만났어요. 다들 불안한 마음에 야단법석을 떨었겠죠. 그때 배 한구석에 있던 새끼 돼지가 정녕 그 마음에 아무런 동요도 없이 먹이만 열중해서 먹고 있었다고 해요. 이를 보고 퓌론은 "현자가 되려면 이 새끼 돼지처럼 마음이 평정한 상태를 유지하라"라고 말했다고 합니다.

어떤 초연함이 느껴지기도 하지만, 돼지가 아닌 인간이다 보니 닥쳐오는 위험을 미리 알아차리는 것 아닐까요? 위험을 판단하고 근심하는 게 오히려 합리적인 반응 같은데요.

18세기 사상가 볼테르는 "이성이 오히려 평정을 잃게 하고, 지식이 우리의 처지를 퓌론의 돼지보다 못하게 만든다면, 이성과 지식이 도대체 무슨 소용이 있을까?"라고 물었지요. 아마 퓌론도 그같은 생각이었을 겁니다.

퓌론은 섣부른 판단을 내리고 두려움에 떨 바에야, 일체 판단을 유보하여 감각에 휘둘리지 말고 혼란에서 벗어나는 게 유익하다고 주장했어요.

그런 상태가 다름 아닌 아타락시아입니다. 즉 모든 철학이 추구하는 마음의 평안이고 행복이라는 거죠. 그런 점에서 판단유보는 근거 없는 판단을 내리는 오류에서 벗어나게 해줄 뿐 아니라 마침내 행복에 이르게 하는 것이니 회의주의자의 최고의 덕목이라고 할 수 있겠지요.

### 아카데미아 회의주의의 탄생

초기 퓌론학파는 티몬에서 끝나지만 잠시 꺼졌던 회의주의의 불씨는 엉뚱한 곳으로 번져 다시 불타오르게 됩니다. 그 무대는 다름 아닌 플라톤의 아카데미아였어요.

### 플라톤이 세운 아카데미아가 회의주의를 받아들였어요?

네, 어쩌다 그렇게 되었습니다. 플라톤은 참된 앎의 가능성을 신뢰하고 끊임없이 진리를 추구한 인물입니다. 그런데 그의 후예들이 회의주의의 계승자가 되었으니 참 아이러니하죠.

### 어떻게 그렇게 되었을까요?

아카데미아를 회의주의의 본거지로 변모시킨 인물은 아르케실라오스Arkesilaos, 기원전 318~243입니다. 그는 소아시아의 피타네 출신으로 아테네에 와서 아리스토텔레스의 후계자 테오프라스토스의 문하에서 공부하다가 아카데미아로 옮겨 기원전 265년 아카데미아의 수장이 됩니다.

아르케실라오스의 목표는 소크라테스와 플라톤의 전통을 계승하는 것이었어요. 그가 보기에 소크라테스는 투사였어요. 가짜 지식이 들불처럼 번지던 시대에 그 근거를 비판적으로 검토하면서 진리를 위해 싸웠다는 거죠.

아르케실라오스는 이런 비판적 방법이 소크라테스와 플라톤 전통의 진정한 핵심이라고 봤습니다. 소크라테스와 플라톤은 독단적 주장을 배격하고 비판적 자세로 탐구를 이어갔던 진정한 탐구자였고 그런 의미에서 회의주의자라는 거죠. 그리고 이제 아카데미아가 그 전통을 수호해야 한다고 다짐하게 되었죠.

**반전이네요. 소크라테스와 플라톤이 회의주의자로 해석될 수도 있다니요!**

아르케실라오스 사후에도 아카데미아는 그의 정신을 이어받아 회의주의적 견해를 유지했습니다. 그러다 100여 년 후 키레네 출신 카르네아데스<sup>Karneades, 기원전 219 ~ 129</sup>가 아카데미아의 수장이 되면서 회의주의를 한 단계 강화하여 아카데미아를 고대 회의주의의 성지로 만들었습니다.

카르네아데스는 아주 학술적인 인물이었어요. 연구에 몰두하느라 머리카락과 손톱 자를 시간도 없었다네요. 그는 인식론을 넘어 신학과 윤리학에까지 회의주의적 태도를 적용했습니다.

그의 회의주의 경력에서 가장 인상적인 사건은 로마 강연이에요. 기원전 156년 외교사절 자격으로 로마에 갔는데, 카르네아데스가 사절단을 대표해서 이틀에 걸친 강연을 하게 된 거예요. 당시 로마인들은 지적이고 세련된 그리스 문화에 열광했거든요. 한데 지성의 요람인 아카데미아의 수장이 왔으니 그의 강연을 듣기 위해 인파가 구름처럼 모여들었다고 합니다.

**요즘으로 치면 세계적 석학의 초빙 강연 같은 거네요.**

그렇죠. 강연의 주제는 플라톤과 아리스토텔레스의 정의론이었어요. 첫날 강의에서 카르네아데스는 정의의 원리가 이상적인 국가의 덕목으로서 필수적이라는 점을 명확하게 논증합니다. 정의를 중시하는 로마인들은 환호했죠. 그런데 이튿날 강연에서는 전날 강연한 내용을 조목조목 비판하고 끝내는 정반대의 결론을 도출해냈다고 해요.

대박! 열광했던 로마 사람들이 정말 황당하고 어이없었겠어요. 왜 그렇게 했을까요?

일부러 그런 것입니다. 그 강연의 목적은 플라톤과 아리스토텔레스의 이론을 소개하는 것이 아니었어요. 오히려 어떤 주장이든 논증할 수 있으며 심지어 정반대의 주장조차도 똑같이 정당하게 논증된다는 것, 따라서 어떤 논증도 참을 보장할 수 없고 참된 지식을 판정할 수 없다는 것, 이 사실을 보여주는 것이 진짜 목적이었어요. 결국 그가 강연을 통해 입증한 것은 자신의 회의주의 이론이었죠. 아카데미아 회의주의학파의 완성자이자 전도사로서의 면모가 유감없이 드러나는 일화입니다.

## 참된 지식은 가능한가?

아카데미아 회의주의의 역사는 논쟁의 역사이기도 합니다. 애초에 아르케실라오스가 회의주의를 도입한 것도 이 논쟁과 관련이 있습니다.
당시 아카데미아의 권위에 도전하는 사건이 하나 있었어요. 바로 스토아학파의 탄생입니다. 스토아학파를 창설한 제논은 원래 아카데미아에서 공부하던 사람인데, 아카데미아를 뛰쳐나가서는 자신이 소크라테스와 플라톤의 정통 계승자라고 주장하고 나선 겁니다. 제논은 참되고 확실한 지식이 가능하며, 덕은 곧 앎이고, 앎에 정통한 스토아적 현자가 이상적인 삶의 모범이라고 가르쳤어요.
더구나 그 현자의 표본으로 소크라테스를 거론했어요. 스토아학파의 사상이 소크라테스와 플라톤이 찾고자 했던 철학의 궁극적 해답이라고 주장했죠.

뛰쳐나간 사람이 정통 계승자를 자처하니, 아카데미아로서는 좀 화가 났겠는데요.

당연하죠. 플라톤이 세운 학교가 아카데미아이고, 플라톤을 신처럼 떠받들며 계승한다고 자부해 온 곳이 바로 아카데미아잖아요. 아카데미아에서는 즉각 반격에 나섭니다.
아르케실라오스는 제논을 엉터리 철학이라고 몰아세웁니다. 앎의 근거를 제대로 이해하지도 못하면서 과도한 자신감에 빠져버린 독단주의자라는 거죠. 소크라테스 플라톤 정신의 핵심이라고 할 비판적 태도를 전혀 이해하지 못했다고 거세게 비판했어요.
그렇게 시작된 두 학파 사이의 정통성 계승 논쟁은 세대를 이어가면서 200년이나 계속되었지요.

200년이면 거의 역사적 사건이군요.

플라톤의 정통 계승자가 누구냐 하는 자존심이 걸린 논쟁이었으니까요. 물론 논쟁의 중심 주제는 누가 플라톤의 계승자인가가 아니라, 철학적 문제였죠. 논쟁은 '참된 지식이 가능한가'하는 문제를 중심으로 전개되었어요.

먼저 스토아학파가 '참된 지식이 가능하다'라는 주장을 펼칩니다. 이게 플라톤의 테제라는 거죠. 참된 지식은 감각에서 출발합니다. 그런데 앞서도 말씀드렸듯이 감각은 불완전하고 오류에 빠지기 쉬워요. 스토아학파도 그 점은 인정합니다. 하지만 모든 감각이 다 불확실한 것은 아니고, 그중에 어떤 감각은 참이라는 거예요. 참된 감각을 잘 선택해서 이것에 동의하면 참된 지식을 얻을 수 있다는 거죠.

감각이 참인지 아닌지 어떻게 알죠?

그걸 설명하기 위해 스토아학파는 '식별 가능한 인상'이라는 개념을 내놓았습니다.

식별 가능한 인상은 말하자면 분명한 인상입니다. 예컨대 꽃을 직접 볼 때와 기억으로 떠올릴 때를 비교해보세요. 색이나 모양, 향기, 흔들림 이런 여러 측면에서 생생하고 명확한 정도가 다르지요? 식별 가능한 인상은 눈으로 직접 볼 때처럼 생생하고 명확한 인상을 말해요. 스토아학파에 따르면, 식별 가능한 인상은 실제로 존재하는 사물에서 생겨나며, 마치 도장을 찍듯이, 있는 모습을 그대로 우리 영혼에 새겨준다고 합니다.

스토아학파의 입장에서는 식별 가능한 인상이 참된 지식을 가능하게 하는 바탕이네요.

그렇죠. 그런데 바로 그 개념이 문제예요. 과연 식별 가능한 인상이라는 게 있을까요? 아카데미아학파는 이를 단호히 거부했어요. 어떤 인상이 식별 가능한 인상인지 그렇지 않은지를 명확히 구분하는 것은 불가능하다고 봤습니다.

맨 처음 반격에 나선 사람은 아르케실라오스입니다. 예를 들어 미친 사람이나 잠들어 꿈을 꾸는 사람, 술 취한 사람의 경우 사물을 직접 보고도 착각에 빠진다는 겁니다. 당사자는 식별 가능한 인상이라고 여기겠지만, 실제로는 거짓 인상이라는 거죠.

나아가서 그런 예외적 상황이 아니어도 식별 가능한 인상을 식별할 수는 없다고 주장합니다. 예컨대 쌍둥이나 달걀, 모래알, 도장 자국 같은 것이 구별되냐고 되물었어요. 실제로 존재하는 사물의 모습 그대로를 아무리 도장 찍듯 본다고 해도 너무 닮아서 사실상 구분할 수 없다는 거죠.

결국에 어떤 인상이 식별 가능한 인상인지 아닌지 구분이 안 된다는 반박이네요.

그렇습니다. 식별 가능한 인상인지 아닌지 가려낼 수 없다면 참된 지식이라는 확신도 불가능하다는 거죠. 식별 가능한 인상이라고 섣부르게 단정 짓다가는 오히려 착각과 거짓에 빠지기 쉽습니다. 따라서 오류를 피하고 진리를 찾기 위한 최선의 길은 오직 판단유보뿐이라고 주장했죠.

**스토아학파가 한 방 먹었네요. 뭔가 반론을 했을 것 같은데요.**

스토아학파로서도 가만히 있을 수 없죠. 이번에는 '식별 불가능자의 동일성 원리'라는 걸 들고나왔어요. 이름이 길지만, 그 내용은 간단합니다. 이름에도 나오듯이 구별할 수 없는 사물은 사실은 하나의 사물이라는 원리입니다.

이에 따르면, 이 세상에 존재하는 모든 실체는, 적어도 원리상으로는, 구분 가능합니다. 존재하는 것들은 모두 자신만의 고유한 특성이 있어요. 그래서 아무리 닮아 보여도 모든 면에서 완전히 똑같지 않은 이상 식별이 가능하다는 원리죠.

**원리상으로는 그렇긴 하겠죠? 그런데 실제로 그렇게 식별할 수 있을까요?**

물론 보통 사람들은 어려울 수도 있습니다만, 스토아학파는 실제로 식별할 수 있는 능력자가 있다고 주장했습니다. 바로 현자죠. 스토아학파의 이상적 인간 유형인 현자는 보통 사람들이 구별하지 못하는 차이를 명확하게 식별하고 이를 바탕으로 참된 지식을 찾아낸다고 주장한 거예요.

현자는 스토아학파의 마지막 보루 같네요. 소크라테스를 현자로 여겼다고 하셨는데, 소크라테스 같은 사람은 할 수 있다고 주장하면, 아카데미아 쪽에서도 마냥 부인하기는 껄끄러웠을 수도 있었겠어요.

아닙니다. 아르케실라오스는 그냥 일축해 버렸어요. 아무리 현자라 하더라도 있지도 않은 식별 가능한 인상을 어떻게 알아내느냐는 거예요. 감각 인상이 거짓일 가능성은, 감각하는 사람이 현자인지 보통 사람인지와는 무관하게 감각 자체가 갖는 한계라고 지적합니다. 감각에 의존하는 한 누구나 오류에 빠질 수밖에 없다는 거죠.

> 지혜의 본질적 표식은 지식의 소유가 아니라, 오류로부터의 자유다.
> — 키케로, 『아카데미카』 II. 77

아르케실라오스가 한 말입니다. 현자가 현자인 이유는 참된 지식을 가져서가 아니라, 오류에 빠지지 않기 때문이라는 말이죠. 그리고 그 방법은 오직 판단유보입니다. 판단유보만이 오류로부터의 자유를 보장해요. 그러니 있지도 않은 식별 가능한 인상을 추구하지 말고, 판단유보를 통해 오류에 빠지지 않도록 신중해야 한다고 다시 한번 강조했습니다.

아카데미아학파의 반박이 설득력 있어 보이는데요? 스토아학파가 결국에는 좀 밀린 느낌이에요.

## 행위는 어떻게 가능한가?

그렇다고 포기할 사람들이 아니죠. 인식론의 토대를 공격당하자 이번엔 스토아학파에서 실천의 문제를 들고 나왔습니다. 모든 일에 판단을 유보한다면 어떠한 행동도 하지 못할 것이라고 반론을 펼쳤지요. 배고프다는 인상에 관해 판단을 유보하면 밥을 먹을지 말지 어떻게 정하냐고 되물은 겁니다. 이 문제를 '행동불가apraxis논증'이라고 불러요.

들고 보니 저도 정말 궁금해요. 판단을 모두 유보하면 어떤 행동을 해야 할지 결정조차 못 할 테니 그것도 문제네요.

그렇죠. 실천의 문제는 당시 회의주의의 아킬레스건이었어요. 행동불가논증에 대한 마땅한 대응 논리가 없었어요. 퓌론의 일화에도 나오듯이, 닥쳐오는 위험을 피하거나 상황에 적절히 대응하는 것도 포기하고 그저 판단유보만 외칠 뿐이었죠.
이 상황에서 아르케실라오스는 아카데미아 수장의 명예를 걸고 반전을 꾀합니다. 판단유보를 해도 행동이 가능하다는 논증을 제시한 거예요.
그의 논리는 스토아학파의 행위 이론에서 출발합니다. 앞서도 보셨듯이 스토아학파에 따르면 행위에는 3가지 요소가 필요해요. 인상과 동의와 욕구죠. 몸이 아픈 사람이 약을 먹고 싶다는 욕구, 마침 약이 내 앞에 놓여 있다는 인상, 이 약을 먹으면 몸을 건강하게 만들어 줄 것이라는 이성적인 동의, 이렇게 세 가지가 모여야 행동이 일어난다고 주장하죠. 만약 약이 건강에 도움이 되리라는 데 동의하지 않는다면 약을 먹지 않겠죠. 스토아학파는 동의가 행동을 촉발하는 가장 결정적 요인이라고 주장했습니다.

맞아요. 앞에서 스토아학파 이야기에서도 동의가 모든 정념의 원천이라고 했었죠.

네, 그랬죠. 하지만 아르케실라오스는 동의가 불필요하다고 봤어요. 누가 그렇게 일일이 동의하며 행동하냐는 거죠. 대개 사람들은 욕구와 인상만으로 행동합니다. 목마른 사람은 물을 보면 그냥 마시고, 졸린 사람은 침대를 보면 가서 잔다는 거죠. 동의, 즉 판단은 필요 없다는 말입니다. 아르케실라오스는 이것이 자연의 이치에 따른 합리적인 행동 방식이라고 주장했어요. 그러니 판단을 유보하더라도 욕구와 인상만으로도 행동은 충분히 이루어질 수 있다는 거죠.

그런가요? 동물이라면 그렇게 행동한다는 게 말이 될지 모르지만, 사람도 그렇게 본능적으로 행동하나요?

아르케실라오스는 인간의 행동이 동물과 달리 합리적이라고 덧붙였는데, 그게 어떤 의미에서 합리적인지는 제대로 설명하지 못했습니다. "판단을 유보하는 자가 합리적인 것에 의해 어떤 것을 선택하고 회피하며 행동 일반을 다스릴 것"이라고 말하긴 했습니다만, 들으신

대로 모호하고 별로 설득력이 없었어요. 스토아학파도 그의 설명은 수긍할 수 없다며 공격을 이어갔어요.

그러니까요. 뭔가 다른 설명이 필요할 것 같은데요.

이 상황에서 새로운 해법이 제시됩니다. 논쟁의 주인공은 아카데미아 회의주의의 완성자로 불리는 카르네아데스였어요.
그는 '개연성'이라는 개념을 들고 나왔습니다. 비록 감각이 확실성을 보장하지는 못하지만, 개연적인 감각과 그렇지 않은 감각을 구분할 수는 있다고 합니다. 감각 가운데 분명하고 또렷한 것이 있는데, 그런 감각 인상은 실재하는 사물의 모습을 그대로 전달할 개연성이 높고 따라서 그것이 실재 사물의 본 모습이라고 믿을만하다고 주장했죠.

분명하고 또렷한 감각이 개연적 감각인 거네요.

그렇죠. 개연적 감각의 첫 번째 특징이 분명하고 또렷하다는 점입니다. 게다가 또 다른 특징도 있는데요. 개연적 감각은 다른 감각적 인상과 같이 일어난다는 거예요.
예를 들어 '이 사람은 소크라테스다'라는 믿음을 생각해 보죠. 소크라테스의 외모를 분명하고 또렷하게 본다고 해서 그런 믿음이 생기지는 않아요. 얼굴 생긴 건 소크라테스 같은데 몸짓이 다르거나 골격이 다를 수도 있잖아요? 외모 말고도 걸음걸이, 말투, 누구와 함

**카르네아데스** 토마스 스탠리의 『철학의 역사』의 삽화, 1655년

께 있는지, 어디서 사는지, 무슨 옷을 입었는지 등에 대한 정보가 이미 알고 있던 소크라테스와 일치해야 비로소 그 사람이 소크라테스라고 믿게 되는 거죠. 이처럼 하나하나 분명하고 또렷한 감각 인상이 복합적으로 작용한 결과로 개연적 믿음이 가능하다고 생각했던 겁니다.

### 개연적 믿음이 오류일 때도 있지 않을까요?

당연히 있죠. 감각은 확실성을 보장하지 못하니까요. 개연적 믿음도 단순한 믿음, 즉 '독사doxa'에 지나지 않아요. 하지만 일상생활에서는 그 정도 개연성이면 충분하다는 거죠. "똬리를 틀고 있는 것이 뱀인지 밧줄인지"를 구분할 수 있을 정도면 일상적 행동에 아무런 지장이 없습니다. 또는 항해를 떠날지 말지 결정하려면 타고 갈 배가 안전하게 항해할 상태인지를 점검해야 하는데 이런 상황에서도 개연적 믿음을 가지고서 결정하고 행동할 수 있다는 말이죠.

카르네아데스는 개연적 믿음이라는 개념을 도입함으로써 회의주의자도 얼마든지 일상생활과 정상적인 행동을 할 수 있다는 사실을 보여주려 했어요. 당시의 논쟁 국면에서 이것은 제법 설득력을 발휘했다고 합니다. 아카데미아 학파는 개연성과 행위 가능성을 연결지으면서 스토아학파와의 논쟁에서 다시 우위를 점하게 되었지요.

## 신新퓌론주의

오, 그럼 결국 회의주의가 이긴 건가요?

아뇨, 그렇지 않습니다. 이게 끝이 아니에요.
이번에는 아카데미아 내부에서 문제가 터져 나왔어요. 카르네아데스가 개연적 믿음을 인정했는데, 이게 화근이었지요.
회의주의자의 기본 입장에 따르면 어떤 믿음도 설정하지 말고 판단을 유보해야 하잖아요? 카르네아데스는 행동 가능성을 논증하기 위한 고육지책으로 개연적 믿음을 수용했는데, 세월이 지나면서 이론적 지식에서도 믿음의 가치를 옹호하게 됩니다. 그 결과 기원전 1세기에는 회의주의학파와 스토아학파 사이의 차이가 점점 없어져서 참된 지식의 가능성을 인정하는 경향이 나타나기도 했어요.

오호, 회의주의 원칙에서 벗어나기 시작했군요.

그런 셈이죠. 그러자 반발이 터져 나옵니다. 아이네시데모스라는 인물이 아카데미아가 회의주의의 순수성을 완전히 상실했다고 비판하면서 미련 없이 아카데미아를 떠났습니다.
그는 회의주의를 그 원초적 형태에서 재건하기로 마음먹고 퓌론의 이론을 시금석 삼아 새로운 체계를 구상했어요. 그래서 그를 신新퓌론주의의 창시자라고 부릅니다. 고대 그리스 회의주의의 3번째 형태가 등장하게 된 거죠.

그의 생몰연대는 알려지지 않았는데, 그가 쓴 『퓌론의 담론』이라는 책의 일부 내용이 남아 있어요. 여기서 그는 감각의 불확실성을 새삼 환기하면서 판단유보를 통해 마음의 평온함을 얻을 수 있다는 퓌론의 가르침을 다시 살려냅니다.

아카데미아 회의주의가 슬그머니 사라지고 다시 퓌론주의로 복귀했군요.

그렇지요. 아이네시데모스의 성과 중에서 가장 유명한 것이 "판단을 유보하는 열 가지 방법"입니다. 감각적 지각이 어째서 확실치 않은지를 설명한 논증들인데, 회의주의자가 판단유보라는 자세를 유지하는 데 도움을 주기 위해 만들었어요.
그 첫 번째는 "동물 종 사이의 차이로 인한 대립에 관한 논변"이라는 이름이 붙어 있는데, 이런 내용입니다. 물빛은 인간에게는 푸른색으로 보이지만 개에게는 회색으로 보입니다. 종에 따라 나타나는 인상이 다르기에 그 둘 중 어느 것이 진짜 물빛인지 알 수 없다는 겁니다. 따라서 이 문제에 대해서는 판단유보하는 것이 좋다는 말이지요.
이런 식으로 감각의 한계를 지적하는데, 동물의 종류·개인 사이의 차이·감각 유형의 차이·관찰자의 상태·공간적 관계·주변 환경·지각된 대상의 구성 요소·상대성·현상의 빈도·관습이나 믿음 따위의 삶의 방식 등이 그런 한계를 초래하는 요소라고 밝히고 있지요.

그러고 보니 감각에 영향을 주는 요소가 참 여러 가지네요.

그의 요점은, 그런 요소로 인해 감각이 불확실하니까, 섣불리 진리를 주장하지 말고 역시 판단을 유보하라는 거죠. 이렇게 해서 퓌론의 회의주의가 다시 성행하게 됩니다.

아이네시데모스 이후에 헬레니즘 사회는 특별한 철학적 진전 없이 기존의 이론들을 음미하는 수준에서 지적 활동이 전개됩니다. 철학의 정체기가 시작되었다고 볼 수 있죠. 그러다가 2세기 후반에 회의주의의 이론을 집약한 저술가가 등장하는데, 이 사람이 섹스투스 엠피리쿠스Sextus Empyricus입니다.

그는 의사이면서 철학자였어요. 고대 사상사에 특별한 관심을 가지고 주석서와 해설서를 쓰기도 했습니다. 특히 『퓌론주의의 개요』라고 하는 책에서 회의주의의 이론과 역사를 정리했는데, 이 책이 회의주의에 대한 저서 중에서 온전히 전해지는 유일한 책이랍니다.

오, 회의주의에 관해서는 굉장히 중요한 자료일 것 같아요.

당연히 그렇죠. 그는 명민한 저술가였어요. 고대 회의주의를 아주 명료하고 깔끔하게 정리해내었죠. 물론 이 책은 퓌론의 이론을 주로 소개하지만, 특정 주제에 관해서는 자신의 의견을 직접 밝히기도 했습니다.

그중 하나는 회의주의자의 언어적 표현에 관한 거예요. 회의주의자도 독단주의자와 마찬가지로 "이 꽃은 분홍빛이다"라는 식으로 말합니다. 하지만 회의주의자는 사물의 실재하는 상태에 대한 정보를 전달하는 것이 아니라 사실은 자신의 심리적인 상태를 보고할 뿐이라고 합니다. 즉 "내가 받은 인상에 따르면 이 꽃은 분홍빛으로 보인다"라는 사실을 간단히 표현한 거라는 말이죠. 회의주의자의 말은 사물에 관한 확언이나 믿음의 표명이 아니라 감정의 표출 내지 보고에 지나지 않는다고 분석합니다.

또 하나 흥미로운 것은 행위 불가능성에 대한 그의 답변입니다. 회의주의자들은 늘 이 문제로 인해 시달려왔죠. 그 역시 회의주의자로서 행위 가능성을 정당화할 필요를 느꼈어요. 그는 간단히 상식에 의존합니다. 행위를 이루는 바탕은 법과 관습에 따라 형성된 습관이에요. 행위 습관을 지닌 회의주의자는 감각 인상에 따라서 이성적 믿음이 없어도 얼마든지 행동할 수 있다고 주장했어요.

정말 그럴 거 같아요. 생각해 보면 실제로 행동은 대부분 습관을 따라 가지 않나요?

저의 경험도 그렇습니다. 일상적인 행위는 이성적 믿음을 따르기보다 상식과 습관에 더 의존하죠. 그런 이유로 엠피리쿠스는 회의주의자도 영혼에 들어온 인상에 맞춰 행동하면 그걸로 충분하다고 설명했던 것 같아요.

끝으로 독단적 믿음, 참이라고 판단하는 마음을 버림으로써 평안을 누린다고 하는 그의 글을 읽으며 이야기를 마칠까 합니다. 어쩌면 이것이 고대 회의주의가 전해주는 가장 귀중한 메시지일 겁니다. 이 이야기의 주인공은 고대 그리스 화가 아펠레스예요. 이 책의 서 연인 캄파스페를 아펠레스에게 소개하는 알렉산드로스 대왕, 가에타노 간돌피(Gaetano Gandolfi), 1793년~1797년 경, 메트로폴리탄 미술관, 뉴욕

아펠레스는 그리스 신화에 나오는 미의 여신 아프로디테의 탄생 장면을 그리려 했다. 아프로디테는 성인의 모습으로 바다 속에서 떠오르며 태어난 것으로 알려져 있다. 알렉산드로스는 그 모델로 자신의 연인인 캄파스페를 추천했고, 아펠레스는 그의 제안을 받아들여 그녀를 모델로 해서 아프로디테를 그리고 조각품으로도 남겼다. 많은 화가들이 이 전설적인 고대 화가의 모습을 화폭에 담았다.

두에 나왔던 그림 「아테네 학당」에서 라파엘로가 자신을 모델로 하여 그려 넣었던 인물이죠. 꽤 긴 이야기를 나누는 동안 철학자들의 이미지를 실감나게 보여주어서 라파엘로에게 고마운 마음이었는데요. 이제 그가 존경했던 아펠레스의 일화를 끝으로 고대 그리스 철학사에 관한 우리 이야기를 마무리하겠습니다.

화가 아펠레스에 대한 일화가 회의주의자에게도 적용된다. 사람들 말에 따르면, 아펠레스가 말 그림을 그리면서 입가에 문 거품을 묘사하려 애썼지만 아무리 해도 거품이 실감나게 그려지지 않았다고 한다. 아펠레스는 그리기를 포기하고 붓을 닦는 스펀지를 그림에 집어던졌다. 그런데 스펀지가 그림에 부딪쳐 생긴 자국이 바로 생생한 거품 모양이 되었던 것이다. 이처럼 회의주의자도 복잡다단한 경험과 아무렇게나 떠오르는 망상을 해소하여 마음의 평안을 얻고자 했지만, 뜻대로 되지 않자 판단을 유보하고 말았다. 그런데 판단을 유보하자, 물체 뒤에 그림자가 자연스레 따르듯, 예기치 않은 마음의 평안이 회의주의자에게 찾아 왔던 것이다.

— 섹스투스 엠피리쿠스, 『퓌론주의 개요』 I. 28~29

더 읽어보기

1. **소크라테스 이전 철학자들의 단편 선집** (김인곤 외 옮김, 아카넷, 2005)

    초기 그리스 철학자들의 단편을 사상가에 따라 주제별로 정리하여 실은 번역서다.
    소크라테스 이전 철학자에 대해서는 딜스-크란츠의 『소크라테스 이전 사람들의 단편들』과 커크-레이븐-스코필드의 『소크라테스 이전 철학자들』이 표준적인 텍스트로 그 권위를 인정받는데, 이 두 책에서 중요한 단편을 추려내어 번역하였다.
    국내의 전문 연구자들이 수년에 걸쳐 공동 작업한 결과 번역이 정확하고 내용이 알차다. 책의 후반부에 실린 해제는 고대 철학자의 사상을 충실하게 정리하여 독자의 이해를 돕는다.

2. **서양고대철학 1·2** (강상진 외, 도서출판 길, 2013)

    국내의 고전 연구자들이 집필한 고대 그리스 철학사로서 논문 모음집이다. 이 책은 학계의 전반적인 논의 상황과 최근의 연구 성과를 담아 각 철학자의 사상에 대한 표준적인 해석을 제시한다.
    1권은 철학의 탄생부터 플라톤까지를, 2권은 아리스토텔레스부터 초기 교부까지를 다룬다. 전문 연구자들의 공동 검토 덕분에 각 논문의 수준이 일정하고 내용이 잘 정리되어 있다.
    좀 더 깊은 이해를 원하시는 독자에게는 좋은 안내서가 되어 줄 것이다. 또한 각 논문의 참고문헌을 통해 차후의 독서 방향을 잡을 수 있는 점도 이 책의 큰 미덕이다.

3. **소피스트운동** (조지 커퍼드, 김남두 옮김, 아카넷, 2003)

    소피스트 운동의 의미를 재평가하고 그들의 사상을 정리한 현대의 고전이다. 소피스트 운동의 해석사와 사회적 배경, 소피스트의 개개인의 주장, 그리고 그 주장의 철학적 의미를 주제별로 나눠 치밀하게 보여준다. 소피스트 사상을 이해하는 데 틀을 잡아주는 좋은 책이다.

## 4. 플라톤 전집

국내에 나온 플라톤 전집은 두 종류가 있다. 하나는 정암학당에서 발간하는 시리즈이고 다른 하나는 도서출판 숲의 전집이다.

정암학당의 번역은 전공자에게 어울린다. 직역투의 번역으로 원문을 충실히 재현하여 연구자에게 도움이 된다. 특히 본문과 관련된 상황적 배경이나 번역에 관한 주석이 상세해서 읽을거리가 풍성한 점도 이 시리즈의 장점이다. .

도서출판 숲에서 출간한 전집은 천병희 선생의 번역이다. 선생은 수십 년 동안 방대한 양의 그리스 고전을 번역하신 분으로, 원문의 뜻을 살리면서도 유려하고 맛깔나는 문장으로 정평이 나 있다. 특히 플라톤 대화편이 갖는 문학적 성격을 잘 보여주는 번역이다.

두 시리즈의 특징이 달라 호불호가 나뉘기도 하지만, 독자의 취향에 따라 어느 쪽을 택해 읽으셔도 플라톤 사상을 이해하는데 큰 차이는 없어 보인다.

## 5. 아리스토텔레스 저작

아리스토텔레스의 저작은 워낙 방대해서 어떤 순서로 접근할지 고민스럽다. 일반 독자시라면 우선은 『형이상학』과 『니코마코스 윤리학』을 보시면 좋다.

『형이상학』은 무척 어려워서 되도록이면 강연 등의 도움을 받으시면 좋겠다. 국내 완역으로는 김진성과 조대호의 번역이 있다. 김진성의 번역은 우직한 성실성이 돋보이는데 다소 직역투이고 조대호의 번역은 유려하다. 이 역시 취향에 따라 고르시면 무방하겠다.

『니코마코스 윤리학』은 여러 번역이 나와 있고 큰 차이가 없다. 철학사에서 중요한 고전이지만 비교적 쉬운 편이라서 접근이 용이한 장점이 있다.

## 6. 헬레니즘철학 (앤소니 롱, 이경직 옮김, 서광사, 2000)

헬레니즘 시대 철학 유파들의 사상을 자세하게 풀어썼다. 철학 유파들이 제안한 주제들의 연관성을 자세하고 꼼꼼하게 짚어주며, 풍부한 인용을 통해 원저자의 의도와 사유의 결을 보여 준다. 헬레니즘 시대 철학으로 안내하는 입문서로서는 독보적인 문헌이다.